www.ingramcontent.com/pod-product-compliance
Lightning Source LLC
Chambersburg PA
CBHW082104280426
43661CB00089B/853
* 9 7 8 1 9 1 2 4 1 1 1 9 1 *

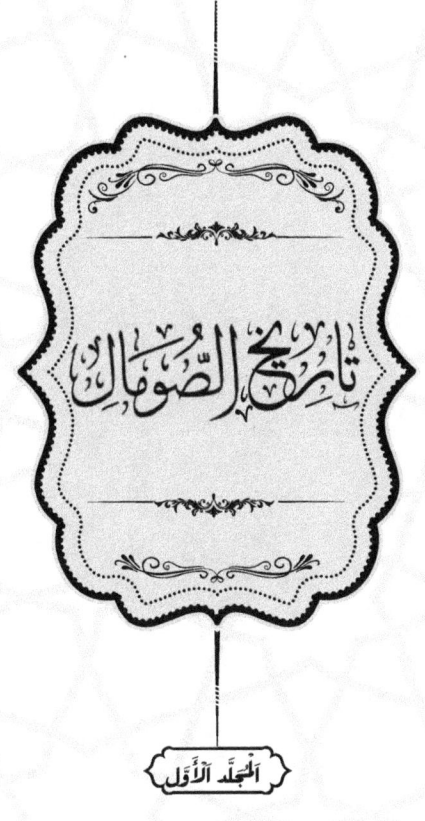

تاريخ الصومال

المجلد الأول

تاريخ الصومال

رُؤْيَة تَحْلِيلِيَّة نَقْدِيَّة

الْمُجَلَّد الْأَوَّل

MAKING SENSE OF SOMALI HISTORY
VOLUME 1

المُؤَلف الْأُسْتاذ الدُّكتور
عَبْدُ الرَّحمَن مُعلِّم عَبْدِ اللّٰه (بَادِيَو)
المترجم
سيد عمر معلم عبدالله

لوح برس للطباعة والنشر والتوزيع
LOOH PRESS

LOOH PRESS LTD.

Copyright © Abdirahman Moalim Abdallah 1445/2024.

First Edition, First Print Shawwal/May, 1445/2024.

جميع الحقوق محفوظة باتفاق وعقد© للمؤلف.
الطبعة الأولى، لوح برس: شوّال 1445 هـ / 2024 م.
جميع الحقوق محفوظة. لا يسمح بإعادة إصدار هذا الكتاب أو أي جزء منه أو تخزينه في نطاق استعادة المعلومات أو نقله بأي شكل من الأشكال دون إذن خطي سابق من الناشر/المؤلف.

All rights reserved.
No part of this publication may be reproduced, stored in any retrieval system, or transmitted in any form or by any means, including photocopying, recording, or other electronic or mechanical methods, without the prior written permission of the publisher, except in the case of brief quotations embodied in critical reviews and certain other noncommercial uses permitted by copyright law. For permission and requests, write to the publisher, at the address below.

ISBN	978-1-912411-19-1	الرقم المعياري الدولي
COVER	Harback Cover	نوع التجليد
SIZE	244 x 170mm (6.69" x 9.61"in)	قياس القطع
PAGES	334 pp	عدد الصفحات

A catalogue record of this title is available from the British Library.

PUBLISHED BY:
Looh Press Ltd.
56 Lethbridge Close
Leicester, LE1 2EB
England. UK
www.LoohPress.com
LoohPress@gmail.com

TRANSLATOR	Sayid Omar Moallim Abdulla	مترجم
EDITOR	Mohammed Abdullah Artan	تحقيق
TYPESETTING	Kusmin (Looh Press)	نقش
COVER DESIGN	Looh Press	تصميم غلاف

٤

بسم الله الرحمن الرحيم

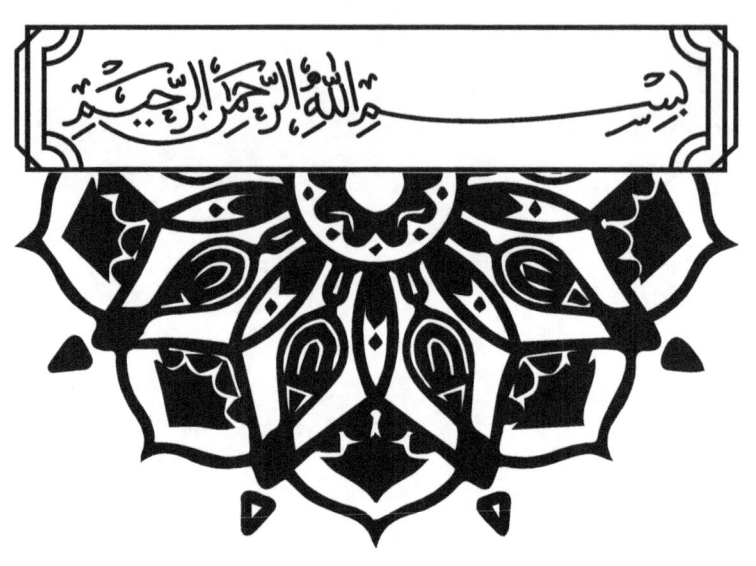

فهرس المحتويات

سيرة ذاتية مختصرة للمؤلف الدكتور عبدالرحمن باديو 10

إهداء.. 13

شكر وامتنان 14

تمهيد 16

تقديم الكتاب 20

الفصل الأول 27

مقدمة : تاريخ الصومال 27

ملاحظات مختصرة حول التأريخ الصومالي 37

ملاحظات مختصرة حول فلسفة التاريخ 43

تنظيم الكتاب 47

الفصل الثاني.. 55

تاريخ شبه الجزيرة الصومالية 55

من العصور القديمة حتى العصور الإسلامية الوسطى 57

مراجعة الأدبيات 64

التاريخ القديم لشبه الجزيرة الصومالية 69

الفترة الإسلامية من العصور الوسطى 80

الخلاصة.. 100

٧

الفصل الثالث 103

إعادة تشكيل المجتمع الصومالي 103

تأثير الطرق الصوفية والاستعمار 105

«إحياء الإسلام» وإعادة تشكيل المجتمع 107
دراسة حالات دور الطرق الصوفية في التغيير الاجتماعي 121
الاستعمار وتأثيره في إعادة تشكيل المجتمع 130
ردة الفعل الصومالية على الاستعمار 136
تأثير الاستعمار على التعليم والسياسة 152
تأسيس التعليم الحديث 153
بروز العشائرية السياسية 165
صحوة النخب الإسلاموية 172
الخلاصة 177

الفصل الرابع 181

نهوض القومية الصومالية وسقوطها 181

البحث عن الوحدة بين الاعتدال والتطرف 183

نهوض وسقوط القومية الصومالية (1943- 1991) 187
البحث عن الوحدة بين اعتدال وتطرف القومية الصومالية 214
المنهجيات القومية المعتدلة 216
المنهجيات القومية المتطرفة 228
المنهجيات القومية المتطرفة وانهيار الدولة 236
الخلاصة 242

الفصل الخامس 247
انهيار الدولة الصومالية: سياقاتٌ وآراء 247
نظرةٌ عامة على قيام الدولة الصومالية وسقوطها 255
نظريات قدرات الدولة والصراع 264
نظرية قدرات الدولة 266
نظرية العصبية لابن خلدون 275
آراءٌ حول انهيار الدولة الصومالية 281
أثر الحرب الباردة وشحّ المساعدات الخارجية 282
الوحدوية الصومالية والحرب مع أثيوبيا 286
الثقافة السياسية الأساسية 289
قصور الموارد 291
الظلم والانحلال الأخلاقي 293
العوامل الانتقائية للانهيار 296
خارطة الآراء التي حلّلت انهيار دولة الصومال 298
الخلاصة 301

المراجع 304
باللغة الصومالية والعربية والإنجليزية والإيطالية 304
المراجع الصومالية 304
المراجع العربية 304
المراجع باللغة الإنجليزية والإيطالية 305
قراءات إضافية 326

سيرة ذاتية مختصرة للمؤلف الدكتور عبدالرحمن باديو

د.عبدالرحمن عبدالله "باديو" من مواليد عام 1954م، ومشهور ب. د."باديو". ولد بمدينة عيل ظير التابعة لولاية جلمدج في الصومال، وهو عالِمٌ غزير الإنتاج ومؤّلف للعديد من الكتب المنشورة باللغتين الإنجليزية والعربية. نشأ في أسرة دينية محافظة، وعمل والده معلمًا للقرآن الكريم طوال حياته (74 عامًا).

تلقى د.عبدالرحمن تعليمه في المدرسة الثانوية المصرية الشهيرة بجامعة جمال عبدالناصر في مقديشو، ثم التحق بالقوات المسلحة الصومالية عام 1971م، وتدرب مهندسًا في كلية الدفاع الجوي في الأكاديمية العسكرية العليا في مدينة أوديسا (أوكرانيا حاليًا) بالاتحاد السوفييتي السابق. وانفصل عن الجيش مع بداية عدم الاستقرار السياسي والحرب الأهلية في الصومال بعد قضاء 16 عامًا في الخدمة.

بعد ذلك توجه د.عبدالرحمن إلى مجال الدراسة الأكاديمية المدنية، والتحق بمعهد الدراسات الإسلامية في جامعة ماكجيل بكندا؛ حيث حصل على درجة الماجستير والدكتوراه في التاريخ الحديث، وركز في أبحاثه على تسليط الضوء على انتشار الإسلام في منطقة القرن الإفريقي، ثم عاد إلى الصومال عام 1992م، وكرّس حياته لإعادة دور المجتمع المدني؛ فقام بعمل الكثير من المبادرات

الخيرية، كما ساعد في تعزيز التنمية والوئام المجتمعي، وجاهد لدعم الفئات الضعيفة التي دمرتها الحرب.

ويعد د.عبدالرحمن عبدالله باديو شخصية بارزة في مجال التعليم والمصالحة في الصومال وساهم في تأسيس العديد من المدارس في مناطق عديدة من أنحاء البلاد، وهو عضو مؤسس في جامعة مقديشو عام 1997، ورئيس لمجلس أمنائها، ومعروف بصفته خبيرًا في مجال السلام والمصالحة، ورشح نفسه لمنصب الرئاسة عام 2012، معزّزًا جهوده المستمرة لتحقيق الاستقرار والتقدم في البلاد.

نشر العديد من الكتب والمقالات ذات الصلة بالصومال بلغات مختلفة، متناولاً موضوعات متعددة، تشمل: التاريخ، والسياسة، والدين، والمجتمع. وتعتبر أعماله مرجعًا مهمًّا في الدراسات الصومالية. وقد تميزت بحوثه بالشمولية والعمق والموضوعية والنقد البناء. وهو يعمل محاضرًا لطلاب الدراسات العليا في مراحل الماجستير والدكتوراه في الجامعات الخاصة والحكومية، ومشرفًا على الرسائل العملية. ألف خمسة كتب منشورة أصلها باللغة الإنجليزية، وترجم بعضها إلى اللغة العربية، كما أنه كتب عدة أوراق بحثية كثيرة ومقالات أكاديمية منشورة في المجلات والمواقع الإلكترونية المعتمدة، ومعظمها مكتوب باللغات الصومالية والإنجليزية والعربية.

ويقدم د.عبدالرحمن عبدالله باديو منظورًا جديدًا في الدراسات الصومالية من خلال أسلوبه النقدي البنّاء في كتابة التاريخ ودراسته، وعنده نظرية سماها "المنظور الشامل"، والتي تتناول الدراسات التاريخية الصومالية من منظور شمولي. ويشجع د.عبدالرحمن الطلاب على استكشاف تفسيرات جديدة للتاريخ، كما يقوم بتوجيه الجيل القادم من العلماء والمفكرين إلى إعادة النظر في تاريخهم الوطني، وتقديم النقد البناء مع تعزيز فهم متعمق لماضي وحاضر

ومستقبل الصومال. ويتزايد الاهتمام بهذا الكتاب التاريخي بشكل مطرد، وهناك إقبال متزايد على طلبه والحصول عليه؛ وهو ما أدى إلى ترجمة الكتاب إلى اللغات التركية والصينية والإيطالية، والتي هي قيد التنفيذ حاليًا.

وإلى جانب عمله الأكاديمي، يقوم د.باديو بدور مهم في المشهد السياسي الصومالي بصفته كبير مستشاري رئيس الصومال لشؤون السلام والمصالحة، ولمعرفته ودرايته الكبيرة بتاريخ وثقافة الصومال، ولحرصه والتزامه بتعزيز الوحدة الوطنية؛ وهو ما يجعله موردًا حيويًا لتحقيق هذا الدور، كما أنه يتواصل بشكل مستمر مع مختلف أصحاب وشركاء القرار؛ لتسهيل النقاشات البناءة وكسر هوة الانقسامات، ويعمل بلا كلل لبناء الثقة ومد جسور التعاون بين القوى السياسية الوطنية في البلاد.

إهداء

أهدي هذا الكتاب إلى والديّ معلم عبد الله وزينب أفرح.
وإلى زوجتي محبة حاج إيمان وأطفالنا السبعة؛ امتنانًا لدعمهم واهتمامهم وصبرهم وحبهم الذي لم ينضب.

إلى الجيل الصومالي المتعلّم الذي تعلّم في بيئةٍ عسيرةٍ وشرسة، والذي نضج فاحتاج إلى فهمٍ أعمق لتاريخه لإصلاح كرامته الجريحة.

إلى الرفاق المكافحين لإعادة بناء صومالٍ أفضل على مبادئ المواطنة المشتركة وحكم القانون والالتزام بتعاليم الدين الإسلامي.

إلى كل أولئك الباحثين عن فهمٍ أفضل لتاريخ الظروف السياسية الراهنة في الصومال.

شكر وامتنان

لم يكن لنا أن نصدر هذا الكتاب لولا دعم معهد الدراسات الصومالية (Institute of Somali Studies “ISOS”)، والذي جاء احتفالاً بالذكرى السنوية العشرين لافتتاح جامعة مقديشو في ٢٢ سبتمبر ١٩٩٧. وتجدر الإشارة إلى أن الآراء والتأويلات التاريخية في الكتاب تمثل رأي الكاتب ولا تعكس بالضرورة سياسة المعهد أو الموقف الرسمي له. وهذه التأويلات ليست منزّهة؛ فمن الممكن أن تتغيّر أو تُنقّح أو يُعاد تقديرها في أي وقت.

و«معهد الدراسات الصومالية» هو مركزٌ بحثيٌّ تابع لجامعة مقديشو، ويهدف إلى بحث وتحليل الشؤون الصومالية في القرن الإفريقي والشتات. ويركزُ المعهد بشكلٍ جوهريٍّ على القضايا التي تلعب دورًا مفصليًّا في إصلاح وإعادة بناء الصومال. وهو بدوره يجري وينسق الأبحاث وورش العمل والمؤتمرات والنقاشات والحوارات. ويستعرض النتائج

والتقارير والتحاليل من خلال المنشورات والفعاليات. ويُصدِر المعهد سنويًا المجلة المُحكّمة: «دراساتٌ صوماليةٌ» بنسختيها الورقية والإلكترونية وهي مجلة أكاديمية للدراسات الصومالية متعدّدة التخصصات، مَعنيّةٌ بالدراسات الصومالية.

للتواصل:
isos@mu.edu.so
+2521858118
http://www.isos.so

تمهيد

يأتي تعبير «إدراك التاريخ» عادةً بمعانٍ مختلفةٍ؛ تتضمن: الفهم والإدراك والشعور والوعي والحكم والتأويل. وغايتي من تأليف هذا الكتاب «إدراك التاريخ» هي إرساء فهم واعٍ وتحليلٍ نقديٍّ للتاريخ الصومالي حول مجموعةٍ من المواضيع؛ وذلك بإعادة بناء التاريخ الصومالي وتحليل الأحداث التي وقعت في أوقاتٍ مختلفة وأماكن متعددة هادفًا من وراء ذلك إلى الإحاطة بالمنظور الصومالي من خلال التأكيد على الفاعلية البشرية وتناولها لما يعترضها من أفكار ومؤسسات وإنتاجٍ مادي. هذا يعني اكتشاف ما الذي كان ناجعًا نافعًا للصومال وما الذي نال قبول المجتمع الصومالي لأهميته وامتد تأثيره لاحقًا. ويقتضي هذا أيضًا تلمس ما تم استيراده من الأمم الأخرى ولكنه ظل غريبًا دون أن يتسق أو يتماهى مع المجتمع الصومالي وثقافته؛ ليتمّ في النهاية تغييره أو تركه بالكلية. ولقد راجعت أعمالاً كُتِبَت باللغات الصومالية والإنجليزية والعربية تناولت التاريخ الصومالي؛ وذلك من أجل إتمام هذا المشروع. وكنت مقتنعًا بالحاجة الملحة إلى كتابة التاريخ الموضوعي وهو ما سيجده القارئ في المجلدين اللذين يشكّلان معًا «إدراك التاريخ الصومالي».

يتناول المجلّد الأول من الكتاب الفترات التاريخية الكبرى قبل انهيار الدولة الصومالية، ويتكون من خمسة فصول[1]: الفصل التمهيدي، تاريخ الصومال القديم والقروسطي، ودور الطرق الصوفية والاستعمار في إعادة تشكيل المجتمع الصومالي، ونهوض وسقوط الوطنية الصومالية، وإطار عمل نظريٍّ ورؤًى لانهيار الدولة الصومالية.

أما المجلد الثاني، فينتقل بنا إلى ما بعد سقوط الدولة، ويبحث خمسة موضوعات مهمة لهذه الفترة الانتقالية.[2] وهي تاريخ المجتمع المدني الصومالي، الدور المتغير للنساء الصوماليات في الثقافة والمجتمع، وإعادة تشكيل زعماء القبائل التقليديين، والتحولات في دور الاسلاموية والتصالح بين الدولة والمجتمع، وإعادة تشكيل الهوية الوطنية الصومالية.

هذه الفصول العشرة،[3] المقسّمة على مجلّدين، هي جزءٌ من مشروع يهدف إلى تقديم رؤية شاملة للتاريخ الصومالي، بإعادة بنائه بنظرةٍ تشمل كل عناصر المجتمع. إنه مبنيٌّ على نموذج «الدولة ـ المجتمع»، الذي يتضمن الدور الذي يلعبه الإسلام والمرأة في الدراسات التاريخية. أما النموذج القديم المبني على المعادلة الثنائية: الدولة مقابل القبيلة (*Qaran iyo Qabiil*)، فلنا أن نقول: إن الزمن قد أتى عليه، ولم يعد يلبي الغرض، ويُعود ذلك جزئيًّا إلى فشل هذا النموذج في أخذ دور الإسلام والنساء بعين الاعتبار في محاولته للبناء التاريخي.

وفي هذين المجلدين ـ ومن خلال عرض الموضوعات التاريخية ـ نسلط

(1) التصحيح: يوجد خطأ في النص الإنجليزي الأصلي .وعدد الفصول خمسة

(2) التصحيح: يوجد خطأ في النص الإنجليزي الأصلي .وعدد الفصول خمسة إلى جانب المقدمة

(3) التصحيح: النص الإنجليزي الأصلي يقدم ثمانية فصول، لكن في الحقيقة مجموع فصول الكتابين هو عشرة

الضوء على الاستمرارية والتغير في العملية الديالكتيكية لبناء التاريخ، من دون إقصاء احتمالات دورية التكرار لنهوض وسقوط الدولة.

ويحاول الكتاب تأويل التاريخ واضعًا نصب عينيه أثر الدور والعامل البشري، بما في ذلك دور ومسؤولية القيادة في صناعة أو تحطيم الدولة الصومالية، وبيان كيف صاغ الشعب الصومالي تاريخه من خلال تفاعله مع الجغرافيا والبيئة، وتعامله مع الاستعمار وصولاً إلى إنهاء الاستعمار، وكذلك التفاعل مع الديناميات السياسية الإقليمية وتنافس القوى العظمى في الحرب الباردة.

ما آمله هو أن يقدم الكتاب استعراضًا عامًّا ملخصًا لأبرز موضوعات التاريخ الصومالي لطلاب الجامعات ولعامة الناس. والأهم مما سبق هو أن هذا الكتاب يهدف إلى مساعدة الأجيال الجديدة من الصوماليين، خصوصًا أولئك الذين يمنّون أنفسهم بالوصول إلى مصاف القيادة السياسية؛ لإدراك تاريخهم والقضايا والأحداث السائدة التي شكّلت القرن الإفريقي.

ويُعد هذان المجلّدان محاولةً جادةً لإحداث تحول في الثقافة السياسية السائدة للنخب الصومالية من خلال فهم التاريخ، والتي دفعتها عادةً المصالحُ الشخصية، وقد تعززت بفضل وجود ارتباط متجذّر بخطابٍ قوميٍّ وإسلامي. وتتجسّد ثقافة الماضي النخبوية الهادمة ـ وهي الثقافة التي تسببت في انهيار الدولة سابقًا ـ في الوقت الحاضر بصورةٍ متكرّرة في نسيج السياسة، مُقوّضةً أيَّ أملٍ في استعادة فاعلية الدولة، وبناء علاقات بناءة بين الدولة والمجتمع.

إنني آمل أن يتمكن شعب الصومال من إعادة بناء أمته ودولته بصورةٍ مذهلة من خلال استخلاص الدروس من التاريخ الصومالي المفعم بالمصاعب والاضطرابات، متجاوزين فساد الحكم وإساءة استخدام التراث، وأقصد هنا عاملي الإسلام والقبيلة. وآمل أن تشرق شمس الصومال مرةً أخرى لتكون من

جديد مثالاً ناصعًا للديمقراطية والسلام والازدهار.

وختامًا، تجدر الإشارة إلى إمكانية وجود شيءٍ من التكرار في فصول هذا الكتاب، ولكن جاء هذا التكرار مبرَّرًا، بل لا مناص عنه لتغطية كل فصل بشكل مستقل، ويمكن أيضًا تبريره من وجهة النظر الإسلامية التي تجلت في القرآن؛ حيث تظهر رواياتٌ مختلفةٌ للقصص نفسها في أوقات مختلفة لتأكيد أهميتها واستخلاص الدروس المرتبطة بظروفٍ تاريخيةٍ مختلفة. وتركز جميع فصول هذا الكتاب ــ باستثناء الفصلين الأول والثاني ــ على أوراقٍ منشورةٍ في مجلات مختلفة أو كفصول كتب.

د. عبد الرحمن معلم عبد الله (باديو)

مقديشو ــ الصومال

١٥ نيسان/ إبريل ٢٠١٧

تقديم الكتاب

هذه هي الترجمة العربية للطبعة الثانية من كتاب «تاريخ الصومال: رؤية تحليلية نقدية» بمجلديه الأول والثاني، وتأتي هذه الطبعة المنقحة بعد مرور خمس سنوات من صدور الطبعة الأولى من الكتاب، كما أن هذه الترجمة تأتي في سياق اهتمام المؤلف بترجمة إنتاجه الأكاديمي المكتوب باللغة الإنجليزية إلى العربية والصومالية في آن واحد؛ حرصًا منه على التواصل مع قاعدة عريضة من القراء باختلاف لغاتهم. ويسود عند المؤلف اعتقاد عام بأن كتابة التاريخ هي عبارة عن حوار متبادل بين الأجيال المتوالية، وينبغي أن تبقى كتابتها وقفًا مجتمعيًا عامًّا تتداوله الأجيال المتلاحقة. وكما قال المؤرخ الفرنسي المعروف سينوبنيوس (1854م- 1942م)، فإن «التاريخ أستاذ الحياة»، يتعلم منه الإنسان ويستزيد منه كثيرًا إذا أراد، وبه تقوى ذاكرة الأمم، وتنمو كذلك المدركات العقلية للشعوب.

والكتاب يغطي محطات تاريخية فاصلة في تاريخ الصومال المعاصر، ويتكون من مجلدين يعرضان لفترتين متتاليتين؛ حيث يتناول الأول فترة ما قبل الانهيار الكامل للدولة في الصومال عام 1991م. أما الثاني، فيسلط الضوء على

فترة ما بعد الانهيار، وصولاً إلى الحدود التي ينفصل عندها التاريخ عن السياسية تلقائيًا، أو تبدأ منها السياسية، وينتهي بها التاريخ.

ويتبنى المؤلف رؤية طموحة تسعى إلى تقديم التاريخ الوطني بطريقة أكثر توازنًا وشمولية، مقارنةً بالمنهجية الكتابية التي يتّبعها الآخرون المهتمون بالدراسات التاريخية الوطنية. وترتكز هذه الرؤية الطموحة إجمالاً على الانتقال من الطريقة الاجتزائية في تناول الموضوعات التاريخية الوطنية وثقافة المحاكاة في تفسيرها وتحليلها إلى امتلاك رؤية ذاتية تتوافر فيها صفتا التميز والاستقلالية في الكتابة عنها بشكل عام، وتتعامل مع التطورات التاريخية على أنها قابلة للتساؤل والنقد والمراجعة دومًا بعيدًا عن الانتقاد وجلد الذات.

وتلتقي تلك الرؤية مع أسلوب المؤلف في حثّ الصوماليين من حين لآخر على أخذ زمام الأمور في قضاياهم الوطنية، والتخلي عن ثقافة تبرئة الذات، والبعد عن تبني الفكر المتحامل على الآخر في شأنهم الخاص، والاعتماد على أنفسهم في كتابة وتفسير أحداث تاريخهم، متفائلاً بمستقبل الصومال والصوماليين عمومًا؛ وذلك في ظل التعددية الفكرية، وتغير المفاهيم المحيطة بالهوية الوطنية، وتعدّد محاور الهوية السياسية للبلاد.

ويسوق المؤلف الحجج على وجوب التفريق بين الصوماليين الذين كتبوا عن تاريخ بلادهم وهم يعيشون في داخلها، والآخرين الذين من بينهم أجانب غير صوماليين، وكتبوا عن الصومال في موضوعات مماثلة. والفارق المُميز الذي نشير إليه ليس محددًا بين الأجنبي والمواطن، ولكن أساسه المحوري هو مدى الابتعاد عن حالة الدراسة أو الاقتراب من الظاهرة الاجتماعية التي يتقدم أي مؤلف لدراستها، وهو فرق يتجلى أكثر بالنظر إلى فرق الحصيلة العلمية التي ينتجها المقيمون في البلاد والآخرون المقيمون خارج البلاد، والذين كتبوا عن

الصومال واعتمدوا على الكتب والمكتبات والقراءة عن بُعد، بغض النظر عن انتمائهم العرقي والديني؛ ولذلك يبقى عنصر التعايش مع موضوع الدراسة والاقتراب من الظاهرة الاجتماعية الدراسية عنصرًا مهمًّا في الكتابة عن العلوم الانسانية بشكل عام والتاريخية بشكل خاص.

ويبدو أن المؤلف اجتمعت عنده الدراسة والخبرة الميدانية التي أعطته الرؤية المتسعة، فقد توافر له أن يرى الصورة الكاملة من الخارج كما رآها في الداخل سابقًا، وهما رؤيتان متكاملتان؛ حيث وفرت الأولى للمؤلف كمًّا هائلاً من المعلومات والمصادر المختلفة، وفهمًا أكثر حول موضوع الدراسة، بينما أعطته الرؤية الأخرى فرصًا أكثر للمقارنة والتوثيق والاطلاع على مختلف المصادر واتّباع مختلف المعايير البحثية الدولية؛ وهو أمر قلَّ أن ينفرد به أي كاتب، أو أن يحويه أي كتاب.

ولهذا، فإن هذا الكتاب يحمل في طياته جمعًا فريدًا بين رؤية موضوع الدراسة في الداخل ـ والتي تعكس تعايش المؤلف المباشر مع مفردات الموضوع ومشاركته الشخصية في صناعة أكثر الأحداث التي تناولها هذا الكتاب ـ ورؤيته من الخارج، مستعينًا في ذلك بالمعرفة النظرية التي اكتسبها خلال دراسته في الخارج؛ وهو ما يضيف إلى هذا الكتاب بعض المزايا غير المتوافرة في غيره من الكتب.

ويتمحور المجلد الأول من الكتاب بفصوله الخمسة حول موضوعات مهمة للغاية ومتناسقة تناسقًا متناغمًا في بنائها الموضوعي، وقد تناولها الكاتب بطريقة تجيب عن معظم الأسئلة الافتراضية ذات الصلة بتلك المواضيع. ويشمل أبرزها: تاريخ شبه الجزيرة الصومالية وإعادة تشكل المجتمع الصومالي مع ظهور الإسلام في المنطقة، ونهوض القومية الصومالية، ومسألة الوحدة البدائية بين الشمال

والجنوب والاستقلال عن الاستعمار، وصولاً إلى انهيار الدولة في نهاية القرن المنصرم. أما المجلد الثاني، فيتناول الحديث عن اندلاع الحرب الأهلية في البلاد، وبروز دور المجتمع المدني بعد اختفاء دوره المستقل في ظل النظام الشمولي العسكري إلى جانب السلطات التقليدية والعلاقة الجدلية بينها وبين مختلف الأنظمة السياسية المتعاقبة في الحكم.

ويحتوي الكتاب على دراسة تاريخية متميزة في دور المرأة الصومالية ومشاركتها في النضال لنيل الاستقلال، وكذلك إبراز مساهماتها الفاعلة لاحقًا في بناء المؤسسات الوطنية، والوقوف عند دورها المتميز في إعادة تشكيل المجتمع المدني المستقل، وبناء السلام والمصالحة الوطنية، والمشاركة في العمل السياسي العام بإيجابية متنامية. هذا إلى جانب موضوع الهوية الوطنية والجنسية المتحولة؛ نظرًا للتحول الذي طرأ على هوية أنظمة الحكم وبنية المجتمع وتكوينه الثقافي في فترة ما بعد الانهيار. وكل هذا وذاك له عظيم الأثر في تشكّل الدولة الصومالية المقبلة وبنائها، سواء في دول الإقليم أو في الدول الأخرى الغربية.

وقد تطورت فكرة كتابة هذا الكتاب أثناء تحضير المؤلف للدكتوراه في فترة ما بعد عام 2000م، وذلك بعد إدراكِه أن معظم الكتابات التي كُتبت عن الصومال غير متحررة من الفكر التقليدي الدائر في فلك الثنائيات الجامدة، مثل: القبلية والدولة، والاستعمار والتقسيم، وغيرها من الثنائيات التي لا تقدم جديدًا، بل تكرس صورة نمطية في عقول الناس، كما أن هذه الثنائيات لم تأخذ في الحسبان البعد التاريخي في تفسير التطور الطبيعي، وفهم طبيعة العلاقة العضوية بين الصومال والإسلام.

ويعد مؤلف الكتاب من أهم الشخصيات الوطنية البارزة، وقد شغف بالكتابة

في مجال تخصصه المدني وعمله الوظيفي، وذلك في السنوات التي عمل فيها بالمجال العام، سواء في المجال الإنساني والتنمية، أو في العمل السياسي، أو في الخدمة العسكرية التي سبقت هذا كله. ولقد كانت له في تلك المجالات مساهمات حيوية مشهودة وبارزة في كثير من القضايا التي تشمل: العمل الإغاثي، وإحياء دور المجتمع المدني، وتفعيل المصالحة الوطنية، والمساهمة في مرتكزات العمل السياسي العام (وضع الدستور، مؤتمرات المصالحة، كتابة الدستور «دستور عرته» في جيبوتي)، وكذلك تأسيس المدارس والجامعات الأهلية والمرافق الخدماتية بعد تراجع دور الدولة في تقديم الخدمات الاجتماعية، فضلاً عن ترسيخ مبدإ الاعتدال الفكري ومواجهة التطرف بأشكاله المختلفة، وتحقيق الوحدة الوطنية، والمشاركة في المفاوضات المتوقفة من حين لآخر بين الشمال والجنوب، ومناصرة قضايا المرأة والشباب.

وربما يتميز هذا الكتاب عن غيره من الكتب التي ألفها المؤلف سابقًا بالتوازن في موضوعاته، والثراء في مراجِعِهِ، والتنوع في مصادره الأولية والثانوية. والسبب في ذلك يرجع في الأساس إلى الفترة الزمنية الطويلة التي قضاها المؤلف في إخراج الكتاب، وشمولها بين الدراسات الميدانية والنظرية، وهو جهد استغرق سنوات متتالية، محاولاً من خلال هذا العمل إعادة اكتشاف تاريخ الصومال من جديد وتفسيره تفسيرًا أكثر توازنًا وشمولية.

ولذلك، فإن هذا الكتاب هو كتاب تثقيفي يمسّ موضوعات جديدة في دراستها، وبالغة الأهمية على المستوى العام، ويمكن أن يستفيد منه الجميع بمن فيهم العاملون في العمل السياسي بشكل عام. وقد تكون الجداول والخرائط التوضيحية والإحصائيات الرقمية والرسومات البيانية التي يحتويها الكتاب إضافة جديدة تساعد في تقريب الصورة وتقديم الخلاصة الموضوعية وتبسيط

بعض المفاهيم الجديدة في سياق الموضوع الذي يحتويه الكتاب.

وأعتبر نفسي محظوظًا أو مكرَّمًا بدعوة المؤلف إلى المساهمة في إخراج الكتاب والإشراف على ترجمته إلى العربية، وتشريفه لي بكتابة هذه التقديمة للكتاب بلغة الضاد. وأخيرًا، أرجو أن ينال الكتاب إعجاب القراء باللغة العربية، كما نال إعجاب القراء باللغة الإنجليزية من قبل، وليعلم الجميع أن المؤلف منفتح على الاستماع إلى أي ملاحظات بنّاءة لما يحويه الكتاب؛ آملاً أن يؤخذ ذلك في الحسبان في الطبعات.

سيد عمر معلم عبد الله
الكويت في: نيسان/ إبريل 2024م

الفصل الأول

مقدمة: تاريخ الصومال

﴿إِنَّ ٱللَّهَ لَا يُغَيِّرُ مَا بِقَوۡمٍ حَتَّىٰ يُغَيِّرُواْ مَا بِأَنفُسِهِمۡۗ﴾

(الرعد: ١١)

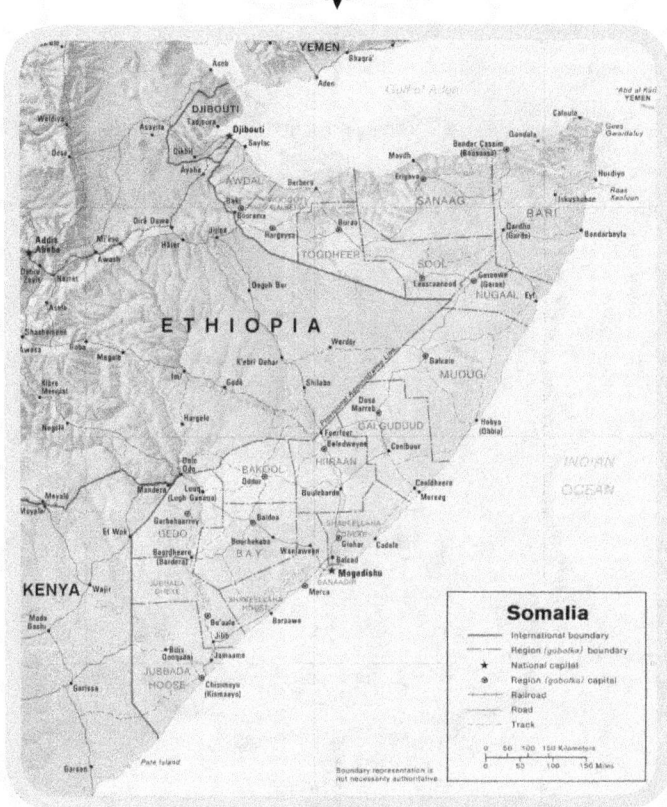

الخريطة (١):

الخريطة السياسية لجمهورية الصومال الفيدرالية

«إن أفضل طريقة لتدمير شعب ما هي نسف وإنكار فهم هذا الشعب لتاريخه».

-جورج أورويل

مقدمة: تاريخ الصومال

لقد مرَّ الشعب الصومالي بمراحل مفصلية تاريخيةٍ كبيرة قبل أن ينجح في استعادة دولته التي انهارت قبل ما يقارب ثلاثة عقود. إن صراع النخبة على السلطة ـ الذي استحال إلى حربٍ أهليةٍ نشبت أحيانًا باسم القبائل وأحيانًا أخرى باسم الإسلام ـ أطال الكرب الصومالي وحطّم الكرامة الوطنية، إلا أن الحنين لإحياء القومية الصومالية تنامى مع صحوة جيلٍ جديدٍ نشأ أثناء الحرب الأهلية، كلاجئين نازحين في الشتات وأناسٍ تجرّعوا ألم فقدان دولتهم. ورغم أن طبقة القوميين الصوماليين الصاعدة حملت الكثير من السمات المشتركة مع القوميين الذين سقطوا، غير أن مهمة إعادة بعث دولة جمهورية الصومال ما بعد الاستعمار قد انتهت إليهم بعد سقوطها في عام ١٩٩١.

يُضاف إلى ذلك أن القوميين الصاعدين باتوا أكثر وعيًا الآن بثقافة مجتمعهم وباتوا يقرّون بدور القبيلة والإسلام في الواقع الاجتماعي على أمل إيجاد شيءٍ من التوافق بين هذين الطيفين والدولة الصومالية. ولقد مثّل هذا المفهوم انقلابًا كاملاً في النسق عن رؤية القوميين الصوماليين القديمة الذين ـ بقبولهم نظرية الحداثة ـ حاولوا تقزيم دور التراث المتمثل في القبيلة والإسلام؛ وهو ما يعني

توفير أرضيةٍ لإحياء وطنيةٍ صوماليةٍ أكثر نضجًا وخبرة. ومن وجهة نظر القوميين الذين تنامى دورهم، لم تعد هناك حاجة لوضع برامج تستعجل إنهاء القبلية؛ إذ صار هناك إقرارٌ وإيمانٌ بأن إنهاء القبلية يتطلب تنمية اجتماعية- اقتصادية ورعاية طويلة الأمد للأفكار العالمية.

أما فيما يتعلق بمشروع «الصومال الكبرى»، فإن هؤلاء القوميين الصاعدين كانوا واعين تمام الوعي بما يجمع الصوماليين في القرن الإفريقي وامتدادهم في الشتات من عناصر اللغة والعقيدة المشتركة، والطموحات والمصير الواحد، فضلاً عن الارتباطِ العاطفيِّ الحي، والشعورِ بالانتماء الجمعي، الذي سيبقى للأبد متجذرًا في أعماق قلوب الصوماليين، إلا أن مفهوم «الصومال الكبرى»، كما تم وضعه من قبل القوميين القدامى، واجه تغيراتٍ ملحوظةً بالانتقال من مشروع وحدة سياسية إلى مشروع تكامل ثقافيٍّ واقتصادي. هذا الانتقال جاء تدريجيًّا بسبب فشل المشروع في اختبار قراءة التاريخ. فلم تعد هناك فرصة ملائمة المفهوم القديم لـ»الصومال الكبرى» في حقبة جديدة من العولمة وبناء كتل سياسية واقتصادية أكبر، تحرص به كل الدول في إفريقيا على الوحدة. كذلك ليس هناك متسع لأولئك الذين يسعون إلى إحداث المزيد من التقسيم لدولة تعاني الفرقة؛ دفاعًا عن كيانٍ انفصالي، ويستندون في ذلك فقط إلى التقسيم الاستعماري التاريخي للأمة الصومالية.

وهكذا كان لابد من إعادة بناء تاريخي موضوعي، والقيام بتفكيك الأفكار السقيمة، التي فشلت في الصمود أمام اختبار التاريخ لضمان بروز جيلٍ صاعد من القوميين. هذا لأن الجيل الجديد يحتاج إلى تحقيق الغاية من إدراك تاريخه بطريقةٍ موضوعية؛ فكان مما تقتضيه عملية إعادة البناء تسليط الضوء على مواطن الزلل في الصومال سعيًا لتصحيحه، مع تنمية واستمرار العناصر الناجحة، إضافة

إلى أن إعادة البناء التاريخية لابد معها من إدراك أن سقوط الدولة الصومالية لم يكن ببساطة خطإ الفاعلين السياسيين والأعداء الخارجيين، وإنما كان وراء هؤلاء السياسيين أكاديميون أساءوا تفسير التاريخ، وقدموا مفاهيم خاطئة لبناء الدولة، وغرسوا أيديولوجياتٍ فكّكت فكرة «الصومالية» نفسها، بل إن بعض أولئك المدعين حصولهم على الشهادات الأكاديمية، برَّروا وشاركوا في الصراعات والحروب الأهلية الدامية. لذلك، فإن التأريخ الصومالي يتطلّب مراجعةً نقديةً وتحقيقًا واسعًا لغربلة النتاج المعرفي الذي عمّق وبرّرَ انقسام المجتمع الصومالي.

هذه المهمة العظيمة هي ما يحاول هذا التأريخ الموضوعي المختصر للصومال أن يقدمه كإسهام به متواضع سعيًا لإدراك التاريخ الصومالي. إن «إدراك التاريخ «هو أمر ضروري لتعزيز حسّ الارتباط بالوطن وفهم تحديات الماضي وأزماته، وللحفاظ على الذاكرة الجمعية، وإحياء مفهوم الأمة التاريخية. ولابد من طرح العديد من الأسئلة المهمة التي يجب علينا المرور عليها سريعًا لرسم أساسٍ لهذا الموضوع، من هذه الأسئلة: ما معنى التاريخ؟ من المؤرّخون؟ ما تعريف التأريخ ودوره؟ وما معنى فلسفة التاريخ؟

إنّ فهم مثل هذه المفاهيم سيساعد في فهم فكرة الموضوع العام للكتاب. فكلمة «التاريخ» (history) دخلت اللغة الإنجليزية من المصطلح الفرنسي: *historie*، والكلمة اللاتينية: *historia*، والبناء اليوناني: *historie*[(4)]، وأصل هذا المصطلح اليوناني مرتبط بالأفعال: «يرى»، و»يعلم»، ومن ثَمَّ بالتحقيق والمعرفة. وظل معنى «التاريخ» يشترك في نفس المعنى مع «القصة» حتى القرن السادس عشر، وكان يدل على أي روايةٍ للماضي، سواء أكانت حقيقيةً أم متخيَّلة. ومنذ

---

(4) http://www.etymonline.com/index.php?term=history
(تم الوصول في ٦ فبراير/ شباط ٢٠١٧).

ذلك الحين، أخذت كلٌّ من الكلمتين سماتٍ متغايرة؛ فاتجهت كلمة «القصة» لتفيد معنى السرديات المُتخيَّلة فقط، سواءٌ أكانت واقعًا متخيّلاً أم فانتازيا، بينما ارتبطت كلمة «التاريخ» بالسرديات الحقيقية المتماسكة للماضي التي تشتبك بالأحداث على أنها نتاجٌ معين لزمانها ومكانها.

لذلك، فدراسة «التاريخ» هي دراسةٌ للحقائق كما نراها حول الماضي. وعلى هذا النسق التدريجي، أخذ معنى كلمة «التاريخ» شكله النهائي، واقتصر بشكل رئيسي على ثلاثة استنباطات متداخلة؛ الأول: سرديات كل الماضي البشري، أو التاريخ المسجَّل للحضارات البشرية، وبناء سردياتٍ كهذه يستخدم أدلةً تاريخيةً، مثل: القصص الشعبية، والذكريات، والمصنوعات البشرية القديمة، والمواد المكتوبة. وبذلك، فالأحداث التي وقعت قبل التدوين المكتوب يشار إليها عادةً بـ«ما قبل التاريخ»[5].

وهذا المصطلح يعني أولاً: أنه لا وجود لتاريخ ما لم يكن هناك سجل، إلا أن هذا المصطلح نُبِذَ نظرًا لكونه مصطلحًا انتقاصيًّا، رغم أنه لم يُنحَت له مصطلحٌ بديلٌ؛ لأنه يُقصي 99.8% من الوجود الكلي للبشرية[6]. ثانيًا: هذا المصطلح يدل على ما كتبه المؤرخون على شكل سرديات حول الماضي، وكانوا يرصدون ويحللون ويراجعون سجلات وتأويلات سابقيهم. ثالثًا: المصطلح المكتوب الذي يبدأ بحرف كبير (History)، هو أيضًا موضوعٌ أكاديميٌّ يفحص ويحلل تتابع الأحداث الماضية ويحدّد أنماطًا للأسباب والنتائج. يُضاف إلى ذلك أن التاريخ هو بمثابة المختبر لتجارب البشرية، والذي تقدّم نتائجه كأساس مبني

(5) S.J. De laet (ed.), *History of Humanity: Prehistory and the beginning of Civilization*, Vol.1, first edition (Routledge, 1994), 94-95.

(6) المصدر السابق، ٩٤.

على الأدلة لتحليل كيفية عمل المجتمعات والعوامل التي شكَّلت التاريخ والتغيرات التي وقعت على مدى السنين. وهو أيضًا يقدم استبصارات للتجربة البشرية في الزمان والمكان، ويمكّننا من استنباط الدروس من الأخطاء والنجاحات السابقة، إما من بتجنب ونبذ الأخطاء، أو محاكاة وتطوير مواطن القوة على التوالي. ولا شك أن هذا الأمر من الأهمية بمكان؛ حيث إن الحاضر هو نتاج الماضي، والذي يشكل بدوره أساسًا للمستقبل.

المفهوم الثاني الذي نحتاج إلى استيعابه هو فهم طبيعة المؤرّخين، وما الذي يفعلونه ليسطّروا التاريخ. فالمؤرخون هم مهندسو التاريخ الذين يتعقبون بلا كلل حياة أسلافنا سعيًا لفهم الظروف التي عاشوها وعانوا خلالها، والأحداث المفجعة التي ألمّت بهم، إضافة إلى أفراحهم وأتراحهم واعتقاداتهم ورؤاهم للعالم. بعد ذلك، يضعون مواد مصادرهم في قالبٍ لبناء سرديةٍ تاريخيةٍ متناسقة مترابطة. ومثل المهندسين الذين يبنون المنازل أو الجسور أو أي بنيةٍ تستخدم موادَّ خام أو مصنَّعة لتشكل قوالب ذات أشكالٍ مختلفة من البنى والأشكال؛ يبني المؤرخون التاريخ من هذه المواد الخام التي تُسمّى «المصادر الأساسية»، و»المصادر المُصنَّعة» التي تُسمّى «المصادر الثانوية»[(7)]. ويتناول التاريخ حقلاً واسعًا من الدراسة، وهو مُقسَّمٌ إلى حقولٍ فرعيةٍ تؤسّس بدورها حقولاً أكاديميةً أكثر تخصصًا. ورغم أن تقسيمًا فرعيًا كهذا ليست له حدود مرسومة بشكلٍ واضح؛ فبحسب جامعة كنتاكي، هناك ستة أنواعٍ من التاريخ، هي: السياسي،

---

(7) An Introduction to Historical Sources. Available from http://archives.govt.nz/exhibitions/currentexhibitions/chch/downloads/RHS-201-Introduction-to-Historical-Sources.pdf
(تم الوصول في ٧ شباط/ فبراير٢٠١٧).

والديبلوماسي، والاجتماعي، والثقافي، والاقتصادي، والفكري[8].

ويُركّز المؤرخون أكثر ما يركزون على التاريخ السياسي، مثل: تاريخ الحضارات، ونهوض وسقوط الإمبراطوريات، والأنواع المختلفة من الحكومات. وهذا يرتبط بشكل وثيق بما يتعلق بتاريخ الحضارات البشرية، إضافةً إلى التجارب التاريخية المحددة لأمة محدّدة. والتاريخ ـ باعتباره تفسيرًا ذاتيًا للمؤرخين من ناحية واستناده إلى قاعدة من الوقائع الفعلية من ناحية أخرى ـ يرسم حوارًا ونقاشاتٍ ثرية بين المؤرّخين الذين تصب اهتماماتهم في البحث في تاريخ النشاطات البشرية ودراستها وكشف هياكلها لتحقيق فهمٍ جوهريٍّ يتحلّى بموضوعيةٍ عالية، كما أن المؤرّخين لا يدّخرون جهدًا لضمان موضوعيتهم، وإضفاء بُعد النقد على عملهم في سبيل تجنّب الأخطاء، وهم يعملون على فكّ رموز الحقائق التاريخية.

ومن نافلة القول: إن وقائع التاريخ البشري لم تسجّل بكاملها، وكلما عاد الإنسان بنظره للوراء في عجلة الزمن، أصبحت المصادر التاريخية المسجّلة أكثر ندرة، إلى أن نصل إلى نقطةٍ بلا تاريخ. وإنه من البديهي الإشارة إلى أن المؤرّخين لا يمكنهم معرفة كل شيء، أو حصر جميع المصادر المرتبطة بمواضيع كتاباتهم التاريخية. لذلك، فالمؤرخون ينتقون من المصادر المتاحة ما يعدونه مهمًّا وذا صلة بما يكتبون، وقد يعيدون صياغة أجزاءٍ من الماضي ـ أو بمعنى آخر «يؤولونها» ـ لملء الفجوات التاريخية، ولا سبيل لذلك إلا من خلال تخيلاتٍ إبداعيةٍ قد تكون مبنيةً على أدلةٍ قليلةٍ أو بلا أدلةٍ على الإطلاق.

---

(8) انظر: types of History by fields, produced by the University of Kentucky. Available from http://www.uky.edu/~dolph/HIS316/handouts/types.html (تم الوصول في شباط/ فبراير ٢٠١٧).

ومن الجدير بالذكر أن معظم المؤرخين لا يقدّمون كل الحقائق الموجودة، بل يركّزون على الحقائق التي تدعم رؤيتهم للعالم ومدرستهم الفكرية، بينما يستصغرون أو ينتقصون حقائق أخرى يعدونها غير فاعلةٍ بوصفهم إياها بأنها حقائق تافهة أو لا تستحق الذكر؛ فتراهم أحيانًا يُضخّمون ما يناسب مجتمعاتهم واعتقاداتهم، وينتقصون ما يعدونه معاديًا بإنكار صلته بالموضوع. وتلك هي العقلية التي يحملها البعض ممن يدعون أنهم مؤرخون موضوعيون، ويمكن وصفهم بأنهم «مؤرخون متحيزون»(9)؛ حيث يتلاعب هؤلاء المؤرخون بالأدلة التاريخية، بل يسيؤون تقديمها عن قصد؛ لدعم رؤاهم السياسية. وهذا هو السبب الذي يجعل من التاريخ عملية ذاتية لإعادة خلق أحداث الماضي وتفسيرها بما يتوافق مع رؤًى متعددةٍ بناءً على نظرياتٍ مختلفةٍ معنيةٍ بالسلوك البشري.

ويُفهم من هذا أن اختصاص المؤرّخين لا يقتصر فقط على اكتشاف ما حدث بالماضي، بل نراهم يشتبكون كذلك بمعركة الأيديولوجيات وصراعات الاعتقادات؛ وبذلك تصبح الموضوعية المطلوبة مفقودة أو نادرةً جدًّا في هذا السياق.

المفهوم الثالث الذي يجب تحديده هو: تعريف «التأريخ» (historiography)، ويُعرّف ببساطة بأنه دراسة تاريخ الكتابات التاريخية، أو بنية الأدبيات التاريخية، والذي يعني كل ما يوظفه المؤرخون من أدوات لتدوين التاريخ، ووضع بنيةٍ للعمل التاريخي حول موضوع معين وتفسيراته المختلفة(10). ولا تقتصر عناية

---

(9) William H. McNeill, Mythistory, or Truth, Myth, History and Historians. Available from https://www2.southeastern.edu/Academics/Faculty/jbell/mcneill.pdf

(تم الوصول في ٧ شباط/ فبراير ٢٠١٧).

(10) Conal Furay and Michael Salevouris, *The Methods and Skills of History: A*

التأريخ بدراسات أحداث الماضي- على طرف النقيض من الدراسات التاريخية- بل إنه ينقّب في تفسيرات تلك الأحداث في أعمال مؤرّخين بعينهم [11].

وتعد دراسات التأريخ ذات أهمية بالغة للأمم المستعمَرة؛ لأنها تحتاج- كجزء من سعيها للتحرر- إلى إعادة النظر، واكتشاف التفسيرات التاريخية المختلفة لإنتاج السرديات التاريخية لبلدانهم. لذلك، عليها أن تغربل وتحلّل الأدبيات التاريخية التي أنتجها الأنثروبولوجيون المستعمرون والمؤرّخون الهواة.

وبالنظر إلى السياق الصومالي، فإنه من الضروري تحليل الأدبيات التاريخية التي كتبت في الحقبة ما بعد الاستعمارية، والتي كُتِبَ بعضُها بنمط سرديات الدولة الرسمية، أو بالانحياز للقبيلة. وقد اتسمت الحقبة ما بعد الاستعمارية بتصاعد معارك الأيديولوجيات؛ فالليبرالية مقابل الاشتراكية والإسلاموية، التي قدّمت تفسيراتٍ مختلفةً للأحداث التاريخية. وبهذا، فإن دراسات التأريخ تكتشف عن الرؤى المختلفة المستخدمة في التحليل التاريخي وتستنبط تفسيراتٍ خلافية، وفجواتٍ تاريخيةً، وقضايا مفقودةً أو لم تنل حقها من المعالجة في سياق حدثٍ تاريخيٍّ محدّد.

وتدور الأسئلة الشائعة في التأريخ حول موثوقية المصادر، ومصداقية الكتاب، وأصالة النصوص أو فسادها، والتفسيرات المختلفة، وما وراء السرديات التاريخية. فيُغطّي تأريخ أي موضوع محدد كيف درس المؤرخون هذا الموضوع، وما

Practical Guide (Harlan Davidson Incorporated, 1988), 223.

إضافة إلى ذلك، راجع:

Tej Ram Sharma, *Historiography: A History of Historical Writing* (Concept Publishing Company, 2005).

(11) Fury and Salevouris, The Methods, 223.

المصادر المستخدمة، وما الطرق التاريخية المتبعة(12). وتتم دراسة التأريخ من خلال مواضيع، مثل: كتابة تاريخ إفريقيا، وكتابة تاريخ التطور الحديث للإسلام(13)، وكتابة تاريخ انهيار الدولة الصومالية، وهكذا.

ملاحظات مختصرة حول التأريخ الصومالي

يهيمن على التأريخ الصومالي الحديث رؤى استشراقية وأنثروبولوجية تركز على البدائية والطبيعة المستقرة للبنى التقليدية؛ حيث تمنح هذه الرؤى عامل القبلية اليد الطولى على جميع الجوانب الأخرى. وينتمي علماء هذه الرؤى إلى مدرسة التحديث، التي تركز على الانتقال من التقليد إلى الحداثة. وتقوم سردية نظرية التحديث على اعتقاد أن المجتمعات التقليدية يمكن تنميتها بمساعدة الدول المتقدمة بالطريق نفسه الذي سلكته الدول الغربية الأكثر نموًّا. ويقوم جوهر هذه النظرية على تهميش التراث؛ وهو ما يشير في الحالة الصومالية إلى «الإسلام والقبيلة».

---

(12) Patrick Manning, "African and World Historiography." The Journal of African History / Volume 54 / Issue 03 / November 2013, 319 – 330.
انظر أيضًا:
Bathwel A. Ogot, "African Historiography: From Colonial Historiography to UNISCO's General History of Africa." Available from http://rjh.ub.rug.nl/index.php/groniek/article/viewFile/16429/13919
(تم الوصول في ٧ شباط/ فبراير ٢٠١٧).
أيضًا:
Lidwien Kapteijns, "The Disintegration of Somalia: A Historiographical Essay." Bildhaan: An International Journal of Somali Studies, Vol. 1, 2008.
(13) Note: وعلى الرغم من أن التطور الحديث للإسلام يستخدم على نطاق واسع كمصطلح في الدراسات الغربية للإسلام، إلا أنه يمكن إحياء فهم الإسلام، وليس دين الإسلام، الذي يحتفظ بمصدريه الرئيسيين: القرآن والسنة النبوية

ولمّا كان ذلك هو النسق السائد في الخمسينيات والستينيات؛ فقد اتبع معظم قادة الحركات الوطنية نظرية التحديث في حقبة ما بعد الاستعمار، بمن فيهم القوميون الصوماليون، ويمكن تلمس هذا التوجه بصورةٍ واضحةٍ في كتابات المستشرق ريتشارد بورتون والأنثروبولوجيين آي. إم. لويس وإنريكو جيرولي، وقد تم تمريرها لطلابهم بيرهارد هيلاندر، وفيرجينيا لولينج، وسعيد سمتر. وهناك باحثون آخرون فيما بعد الحقبة الاستعمارية انتقدوا الطريقة والأيديولوجيا والخطابات الاستشراقية مثل إدوارد سعيد وآخرون. ووفقًا لإدوارد سعيد، فإن النسق الاستشراقي سمح للباحثين الأوروبيين بتمثيل العالم الشرقي على أنه متخلف حضاريًّا، وغير عقلاني، ووحشي، بعكس أوروبا الغربية المتفوّقة والمتقدمة، والتي تتمتّع بالعقلانية والمدنية؛ أي على طرف نقيض من الآخر الشرقي، بينما كان القوميون الصوماليون من جانبهم متأثرين بنظرية التحديث، وتبنوا برامج وسياسات وطنية لإنهاء تراث القبيلة، وتبنّى النظام العسكري، إضافةً إلى اتباع سياسة تقدمية لإنهاء القبلية: «*Dabar-goynta Qabyaaladda*"، كما عومل الإسلام على أنه جزءٌ من الثقافة الاجتماعية، وليس دليلاً شاملاً لكلّ جوانب حياة المسلم.

ومع ذلك، فقد تعرّضت الكتابات الكثيرة التي أنتجها مؤيّدو هذه الرؤية للانتقادات في ظلّ قصور مداها وأخطاء تفسيراتها، فضلاً عن إهمال «الخصوصية التاريخية عند استخدام المفاهيم الرئيسية»[14]. وهنا، تحدّت الرؤية الأخرى المنافسة افتراضات رؤية التحديث، وتبنّت رؤيةً نقديةً تدّعي الحفاظ على الخصوصية والتاريخية في تحليلاتها، وظهر التأثر بالأفكار الماركسية على

(14) Abdi I. Samatar, "Destruction of State and Society in Somalia: Beyond the Tribal Convention", *The Journal of the Modern African Studies* 30 (1992): 625-641.

الباحثين الذين اقترحوا رؤيةً تحولاتيةً، متأثرين بأفكارٍ ماركسية، أبرزهم: ليدوين كابتيجنس، إضافة إلى أحمد سمتر، وعبدي سمتر، اللذين غيّرا محاججتهما لرؤية أكثر شموليةٍ قائمةٍ على تحليل المجتمع الصومالي التقليدي ضمن نموذجٍ ثلاثيٍّ يجمع الارتباط بالقبيلة (*tol*)، والقانون التقليدي الصومالي «حير» (*xeer*)، والشريعة الإسلامية. كما نظّر أحمد سمتر للحاجة إلى رسم تآلفٍ ناجح بين رابطة الدم الصومالية والتعاليم الإسلامية والنظرية السياسية العلمانية[15].

وبحسب هذه الرؤية، فإن الديناميات والتفاعلات الداخلية بين عناصر هذا النموذج (القبيلة، القانون التقليدي، الإسلام) مترابطةٌ ديالكتيكيًا، ويجب أن تتم مصالحتها مع الحداثة المنتشرة الممثلة بالدولة وسياقها المعولم، إلا أن أحمد سمتر يقرّ كذلك بأن «تحدي التحول هو تحدي تحقيق التآلف بين العناصر المتصارعة»، وأنه «لا مفرّ من اتباع تغيير المواقف والاتجاهات بالأخذ بقوةٍ بأعباء بناء المنظّمات والمؤسّسات الضرورية»[16].

ولقد طفت نزعةٌ تعديليةٌ(Revisionism) بعد انهيار الرؤية، وانطوت هذه النزعة على نقد الرؤيتين المشار إليهما أعلاه، لقبولهما بالأساطير القائمة واستغلال السرديات الرسمية التي ساهمت في وضع مفاهيم الصومال القديمة. وينطلق العلماء الذين تبنّوا هذه الرؤية من إزالة الصورة المحافظة للقومية

---

(15) Ahmed Samatar, "The Curse of Allah: Civic Disembowelment and the Collapse of the State in Somalia" in Ahmed Samatar (ed.), *The Somali Challenge: From Catastrophe to Renewal?* (Lynne Rienner, 1994), 138

(16) وجهة نظر أحمد سمتر حول دور الإسلام في إعادة بناء الدولة الصومالية، يُرجع إلى الهامش ١٠٤ في المصدر السابق؛ حيث يشير إلى أطروحة ماجستير لمؤلف هذا الكتاب.
Abdurahman Abdullahi, Tribalism, Nationalism and Islam: The Crisis of Political Loyalties in Somalia. MA thesis submitted to the Institute of the Islamic Studies, McGill University, 1992.

الصومالية التي وضعها القوميون الصوماليون المثاليون، والمؤرخون الاستعماريون، والمصالح القبلية فيما بعد الحقبة الاستعمارية المهيمنة. وإضافة إلى ذلك، فإنهم ينتقدون التاريخ القائم بوصفه تاريخًا شوفينيًا، يركز على الرعويين الشماليين؛ لإقصاء السكان الزراعيين الجنوبيين في الصومال. فما قام به المراجعون - بالنظر إلى ذلك - هو إعادة دراسة الرموز والأساطير الوطنية التقليدية، مثل: التجانس العرقي، والوحدة اللسانية، والتجربة التاريخية المشتركة.

وضمّ هذا الطيف عددًا من المفكرين، أبرزهم: محمد مختار، وعلي جمعالي، وعبدي كوسو، وحسن مهدالله، وكاثرين بتمان. ويمكن تتبع الموضوعات الكبرى لرؤاهم في عملين أُلِّفا في السنوات الأخيرة، ويضمّان الأوراق المجموعة تحت عنوان: « الصومال تحت المجهر(The Invention of Somalia)"، بقلم البروفيسور علي جمعالي أحمد، و"وضع العربة قبل الحصان" (Putting the Cart before the Horse) بقلم البروفيسور عبدي كوسو.

ويتطرق الباحثون التعديليون إلى الفوارق بين المناطق، وتأثير القبلية على التفسيرات التاريخية، والشكاوى التي أثيرت حول أحادية الجانب والتحيّز في الدراسات الصومالية للثقافة البدوية الشمالية. إلا أنه - وبحسب نقد إدوارد آلبرز - فإن المؤرّخين الإصلاحيين وقعوا في النمط نفسه الذي يسعون لاستبداله بتطويرهم «نمطًا جنوبيًا ورعويًا - زراعيًا يُخشى منه بالدرجة نفسها - على الأقل - من التمركز حول الذات»[17]. إنهم يخلقون ثنائيةً من الشمال البدوي مقابل الجنوب الرعوي - الزراعي، والذي يزيد بدوره من انقسام المجتمع الصومالي.

---

(17) Edward Elper, "On Critique of the Somali Invention" in Ali Jimale (edit.), *The Invention of Somalia* (The Red Sea Press, 1995), 223-232.

أما المنظور الرابع الناشئ للتحليل التاريخي، فقد تبنَّاه كاتب هذه السطور. هذا المنظور ينتقد المنظورات الثلاثة الأخرى؛ لتجاهلهم وإقصائهم للمرأة والإسلام في بحوثهم وتحليلهم التاريخي. ولقد بدأ هذا المنظور بدراسات الأزمة المتعلقة بالانتماءات السياسية للعشائر والقومية والإسلام، والتي يتمسك بها معظم الصوماليين[18]. وهي على تعددها واختلاف مشاربها- والتي تخلق نوعًا من الصراع الداخلي داخل الأفراد والمجتمعات والأمة بأكملها- تتطلَّب طرقًا حصيفةً لتحقيق التصالح والتآلف. وهذا المنظور يرى أن دور الإسلام والنساء كانا عنصرين مفقودين من التأريخ الصومالي في عهد الاستعمار وما بعد الحقبة الاستعمارية[19].

ولذلك، فإن هذا المنظور الشامل (comprehensive perspective) يقترح إعادة النظر بالدراسات الثنائية من القبيلة مقابل الدولة (Qabiil iyo Qaran)،

---

(18) Abdullahi, Tribalism, Nationalism and Islam.
(19) دراسة النساء الصوماليات حقل ناشئ، وهناك تأريخٌ جديدٌ حول هذا الموضوع. انظر:
Lidwien Kapteijns, "Women and Crisis of Communal Identity: The Cultural Construction of Gender in Somali History", in *The Somali Challenge: From Catastrophe to Renewal?* Ed. Ahmed Samatar (Colorado: Lynne Reinner Publishers, 1994), 212, Mohamed Haji Ingiriis, 'Sisters; was this what we struggled for? ': The Gendered Rivalry in Power and Politics. Journal of International Women 's Studies Vol. 16, No. 2 January 2015, 382; Christine Choi Ahmed. "Finely Etched Chattel: The Invention of Somali Women" in *The Invention of Somalia*, edited by Jimale Ahmed. (Lawrenceville: The Red Sea Press,1995); Judith Garner, and Judy Al-Bushra, *Somalia: The Untold Story, the War Though the Eyes of Somali Women* (London: Pluto Press, 2004). Kapteijns, Lidwien, and Maryan Omar Ali. *Women's voices in a man's world: women and the pastoral tradition in Northern Somali Orature*, c.1899-1980 (Portsmouth, NH: Heinemann, 1999); Hamdi Mohamed, *Gender and the Politics of Nation Building: (Re) Constructing Somali Women's History* (Lambert Academic Publishing, 2014).
هناك أيضًا عدد من أطروحات الماجستير والدكتوراه.

وتحويله إلى مفهوم أوسع، المجتمع مقابل الدولة (*Bulsho iyo Qaran*). بهذه الحالة، وبينما يتم التصالح مع الدولة كونها ناتجًا للاستعمار، فإن التغير البنيوي يمكن تبنيه بسهولة، إلا أنه يجب رؤية المجتمع على أنه متحوّل، وهو ليس متمركزًا حول القبيلة بشكلٍ جوهري، كما يرى المنظور الأنثروبولوجي. وبالاضافة إلى ذلك، وضمن ديناميات القبيلة، فإنه يجب الأخذ بعين الاعتبار أن الهيمنة الذكورية التي همّشت النساء بنزعةٍ تقليدية في عملية صناعة القرار ضمن المجتمع قد تغيّرت بشكل بارز بعد انهيار الدولة، كما يجب عدم إهمال الحركة الإسلامية، التي تطورت بشكل فارق بعد انهيار الدولة، في التحليل التاريخي الشامل[20].

وهذا المنظور يؤمن بأن أي بناء دولة تصالحية ناجحة يتوّقف على التصالح بين الوطنية والإسلام من ناحية، وتكييف الارتباطات القبلية من ناحية أخرى، وهو ما اقترحه الكاتب؛ إحقاقًا لهذا الهدف، وقد أسماه «تصالحًا شاملاً»، أو بمعنى آخر: «التصالح بين الدولة والمجتمع»، والذي يلتقي في المبدأ مع «التأليف الثلاثي»، المقترح مؤخرًا من أحمد سمتر بطريقةٍ أكثر تطورًا وثراءً[21].

---

(20) Abdurahman Abdullahi, *The Islamic Movement in Somalia: A Case Study of Islah Movement (1950-2000)* (Adonis & Abbey, 2015).

أيضًا:

Abdurahman Abdullahi, *Recovering the Somali State: Islam, Islamism and Transitional Justice* (Adonis & Abbey, 2016).

الفكرة بأكملها وراء هذا المنظور بدأت بأطروحة ماجستير عبد الله (مؤلف الكتاب).

(21) Abdurahman Abdullahi (Baadiyow) and Ibrahim Farah, Reconciling the State and Society in Somalia.

متاح على: https://www.scribd.com/document/15327358/Reconciling-the-State-and-Society-in- Somalia

(تم الوصول في ٢٠ شباط/ فبراير ٢٠١٧).

ملاحظات مختصرة حول فلسفة التاريخ

تقدّم فلسفة التاريخ تأسيسًا مفاهيميًّا لدوافع التاريخ، مثل: دور الله (الإله)، والدور البشري، ودور الظروف المادية. فهي تبدأ بتحديد الوحدة المناسبة لدراسة الماضي الإنساني، هل هو الفرد بحد ذاته، أم البولِس («المدينة ــ الدولة» (polis)، أم الإقليم السيادي، أم الحضارة، أم الثقافة، أم كل المخلوقات البشرية[22]. فهي إذن تسعى لاكتشاف «أي أنماط واسعة يمكن تمييزها من خلال دراسة التاريخ، وما العوامل ــ إن وجدت ــ التي تحدّد مسار التاريخ، والهدف والمسار والقوة الدافعة للتاريخ»[23].

إن فلسفة التاريخ مختلفةٌ عن التأريخ وتاريخ الفلسفة؛ فالتأريخ معنيٌّ بالمناهج وتطور التاريخ، بينما يُعنى تاريخ الفلسفة بدراسة تطور الأفكار الفلسفية عبر الوقت. وهناك ــ بصورةٍ عامةٍ ــ ثلاثةُ أفكار رئيسية للتاريخ ضمن التقليد الغربي؛ وهي: دورية التكرار، والربوبية، والحتمية[24]. وكان اليونانيون أول من أرسى المفاهيم الأولى لدورية التكرار، وقد ذهبوا إلى أن التاريخ ليست له بداية ولا نهاية ولا هدف، لكنه يكرّر ذاته بحركة دورانية، تمامًا مثل دورة الفصول الأربعة: الربيع، والصيف، والخريف، والشتاء، عامًا بعد عام. وهذه الفكرة تنظّر لخلوِّ التاريخ من المعنى، وأنه لا يوجد إلهٌ أو مغزًى من الأحداث. ولقد تطوّرت فكرة دورية التكرار لاحقًا في الصين وفي العالم الإسلامي على يد ابن خلدون، وتم تطبيقها بنهوض وسقوط الدول والإمبراطوريات[25]. ففي الغرب، تم

---

(22) http://www.newworldencyclopedia.org/entry/Philosophy_of_history
(23) المصدر السابق.
(24) لوصف وتحليل لمساعي كتابة التاريخ، وفلسفة التاريخ، والتأريخ، ارجع إلى:
Andrew Szanajda, *Making Sense in History: Historical Writing in Practice* (Bitngduck Press LLC, 2007).
(25) Ibn Khaldun, *An Arab Philosophy of History: Selections from the Prolegomena*

استخدام رؤية دورية التكرار لتفسير نهوض وسقوط الإمبراطوريات، بالنظر إلى الماضي الإنساني على أنه سلسلة من النهوض والسقوط المتكرر(26).

والنظرة الفلسفية الثانية هي النظرة الربوبية للتاريخ (النظرة المسيحية للتاريخ)، التي تؤكّد ــ بعكس النظرة دورية التكرار ــ أن التاريخ لديه نقطة بداية، ويسير في خط مستقيم في اتجاه هدفٍ محدد. وبهذه النظرة، فإن التاريخ يقتفي الاسترشاد من الإله، وكلّ شيءٍ محدّدٌ سلفًا، والبشرية لا تستطيع فعل شيء لتغيير ما كان؛ فهي ليست أكثر من أداةٍ يحرّكها الإله(27). ولقد عمد التقليد الفلسفي الغربي إلى عكس هذه النظرة ليعتبر أن المخلوق البشري ــ لا الإله ــ هو القوة الدافعة للتاريخ. وتصدّرت هذه النظرة بدايات النظرة العلمانية للتاريخ وانبثاق النظريات الحتمية العلمانية للتاريخ(28). فعلى سبيل المثال؛ يرى هيجل أن التاريخ عمليةٌ ثابتةٌ من الصراع الديالكتيكي، تواجه به كل نظرية فكرة مضادة أو واقعة مضادة، وتتمخّض هذه العملية عن حالةٍ من التوافق. ولكن جاءت أفكار كارل ماركس معارضةً لفكر هيجل، الذي دافع عن فكرة روحانية للتاريخ، وأكد أنها الفكرة التي تقوده؛ في حين أكّد ماركس أن العوامل المادية هي التي تقود التاريخ، وقدّم نظريته لـ«المادية التاريخية»(29).

---

of ibn Khaldun of Tunis (1332-1406) (Darwin Press, 1987).

(26) Shigeru Nakayama, "The Chinese "Cyclic" View of History versus Japanese Progress", in *The Idea of Progress* (ed.) by Jurgen Mittelstrass, Peter McLaughlin, Arnold Burgen (Berlin: Walter de Gruyter &Co., 1977), 65-76.

(27) C.A. Patrides, *The Grand Design of God: The Literary Form of the Christian View of History* (Routledge Library Edition, 2016).

(28) G. W. F. Hegel, and Leo Rauch, *Introduction to The Philosophy of History: With Selections from The Philosophy of Right* (Hackett Publishing, 1988).

(29) T. Borodulina, *On Historical Materialism* (Progress Publishers in the Union of Soviet Socialist Republics, 1972).

وتخلص هذه الأفكار الثلاثة في النهاية إلى أن كل شيءٍ يحدث في هذا العالم بمعزلٍ أو بشكلٍ مستقلٍ عن الإرادة الحرة للإنسان، مبدّدةً فكرة الإرادة الحرة للإنسان، وفكرة الإنسان الحر الذي يستطيع الاختيار وتحمل الأعباء الأخلاقية[30]. وبعد رؤية بعض اللمحات من وجهة النظر الغربية لفلسفة التاريخ؛ فلابد لنا من الرجوع إلى الفكرة الإسلامية. ففلسفة التاريخ الإسلامية تقوم على أساس أن الله أعطى الإنسان الاستقلالية والعقل للحكم بشكل منطقي، وأعطاه الرسائل من خلال الأنبياء الذين يقدّمون خطوطًا إرشاديةً عامةً لكل جوانب الحياة.

ولقد جعل الله الإنسانَ «خليفة الله» لإدارة الكون بحسب خطوطه العامة، وحثّ الله الناس على استخدام فكرهم لاكتشاف القوانين الطبيعية. وقد منح الله الإنسان حرية الاختيار، وحرية طاعة أنبيائه، وقبول إرشادهم أو عصيانهم والانحراف عن إرشادهم. وبذلك، فإن الناس مسؤولون عن أفعالهم وتصرفاتهم في هذا العالم ومحاسبون عليه في العالم الآخر؛ لأنهم كانوا يملكون الفكر والحرية للاختيار. وكثيرًا ما يحكي القرآن عن سنن نهوض الأمم وسقوطها، ويحثُّ الناس على التعلم من دروس الأمم السالفة[31]. وترتبط الأسباب الرئيسية لسقوط ودمار الحضارات بالانحراف عن الرشاد الأخلاقي الذي وضعه الله- سبحانه وتعالى- على المستويين الشخصي والاجتماعي، ويتضمّن الإسلام عنصرًا ربوبيًّا في وضعه لمفهوم التاريخ، لكنه ليس جبريًّا، ولا يتجاهل دور

---

(30) لسردية مختصرة للفلسفة الغربية والشرقية للتاريخ، باستثناء الفلسفة الإسلامية، ارجع إلى: David Bebbington, *Patterns in History: A Christian Perspective on Historical Thought* (England: Inter-Varsity Press, 1979).

(31) وذلك كما جاء في قوله تعالى: ﴿لَقَدْ كَانَ فِي قَصَصِهِمْ عِبْرَةٌ لِّأُولِي الأَلْبَابِ مَا كَانَ حَدِيثًا يُفْتَرَى وَلَكِن تَصْدِيقَ الَّذِي بَيْنَ يَدَيْهِ وَتَفْصِيلَ كُلَّ شَيْءٍ وَهُدًى وَرَحْمَةً لِّقَوْمٍ يُؤْمِنُونَ﴾ (يوسف: ١١١).

الأفكار والعوامل الاقتصادية كدوافع للتاريخ[32].

إن ما يرفضه الإسلام في مفهومه التاريخي هو استثناء دور ومسؤولية البشر، أو الإشارة فقط إلى الإرادة الإلهية بمعزلٍ عن مسؤولية الإنسان[33]. بذلك ـ وبحسب هذه النظرة للتاريخ ـ يتحمّل الصوماليون مسؤولية كل ما جرى لهم في تاريخهم الممتد، وتحديدًا زعماءهم، بينما تحميل العوامل الخارجية المسؤولية وحدها غير متوافق مع النظرة الإسلامية للتاريخ. وهناك الكثير من آيات القرآن التي تحدد بوضوح المفهوم الإسلامي للتاريخ، من ذلك قوله تعالى:

﴿وَمَآ أَصَٰبَكُم مِّن مُّصِيبَةٖ فَبِمَا كَسَبَتۡ أَيۡدِيكُمۡ وَيَعۡفُواْ عَن كَثِيرٖ﴾ (الشورى: ٣٠).

إضافة إلى ذلك، هناك آية قرآنية أخرى توضح أن كل ما يجري في هذا العالم هو بسبب أفعالنا، سواء كانت خيرًا أو شرًا، قال تعالى:

﴿ظَهَرَ ٱلۡفَسَادُ فِي ٱلۡبَرِّ وَٱلۡبَحۡرِ بِمَا كَسَبَتۡ أَيۡدِي ٱلنَّاسِ لِيُذِيقَهُم بَعۡضَ ٱلَّذِي عَمِلُواْ لَعَلَّهُمۡ يَرۡجِعُونَ﴾ (الروم: ٤١).

كما أن هناك آية قرآنية جلية، تبين مسؤولية الإنسان بشكل مباشر:

﴿إِنَّا هَدَيۡنَٰهُ ٱلسَّبِيلَ إِمَّا شَاكِرٗا وَإِمَّا كَفُورًا﴾ (الإنسان: ٣).

---

(32) يعرّف "قاموس التراث الأمريكي (American Heritage Dictoinary)" الجبرية بأنها "العقيدة التي تكون بها كل الأحداث محددة المصير سلفًا، وبذلك لا يمكن تغييرها ."فيما تقول الحتمية: إن هناك سببًا لكل حدث بالضرورة .وفي كلا المفهومين، لا يملك الإنسان إرادةً حرة.

(33) Zaid Ahmed, "Muslim Philosophy of History", edited by Aviezer Tucker, *A Companion to the Philosophy of History and Historiography* (Published Online, 2009), 437- 445.

تنظيم الكتاب

هذا الكتاب هو الأول من بين سلسلة تهدف إلى إصدار نظرةٍ عامةٍ للتاريخ الصومالي بمنظورٍ شامل. ويأتي هذا المشروع الطموح- والكتب التي تتفتّق عنه- ليجيب عن تساؤلات تاريخيةٍ كبرى، باستخدام لغةٍ ميسّرة، مع دمج كل من الآليات الموضوعاتية والزمنية. الكتاب الأول يتكون من خمسة فصول(34)، بعضها نُشر متفرقًا في أوراقٍ أكاديميةٍ بمجلاتٍ متنوعةٍ أو فصول في كتب. ولقد تمّت مراجعة هذه الأوراق وتعديلها والإضافة إليها؛ لتلائم إعادة بناء المواضيع التاريخية للصومال. وكما يوضّح عنوان الكتاب، فإن إدراك التاريخ الصومالي يجول في التاريخ العريق لشبه الجزيرة الصومالية، والتاريخ القديم، وحقبة القرون الوسطى، ودور الطرق الصوفية، وتأثير الاستعمار، ونهوض وسقوط الوطنية الصومالية، وانهيار الدولة الصومالية. إنه يعالج التاريخ الصومالي بشكل موضوعي حتى انهيار الدولة.

وقد تبدو بعض أقسام هذا الكتاب- وتحديدًا الخلفيات التاريخية- متكررة، لكن يأتي ذلك بغرض تغطية كل موضوع بشكل مستقل، فبعض هذا التكرار مبرر ولا بد منه. هذه الفصول تقدّم نظرة بانورامية، ولا تهدف إلى إعطاء تحليلٍ تاريخي عميق. وبدلاً من ذلك، فهي تقدم مادة ثرية للقراءة لأولئك المهتمين بدراسات أعمق. أما الكتاب الثاني من هذه السلسلة فسيناقش الأحداث التي تلت انهيار الدولة، وسيركّز على إعادة تشكيل الدولة والمجتمع بمجالات خمسة مختلفة(35)، تتضمن: تاريخ المجتمع المدني الصومالي، إعادة تشكيل دور

---

(34) وبالفعل يتكون الكتاب من خمسة فصول، بما في ذلك الفصل التمهيدي. ويبدو أن هذا خطأ بسيط يستحق الملاحظة
(35) النص الإنجليزي الأصلي هو أربعة فصول؛ ولكنه خطأ يحتاج إلى تصحيح، لأن أبواب الكتاب خمسة إلى جانب المقدمة

النساء الصوماليات، والدور المتغير للزعماء التقليديين، وإعادة تشكيل الهوية الوطنية، وكيفية تصالح الدولة والمجتمع لإعادة بناء دولة صومالية مستقرة وقابلة للحياة. وأخيرًا، نختم باستنباط خلاصات وعرض توصيات عامة.

وقد قدّم هذا الفصل بعض التعريفات لبعض المفاهيم المهمة التي لابد منها لدراسة التاريخ. هذه المفاهيم تضمنت: معنى التاريخ، والمؤرخين ودورهم، وتعريف التأريخ، مع بعض الملاحظات حول الدراسات التأريخية الصومالية، وفلسفة التاريخ، وأيضًا الفرق بين الفلسفة الغربية للتاريخ والفلسفة الإسلامية للتاريخ. إن الوعي بمعاني هذه المفاهيم جوهري لفهم الفكرة والمواضيع العامة لهذا الكتاب. وتلخّص الفقرات التالية سريعًا الفصول الأربعة الأخرى لهذا المجلد.

ويؤسّس الفصل الثاني من هذا الكتاب لتاريخ شبه الجزيرة الصومالية من العصور القديمة حتى العصور الوسطى، ويقدّم وعيًا تاريخيًا عميقًا لتصوير شبه الجزيرة الصومالية على أنها نواة للحضارات القديمة والدول النامية المستقلة في فترة العصور الإسلامية الوسطى، إلا أن معظم التأريخ العام لشبه الجزيرة الصومالية يقدّم صورة وكأن تاريخها بدأ مع الفترة الاستعمارية، بينما لم يحظَ تاريخها القديم وتاريخها الإسلامي بالعصور الوسطى بالقدر ذاته من الدراسة[36]. ولا شك أن هذا القصور يهدم وينتقص من إحساس الفخر والوعي التاريخي للصوماليين، ويقلّل من قيمة وأهمية الحضارات الإنسانية الفريدة والغنية، والتي

(36) مؤخرًا، طور البروفيسور محمد شمس الدين ميجالوماتيس مسارًا دراسيًا حول "تاريخ الصومال ما قبل الإسلام"، متاح على:
Muhammad Shamsaddin Megalommatis, Prese-Islamic Somalia, Course Description. https://www.academia.edu/23220147/History
(تم الوصول في ١٧ كانون الثاني/ يناير ٢٠١٧).

ازدهرت قديمًا في هذه المنطقة.

إن الوعي بالتاريخ أمر أساسيٌّ لتطوير إدراك الارتباط بالوطن وفهم تحديات وأزمات الماضي، وحفظ الذاكرة الجمعية، وإحياء مفهوم الأمة التاريخية. ولذلك، فإن هذا الفصل يهدف إلى تقديم نظرةٍ عامةٍ للفترة التاريخية التي لم تحظ بالدراسة الكافية لشعب شبه الجزيرة الصومالية، ولإعادة بناء تاريخه القديم والإسلامي في العصور الوسطى بطريقة مختصرة. ويأتي دور مراجعة الأدبيات في تغطية الحضارات القديمة والإسلامية في العصور الوسطى وظهور السلطنات المسلمة في الأراضي الصومالية. ويشكّل الفصل خلاصةً حول السمات التاريخية العامة للفترة محل الدراسة، ويضع سرديات متناقضة تحتاج إلى مزيد من التمحيص والدراسة.

أما الفصل الثالث من الكتاب، فيتناول بالبحث إعادة التشكيل المبكر للمجتمع الصومالي الذي قامت به الطرق الصوفية والاستعمار. إنه يتوجّه إلى تلك الفترة التي تبدأ من الحقبة قبل الاستعمارية، والمقسّمة إلى ثلاث فتراتٍ أساسيةٍ متداخلةٍ تتفاعل فيما بينها. فتبحث الفترة الأولى في التأثير الاجتماعي لإحياء الإسلام متجسّدًا في دور الطرق الصوفية، وتبحث الفترة الثانية في الغزو الاستعماري المتعدد في شبه الجزيرة الصومالية، والتي استحثت المقاومة الصومالية بنوعيها: المسلح المتفرق والمنظم، والسلمي. ففي عملية التفاعل مع الإدارات الاستعمارية، تعلم الصوماليون أمور الحروب الحديثة، وتقنيات الإنتاج المادي، والطرق الحديثة للسياسة. ومن ثم، تنتقل الفترة الثالثة لتتناول بحث تأثير الاستعمار على قسم التعليم وإنتاج النخب المتغرّبة (نسبة إلى الغرب). ففي أثناء هذه الفترة، تطورت القبلية السياسية مع ظهور الأحزاب السياسية، كما ظهر تفرع النخب إلى إسلامية، وغير إسلامية، ومتغرّبة، وبدأ التوتر المتنامي

بين الحداثة والتراث[37]. وأجّج هذا المشهد الصراع بين النخب والقبائل المسيّسة؛ وهو ما أدى إلى قيام صحوةٍ إسلامية. وعند هذه النقطة كان التدهور الجذري في العلاقة بين الدولة والمجتمع؛ وهو ما أسفر عن نتائج كارثية تسببت أخيرًا في انهيار الدولة الصومالية عام ١٩٩١.

ويتناول الفصل الرابع من هذا الكتاب البحث في تاريخ نهوض الوطنية الصومالية، وأسباب سقوطها عن طريق دراسة مشروعين قوميين: إنهاء القبلية، والسعي نحو «الصومال الكبرى»، كما يبحث في سياسات الدولة في الفترات المدنية والعسكرية بمساعيها المعتدلة والجذرية نحو تحقيق أهداف وطنية. ولقد شهدت المستعمرة الإيطالية الصومالية أثناء الحقبة الفاشية (1923 ـ 1941) تنكيسًا للوعي السياسي والتعبير المؤسّساتي للوطنية، التي حُظرت فيها النشاطات السياسية الاجتماعية، إلا أنّ ذلك تغيّر بهزيمة إيطاليا في الحرب العالمية الثانية في القرن الإفريقي عام ١٩٤١. وآلت الصومال إلى إدارةٍ عسكريةٍ بريطانية منحت حرية التعبير والتنظيم[38].

وهكذا بدأت عملية التحرر الصومالي من الاستعمار بظهور الحركة الوطنية

---

(37) تصنيف النخب إلى إسلاموية وغير إسلاموية ومتغرّبة متسق مع التصنيف القرآني للمسلمين كما يظهر جليًا في الآية القرآنية: ﴿ثُمَّ أَوْرَثْنَا الْكِتَابَ الَّذِينَ اصْطَفَيْنَا مِنْ عِبَادِنَا فَمِنْهُمْ ظَالِمٌ لِّنَفْسِهِ وَمِنْهُم مُّقْتَصِدٌ وَمِنْهُمْ سَابِقٌ بِالْخَيْرَاتِ بِإِذْنِ اللَّهِ ذَٰلِكَ هُوَ الْفَضْلُ الْكَبِيرُ﴾ (فاطر: ٣٢) .هذا التصنيف يتجنب تعميم النخب المسلمة التي ليست ناشطة إسلاموية، مثل: العلمانيين .وبعض النخب المتغرّبة قد تدعي أن تكون علمانية، وهو ما يمكن نقاشه كذلك.

(38) Robert Patman, *The Soviet Union in the Horn of Africa: The Diplomacy of Intervention and Disengagement* (Cambridge: Cambridge University Press, 1990),34.

أيضًا:

Cedric Barnes, "The Somali Youth League, Ethiopian Somalis, and the Greater Somalia Idea, 1946-48." Journal of Eastern African Studies Vol. 1, No. 2, 277-291, 2007, 80.

الأولى: «نادي الشباب الصومالي» في ١٥ أيار/ مايو لعام ١٩٤٣. وكانت عملية نهوض الوطنية الصومالية وعملية بناء الدولة مخاضًا طويلاً لم يكن فشله مجرد نهايةٍ عفوية، بل مرّ بعدة مراحل من الصعود والهبوط. كانت هاتان العمليتان متقاطعتين ومتشابكتين حتى السقوط الأخير، وانفلات النظام، وانهيار الدولة. كما يبحث هذا الفصل في تاريخ نهوض وسقوط الوطنية الصومالية وبنائها للدولة بالتنقل بين المحطات التاريخية لنشأة وتشكيل النخب الوطنية، فضلاً عن تطرّق الفصل إلى أداء النخبة الوطنية في عملية بناء الدولة بالتعامل مع القبلية السياسية ومشروع «الصومال الكبرى»، ويشتمل القسم الأخير من الفصل على الخاتمة.

أما الفصل الخامس من الكتاب، فيتناول الحديث عن الدولة الصومالية، ويقدّم خلفيةً نظريةً وتأريخًا لسقوط الدولة. وقد جذب هذا الموضوع اهتمامًا أكاديميًا كبيرًا خلال العقود الثلاثة الأخيرة تقريبًا، إلا أن أغلبية الدراسات ركّزت على مواضيع ذات ارتباطٍ عمليٍّ بتشكيل خيارات لتدخل المجتمع الدولي، مثل: وصف المعاناة والكرب الإنسانية كتبعاتٍ لانهيار الدولة، والحروب الأهلية، والقرصنة، والتطرف باسم الإسلام، والإرهاب. لذلك، ركّزت المواضيع العامة في تلك الأعمال المقدمة ـ ابتداءً ـ على التحليل الظرفي للحرب الأهلية والكارثة الإنسانية، وآليات تعاون الصوماليين؛ سواء داخل الصومال أو في الشتات، والتدخل الإنساني الدولي، ومؤخرًا الإرهاب الدولي والقضايا الأمنية[39].

كما تزايدت الدراسات العالمية التي تناولت انهيار الدولة ضمن الدوائر

(39) يُنظَر إلى الصومال على أنها ملجأ للجماعات الإرهابية بعد أحداث الحادي عشر من سبتمبر، مع إغلاق عدد من المؤسسات، ووجود عدد من المجموعات التي اتضح أن لها علاقات إرهابية.

الأكاديمية، وعدّ الكثيرون الصومال اختزالاً لنموذجٍ كلاسيكيٍّ لانهيار الدولة[40]، إلا أن معظم الأعمال الناتجة كانت على هيئة مقالاتٍ وأوراقٍ بحثيةٍ متقطعة[41]. والواضح أن هذه الكتابات تركز على فشل الدولة الصومالية وانهيارها من منظورات مختلفة، وفي الغالب لم ترسم صورة شاملة لأسباب الانهيار، كما أن تحليل معظم الأبحاث ركَّز على الأسباب الإجرائية والمباشرة، مع تهميش أصل انهيار الدولة. وأملاً في ملء هذه الثغرة، يهدف الفصل الخامس إلى بحث وغربلة وإعادة تنظيم رؤى الحقول الأكاديمية المختلفة ضمن مواضيع عامة لتحديد العوامل الأساسية وبناء صورة شاملة ساهمت في سقوط الدولة الصومالية.

وفي هذا السياق، سيتم أولاً: إعادة رسم صورةٍ عامةٍ لنهوض وسقوط الدولة الصومالية. وثانيًا: تقديم نظريات قدرات الدولة والصراعات والتأثيرات بشكلٍ مختصر. وثالثًا: عرض الرؤى الأكاديمية الكبرى لانهيار الدولة الصومالية، ومن ثَمّ ستتم إعادة جمعها وتحليلها وتصنيفها إلى أسبابٍ أصولية، وأسبابٍ إجرائية،

(40) من الأمثلة على ذلك "مشروع الدولة الفاشلة (Failed State Project") لجامعة هارفارد، والذي يدرس الدول الفاشلة تحت رعاية "مؤسسة السلام العالمي (World Peace Foundation")، و"مشروع الدولة الفاشلة" في جامعة بيردو. هذان المشروعان قدما أدبيات وأوراقًا بحثية جادة حول الموضوع.

(41) Terrence Lyons and Ahmed Samatar, *Somalia: State Collapse, Multilateral Intervention, and Strategies for Political Reconstruction* (Washington: The Brooking Institution Occasional Paper, 1995); Ahmed Samatar (ed.), *The Somali Challenge: From Catastrophe to Renewal?* (Lynne Rienner Publishers, 1994; Hussein M. Adam, "Somalia: A Terrible Beauty Being Born?" In I. William Zartman (ed.), *Collapsed States: The Disintegration and Restoration of Legitimate Authority* (London: Lynne Reinne, 1995); Walter S. Clarke, "Somalia: Can a Collapsed State Reconstitute itself?" In Robert I. Rotberg (ed.), *State Failure and State Weakness in a Time of Terror* (Washington: Brooking Institution Press, 2000); Brons, Maria, "The Civil War in Somalia: Its Genesis and Dynamics" Current African Issues, (11, Uppsala, Nordiska Africainstitutet, 1991); Virginia Luling, "Come back Somalia? Questioning a Collapsed State" Third World Quarterly, 18:2 (1997), 287-302.

وأسبابٍ مباشرة. وأخيرًا، سيتم استنباط الخلاصات وتقديم التوصيات. وفي الختام، سنلقي الضوء على عملية إعادة بناء التاريخ الصومالي ومعالجة الأحداث التي وقعت في أزمان وأماكن مختلفة، ويؤكّد هذا الكتاب على الجهود الصومالية البناءة وتفاعلها مع ما يعترضها من أفكارٍ ومؤسساتٍ وإنتاج مادي. وهذا بدوره يتضمّن اكتشاف ما الذي وجده الصوماليون ناجعًا نافعًا للصومال، وما الذي نال قبول المجتمع الصومالي وآمن بفائدته ليصونه ويحافظ عليه.

وعلى النقيض، يسعى الكتاب إلى كشف ما استعارته الصومال من الأمم الأخرى، وعدّته دخيلاً غريبًا، وغير متوافقٍ أو متكيّف مع الثقافة المجتمعية والعادات التي انهارت وتلاشت. ومع ذلك، علينا ألا نذرف الدموع أو نشعر بالحنين حول ما تسبب في وقوع كرب الشعب وفشل في النهاية في اختبار التجربة التاريخية التي خاضها الوطنيون الصوماليون المتأخرون. لكن هذا لا يعني الحطّ من قدر القضية النبيلة لمؤسسي القومية الصومالية؛ آباء الدولة، كما لا يعني ـ بحال ـ وضع كل الوطنيين اللاحقين في سلة واحدة، بل ما يعنينا هو كشف السياسات والتصرفات، وما تبعها أثناء الحقبتين الاستعمارية وما بعد الاستعمارية، وتأثيرها التراكمي، والتي تسببت في انهيار الدولة بعد ثلاثين عامًا.

وأخيرًا، فإن تخيل وإنتاج التاريخ الصومالي يجب أن يُؤسس على فهمٍ عميقٍ لركني القومية الصومالية؛ وهما الإسلام والقبيلة، وكيف يمكن مصالحتهما مع الدولة الحديثة. إن انتقاء عامل القبلية دون غيره، وتركيز الدراسات التأريخية السابقة عليه، وتضخيم دوره التقسيمي، ما هو إلا تضليل. إضافة إلى ذلك، فإن إهمال الإسلام ودوره التكاملي، أو النظر إليه على أنه مجرد ثقافة مجتمعية بلا نفعٍ في بناء الدولة أو أنه تهديدٌ لبناء الدولة الحديثة؛ كل ذلك يمثل تهديدًا وجوديًّا للشعب الصومالي. ولقد تجاوزت الصومال عتبة الأفكار العلمانية بعد انهيار

الدولة وظهور المنظمات الإسلامية المتنوعة، الناشطة في كل المجالات، كما نرى اليوم الإسلام وداعميه واقفين بثبات ـ كونهم الأكثر تنظيمًا وتحفيزًا في الصومال ـ مع العديد من الشبكات المجتمعية المنتشرة وداعميها.

الفصل الثاني

تاريخ شبه الجزيرة الصومالية

﴿أَوَلَمۡ يَسِيرُواْ فِي ٱلۡأَرۡضِ فَيَنظُرُواْ كَيۡفَ كَانَ عَٰقِبَةُ
ٱلَّذِينَ مِن قَبۡلِهِمۡۚ كَانُوٓاْ أَشَدَّ مِنۡهُمۡ قُوَّةٗ﴾
(الروم: ٩)

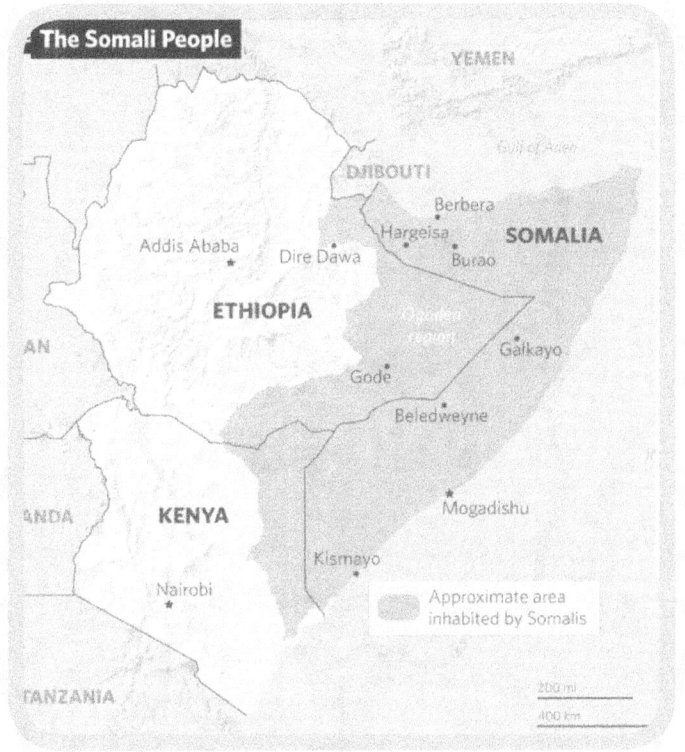

الخريطة (٢):
أراضي الشعب الصومالي في شبه الجزيرة الصومالية

«ستبقى قصص الصيد تمجّد الصيادين ما بقي الأسود من دون مؤرّخيهم».

-تشينوا آتشيبي

تاريخ شبه الجزيرة الصومالية

من العصور القديمة حتى العصور الإسلامية الوسطى

التاريخ هو دراسة أحداث الماضي استنادًا إلى المصادر المكتوبة والشفهية والمحفوظة وثائقيًا. وهو كذلك عمليةٌ ذاتيةٌ لإعادة خلق أحداث الماضي، وهو ما يرتبط بلا شك بمنظور المؤرخ. إن التاريخ يمنح الناس حسًّا بالهوية، ويمنعهم من تكرار أخطاء الماضي، ويمنحهم وعيًا بجذورهم، إضافة إلى الوعي بالثقافات والشعوب والبلدان المختلفة عنهم. ويمكن أن يُدرَّس التاريخ على مستويات مختلفة، مثل: المستوى الوطني، والإقليمي، والعالمي، لكن هذه المراحل كلها تظهر أن البشر ليسوا منفصلين بعضهم عن بعض في الماضي والحاضر، وأنهم متكافلون مترابطون.

ولقد قسّم المؤرخون ـ وتحديدًا المؤرخين الغربيين ـ الدراسات التاريخية إلى فتراتٍ أربعة: الفترة الأولى: تسمى: «ما قبل التاريخ»؛ وهي تبدأ مع الظهور الأول للبشر على الأرض، وتستمر حتى تطور أنظمة الكتابة. وتقسم حقبة ما قبل التاريخ لحقب متعددة سُميّت بحسب تقنيات صناعة الأدوات، مثل: العصر

الحجري، والعصر البرونزي، والعصر الحديدي(42). وعلم الآثار هو مجال دراسة هذه الفترة، وهو المصدر الوحيد لدراستها. الفترة الثانية: تسمى «التاريخ القديم» (٣٦٠٠ق.م ــ ٥٠٠)، والتي تبدأ مع بداية ظهور أولى السجلات المكتوبة، وتنتهي بعد سقوط بضعة إمبراطوريات كبيرة، بما فيها الإمبراطورية الرومانية الغربية (٤٧٦ ــ ٢٨٥)، وسلالة هان الحاكمة في الصين (٢٠٦ق.م ــ ٢٢٠)، وإمبراطورية جوبتا في الهند (٥٥٠ ــ ٣٢٠). الفترة الثالثة: تسمى «تاريخ العصور الوسطى» (١٥٠٠ ــ ٥٠٠)، والتي تبدأ بسقوط الإمبراطوريات المذكورة وتنتهي مع اختراع الطباعة (١٤٤٠)، واكتشاف أمريكا (١٤٩٢)، وفتح الإمبراطورية العثمانية للقسطنطينية (١٤٥٣). الفترة الرابعة: تسمى «التاريخ الحديث» (١٥٠٠ ــ الآن)، والتي تبدأ مع نهاية فترة العصور الوسطى حتى اليوم. وتُقسّم كل فترةٍ إلى مراحل بالاستناد إلى خصائص مشتركةٍ محددةٍ رغم أن كل مرحلة تفتقد بشكل عام خطوطًا مرسومة بوضوح، وتميل للتداخل فيما بينها. ومن الواضح أن السرديات التاريخية الغربية يُنظر إليها على أنها تمثل التاريخ العالمي؛ وهو ما يتماهى بالفعل مع نظرية علاقات السلطة وإنتاج التاريخ.

ولتمييز ما يمكن أن يكون مشتركًا بشكل عام عما هو متفرد ومحدّدٌ في تاريخ البشرية؛ فيمكن أن نعتبر الفترتين الأوليين ــ «ما قبل التاريخ» و«التاريخ القديم» ــ إلى درجةٍ ما تاريخًا عامًّا لكل البشرية، مع بعض الاختلافات في بعض القارات والمناطق. فعلى سبيل المثال كانت هناك مناطق صارت جزءًا من العصور القديمة والوسطى، في وقتٍ كانت فيه بعض المناطق الأخرى عالقةً فيما قبل التاريخ. وعلينا، في ضوء ذلك، أن نعد الفترات التاريخية مجرّد سمةٍ

---

(42) Grahame Clark, *World Prehistory: A New Outline* (Cambridge University Press, 1971)

عامةٍ للتاريخ البشري. وبالنظر إلى الفترتين الثالثة والرابعة؛ نجد أن السمات التاريخ البشري تباينت بشكل جوهري، وأصبحت عالميتها ملتبسة. فعلى سبيل المثال، كانت العصور المظلمة أو فترة العصور الوسطى في التاريخ الأوروبي (١٥٠٠ ـ ٥٠٠) فترة مظلمةً فكريًا، بل بربرية في أوروبا، بينما تُعدّ هذه الفترة هي الفترة الذهبية للحضارة الإسلامية[43].

وقد أنتجت الحضارة الإسلامية ثقافة علمية وفلسفية وفنية عظيمة، بينما استوعبت في الوقت نفسه المعرفة العلمية للحضارات الأخرى: مثل: اليونان، وفارس، والصين، وصدّرتها لاحقًا إلى أوروبا[44]. لذلك، فمن الآن وصاعدًا سنستخدم مصطلحات «العصور الوسطى الأوروبية»، و»العصور الوسطى الإسلامية»؛ لإظهار القواسم المشتركة زمانيًا، والاختلاف في مستوى التطور. إضافة إلى ذلك، فإن التاريخ الأوروبي الحديث، الذي اتسم بالفترات الأيقونية، مثل: عصر النهضة (١٧٠٠ ـ ١٤٠٠)[45]، والثورة الصناعية (١٨٤٠ ـ ١٧٦٠)[46]،

(43) للحضارة الإسلامية في العصور المظلمة الأوروبية، ارجع إلى:
Roger *Savory, Introduction to Islamic Civilization* (Cambridge University Press, May 28, 1976); International Institute of Islamic Thought, *The Essence of Islamic Civilization: Volume 21 of occasional papers* (International Institute of Islamic Thought, 2013); Gustave Le Bon, *The world of Islamic civilization* (Tudor Publication Co., 1974).

(44) Masoumeh Banitalebi, Kamaruzaman Yusoff and Mohd Roslan Mohd Nor, "The Impact of Islamic Civilization and Culture in Europe During the Crusades." World Journal of Islamic History and Civilization, 2 (3): 182-187, 2012.

(45) ظهرت النهضة لفترة بالتاريخ الأوروبي امتدت بين القرنين الرابع عشر والسابع عشر، وعُدّت الجسر الثقافي بين العصور الوسطى والتاريخ الحديث .لقد بدأت في إيطاليا وانتقلت إلى بقية أوروبا.

(46) كانت الثورة الصناعية الانتقال من الإنتاج اليدوي إلى استخدام الآلات، مثل: التصنيع الكيميائي، وإنتاج الحديد، والاستخدام المفرط لطاقة الماء، والطاقة البخارية، وصعود أنظمة المصانع .كان القماش هو أيقونة الثورة الصناعية مع الإنتاج بالجملة باستخدام التقنية الحديثة.

وحقبة الاستعمار (من القرن السادس عشر حتى منتصف القرن العشرين)[47]، وعصر التقدم التقني، كان مختلفًا بالكلية عن ظروف البلدان المستعمَرة. هذه الفترة كانت على سبيل المثال زمن انتكاسةٍ في الحضارة الإسلامية، وحقبة من الاستعمار وبداية تشكيل الدولة القومية في القرن التاسع عشر. وبالتالي، فهذه الفترة يمكن تسميتها، ضمن السياق الصومالي، بـ» فترات ما قبل الاستعمار، والاستعمار، وما بعد الاستعمار».

ما قبل التاريخ	تبدأ مع الظهور الأول للبشر على الأرض وتستمر حتى تطور أنظمة الكتابة
التاريخ القديم	٣٦٠٠ق.م ـ (٥٠٠ـ٦٠٠م)
تاريخ العصور الوسطى الإسلامية	من القرن السابع حتى السابع عشر
الفترة ما قبل الاستعمار، والاستعمار، وما بعد الاستعمار	من القرن السابع عشر حتى الآن

إذًا، في حالة الصومال، ولكونها جزءًا من الحضارة الإسلامية؛ فإن الفترة الثالثة من

التاريخ تبدأ بدخول الإسلام إلى شبه الجزيرة الصومالية في القرن السابع وتنتهي بانهيار سلطنة «أجوران» وسلطنة «عدل» المسلمة في القرن السابع عشر. ويمكن اعتبار الفترة الرابعة حقبة انحدارٍ تمثّلت في حقبة ما قبل الاستعمار؛ حيث ساد نموذج الدول الصغيرة المتشظّية التي تلتها مرحلة إعادة تشكيل المجتمع من خلال الاستعمار والدولة فيما بعد الاستعمار. فتبدأ الفترة ما قبل الاستعمار مع سقوط السلطنات الإسلامية في شبه الجزيرة الصومالية وتأسيس الإمارات القَبَلية حتى

(47) Jurgen Osterhammel, *Colonialism: A Theoretical Overview* (M. Wiener, 1997).

الغزو الاستعماري في ثمانينيات القرن التاسع عشر، وتليها الحقبة الاستعمارية التي تمتد من ثمانينيات القرن الثامن عشر حتى عام ١٩٦٠، والذي واجهت فيه الصومال حملات استعمارية متعدّدةً اتسمت بحقدها وعداوتها. وآخر هذه الحقب هي حقبة ما بعد الاستعمار التي بدأت عام 1960، ولا تزال مستمرةً حتى يومنا هذا، وتُعرَف هذه الفترة بسقوط ونهوض الدولة وما تبعها من تأثيراتٍ كارثية. وبعد أن وضعنا إطارًا للتاريخ الصومالي، يمكن أن ننتقل الآن لنظرة عامة للفترتين القديمة والوسطى الإسلامية لشعب شبه الجزيرة الصومالية، وهو الشعب الذي يُنظَر له غالبًا على أنه «شعب بلا تاريخ». وهنا، سيظهر لنا جليًّا أن الشعوب المستعمرة كان لها مسارها التاريخي بالتوازي مع المسار الأوروبي[48].

تقع شبه الجزيرة الصومالية على طريق التجارة الاستراتيجي الواصل بين إفريقيا وآسيا وأوروبا. فهي مهد العرق الإنساني ونواة الحضارات القديمة. استوطن الشعب المتحدّث باللغة الكوشية في هذه المنطقة، وهو شعبٌ أصليٌّ في هذه المنطقة وينحدر منه الشعب الصومالي، على مدار 7000 عامٍ مضت. وهذا الدليل يدحض الفرضية السابقة حول أصول الشعب الصومالي، التي تؤكد أن الصوماليين هاجروا، إما من الهضاب الأثيوبية الجنوبية في القرن الأول الميلادي، أو من جنوب شبه الجزيرة العربية بعد القرن العاشر الميلادي. وتقتضي هاتان الفرضيتان أن الصوماليين قادمون جدد في الأرض التي يعيشون عليها اليوم، وأنهم طردوا شعبًا آخر في القرون المبكرة. إلا أن الأدلة التاريخية تُظهر

(48) إريك ولف يتحدى الفكرة الأنثروبولوجية التي صمدت لفترة طويلة بأن الثقافات والشعوب غير الأوروبية كانت كياناتٍ معزولة وساكنة قبل قدوم الاستعمار والإمبريالية الأوروبية. انظر:
Eric Wolf and Thomas Eriksen, *Europe, and the People without History* (Berkeley: University of California Press, 2010).

أن شبه الجزيرة الصومالية كانت الرابطة للاقتصاد العالمي، وتاجر شعبها في العديد من البضائع، مثل: البخور، والمر، والبهارات، مع المصريين القدماء[49]، والفينيقيين[50]، والموكيانيين[51]، والبابليين[52]. هذه البضائع كانت تُنتج وتُصدّر من بلاد «بنت»، الواقعة شمال شرقي شبه الجزيرة الصومالية. إضافة إلى ذلك، فقد ازدهرت مدنٌ تجاريةٌ أخرى على طول سواحل المحيط الهندي، كما يروي كتاب «دليل الإبحار في البحر الإريتري»، في القرن الأول الميلادي.

ولقد اعتنق المجتمع الصومالي الدين الإسلامي بوتيرة سريعٍ خلال الحقبة الإسلامية من العصور الوسطى، التي بدأت في القرن السابع، بل تزايد تقبله للإسلام بصورةٍ ملحوظةٍ فيما تلا ذلك من قرون، وبالتالي فقد عزز العلاقات التاريخية مع شبه الجزيرة العربية. وعلى المستوى المحلي، أصبح الصوماليون جزءًا من السلطنتين المسلمتين «اوفات»، و»عدل»، في القرن الثالث عشر، ولعبوا دورًا كبيرًا في حروب الشد والجذب مع الإمبراطورية الحبشية في الهضاب. إضافة إلى ذلك، فإن سلطنة «أجوران»، الدولة الكبرى في صومال ما قبل الاستعمار، ظهرت في القرن الرابع عشر، ووسعت سلطتها لتمتد إلى معظم جنوب الصومال

(49) ازدهرت حضارة المصريين القدماء على طول وادي النيل، وتشكلت من ثلاثين سلالة ملكية امتدت على مدى ثلاثة ألفيات، من ٣١٠٠ إلى ٣٢٢ق.م.

(50) تواجدت الحضارة الفينيقية في الجزء الساحلي الشرقي للبحر المتوسط من الهلال الخصيب على الساحل الذي أصبح الآن لبنان وفلسطين وسوريا وجنوب غرب تركيا .هذه الحضارة امتدت على طول منطقة البحر المتوسط بين أعوام ١٥٠٠ق.م حتى ٣٠٠م.

(51) كانت حضارة الموكيانيين هي المرحلة الأخيرة من العصر البرونزي في اليونان القديمة (١٦٠٠ق.م- ١١٠٠ق.م)، ومثلت الحضارة المتقدمة الأولى في بر اليونان.

(52) أُسست الحضارة البابلية كدولة قديمة تتحدث الأكادية ومنطقة ثقافية موجودة في وسط وجنوب بلاد ما بين النهرين (العراق الآن) .ظهرت الدولة عام ١٨٩٤ق.م وتفككت في ٥٣٩م. وتوسعت بابل بشكل كبير خلال حكم حمورابي في النصف الأول من القرن الثامن عشر قبل الميلاد.

حتى القرن السابع عشر. وكان لسلطنة «أجوران» الفضل في ردّ الغزو الأوروبي من غرب الأراضي التي يقطنها الصوماليون، إضافة إلى ردّ الغزو البرتغالي من المحيط الهندي. كما نفذت سلطنة «أجوران» خطة حازمة لنشر الإسلام في شرق إفريقيا، إلا أن كلاً من سلطنة «عدل» وسلطنة «أجوران» عانت من شيءٍ من الضعف في القرن السابع عشر، وحلت محلهما دول قَبَلية متفككة؛ حتى انتهزت القوى الاستعمارية الفرصة وهيمنت على شبه الجزيرة الصومالية.

ويوحي التأريخ العام لشبه الجزيرة الصومالية بأن التاريخ بدأ مع الحقبة الاستعمارية، في ظل غمط تاريخها الغني القديم وتاريخها الإسلامي في العصور الوسطى حقّه من الدراسة[53]، ويهدم هذا النقص حسًّا من الفخر والوعي التاريخي للصوماليين ويقلّل من قيمة وأهمية الحضارات الإنسانية الفريدة والغنية التي ازدهرت قديما في هذه المنطقة.

إن إدراك التاريخ هو أمرٌ ضروري لتعزيز شعور الارتباط بالوطن وفهم تحديات وأزمات الماضي، والحفاظ على الذاكرة الجمعية، وإحياء مفهوم الأمة التاريخية. ولهذا السبب، فإن هذا الفصل يهدف إلى تقديم نظرةٍ عامةٍ للفترة التاريخية التي لم تحظ بالدراسة الكافية لشعب شبه الجزيرة الصومالية، ولإعادة بناء تاريخه القديم والإسلامي في العصور الوسطى، ولو بطريقةٍ مختصرة، فتغطّي مراجعة الأدبيات الحضارات القديمة والإسلامية في العصور الوسطى وظهور السلطنات المسلمة في الأراضي الصومالية. ويقدم الفصل خلاصةً حول الموضوعات

---

(53) مؤخرًا، البروفيسور محمد شمس الدين ميجالوماتيس طور مسارًا دراسيًّا حول "تاريخ الصومال ما قبل الإسلام"، متاح على:
Muhammad_Shamsaddin_Megalommatis, Prese-Islamic Somalia, Course_Description. https://www.academia.edu/23220147/History
(تم الوصول في ١٧ كانون الثاني/ يناير ٢٠١٧).

التاريخية المحورية في الفترة التي يتناولها ويستعرض السردياتٍ المتناقضة التي تحتاج إلى مزيد من التمحيص والدراسة.

مراجعة الأدبيات

تُستهَل الدراسات التاريخية في الغالب بمراجعة الأدبيات للوصول إلى فكرة حول ماكتبه الباحثون السابقون حول موضوع معين تحت التحقيق. وقد وجد الكاتب أن الدراسات الأكاديمية حول التاريخ القديم لشعب شبه الجزيرة الصومالية محدودةٌ جدًّا إلى الحد الذي يمكن معه القول بوجود فجوة تاريخية وفكرية ضخمة. ونظرًا لذلك، فإن هذا الفصل يرتكز على كتابات متناثرةٍ من الأدبيات التاريخية العامة، والمقالات المتناثرة، والاكتشافات الأثرية.

العمل المكتوب الأول يصف العلاقات التجارية والمدن على سواحل المحيط الهندي، وهو «دليل الإبحار في البحر الإريتري»، وهو كتاب رحلات كتبه مسافرٌ يونانيٌّ في القرن الأول الميلادي(54). والوثيقة المهمة الأخرى التي يجب الرجوع إليها هي أطروحة دكتوراه لمحمد نوح، عنوانها «التاريخ في القرن الإفريقي (١٠٠٠ق.م ـ ١٥٠٠)»(55)، والتي تقدم دراسة شاملة لتاريخ سكان شبه الجزيرة الصومالية في العصر القديم والعصور الوسطى وحتى نهاية العصور الوسطى في أوروبا. وتشمل المصادر التاريخية الأقل دراسة الأعمال الأثرية التي قام بها بشكلٍ رئيسيٍّ باحثون أوروبيون زائرون. وأول عمل أثري حول الصومال

(54) Huntingford (edit), *The Periplus of the Erythraean Sea*. (Ashgate Publishing, 1980).

(55) Mohamed Nuuh Ali, "History in the Horn of Africa, 1000 BC. - 1500 AD: Aspects of Social and Economic Change Between the Rift Valley and the Indian Ocean." A PhD thesis submitted to the University of California, LA, 1975.

كان من نشر عالم الآثار الإيطالي باولو جرازيوسي عام ١٩٤٠م[56]، ثم تلاه عالم الآثار البريطاني ديسموند كلارك، الذي أصدر عمله الكلاسيكي حول ثقافات ما قبل التاريخ للقرن الإفريقي عام ١٩٥٤م[57].

ويضمّ الباحثون الآخرون الذين ساهموا في البحث الأثري الباحث البريطاني نيفيل تشيتيك، الذي قاد حملةً إلى بلدة حافون، الميناء التجاري القديم لشعب الأوبون، المذكور في كتاب «دليل الإبحار في البحر الإريتري». وقد أصدر تشيتيك عمله الأول حول الآثار الصومالية عام ١٩٦٩م[58]. ويُضاف إلى تلك القائمة عالم الآثار ستيفن براندت الذي أصدر عددًا من الأوراق البحثية حول الحضارة القديمة لشبه الجزيرة الصومالية[59].

ومن المؤسف الإشارة إلى توقف الاستكشاف الأثري تمامًا بعد انهيار الدولة الصومالية، وتخريب ونهب الأرشيف الوطني والمتاحف و»الأكاديمية الوطنية للثقافة». لقد كلّفت مأساة الصراع والحرب الأهلية الصومالَ فقدان قطعها الأثرية الثمينة وتراثها الوطني، والذي لا يزال يتطلب إلى اليوم نقله واستعادته إلى البلاد.

(56) Paolo Graziosi, L'Eta della Pietra in Somalia: Risultati di una missione di ricerche paletnologiche nella Somalia italiana in 1935 (Universitá degli studi di Firenze. Firenze: Sansoni, *1940*).

(57) أنتج ديموند كلارك عمله الكلاسيكي حول ثقافات ما قبل التاريخ .انظر أيضًا:
Sune Jonsson, "An Archeological site file in Somalia." Proceedings of the Second International Congress of Somali Studies, University of Hamburg, August 1-6, 1983. Available from http://dspace-roma3. caspur.it/bitstream/2307/2879/1/02_JONSSON%20S._An%20Archeologic al%20Site%20File%20of%20Somalia.pdf (تم الوصول بتاريخ ١٦ كانون الثاني/ ديسمبر ٢٠١٦).

(58) Chittick H. N, "An archaeological reconnaissance of the southern Somali coast", *Azania*, 4.

(59) Sada Mire, "Mapping the Archaeology of Somaliland: Religion, Art, Script, Time, Urbanism, Trade, and Empire" (2015) 32:111–136, 111.

وقد بدأت وزارة آثار دولة «أرض الصومال» القيام ببعض الأعمال الأثرية التي اشتملت على تحديد أماكن المواقع الأثرية. ومن ضمن هذه الأعمال بحث عالمة الآثار الصومالية ساده مري بعنوان «تحديد مواقع الآثار في أرض الصومال: الدين والفن والنصوص والزمان والمدنية والتجارة والإمبراطورية»، والذي تضمن أكثر من ١٠٠ موقعٍ جديدٍ وغير منشورٍ من قبل. وتخلُصُ عالمة الآثار صدى في بحثها إلى أن «منطقة شبه الجزيرة الصومالية كانت بها إمبراطوريات كوشية وما قبل المسيحية وما قبل الإسلامية الواسعة، التي شكلت حينها جزءًا من الثقافات الحميرية والسبئية في جنوبي شبه الجزيرة العربية، والإمبراطورية الأكسومية، والإمبراطوريات الإسلامية المبكرة في القرن الإفريقي»(60).

ولقد ازدادت الأدبيات حول التاريخ الصومالي في العصور الإسلامية الوسطى داخل الوسط الأكاديمي مع تزايد الأعمال الأكاديمية، وكانت من بينها أربعة كتب تميزت عن غيرها من الأعمال، جاء في مقدمتها كتاب تاريخٍ شاملٍ ألّفه علي عبد الرحمن حرسي(61). ويمكن اعتبار هذا العمل عملاً بحثيًا رائدًا من خلال تناوله للقضايا التي لم تحظ بالدراسة في التاريخ الصومالي؛ حيث ينقّب الكتاب في تاريخ شبه الجزيرة الصومالية في الحقبة القديمة وصلاتها التجارية مع بقية العالم القديم. ويركز الكتاب على هجرة العرب في فترة العصور الوسطى إلى شبه الجزيرة الصومالية، إضافة إلى تجاراتهم ودخول الصوماليين بأعدادٍ كبيرةٍ في الدين الإسلامي. كما يبحث الكتاب أيضًا ظهور السلطنات المسلمة في شمال الصومال، ونهوض

---

(60) Sada Mire, "Mapping the Archaeology of Somaliland: Religion, Art, Script, Time, Urbanism, Trade, and Empire" (2015) 32:111–136, 111.

(61) Ali Abdirahman Hersi, *The Arab Factor in Somali History: The Origins and Development of Arab Enterprises and Cultural Influence in the Somali Peninsula* (Los Angeles: University of California, 1977).

سلطنة «أجوران» جنوب الصومال، وتفاعلها مع السلطات البرتغالية والتركية، كما أنه ينقّب في الغزو الاستعماري في القرنين التاسع عشر والعشرين، والصلات الثقافية المعززة التالية بين الصومال والعالم العربي.

أما العمل الثاني، فهو من تأليف سكوت ريس، ويتتبّع تاريخ المجتمع «البنادري» وهجرتهم إلى الصومال في العصور الوسطى الإسلامية واستقرارهم في مدن مقديشو ومركة وبراوة(62). ويمكن وصف العمل بأنه تأريخٌ ممتازٌ ارتكز في جوهره على الجمع الشفوي للبيانات التاريخية، ويشكّل الكتاب أيضًا مساهمةً في دراسة تاريخ الأقليات الصومالية. بينما جاء العمل الثالث من تأليف فيرجينيا لولينج، ويقدّم وصفًا مفصّلاً لمدينة وولاية غلدي والقبائل المجاورة التي استقرت في آفجوي وحولها منذ نهاية القرن السابع عشر(63)، وعلاوة على التوطئة الجيدة التي تتصدر الكتاب، فإن لولينج نجحت في قراءة بناء النسيج الاجتماعي على المستوى الإقليمي الأكبر وبحث الطرق التي تكيفت بها العلاقات التقليدية والسمات الثقافية في السياقات الجديدة. ويعد الكتاب تقديمًا ممتازًا وحديثًا لإثنوجرافيا الأعراق البشرية في الصومال؛ نظرًا لكونه مكتوبًا بطريقة واضحة ومفهومة.

أما العمل الرابع، فهو من تأليف ليي كاسانيلي، الذي يفسّر ويعيد بناء جوانب محددة من التاريخ الصومالي في حقبة ما قبل الاستعمار، ويقدم توطئةً ممتازةً للفترة الإسلامية في العصور الوسطى(64)؛ حيث يبحث في تاريخ جنوب الصومال

---

(62) Scott S. Reese, "Patricians of the Banadir: Islamic Learning, Commercial and Somali Urban Identity in the 19th Century." A Ph.D. Thesis was submitted to the University of Pennsylvania in 1996.

(63) Virginia Luling, *The Somali Sultanate: Geledi City-state over 150 years* (Transaction Publishers, 1990).

(64) Lee Cassanelli, *The Shaping of Somali Society: Reconstructing the history of the Pastoral People, 1600-1900* (Philadelphia: University of Pennsylvania Press,

من القرن السادس عشر حتى القرن التاسع عشر، كما يدرس التاريخ الإثني والشفوي البدوي، وقد درس الكاتب تاريخ الصومال الرعوي من منظورٍ مناطقي، ويُعدّ الكاتب أحد أبرز الباحثين الغربيين في الشأن الصومالي، و تُعتبر أبحاثه أساسًا جيدًا لدراسة تاريخ ما قبل الاستعمار في الصومال.

وتشتمل المراجع الحديثة الأخرى بحث محمد مختار، الذي يقدّم خلفيةً تاريخيةً تؤسّس لوفود الإسلام للصومال، والذي يبحث كذلك في ادعاءات بعض القبائل الصومالية بأنها تنحدر من أصول عربيةٍ، ويقدم الباحث سرديةً تتعارض مع ذلك(65). وهناك أيضًا كتاب «فتوح الحبشة»، الذي ألفه شهاب الدين أحمد، ويعرض فيه توصيفًا مفصّلاً للحملة العسكرية للإمام أحمد إبراهيم «غري» ومواجهته مع الإمبراطورية الحبشية(66). هذا الكتاب يوثق للقبائل الصومالية التي شاركت في الحملة ودورها الجوهري في الجهاد. أما أطروحة الدكتوراه الصادرة حديثًا لآفيشاي بين ـ درور فإنها تقدم تاريخًا لمدينة هرر ضمن سياق حروب القرون الوسطى بين الإمبراطورية الحبشية والسلطنات المسلمة(67). وهي تركّز تحديدًا على الحكم المصري لمدينة هرر الإسلامية التاريخية (١٨٨٤ ـ ١٨٧٥) وما رافقه من تأثير.

(1982

(65) Mohamed Mukhtar, "Islam in Somali History.: Fact and fictions" in the edited book by Ali Jimale titled *The Invention of Somalia*. (Lawrenceville: The Red Sea Press, 1995)

(66) Shiba ad-Din Ahmed, *Futuh Al-Habasha: The Conquest of Abyssinia* (Tsehai Publishers, 2003)

(67) Avishai Ben-Dror, "The Egyptian Hikimdāriya of Harar and its Hinterland" – Historical Aspects, 1875-1887. A PhD Thesis submitted to the *School of History*, Tel Aviv University, 2008. Available from http://humanities1.tau.ac.il/historyschool/files/Ben-Dror.EN.pdf (تم الوصول في ٦ كانون الأول/ ديسمبر ٢٠١٦).

التاريخ القديم لشبه الجزيرة الصومالية

تقع الأرض التي يقطنها الشعب الصومالي في القرن الإفريقي، وهي بقعةٌ بارزةٌ على امتداد المحيط الهندي، مشكّلةً شبه الجزيرة الصومالية. ويُعتقّد بأن منطقة القرن الإفريقي هي مهد الإنسانية، كما وثّقت الاكتشافات الأثرية لعام ١٩٦٧ في نهر أومو الأثيوبي[68]؛ حيث وُجِدَت على ضفة هذا النهر أقدم أحفورة لجماجم الإنسان الحديث، وترجع تقريبًا إلى ١٩٥ ألف عام مضت[69]. الفريق الأول من علماء الآثار قاده ريتشارد ليكي واكتشف أحافير إنسانية حديثة تتشكّل من جمجمتين وجزء من الهيكل العظمي في حوض أومو في أثيوبيا، والتي يقدّر أنها ترجع إلى ما يقارب ١٣٠ ألف عام مضت[70]، إلا أن فريقًا آخر من العلماء من الجامعة الأسترالية الوطنية زاروا المكان مجددًا عام ٢٠٠٥، واكتشفوا مزيدًا من بقايا الجماجم المتحجرة، والتي تتطابق مع تلك الجماجم الأصلية. وتعود الاكتشافات الجديدة إلى ما يقارب ١٩٥ ألف عام، باستخدام التأريخ بالكربون المشع؛ وهو ما يجعلها أقدم بقايا إنسان حديث مكتشفةٍ حتى الآن. هذه البقايا الإنسانية تم حفظها في متحف أديس أبابا لتكون شاهدة على أن منطقة القرن الإفريقي هي مهد البشرية[71].

كما اكتشف هناك أيضًا ـ وتحديدًا في شمال شرقي القرن الإفريقي المعروف

---

(68) Philip Briggs, *Somaliland with Addis Ababa with East Ethiopia* (Bradt Travel Guides, 2012), 4

(69) Hillary Mayell, "Oldest Human Fossils Identified." National Geographic news, February 16, 2005. Available from http://news.nationalgeographic.com/news/2005/02/0216_050216_omo.html (تم الوصول بتاريخ ٢٢ كانون الأول/ ديسمبر ٢٠١٦).

(70) Alice Roberts, *The Incredible Human Journey* (Bloomsbury Paperbacks, 2010).

(71) المصدر السابق.

اليوم باسم شبه الجزيرة الصومالية والتي يقطنها الصوماليون ـ أقدم مؤشّرٍ على المساكن البشرية في العصر الحجري، وتمثّل ذلك في اكتشاف «شفراتٍ حجريةٍ أشولية وأدوات صوانية اكتشفت قرب هرجيسا وفي الكهوف على طول جبال جوليس»، وترجع إلى ما يقارب ٤٠ ـ ١٢ ألف عام[72]. وبالإضافة إلى ذلك، اكتشف المغامر والصياد هيوارد سيتون ـ كار (١٩٣٨ ـ ١٨٥٩)، بالتعاون مع «المجتمع الجغرافي الملكي البريطاني»، فؤوسًا يدويةً حجريةً في جاليلو على منحدرات تلة بين ميناء بربرا وهرجيسا عام ١٨٩٦، وترجع إلى ٤٠ ألف عام. وقد عرضت الفؤوس اليدوية الصومالية التي تعود لحقبة ما قبل التاريخ في المتاحف البريطانية والأسترالية[73].

الصورة (١): فؤوس يدوية حجرية من الصومال

كما أن هناك مزيدًا من الأدلة حول استقرار الإنسان في فترة ما قبل التاريخ في الأرض الصومالية اُكتشف في مجمع لاس جيل، الواقع على بعد ٥٠ كم شمال هرجيسا، وكما يوضح أحمد علي علمي: «تُظهر رسوم كهف لاس جيل

(72) Philip Briggs, Somaliland with Addis, 4.

(73) انظر إلى تقرير ملخص وصور من المتحف الأسترالي، متاحة على: http://australianmuseum.net.au/hand-axes-from-somalia-and-our-african-origin (تم الوصول في كانون الأول/ ديسمبر ٢٠١٦).

صورًا لأبقار، وسكّانًا محليين يرتدون ما يبدو أنها أثوابٌ احتفالية، وهناك بضعة كلاب فيما تشير كذلك إلى وجود أجواء احتفالية، ويرفع البشر أيديهم في الهواء وكأنها من الطقوس التعبدية. كما أن جدران الكهف كانت مغطاة بكتابات هيروغليفية قديمة. وقد علم الصوماليون بوجود هذه الكهوف لقرون واعتبروها مواقع تاريخية، وهذا هو سبب الأسماء الصومالية التي أطلقت على هذه الكهوف. إلا أن العالم الغربي اكتشف هذه الكهوف فقط عام ٢٠٠٣ عندما كان فريق من علماء الآثار الفرنسيين ينقبون في الكهوف بالمنطقة»[74].

ويوجد في هذا الموقع الأثري أيضًا نماذج للفنّ الحجريّ، عبارة عن حيواناتٍ بريةٍ يُقدّر أنها ترجع إلى خمسة آلاف عام[75]. وتظهر الرسومات في لاس جيل رعيًا للمواشي مبكرًا في القرن الإفريقي. ويعتقد أن الجمل تم تدجينه في القرن الإفريقي بين الألفيتين الثالثة والثانية قبل الميلاد، ومن هناك انتقل إلى مصر وشمال إفريقيا[76].

يُضاف إلى ذلك موقع كرين هغني، الواقع بين لاس قرى وعلايو، الذي يضم رسومًا كهفيةً عديدةً لحيوانات حقيقية وأسطورية ترجع إلى نحو ٢٥٠٠ عام

---

(74) Ahmed Ali Ilmi, "The History of Social Movements in Somalia through the Eyes of Our Elders within a Diasporic Context." A PhD thesis submitted to Graduate Department of Humanities, Social Sciences and Social Justice Education Ontario Institute for Studies in Education, 2014, 24. References to Gutherz, X., Cros, J.-P., & Lesur, J. (2003). The discovery of new rock paintings in the Horn of Africa: The rock shelters of Las Geel, Republic of Somaliland. Journal of African Archaeology, 1(2), 227-236.

(75) Otto Bakano, "Grotto galleries show early Somali life", April 24, 2011, AFP. Retrieved 22 December 2016.

(76) Michael Hodd, *East African Handbook: Trade &Travel Publications* (Passport Books, 1994

مضت[77]، وتضمّ المواقع الأثرية ما قبل التاريخية الأخرى- المكتشفة جنوب الصومال- قبورًا في بور هيبي/ بور أيلي و غوغوشيس قبي (*Gogoshiis Qabe*) (ومعناها المكان المفروش)، وتقع بالقرب من منطقة بردالي، وتبعد60 كيلومترًا جنوب بيدوا، ويقدر أنها استخدمت سنة ٤٠٠٠ق.م[78]. وترجع القبور الأربعة عشر الموجودة هناك إلى الحقبة ما قبل الإسلامية، وتشكل أول القبور التي تحتوي على أقدم الآثار البشرية في القرن الإفريقي[79].

ولم تحظّ الدراسات الأثرية واكتشافات الحضارات القديمة في الأراضي الصومالية المأهولة باهتمام جادٍّ حتى الآن، ولا تزال الفرصة سانحةٌ لاكتشاف أدلةٍ تاريخيةٍ جديدة. ومع ذلك، فالنتائج الأثرية أعلاه تدحض الفرضيات السابقة حول أصول الشعب الصومالي المنحدر من جنوب الهضاب الأثيوبية، وتحديدًا المنحدرين من منطقة أومو- تانا الذين هاجروا لاحقًا إلى شمالي كينيا عام ١٠٠٠م[80]. وبحسب هذه الفرضية المبنية على اللغويات التاريخية والدراسات الإثنوجرافية، فإن الصوماليين هاجروا شمالاً في القرن الأول الميلادي ليسكنوا القرن الإفريقي[81]. وتُشير النتائج الجديدة إلى أن «الصومال أمةٌ لها تاريخ يرجع إلى أكثر من عشرة آلاف سنة منذ بداية الحضارات الإنسانية»[82]. وتبيّن هذه

(77) Ismail Mohamed Ali, *Somalia Today: General Information* (Ministry of Information and National Guidance, Somali Democratic Republic, 1970), 295

(78) Brandt S.A., "Early Holocene Mortuary Practices and Hunter-Gatherer Adaptations in Southern Somalia." *World Archaeology*. 20 (1 (1988), 40-56

(79) *Abstracts in Anthropology*, Volume 19 (Greenwood Press, 1989), 183

(80) David Shinn and Thomass Ofcansky, *Historical dictionary of Ethiopia* (The Scarecrow Press, 2004), 362

(81) Herbert Lewis, "The Origins of Galla and Somali." The Journal of African History, vol.7. No.1 (1966), 27-46.

(82) Raphael C. Njoku, *The History of Somalia* (Santa Barbara, CA: Greenwood),

النتائج أيضًا «أن الموطن القديم للصوماليين كان الجزء الشمالي من شبه الجزيرة، التي كانت المسكن الدائم للصوماليين»[83].

وتلقي هذه النتائج أيضًا بالشك على الأصوات القائلة إن الصوماليين جاءوا من شبه الجزيرة العربية، وبالتالي دفعوا عرقيات أورومو والبانتو باتجاه الغرب والجنوب، وهي فرضية تم تفنيدها بالمنهج اللغوي التاريخي. وتُظهر فرضية الهجرة هذه أن الصوماليين لم يكونوا السكان الأصليين للأرض، بل احتلوها، كما وصفها إيوان لويس بـ«الاحتلال الصومالي للقرن الإفريقي»[84]. ولقد جاء تأصيل وتأكيد أن الموطن الأصلي للصوماليين هو القرن الإفريقي من خلال الدراسات اللسانية، والاكتشافات الأثرية، التي تخلصُ إلى أن الشعب المتحدث باللغة الكوشية، مثل: الأورومو، والصوماليين، والسيدامو، والعفر، كانوا الشعوب الأصلية في شمال شرق إفريقيا في السبعة آلاف سنة الماضية[85].

وشكّلت شبه الجزيرة الصومالية نقطة جذبٍ والتقاءٍ على الصعيدين الاستراتيجي والتجاري، سواء في الماضي أو في الحاضر. فقد برزت أهميتها الاستراتيجية والتجارية منذ الأزمان القديمة، عندما تاجر التجار من شبه الجزيرة الصومالية بالعديد من البضائع، مثل: اللبان، والمر، والقرفة، وخشب الأبنوس، والعاج، والذهب، وجلود الحيوانات مع المصريين القدماء والفينيقيين

2013, 13

(83) Said M-Shidad, "The Ancient Kingdom of Punt and its Factor in Egyptian History", 2014. Available from http://www.wardheernews.com/wpcontent/uploads/2014/04/The-Ancient-Kingdom-of-Punt_Shidad.pdf (تم الوصول في ٢ كانون الأول/ ديسمبر ٢٠١٦).

(84) I. M. Lewis, "The Somali Conquest of the Horn of Africa." Journal of African History 5, no.1 (1964): 213-229.

(85) Kevin Shillington (ed.), *Encyclopedia of African History* (Fitzory Dearborn Tylor and Farancis Group, 2005), 331

والموكيانيين والبابليين. وما زالت هذه البضائع التي كانت «أقدم وأثمن عناصر التجارة»، تُنتج وتُصدّر من المناطق في شمال شرق الصومال[86]. فالبخور- وهو «مادة صمغية تخرج من بهارات مختلفة من نبات اللبان» (باللاتينية :Olibanum Indicum) – يعد من السلع باهظة الثمن؛ لاستخدامه كعطر شخصي، وكمعالجات طبية، وبخور[87]. وينمو شجر اللبان في المناطق القاحلة للقرن الإفريقي وشبه الجزيرة العربية. وهناك الميره (Myrrh) «العلكة المأخوذة من لحاء شجرة صغيرة»، وهو أقل كلفة من البخور، ويستخدم في تعطير الملابس والتحنيط[88]. وكان الاسم الصومالي القديم لهذه المنطقة هو «بن» (Bunn)، وهو يرجع في النصوص القديمة إلى ارتباطه بالتجارة مع الفراعنة باسم «بوينت» (Pwenet) أو «بويني» (Pwene)، أو(Ta netjer)، أي «أرض الآلهة»، أو «أبوني» (Opone)، كما يسميها اليونانيون. وكان الاسم تبجيلاً لإله الشمس المصري «رع»، وكان كلٌّ من الميره والبخور يستخدم لطقوس دينية وللتجميل.

وكانت لشبه الجزيرة الصومالية علاقة خاصة بمصر الفرعونية القديمة، وتم تسجيل بعثات مصرية متنوعة قدمت لشبه الجزيرة الصومالية منذ ٢٤٨٠ق.م. وكانت منطقة بنت (Punt) مرتبطة مع الأسلاف المصريين لدرجة أنها صارت تعد موطن القدماء والأرض التي جاءت منها آلهتهم. ويبدو أن المصريين بدأوا بالتبادلات التجارية المباشرة مع المصدر الرئيسي للتجارة في الصومال، والتي بدأوها خلال حكم أمنتوحتب الثالث (حوالي ١٩٥٠ق.م)، عندما نظم الموظف «حانو» عدة رحلات إلى «أرض بنت». ولم تكن التجارة بين مصر وبنت من

---

(86) Hersi, The Arab Factor, quoted from *the Periplus of the Erythraean Sea*, 44.
(87) المصدر السابق، ٤٤.
(88) المصدر السابق.

جانب واحد. ويروي جون ويلسون كيف وصل المصريون إلى بنت بـ«الجواهر والأدوات والأسلحة» وعادوا بـ«أشجار اللبان والعاج و الميره والأخشاب النادرة»[(89)]، إلا أنه، ومع مرور الوقت، تعزّزت العلاقات بين مصر القديمة وشعب شبه الجزيرة الصومالية، متجاوزة أعراف علاقاتٍ تجاريةٍ بحتة. وعلى سبيل المثال، هناك دليل على صلات ثقافية وحركة للناس، كما تم تسجيلها في بعض النصوص المصرية القديمة التي تروي انتقال المهاجرين من أرض بنت. هذه المعلومات مدعومةٌ بأدلةٍ مرتبطة بأن ابن «خوفو»، فرعون الهرم الكبير، وظّف أحد هؤلاء المهاجرين في ديوانه[(90)].

وبحسب جوشوا مارك، فإن بنت «لم تكن شريكًا تجاريًا بارزًا وحسب، بل كانت مصدرًا للتأثير الثقافي والديني، وأرضًا اعتبرها المصريون أصلاً لهم وأرضًا مباركة من الآلهة»[(91)]. وهناك أدلة على أن أحد أشهر الآلهة المصريين بالولادة «بِس» (المعروف كذلك باسم الإله القزم)، جاء كذلك من بنت مثلما فعل آخرون[(92)]. كما أن «نقوش حتشبسوت تدعي أن أمها المقدسة، حاثور، كانت من أرض بنت ، وتشير نقوش أخرى إلى أن المصريين في السلالة الثامنة عشرة عدّوا بنت أصل ثقافتهم»[(93)]. وتشير دراسات اللغويات التاريخية إلى اكتشاف

---

(89) John A. Wilson, *The Culture of Ancient Egypt* (The University of Chicago Press, 1956), 176.

(90) Abdurahman al-Najjar, *Al-Islam fi Al-Somal* (al-Qahira: Madba'at al-Ahram al- Tijariyah, 1973), 53.

(91) Joshua J. Mark, Punt in Ancient History Encyclopedia. Available from http:// www.ancient.eu/punt/.(تم الوصول في ١٠ نيسان/ أبريل ٢٠١٧).

(92) المصدر السابق.

(93) السلالة الثامنة عشرة حكمت مصر لما يقارب ٢٥٠ عاما (١٥٧٠ ق.م- ١٥٤٤ق.م) ومن ضمن حكامها الفراعنة المشهورون، أمثال: أحمس الأول، أمنحتب الأول، والثاني، والثالث، والملكة حتشبسوت.

أن اللغة الصومالية تتشارك بعدد من الكلمات المشتقة مع اللغة المصرية القديمة، بل إن لها المعنى نفسه تمامًا⁽⁹⁴⁾.

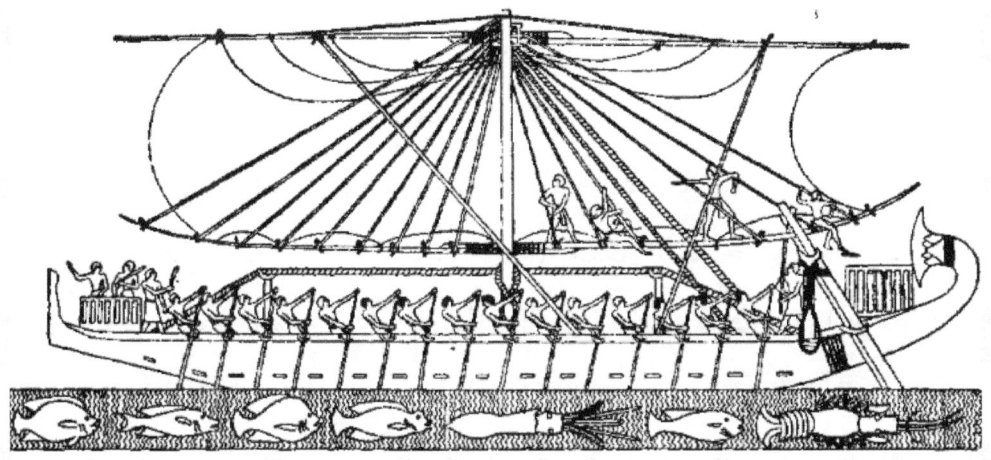

الصورة (٢): أول سفينة مصرية متجهة إلى بنت

ومع ذلك، فإن أكثر قطعة أصيلة للتوثيق التاريخي المرتبط بالتاريخ القديم لشبه الجزيرة الصومالية تنتمي إلى السجل الفرعوني باللغة الهيروغليفية لبعثة الأسطول الذي تكوَّن من خمس سفن أُرسِلَت إلى أرض بنت من الملكة حتشبسوت التي تنتمي إلى الأسرة الثامنة عشرة عام ١٤٧٨ق.م. وقد تم تخليد تاريخ هذه البعثة في بقايا تمثال الملكة حتشبسوت في الدير البحري، قرب مدينة الأقصر، في وادي الملوك في مصر، أثناء حكم الملك بنتي برحو والملكة عتي⁽⁹⁵⁾، وتظهر النقوش الهيروغليفية المكتوبة على معبد حتشبسوت النص التالي: «هاهي

---

(94) على سبيل المثال، بعض الكلمات الشائعة: Hees (أغنية)، Aar (أسد)، Shub (صب)، Usha(صولجان)، neder(كائن إلهي)، Hibo (هدية)، Tuf (نكاية)، Webi (نهر)، Kab (حذاء)، Dab(نار)، Hoo(عرض)، Awoow (جد) ayeeda(جدة). هذه اللغويات المقارنة من:

Diriye Abdillahi, "Learn Somali: Somali English Dictionary", 1985.

(95) تاريخ هذه الرحلة موثق جيدًا على جدران معبد الملكة حتشبسوت في دير البحري.

السفينة تبحر في البحر، وتنطلق في بداية مبشرة نحو أرض الإله، لتهبط بسلام على أرض بنت...». وقد نجحت زراعة أشجار البخور الواحدة والثلاثين التي أحضرت من بنت من قبل البعثة، وشُتلت بنجاح في مصر، وكانت تلك أول مرة في التاريخ الموثق يتم بها شتل ناجح لنباتات وأشجار في بلاد أخرى. ويمكن رؤية جذور أشجار البخور التي أحضرت من بنت من قبل بعثة حتشبسوت عام ١٤٩٣ق.م خارج معبدها في الدير البحري[96].

وورد وصف لرجل عادي من أرض جاء فيه أنه: «رجل طويل ذو بنية قوية وشعر لامع وأنف مدبب ولحية طويلة ومدببة تنمو فقط على ذقنه، ويرتدي مجرد إزار مع حزام ذي خنجر ثابت»[97]. وكان أهل أرض بنت معروفين بأنهم مقاتلون مهابون في المعارك. وقد شملت أرض بنت القديمة المنطقة الكاملة التي تضم إريتريا وأثيوبيا والصومال، إلا أنه من المُسلَّم به أن موقع بعثة حتشبسوت كان على أطراف شبه الجزيرة الصومالية[98]. وكان اسم « بنت « معروفًا، حتى إنه مذكور في الإنجيل باسم: «فوط» (سفر التكوين ٦ :١٠، قارن مع: سفر الأخبار الأول٨ :١)، بينما أسماها الرومان القدامى: «الرأس العطرية» (Cape Aromatica)، في إشارةٍ إلى الأشجار التي كانت تنتج مواد العلكة العطرية. و»فوط» هو الابن الثالث لـ»حام» (أحد أبناء النبي نوح)، وفي الإنجيل يستخدم الاسم للشعب

---

(96) Joshua J. Mark, *Punt* in Ancient History Encyclopedia.

(97) هذا الوصف هو قراءة نقش للملك برحو وزوجته آتي في معبد الملكة حتشبسوت في الدير البحري. انظر: https://atlantisjavasea.com/2015/11/14/land-of-punt-is-sumatera/(تم الوصول في ١٩ كانون الأول/ ديسمبر ٢٠١٦).

(98) John A. Wilson, *The Culture of Ancient Egypt* (The University of Chicago Press, 1956), 176.

الذي يقال إنهم أحفاد حام[99]. إضافة إلى ذلك، ففي القرن الخامس الميلادي، يشير المؤرخ اليوناني هيرودوت المعروف بأنه أبو التاريخ في التراث الغربي، إلى عرق يُسمّى «الماكروبيان» ، وكانوا يتجولون جنوب مصر. هؤلاء الناس مشهورون بطول العمر (بمعدل ١٢٠ عامًا) بسبب نظامهم الغذائي الذي يتكون فقط من اللحم والحليب. كما كانوا ـ بحسب هيرودوت ـ «أطول وأوسم الرجال»[100].

كل هذه الأوصاف لهذا الشعب تتفق مع أشكال الصوماليين الرعويين، الطوال، المحاربين الوسيمين، الذين يأكلون نظامًا غذائيًا يتألّف بشكلٍ رئيسيٍّ من اللحم والحليب. وجهة النظر هذه أكدها الباحث الهندي، أغروال مامتا ، الذي ذكر أن «هؤلاء الناس لم يكونوا إلا سكان الصومال، مقابل البحر الأحمر»[101]. وقد زار الرحالة اليونان القدامى، مثل: سترابو، وبلينتي، وبتولومي، وكوزماس إنديكوبلوستاس ـ زاروا شبه الجزيرة الصومالية بين القرنين الأول والخامس الميلاديين. وقد أطلق هؤلاء الرحالة على الشعب الصومالي: «برباريا» (Barbaria)، وعلى أرضهم اسم «بربر»[102]، وعلى الأغلب كان هذا الاسم مشتقًا من بلدة «بربرة»، الواقعة شمال الأراضي الصومالية

---

(99) Sadler, Jr., Rodney "Put". In Katharine Sakenfeld. *The New Interpreter's Dictionary of the Bible* (Nashville: Abingdon Press, 2009), 691–92

(100) Herodotus, *the Histories*, 3.20

(101) Mamta Agarwal, "Biography of Herodotus: The Father of History." Available from http://www.historydiscussion.net/biography/biography-of-herodotusthe-father-of-history/ 1389 (تم الوصول في ١٥ كانون الأول/ ديسمبر ٢٠١٦).

(102) Abukar Ali, "The Land of the Gods: A Brief Study of Somali Etymology and its Historio-linguistic Potential." Available from http://sayidka.blogspot.co.ke/ (تم الوصول في ١٩ كانون الأول/ ديسمبر ٢٠١٦).

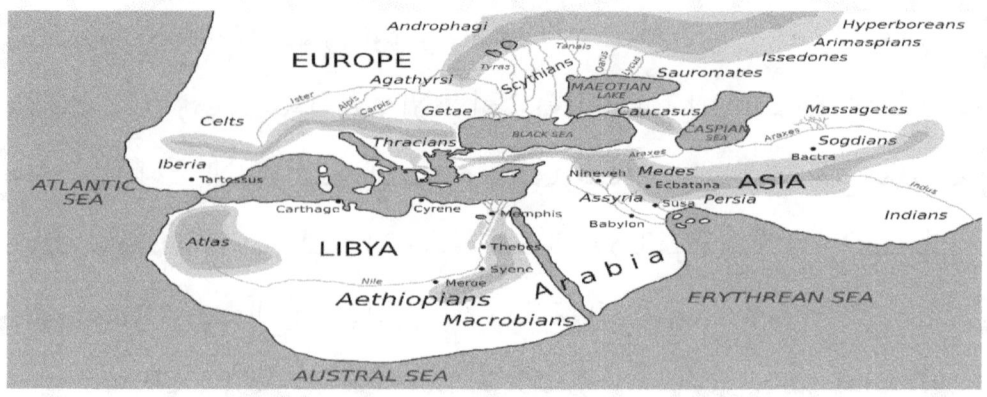

الخريطة (٣): خريطة هيرودوت للعالم

ولابد من الإشارة في الختام إلى أن بعض المدن التي شكلت دولاً على طول سواحل القرن الهندي من شبه الجزيرة الصومالية في الأزمنة القديمة قد ازدهرت، مثل: أوبون، وإسينا، وسرابيون، ونكون، ومالاو، ودامو، وموسيلون[103]. وقد وردت أسماء هذه المدن ومواقعها في كتاب «دليل الإبحار ف في البحر الإريتري»، ويرجع سجل هذه الرحلات لباحث يوناني للقرن الأول الميلادي[104].

ويعد هذا السجل الوصف المباشر للمنطقة، والذي كتبه مريس إريثراي، الذي كان على معرفة بالطرق البحرية للبحر الأحمر والمحيط الهندي. وبحسب الكتاب، فإن التجارة كانت مزدهرة في المنطقة على امتداد خط المحيط الهندي. كما أن مدن المحيط الهندي القديمة المسجلة في الكتاب تتوافق مع المدن الصومالية الحديثة على امتداد المحيط الهندي[105]. فعلى سبيل المثال، تتطابق سارابيون

---

(103) George Wynn Brereton, Huntingford, The Periplus of the Erythraean Sea ((Ashgate Publishing, 1980

(104) Mohamed Jama'a, An Introduction to Somali History from 5000 years B.C (Down to the Present Times (s.n; 2d ed., rev. and enl edition,1962

(105) أوبون تتوافق مع بلدة حافون، وإسينا كانت في مكان ما بين برافا ومركا، وسرابيون بين مقديشو وورشيخ، ونيكون كانت قرب كسمايو، ومالاو تطابق بربرة، ودامو قرب رأس جواردافوي، وموسلين قرب بوساسو.

ونيكون وأبون مع مقديشو وبراوي وحافون[106]، كما أن التجارة الصومالية الهندية سرّعت ـ بدورها ـ عجلة ضمّ الإمبراطورية الرومانية إلى المملكة النبطية عام 106؛ حيث احتل الأنباط شمال الحجاز والنقب وصولاً إلى البحر الأبيض المتوسط، وامتد نفوذهم على طول البحر الأحمر. وتاجر الهنود بالقرفة مع التجار الصوماليين الذين أعادوا توريده إلى الإمبراطورية الرومانية واليونانية.

ويبدأ القسم التالي بالقرن السابع الميلادي، والذي يمثل بداية الفترة الإسلامية في العصور الوسطى. وتمثل القرون الستة بين الأول والسابع فجوةً تاريخيةً في ظلّ شحّ الوثائق التاريخية والمواد المكتوبة التي تتناولها. ولذلك، فلا أحد يعلم ما الذي جرى للمدن المزدهرة والحضارات في شبه الجزيرة الصومالية خلال تلك الفترة.

الفترة الإسلامية من العصور الوسطى

تبدأ الفترة الإسلامية من العصور الوسطى في التاريخ الصومالي بالقرن السابع، عندما وصل الإسلام إلى الصومال؛ حيث ترى بعض مصادر السِّير أن الإسلام وصل إلى ساحل الصومال الشرقي بعد فترةٍ قصيرةٍ من هجرة المسلمين إلى الحبشة قبل وصول الإسلام حتى إلى المدينة عام ٦٢٤م[107]. وقد جاءت هجرة المسلمين الأولى عندما تم اضطهاد الأقلية المسلمة في مكة، وأمر النبي محمد ـ صلى الله عليه وسلم ـ أصحابه بالهجرة إلى الحبشة، ووصفها بأنها «أرض صدق»، وأن بها «ملكًا لا يظلم عنده أحد»[108].

---

(106) Wilfred H. Schoff, The Periplus of the Erythraean Sea (London, 1912), 60-61

(107) Salahudin Eshetu, "King Nagesh of Abyssinia." Available from http://dcbun.tripod.com/id17.html (تم الوصول في ٤ تموز/ يوليو ٢٠١٦).

(108) ابن كثير، البداية والنهاية، المجلد الثاني .يبدو أن المكيين كانوا يعرفون مملكة أكسوم

وكما كان متوقعًا، منح الملك الحبشي النجاشي، المستقر في مدينة أكسوم، الذي سُمي بالعربية أصحمة بن أبجر- منح المهاجرين المسلمين حمايته الكاملة، ورفض تمامًا مطلب بعثة قريش بإعادتهم إلى مكة(109). وقد تمتّع الصحابة بحماية الإمبراطور، وعاشوا بسلام لما يقارب ثلاثة عشر عامًا (٦٢٨ ـ ٦١٥). وخلال هذه الأعوام الطويلة، من المحتمل أن بعض الحبشيين تحوّلوا إلى الإسلام في بيئة زانتها الحرية والصداقة(110)، إلا أن هذه الفكرة تبقى مجرد تكهنات؛ إذ إنه لا يوجد دليل موثق يؤكد حصول مثل هذا التحول.

وبالنظر إلى التحول الصومالي المبكر، فإنه من الصعب قبول هذه الحقيقة على أنها دقيقة؛ لأن المسافة بين أكسوم (عرش النجاشي الحبشي)، وبلدة زيلع، مركز أقرب أرض مدنيةٍ صوماليةٍ، تقدر بأكثر من ١٠٠٠ كم برًا، وأبعد من ذلك بحرًا. أما السيناريو الآخر المحتمل فيما يتعلق بالتحول الصومالي المبكر للإسلام، فهو يرتبط بالمسلمين اليمنيين الذين وصلوا إلى الحبشة مبكرًا في أثناء الهجرة الأولى. ومن المعروف أن مجموعة من المسلمين الأوائل قاموا برحلة عبر البحر الأحمر للقاء النبي- صلى الله عليه وسلم- بعد الهجرة إلى المدينة، إلا أنه- وبسبب الموج القوي- أجبرت المجموعة على الهبوط في الساحل الغربي للبحر

كشركاء تجاريين .وقد تاجر المكيون مع اليمن وأفريقيا من خلال ميناء شعيبة (قرب جدة)، وميناء أدوليس الأكسومي)الواقع على بعد ما يقارب ثلاثين ميلاً جنوب مسوع) المسافة بين الميناءين ٦٦٠ كم.

(109) قاد عمرو بن العاص وفدًا إلى الحبشة للمطالبة بإعادة المسلمين إلى مكة, Martin Lings, *Muhammad: His Life Based on the Earliest Sources* (Inner Traditions, 2006), 81–84

(110) Ismael Mukhtar, "Milestones in the History of Islam in Eritrea." A paper delivered at the Eritrean Muslim Council's 6th annual convention held in Washington D.C. in July 2008, 2. Available from http://www.muslimpopulation.com/africa/Eritrea/Eritria_Islam_PDF.pdf (تم الوصول في ٢٠ كانون الأول/ ديسمبر ٢٠١٦).

الأحمر. ومن هناك، قرروا الانضمام للصحابة المسلمين في أكسوم[111]. وقد يكون المسلمون اليمنيون وصلوا إلى زيلع بعد أن عادوا إلى اليمن. أما الصحابة الذين هاجروا إلى الحبشة، فقد قيل إن بعضهم عاد مبكّرًا إلى مكة وهاجر إلى المدينة عام ٦٢٢، فيما لحق بهم من ظلوا في الحبشة عام 628.

ويتفق المؤرخون الصوماليون على غياب الأدلة على التحول الصومالي المبكر للإسلام قبل وصول الإسلام إلى المدينة، كما يعتقد ويفضل البعض بشكل عام. فعلى سبيل المثال، يطرح البروفيسور سعيد سمتر احتمالية بقاء بعض هؤلاء المهاجرين في المنطقة، وأنه «ربما مكث بعض المسلمين لنشر بذرة الدين الجديد في أرض القرن الإفريقي؟»[112]. وبالإضافة إلى ذلك، يؤكد البروفيسور محمد مختار «غياب الأدلة» على التحول الصومالي المبكر للإسلام قبل هجرة المسلمين إلى المدينة، كما أن البروفيسور علي عبد الرحمن حرسي في أطروحته للدكتوراه: «العامل العربي في التاريخ الصومالي»، يعتبر أن وصول الإسلام إلى زيلع في السنوات الأولى من الهجرة إلى الحبشة «أمر يغلب عليه التخمين بدرجة كبيرة»[113].

وبغض النظر عن ذلك، فإن تأريخ الوصول المبكر للإسلام إلى الصومال يصبح أكثر إشكالية إذا أخذنا بعين الاعتبار أن «مسجد القبلتين» ـ حيث تشير إحدى القبلتين إلى القدس، والأخرى إلى مكة ـ موجود في زيلع[114]. وفي

(111) المصدر السابق، ١.

(112) Said Samatar, "Unhappy masses and the challenge of political Islam in the Horn of Africa." Available from http://www.ethiomedia.com/newpress/political_islam.html (تم الوصول في ٢٤ تشرين الثاني/ نوفمبر ٢٠١٦).

(113) Hersi, The Arab Factor,113

(114) هناك حاجة إلى المزيد من البحث المعمق لتحليل متى تم تأسيس المسجد ومن بناه ولماذا توجد به قبلتان.

الحقيقة، فقد تغير اتجاه القبلة من القدس إلى مكة عام ٦٢٤، بعد عامين من هجرة المسلمين إلى المدينة[115]. ولذا، فإن قصة «مسجد القبلتين» محيّرةٌ بالفعل، وتتطلّب تحليلاً شاملاً؛ وهو ما قد يسلط بعض الضوء على التاريخ المبكر للإسلام في الصومال. هذا الإجراء لابد منه ـ دون شك ـ لتجنب الأقاويل المستندة إلى خرافات، أو «الخرافات الفارغة والقبول غير النقدي للمعلومات التاريخية»، كما حذر منه ابن خلدون بشكل متكرر[116].

ولقد وقع الوصول المبكر للإسلام في شمال الصومال في زيلع وبربرة، ومقديشو في جنوب الصومال، وتحديدًا في المنافذ التجارية. ويعتقد البروفيسور مختار أن أول موجةٍ من المهاجرين المسلمين كانت على الأغلب من القبائل العمانية التي هزمت واضطهدت بشدة في أثناء «حروب الردة»[117]، فكان أقرب طريق هروب ونقطة جغرافية بالنسبة لهم هي شبه الجزيرة الصومالية، التي كانوا متصلين بها تاريخيًا عبر التجارة. ويخلص مختار إلى أنه «بذلك، هناك سبب وجيه للاعتقاد بأن أول موجة من المهاجرين المسلمين إلى الساحل الصومالي وقعت مبكرًا خلال فترة أبو بكر، خليفة المسلمين الأول»[118].

---

(115) أوحى الله بهذه الآية من القرآن عندما تغيرت القبلة: ﴿قَدْ نَرَى تَقَلُّبَ وَجْهِكَ فِي السَّمَاءِ فَلَنُوَلِّيَنَّكَ قِبْلَةً تَرْضَاهَا فَوَلِّ وَجْهَكَ شَطْرَ الْمَسْجِدِ الْحَرَامِ وَحَيْثُ مَا كُنتُمْ فَوَلُّواْ وُجُوهَكُمْ شَطْرَهُ وَإِنَّ الَّذِينَ أُوتُواْ الْكِتَابَ لَيَعْلَمُونَ أَنَّهُ الْحَقُّ مِن رَّبِّهِمْ وَمَا اللَّهُ بِغَافِلٍ عَمَّا يَعْمَلُونَ﴾ (البقرة: ١٤٤).

(116) Ibn Khaldun, Franz Rosenthal, N. J. Dawood (1967), *The Muqaddimah: An Introduction to History*. (Princeton University Press, 1967), 10

(117) Mohamed Mukhtar, "Islam in Somali History: Fact and fiction" in *The Invention of Somalia*, edited by Ali Jimale Ahmed. (Lawrenceville: The Red Sea Press, 1995),4.

(118) المصدر السابق، ٥.

اقتبس الكاتب من: حسن إبراهيم حسن، انتشار الإسلام والعروبة في ما يلي الصحراء الكبرى، شرق القارة الإفريقية وغربيها، (القاهرة: مطبعة لجنة البيان العربي، ١٩٥٧ (، ١٢٧.

وتُظهر بعض الأدلة التاريخية الأخرى أن الدخول المبكر لمقديشو في الإسلام قد يكون قد وقع أثناء خلافة عمر بن الخطاب (٦٤٤ _ ٦٣٤)؛ أي في النصف الأول من القرن السابع الميلادي. كما أن هناك مجموعة عمانية مهاجرة، قادها الإخوة سليمان وسعيد ابنا الجلندي، وجدت لها مستقرًا على ساحل شرق إفريقيا عام ٦٩٥. هذه الرواية قريبة جدًا للحقائق التاريخية التي يمكن رؤيتها على مقام فاطمة بنت عبد الصمد يعقوب، التي توفيت في مقديشو عام ١٠١هـ[119]. هذا الدليل معزَّزٌ بالسجلات في «كتاب الزنوج»، والكتاب الذي اكتشفه الباحث الإيطالي إنريكو جيرولي في الصومال غير معروف مؤلفه. ويكشف الكتاب عن وجود المسلمين في مقديشو أثناء خلافة عبد الملك بن مروان (٧٠٥ _ ٦٨٥)[120].

ووفقًا لـ«كتاب الزنوج»، فإن الخليفة أرسل بعثة تحت إمرة موسى بن عمر الكثعمي إلى مقديشو وكلوه، والذي أبلغ الخليفة بأن هذه المدن التي كانت إمارات مستقلة قد قبلت الإسلام أثناء خلافة عمر بن الخطاب (٦٤٤ _ ٦٣٤) وما زالت تتشرف بولائها للخليفة[121]. إضافة إلى ذلك، استمرت مقديشو في كونها جزءًا من الخلافة حتى تسلم أبي جعفر المنصور، كما يروي يحيى بن عمر العنزي، ممثل الخليفة في شرق إفريقيا[122]، إلا أن العديد من المدن في شرق إفريقيا، بما فيها مقديشو، انتفضت ضد خلافة هارون الرشيد (٨٠٩ _ ٧٨٦)، وابنه المأمون

---

(119) Hersi, *The Arab Factor*, 91. Also, Ahmed duale Jama, *The Origins and Development of Mogadishu AD 1000 to 1850: A Study of urban growth along the Banadir coast of southern Somalia* (Repro HSC, Uppsala 1996).
(120) ترجم "كتاب الزنوج" للإيطالية ونشر ضمن وثائق أخرى جمعها إنريكو كيرولي. انظر:
Enrico Ceruli, *Somalia: scritti vari editi ed inedita*, Vol.2 (Roma: Istituto poligrafico dello Stato, 1957-1964).
(121) Mukhtar, Islam in Somali History, 3. Hersi, *The Arab Factor*, 86.
(122) المصدر السابق، ٤.

(٨٣٣ ـ ٨١٣)، بل أرسلت لهم دار الخلافة بعثتين تؤدّبهم[123]، كما قيل إن مجموعة يقودها «إخوة الأحساء السبعة»، من الخليج العربي، استقروا في مقديشو وبراوة عام ٩٢٠، ومجموعة أخرى كبيرة من فارس يقودها حسن بن علي الشيرازي هاجرت إلى شرق إفريقيا عام ١٠٠٠م[124]. هذه الموجات من الهجرات من شبه الجزيرة العربية وعُمان وفارس، ومؤخرًا من شبه القارة الهندية، كانت تنشر الإسلام وتمارس التجارة في سواحل المحيط الهندي وشرق إفريقيا.

وقد حطّ المستكشفون من الصين والعالم العربي/ الإسلامي والبرتغال رحالهم في شبه الجزيرة الصومالية خلال الفترة الإسلامية من العصور الوسطى، وكتبوا أوصافًا مفصّلةً لشعبها ومدنها وصلاتها التجارية مع الدول والإمبراطوريات الآسيوية والعربية. وكما يوضح خبير الأسفار الإفريقية، فيليب بريجس، فإن «أفضل وصف مفصل في العصور الوسطى المبكرة لمنطقة الصومال يعود إلى الباحث والكاتب الصيني توان شينج ـ سبيب (Sbib ـ Shining Tuan) في منتصف القرن التاسع»[125]. وقد أسمى توان ما زاره بـ»بو ـ با ـ لي»، وقدم وصفًا مفصلاً لعادات السكان هناك، ويفترض معظم المؤرخين أنها بلدة بربرة. وقدم كاتب صيني آخر يُدعي تشو جو ـ كوا (Kua ـ Ju Chou) وصفًا مشابهًا للشعب الصومالي، ويرجع ذلك إلى عام ١٢٢٥ تقريبًا[126]، كما زار المستكشف الصيني الآخر، زينغ (Zheng)، المدن الصومالية، مثل: مقديشو، وزيلع، ومركة، وبربرة

(123) Hersi, *The Arab Factor*,112.

(124) Mohamed Mukhtar, *Historical Dictionary of Somalia, New Edition*. (The scarecrow Press, 2003), xxvi

(125) Philip Briggs, *Somaliland with Addis Ababa with East Ethiopia*. (Bradt Travel Guides, 2012), 11.

(126) المصدر السابق.

عام ١٤٣٠. وإضافة إلى ذلك، سافر الباحث والمستكشف الإسلامي الصومالي من مقديشو، والمسمى «الإمام سعيد المقدشاوي» إلى الصين في القرن الرابع عشر خلال حكم سلالة يوان (١٣٦٨ ـ ١٢٧١).

وتؤكد السجلات التاريخية أن سعيدًا سافر من مقديشو ودرس في مكة والمدينة لمدة ثمانية عشر عامًا، وجال في مختلف أنحاء العالم الإسلامي وزار البنغال والصين، كما التقى ابن بطوطة على الساحل الغربي للهند، ويُقال إنه شاركه في روايات أسفاره إلى الصين، والمضمنة بالأغلب في سجلات ابن بطوطة[127]. وقد صدّرت شبه الجزيرة الصومالية، في فترة العصور الوسطى، الزرافات والحمر الوحشية والخيول والحيوانات الغريبة، والعاج، والبضائع الغريبة إلى إمبراطورية مينج في الصين (١٦٤٤ ـ ١٣٦٨) مقابل الخزف والبهارات والبنادق.

وقدم الرحالة العرب والمسلمون كذلك وصفًا لأسفار شبه الجزيرة الصومالية. فعلى سبيل المثال، قدم الجغرافي العربي/ الإسلامي ابن سعيد المغربي (توفي عام ١٢٦٨) رواية مكتوبة مفصلة للصومال في الفترة الإسلامية من العصور الوسطى، ووصف جنوب الصومال بأنها أرضٌ هيمن عليها المسلمون السُّنة، ووصف مقديشو بأنها «دار الإسلام»[128]. كذلك، وصف محمد الإدريسي (١١٦٦ ـ ١١٠٠) المدن الساحلية التجارية من مركة، وبراوة، ومقديشو، إضافة إلى الطرق التجارية الداخلية، كما أن ياقوت الحموي (توفي عام ١٢٢٩) وصف الصوماليين بالسود ليفرقهم عن السكان الآسيويين المهاجرين، ووصف مقديشو

---

(127) Charles H. Parker & Jerry H. Bentley (ed.), *Between the Middle Ages and modernity: Individual and community in the early Modern World*. (Rowman & Littlefield Publishers Inc., 2007), 160. Also, see Peter Jackson, "Travels of Ibn Battuta", *Journal of the Royal Asiatic Society*, 264.

(128) Mukhtar, Islam in the Somali History, 6

بأنها «يهيمن عليها الغرباء وليس السود»(129)، وتحدّث أيضًا عن وجود حيوانات غريبة «ليست موجودة بأي مكان في العالم»، مثل: الزرافة، والفهد، ووحيد القرن. وأخيرًا، كشفت زيارة ابن بطوطة (١٣٠٤ ـ ١٣٦٩) عام ١٣٣١ أن المدينة كانت في ذروة الرخاء، وكانت «مدينةً كبيرةً جدًّا» مليئة بالتجار الأغنياء، وكانت مشهورة بالقماش عالي الجودة، وقد صدرته إلى مصر.

ويشير الوصف البارز لمقديشو من ابن بطوطة إلى أن المدينة كانت متقدمة بدرجة كبيرة كمركز للتجارة والتعليم الإسلامي. وأبدى اندهاشه من السلطان الصومالي أبوبكر بن محمد ونظامه القضائي الإسلامي، الذي اعتبره نظام حكم هرميٍّ متقدم(130). وقد وصف ابن بطوطة في سجل أسفاره الترحيب الكبير الذي لقيه في مقديشو قائلاً: «أخذ القاضي يدي ووصلنا إلى منزل قرب منزل الشيخ، وكان معدًّا للنوم ومجهزًا بكل ما هو ضروري، ثم جاء بالطعام إلى منزل الشيخ، وكان معه أحد وزرائه المسؤولين عن الضيوف، وقال: «مولانا يقرئك السلام ويقول لك إنك محل ترحيب»، ثم وضع الطعام وأكلنا»(131).

وقد زار الكُتّاب العرب في العصور الوسطى، مثل: أبو الحسن المسعودي، وياقوت الحموي، المدن الصومالية الشمالية، مثل: زيلع، وبربرة، ووصفوا سكانها بأنهم يشملون السود والعرب المهاجرين، الذين لم يكن تواجدهم واضحًا، كما هي الحال في مقديشو. وأصبحت مدينة زيلع، التي كانت المدخل الصومالي إلى شبه الجزيرة العربية، عاصمة سلطنة عدل متعددة العرقيات، والتي ازدهرت في

(129) المصدر السابق .أيضا: .Hersi, *The Arab Factor*, 102-103

(130) David D. Laitin, Said S. Samatar, *Somalia: Nation in Search of a State*. (Westview Press: 1987), 15.

(131) Walker, R. When we ruled: *The ancient and medieval history of Black civilizations*. London, U.K: Every Generation Media, 2006, 475.

الفترة من ١٤١٥ إلى ١٥٧٧. وقد خلفت سلطنة عدل سلطنة اوفات، التي هُزمت لاحقًا من إمبراطورية الحبشة على يد الإمبراطور عمدا سيون عام ١٣٣٢ م[132].

ولقد كانت العلاقات الإسلامية ـ المسيحية ودية منذ الهجرة المسلمة المبكرة إلى الحبشة، وبقي الأمر كذلك فيما تلا ذلك من قرون. وتعزّزت هذه العلاقة بالتقدير الكبير الذي أولاه النبي للحبشة، قائلاً: إنها «أرض صدق، فإن بها «ملكًا لا يظلم عنده أحد»، كما أن الحديث المرتبط بأبي سكينة، قال: النبي ـ صلى الله عليه وسلم ـ قال: «دعوا الحبشة ما ودعوكم واتركوا الترك ما تركوكم»[133]. ومن المرجح أن هذه التوجيهات النبوية والاعتبار الكبير للحبشة أبعد أثيوبيا عن مرمى الجهاد حتى بدأت إمبراطورياتهم في إخضاع المسلمين في السنوات اللاحقة[134].

ويرجع التأريخ المبكر للمسلمين إلى تاريخ تحول الملك الحبشي للإسلام وتبادل الهدايا مع النبي محمد ـ صلى الله عليه وسلم. كما أن النبي محمد ـ صلى الله عليم وسلم ـ أدّى صلاة الغائب عندما وصلته أنباء وفاة الملك الحبشي[135].هذه العلاقات الودية استمرت حتى القرن السادس عشر، لكنها تدهورت لاحقًا بسبب سعي إمبراطورية الحبشة للسيطرة على طرق التجارة، وأراضي المسلمين، والخوف من التنافس الديني. فقد تنامى الإسلام في الحبشة، ومنذ القرن التاسع تأسست السلطنات المسلمة.

(132) المصدر السابق، ٤٠.
(133) سنن أبو دواد ٤٣٠٢، صححه السيوطي.
(134) صحة الحديث محل تساؤل، لكنها تعكس تعاطف المسلمين مع الحبشة، وتوجه جهادهم إلى جهات أخرى، مثل: الإمبراطوريات الفارسية والبيزنطية.
(135) عن أبي هريرة ـ رضي الله عنه ـ قال: نعى لنا رسول الله ـ صلى الله عليه وسلم ـ النجاشي صاحب الحبشة يوم الذي مات فيه، فقال: "استغفروا لأخيكم "(رواه البخاري ١٢٦٣، ومسلم ٩٥١).

وكانت السلطنة الأولى هي سلالة المخزومي (١٢٨٥ _ ٨٩٦)، ومعقلها مدينة شوا، وتبعتها سلطنات اوفات (١٤١٥ _ ١٢٨٥) وعدل (١٥٧٧ _ ١٤١٥)، المستقرة في زيلع. وتحكمت هذه السلطنات المسلمة في طرق التجارة بين الهضاب وسواحل البحر الأحمر والمحيط الهندي، وكانت لها اتفاقيات ودية مع سكان الهضاب الأثيوبية، وتشاركوا معهم في جزء من الأرباح التجارية، إلا أن هذه العلاقات ساءت لاحقًا، ونجمت عن ذلك حروب شدٍّ وجذبٍ اقتصادية؛ نظرًا للاختلاف الديني بين الإسلام والمسيحية[136]. وعندما تبدّلت المدن بين السلطنات المسلمة والإمبراطورية الحبشية أثناء هذه الحرب عاش المسلمون بسلام مع المسيحيين حتى الفترة المتأخرة من جهاد الإمام أحمد إبراهيم. وعلى النقيض من ذلك، «عندما احتل الملك الحبشي نيغس يكونو مدينة زيلع، قتل العديد من المسلمين وأجبر الباقين منهم على التحول للمسيحية وحول المساجد إلى كنائس»[137].

ووصلت الحروب بين السلطنات المسلمة والإمبراطورية الحبشية إلى أوجها خلال حكم الإمام أحمد إبراهيم الغازي (١٥٤٣ _ ١٥٠٦) والإمبراطور الأثيوبي لبنا دنغل «داويت الثاني» (١٥٤٠ _ ١٥٠١). وظهر جليًا أن المسلمين الذين خضعوا للإمبراطورية الأثيوبية قد عقدوا العزم على القتال من أجل حريتهم، رافضين دفع الضريبة، وكانوا مستعدين للتكفير عن أخطاء الماضي. ومن الجدير بالذكر أن شعار الحرب كان الجهاد الإسلامي ضد الأحباش النصارى، وكان

---

(136) Nahemia Levtzion and Randall Pouwels, *The History of Islam in Africa*. (Ohio University Press, 2000).
(137) Ben I. Aram, "Somalia 's Judeo-Christian Heritage: A Preliminary Survey." *Africa Journal of Evangelical Theology* 22.2 2003, 8, quoted from Bertin, G. Bertin, *Christianity in Somalia*. (Muqdisho: Croce del Sud Cathedral. Manuscript, 1983), 9-10.

هذا مؤشرًا للتغير في علاقات القوة بين المسلمين والمسيحيين، وتزايد إيمان المسلمين بشرعية الحرب ضد الأحباش النصارى المعتدين طوال أكثر من قرن. واستمرت المواجهة التي بدأت في وقت مبكر حتى عهد الإمبراطور غيلاودوس (١٥٥٩ ـ ١٥٢١). وقد كان حجم الحرب عظيمًا لدرجة أنه جذب تدخل قوتين عظميين، وهما الإمبراطوريتان البرتغالية والعثمانية. وقد تدخلت هاتان القوتان العظميان الإمبراطوريتان- تدخلتا في الصراع بالتحالف مع مسيحيي الحبشة وسلطنة عدل المسلمة على التوالي.

وفي هذه المرحلة، وقعت الحملة التي كانت معروفة باسم «فتوح الحبشة»، التي بدأت نحو عام ١٥٢٧م[138]. وقد بدأ الإمام أحمد هذه الحملة ليحتل الإمبراطورية الحبشية، ونجح في غزو أكثر من نصف أرضها، متسبّبًا في وقوع دمار هائل في الإمبراطورية الحبشية، وتحويل العديد من المسيحيين إلى الإسلام، إلا أنه أخفق في بسط السيطرة الكاملة على أراضي الحبشة في ظلّ تدخل البرتغاليين بقيادة كريستوفو دا غاما، شقيق فاسكو دا غاما ، الرحالة البرتغالي الشهير، وأول أوروبي وصل إلى الهند[139].

ولقد ضمّت الحملة العسكرية البرتغالية ٤٠٠ فارس، وعددًا من الحرفيين وغير المقاتلين، بينما طلب الإمام أحمد الدعم من الإمبراطورية العثمانية، وتلقى ٧٠٠ مقاتل تركي. وما زال غزو الحبشة في ذاكرة العديد من الأثيوبيين. فقد كتب باول هينزي: «في أثيوبيا، الدمار الذي تسبب به أحمد غري (الإمام أحمد إبراهيم)

(138) سجلات الحملة مكتوبة جيدة في الكتاب المكتوب بالعربية: Shihabu Addin Ahmed Bin Abdul-Kadir, *Futuh Al-habasha: The Conquest of Abyssinia*, Translated by Paul (Lester Stenhouse (noo date and place of publishing

(139) R.S. Whiteway, *The Portuguese Expedition to Abyssinia in 1441-1543*, 1902. (Nendeln, Liechtenstein: Kraus Reprint, 1967), 42.

لم يُنس. كل مسيحيٍّ في الهضاب ما يزال يسمع قصص غري في طفولته. ويشير هيلي سيلاسي إليه في مذكرته قائلا: بعض رفاقي القرويين في شمال أثيوبيا يشيرون عادة إلى مواقع البلدات والقصور والكنائس والأديرة التي دمرها أحمد غرن، وكأن هذه الكوارث قد وقعت بالأمس»(140). وتوقفت الحملة العسكرية بين الجانبين مؤقتًا عام ١٥٤٣، عندما قتل الإمام أحمد في معركة وينا دجا. وبغض النظر عن ذلك، فإن زوجة الإمام أحمد، باتي ديل وامبرا، رفضت قبول الهزيمة، وكانت ملتزمة للغاية بالثأر لزوجها. ونتيجة لذلك، تزوجت ابن أخيه، نور بن مجاهد، بشرط أن يثأر لموت الإمام أحمد. وهكذا استمرت العداوات بين الجانبين بعد خلافة الإمام نور بن مجاهد، الذي جدد الحرب عام ١٥٥٤ ليؤدّي شرط زوجته بالثأر للإمام أحمد بقتل الإمبراطور الأثيوبي غلاوديوس، عام ١٥٥٩م(141).

كان تأريخ الحروب المبكرة بين الإمبراطورية الأثيوبية والإمارات المسلمة الصاعدة يختزل الصراع في تصوير الحبشة وكأنها «قلعة محاصرة في وسط بحرٍ من الإسلام»(142). هذا المفهوم طرحه في الأصل جون سبينسر تريمينغهام، المؤرخ المستشرق الذي انتُقد لغياب الأدلة؛ ولذا ظهرت سردية مضادة، قدمها ترافيس أوينس، الذي كتب أن «الجيران المسلمين للإمبراطورية الأثيوبية كانوا محاصرين من أثيوبيا المسيحية على مدى فترة العصور الوسطى»(143).

---

(140) Paul B. Henze, *Layers of Time: History of Ethiopia*. (London: Hurst & Company, 2000), 90.

(141) E. Cerulli, *Documenti Arabi per la Storia dell"Ethiopia*. Memoria della Accademia Nazionale dei Lincei, Vol. 4, No. 2, Rome, 1931.

(142) J. Spencer Trimingham, "The Expansion of Islam", In Islam in Africa, edited by James Kritzeck, and William H. Lewis, (New York: Van Nostrand-Reinhold Company, 1969), 21.

(143) Travis J. Owens, "Beleaguered Muslim Fortress and Ethiopian Imperial Expansion from the 13th to the 16th century." MA Thesis in Security Studies

إضافة إلى ذلك، اعتبر ترافيس أن الحروب بين الجانبين كانت رد فعل شرعي من المسلمين على أثيوبيا التوسعية، فقد كتب للتعبير عن موقفه هذا: «كان جهاد الإمام غري والأمير محفوظ قبله رد فعل على السياسات التوسعية للإمبراطورية التي أخضعت بشكل مستمر جيرانها».(144) إضافة إلى ذلك، خلص ترافيس في تحليله إلى أن: «التهديد الإسلامي بالعنف تصاعد مع ضغوط الإمبراطورية الأثيوبية المتزايد ضد للسلطنات من خلال العنف والضرائب وفقدان السيطرة على التجارة. لقد شكّلت السلطنات المسلمة تهديدًا على الأثيوبيين، ليس لأنهم أرادوا السيطرة على الأراضي المسيحية، ولكن لأنهم أرادوا استعادة أراضيهم وطرق التجارة والاستقلال»(145).

وقد كانت سردية ترافيس دعمًا لموقف مبكر للمؤرخ الأثيوبي أحمد حسين، الذي أصدر ورقة بحثية عام ١٩٩٢ بعنوان: «تأريخ الإسلام في أثيوبيا»، في «مجلة الدراسات الإسلامية»، والتي دحض بها النظرة الاستشراقية للإسلام في أثيوبيا(146). ويرى الباحثون الآخرون الذين درسوا تاريخ القرون الوسطى للمنطقة مثل كابتجينس أن حروب القرن السادس عشر بين إمبراطورية أثيوبيا المسيحية والإمارات المسلمة كانت حربًا أهلية بين السكان الأصليين الأثيوبيين(147). وهذا

---

submitted to Naval Postgraduate school, 2008. Available from http://calhoun.nps.edu/bitstream/handle/10945/4031/08Jun_Owens.pdf (تم الوصول في كانون الأول/ ديسمبر ٢٠١٦).
(144) المصدر السابق.
(145) المصدر السابق، ٤٠.
(146) Hussein Ahmed, "The Historiography of Islam in Ethiopia", *Journal of Islamic Studies*, 3 (1992): 15.
(147) Lidwien Kapteijns, "Ethiopia in the Horn of Africa", in The History of Islam in Africa edited by Nehemia Levtzion, and Randall L. Pouwels, (Athens, Ohio: Ohio University Press, 2000).

يعني أن الحرب لم تكن بين قوة مسيحية أصلية تدافع عن نفسها ضد تدخل المسلمين المهاجرين.

الخريطة (٤): خريطة سلطنة «عدل»

نهضت البرتغال في أوروبا العصور الوسطى، كقوة إمبريالية أثناء ما سمي «عصر الاستكشاف»، في الفترة بين القرنين الخامس عشر والثامن عشر، والتي ظهر فيها الاكتشاف الأوروبي الواسع لما وراء البحار. فمهّد ذلك الطريق للاستعمار الأوروبي الذي حدد وصول المستعمرين والغزاة لاستعباد واستغلال السكان الأصليين في آسيا وإفريقيا وأمريكا وغزوهم والهيمنة عليهم. وكان البرتغاليون أول مستكشفين أوربين يزورون الصومال كجزء من هذه المغامرة. وأشار الكاتب البرتغالي والضابط دورانتي باربروسا (١٥٢١ ـ ١٤٨٠)، الذي شارك في رحلة فيرديناند ماجلان، وهو أول من طاف حول الأرض كلها ـ أشار إلى أن العديد من السفن الواصلة من الهند إلى مقديشو بالملابس والبهارات

لتبادلها بالذهب والشمع والعاج(148).

ولاحظ الرحالة البرتغالي فاسكو دي غاما (١٥٢٤ _ ١٤٦٠)، الذي عبر ساحل مقديشو في ٢ كانون الثاني/ يناير ١٤٩٩ أثناء عودته من رحلته الأولى إلى الهند، أن مقديشو كانت مدينة كبيرة بها بيوت ذات أربعة أو خمسة طوابق، وقصور كبيرة في مركزها، والعديد من المساجد ذات المآذن الأسطوانية(149). إضافة إلى ذلك، نجح التجار الهنود في تجاوز الحصار البرتغالي للساحل الصومالي في القرن السادس عشر، وكذلك التجار العُمانيين، واستخدموا موانئ مركة وبراوة الصومالية. وكان هذان الميناءان خارج سيطرة البرتغاليين والعمانيين؛ ولذلك، مارس التجار الهنود تجارتهم بحرية دون تدخل.

وطوّر الصوماليون في الحقبة الإسلامية من العصور الوسطى، ثقافة جديدة لبناء الدولة. وكانت سلطنة «أجوران» هي أول دولة أصلية أسسوها، وأكبر دولة صومالية مستمرة ومتعددة القبائل، ظهرت في القرن الرابع عشر، واستمرت حتى القرن السابع عشر. وكان معقلها في مركة وضمت أراضيها مساحات شاسعة من جنوب الصومال. وامتدت أراضيها من مريغ في الشمال (المنطقة القديمة في ولاية غلمدوغ في الصومال) إلى قلافو في الغرب، وكيسمايو في الجنوب. وأمنت السلطنة طرق التجارة، وشجّعت التجارة الخارجية، التي ازدهرت في المناطق الساحلية. وكانت السفن الكبيرة المحملة بالبضائع التجارية تأتي من شبه الجزيرة العربية والهند والبندقية وفارس ومصر، وأبعد من ذلك وصولا إلى

---

(148) Mensel Longworth Dam (translated and ed.), "The book of Duarte Barbosa: an account of the countries bordering on the Indian Ocean", Asian Educational Services, 1989.

(149) Joao de Sa Alvaro Velho, *A Journal of the First Voyage of Vasco Da Gama, 1497-1499*. Hakluyt Society, 1898, 88.

الصين⁽¹⁵⁰⁾. ونجحت السلطنة في تأسيس جيشٍ قويٍّ مستقر، قاوم بنجاح غزو أورومو، والهجرة من الغرب، إضافة إلى الغزو البرتغالي من المحيط الهندي.

الخريطة (5): خريطة سلطنة أجوران

Fred M. Shelley, *Nation Shapes: The Story behind the World's Borders*. (150) (ABC-CLIO., 2013), 358.

وقد وقع غزو أورومو، المعروف باسم «حرب الكفار السود» (*Dagaalkii Gaala Madow*) في منتصف القرن السابع عشر، وتجرّع الغزاة طعم الهزيمة، وتحول بعض الأورومو الغزاة إلى الإسلام بينما غيّر آخرون طريق هجرتهم بعيدًا عن أراضي أجوران. وتحوّل العديد من قبائل شرق إفريقيا إلى دين الإسلام أثناء حكم أجوران، ودافعت السلطنة أيضًا عن أراضيها من الغزو البرتغالي الذي بدأ بحرق ونهب مدينة براوة تحت إمرة تريستاو دا غنها[151].

وفشلت خطة الغزو البرتغالي لغزو مقديشو؛ نظرًا لاستعداد وتأهب ولاية مقديشو تحت حكم عائلة مظفر؛ حيث حشدوا جنودًا ضمّوا العديد من الفرسان وسفن القتال دفاعًا عن المدينة، لكن البرتغاليين لم يتخلّوا عن تخطيطهم لاحتلال مقديشو، فبعد عدة عقود من محاولتهم الأولى أرسلوا بعثة عقابية ضد مقديشو تحت إمرة دي سبولفيدا، الذي فشل في احتلالها أيضًا[152]. وكرد فعل للتهديد البرتغالي، عززت سلطنة أجوران علاقاتها مع الإمبراطورية العثمانية في إسطنبول. وأسس كلا الجانبين اتفاقية سياسية لإنهاء مشترك للتهديد البرتغالي في المحيط الهندي. لذلك، نظمت القوات البحرية لأجوران والبحرية العثمانية بعثات مشتركة لكسر الحصار البرتغالي للمدن الساحلية المطلة على المحيط الهندي.

وبلغ التعاون ذروته عام ١٥٨٠ في أثناء قيادة ميرعلي بك للأسطول الإمبراطورية العثمانية في المحيط الهندي، عندما أرسلت بعثة صومالية- تركية إلى جنوب

(151) Duarte Barbarosa, *A Description of the Coasts of East Africa and Malabar in the Beginning of Sixteenth Century* (London: The Hakaluyt Society, 2008)

(152) Justus Strandes, *The Portuguese period in East Africa* (Kenya Literature Bureau, 1989), 112

شرق آسيا البعيدة[153]. وتعد السجلات التاريخية لسلطنة أجوران ومواجهتها مع أورومو والبرتغاليين محدودةً جدًا، ولكن لا شك أن سلطنة أجوران قد لعبت دورًا مهمًّا في الدفاع عن أراضي جنوب الصومال ونشر الإسلام في كل منطقة شرق إفريقيا. وللأسف، فتاريخ قيام الدولة الصومالية المتمثلة في سلطنة أجوران لم ينل حقه من الدراسة.

وقد يكون أحد أسباب ذلك أن الحركة القومية الصومالية الكبرى « رابطة الشباب الصومالي « ،كانت تتحاشى الأسماء القبلية، ولأن السلطنة كانت تحمل اسمًا قبليًّا، فقد تم تجاهلها لهذا السبب. وهناك احتمالية أخرى تتمثل في غياب الوعي التاريخي ونقص السجلات التاريخية. وقد يكون هناك سببٌ آخر أكثر واقعية يتمثّل في هيمنة التأريخ الاستعماري الذي صور الصوماليين بأنهم كانوا قبائل متفرقة لا يجمع بينها إلا تاريخ الاستعمار ونتائجه. وبشكل عام، فهذه العوامل الثلاثة قيّدت من بحث واستعادة التاريخ الأصلي لقيام الدولة الصومالية.

وضعفت سلطنة عدل بعد موت الأمير نور بسبب غارات أورومو في ١٥٥٧، وانتقل معقلها إلى واحة «أواسا» في صحراء دناكل تحت قيادة محمد جاسا[154]. وتراجعت سلطنة أواسا (سلطنة عفر) تدريجيًا في القرن التالي، ودمرها بدو عفر المحليين عام ١٦٧٢. وفي المقابل، ازدهرت سلطنة هرر، وأسست سلالة حاكمة جديدة تحت حكم علي بن داود عام ١٦٤٧، وبقيت السلالة الحاكمة حتى غزو المدينة على يد مصر عام ١٨٧٥م[155]. وعاشت المدينة بعد الإخلاء المصري المتعجل، استقلالاً قصيرًا، سيطر بعده الإمبراطور مينيلك على المدينة

---

(153) Sidney Welsh, *Portuguese rule and Spanish crown in South Africa, 1581-1640* (Juta & Co.; 1st edition,1950)

(154) Lee Cassanelli, *The Shaping of Somali Society*, 120.

(155) Avishai Ben-Dror, The Egyptian Hikimdariya of Harar.

وأدخلها في إمبراطوريته عام ١٨٨٧. وأعلن مينيلك متفاخرًا بعد غزو هرر: «هذه ليست بلادًا مسلمة، كما يعلم الجميع»[156]. من جانب آخر، تراجعت سلطنة أجوران في القرن السابع عشر بعد هزيمة في ولاياتها الرئيسية خاصة منطقة مريج[157]، وسلالة مظفر في مقديشو عام ١٦٢٤، وسلطنة سلعس في أفغوي[158].

وكان ساحل بنادر في الحقبة ما قبل الاستعمارية، تحت السلطة الاسمية العمانية من زنجبار مع الكثير من المدن الساحلية في شرق إفريقيا حتى الاندفاع الأوروبي في ثمانينيات القرن التاسع عشر، إلا أن سلطنة هراب، وسلطنة جلدي التي أعقبت سلطنة أجوران في مقديشو والمناطق المحيطة، كان حكامها محليين بالمنطقة. وبالإضافة إلى ذلك، فقد حكمت سلطنة جلدي مناطق من جنوب الصومال في نهاية القرنين السابع عشر والتاسع عشر. وقد أسسها إبراهيم أدير الذي هزم سلالة سلعس وجعل معقلها في مدينة أفغوي (٣٠ كم جنوب مقديشو). وألحقت السلطنة بالمستعمرة الصومالية الإيطالية عام١٩٠٨م[159]. وعلى الجانب الآخر، أسّست سلطنة هراب التي انتفضت ضد سلطنة أجوران بسبب حقوق المياه والري حكمًا مستقلاً منذ عام ١٦٢٤ وما تلاه.

أما بقية أراضي أجوران السابقة في جنوب الصومال، فقد تفرقت إلى سلطنات

---

(156) David Laitin and Said Samatar, *Somalia: Nation in Search of a State* (Westview Press 1987, 12).

(157) بحسب السير، فإن آخر إمام لأجوران قتل على يد متآمرين من قبائل دلندولي مدولود في البئر المسمى "عيل عول "قرب مسغواي، وهذه المدينة تقع قرب منطقة مريغ (إحدى مناطق دولة غلمدوغ في الصومال).

(158) سلطنة سلعس تحكمت بجزء كبير من جنوب الصومال من أفغوي، معقل السلالة، إلا أنه في نهاية القرن السابع عشر، سيطر إبراهيم آدير على أفغوي، وأسس سلطنة جلدي .لمزيد من المعلومات، انظر: .Luling, *The Somali Sultanate*, 111

(159) المصدر السابق.

قبلية مستقلة، بينما احتلت إيطاليا المنطقة كاملة منذ بداية القرن العشرين. وعلى الجانب الآخر ازدهرت سلطنة ورسنغلي في شمال شرق الصومال ومملكة مجرتين بصورةٍ واضحة. أما سلطنة هبيو، الناشئة عن مملكة مجرتين، تحت حكم السلطان يوسف علي كيننديد، فقد دخلت في معاهدة مع الإيطاليين عام ١٨٨٨، ودخلت مملكة مجرتين، التي كانت تسيطر على معظم إقليم البنت، بمعاهدة مشابهة عام ١٨٨٩. وقد انضمت أراضي كلتا الإماراتين الصغيرتين إلى المستعمرة الإيطالية عام ١٩٢٧.

وفي الساحل الشرقي للصومال، مارس أشراف المُخا (اليمن) في القرن الثامن عشر- بشكل مشابه للعمانيين على ساحل بنادر- حكمًا اسميًّا تحت الإمبراطورية العثمانية، إلا أن الحكام الصوماليين المحليين، المستقرين في زيلع، مثل: حاج شرماركى، كانوا يمارسون الحكم الفعلي لطرق التجارة والمناطق المحيطة لزيلع وبربرة. وفي الشرق الأقصى، كانت سلطنة ورسنغلي فاعلة في منطقة سناج وأجزاء من المنطقة الشمالية الشرقية، وهي منطقة تعرف تاريخيًّا باسم ساحل ماخر. ووقع سلطان ورسنغلي أول معاهدة لحكومة الوصاية البريطانية عام ١٨٨٤، مبشّرًا بحقبةٍ جديدةٍ من الحماية البريطانية في شمالي شبه الجزيرة الصومالية. ووقّعت الحكومة البريطانية معاهدات الحماية مع القبائل الخمسة الأخرى المستقرة في «أرض الصومال» البريطانية: غدبورسي، عيسى، هبر غرحجس، هبر تولجعلى، هبر أول في عام ١٨٨٤ ومطلع ١٨٨٥م[160]. وفي ظل هذه الحالة من التفكك القبلي، استغلت السلطات الأوروبية والأثيوبية المتوسعة الفرصة لتسيطر على شبه الجزيرة الصومالية الاستراتيجية.

(160) D. J. Latham Brown, "The Ethiopia-Somaliland Frontier Dispute." *International and Comparative Law Quarterly*, 5, 2 (1956), 245–264

الخلاصة

قدّم هذا الفصل نظرةً عامةً مختصرة للتاريخ القديم لشبه الجزيرة الصومالية، وبيّن أن هذه المنطقة كانت مهد العرق البشري ونواة الحضارات القديمة، التي تاجرت مع حضارات العالم الأخرى في ذلك الوقت، وشمل ذلك المصريين والفينقيين والموكيانيين والبابليين القدامى. وكشفت الدراسات الأثرية واللسانيات التاريخية الموطن الأصلي للشعب المتكلم بالكوشية، الذي ينتمي إليه الصومال، وأظهرت أنهم كانوا السكان الأصليين لشمال شرق إفريقيا للسبعة آلاف العام الأخيرة. كما أن وثيقة «دليل الإبحار في البحر الإريتري»، والتي كانت أول وثيقة مكتوبة في القرن الأول الميلادي، وصفت الموانئ الساحلية لسواحل المحيط الهندي.

ومنذ القرن السابع للفترة الإسلامية في العصور الوسطى وما بعدها، دخلت الصومال في مرحلة جديدة من تاريخها؛ حيث استقبل تأريخ شبه الجزيرة الصومالية مصادر تاريخية جديدة من كتاب ورحالة متنوعين، مثل: الصينيين، والعرب/ الإسلاميين، والبرتغاليين. وترك هؤلاء الرحالة وراءهم سجلات تصف الشعب، ودينه، والعلاقات التجارية مع المجتمعات التجارية. وتظهر هذه الأوصاف أن الشعب الصومالي اعتنق الإسلام منذ القرن السابع، وقد يكون اعتناقهم الكامل للدين بين القرنين الحادي عشر والثالث عشر. وانضوى الشعب الصومالي تحت راية السلطنات المسلمة الناشئة، مثل سلطنة اوفات (١٢٨٥ ـ ١٤١٥) وسلطنة عدل (١٤١٥ ـ ١٥٧٧) في الجزء الشمالي لشبه الجزيرة الصومالية. إضافة إلى ذلك، أسس الصوماليون في الجزء الجنوبي من الصومال سلطنة أجوران، التي تعد أكبر دولة استمرت طويلاً لما يقارب ٣٠٠ عام منذ القرن الرابع عشر حتى القرن السابع عشر.

ويدور التاريخ الصومالي منذ الفترة الوسطى حول محورين اثنين: الإسلام والاستعمار؛ إذ إن التاريخ المبكر للصومال هو في الأساس تاريخ وصول الإسلام، وانتشار تعاليم الإسلام، والصراع مع الإمبراطورية الحبشية المسيحية والمجتمعات العرقية الأخرى في المنطقة. وكانت سلطنة أجوران أول دولة صومالية تحكم أكبر أرض ممتدة من المناطق المركزية إلى الأراضي الصومالية الجنوبية البعيدة. ومما يبعث على الأسف شحّ الدراسات التي تتناول نشوء الدولة الصومالية[161]؛ حيث تظهر السجلات المتاحة القديمة أن السلطنة كانت مستقرة في مركة، وطبقت الشريعة الإسلامية، وأسسّت جيشًا عرمرمًا، ومنحت الأولوية لتأسيس موارد المياه وبناء التعزيزات.

وكان لسلطنة أجوران الفضل في الدفاع عن الأراضي الصومالية من غارات الأورومو والبرتغاليين، ونشرت الإسلام في كل المنطقة، إلا أن الحكام المتأخرين لأجوران تركوا حكم الشريعة، وأصبحوا قمعيين، وفرضوا ضرائب باهظة، وكانت تلك هي المحفزات الأساسية للانتفاض ضدهم في القرن السابع عشر[162]. وقد تعرضت كل السلطنات في الحقبة الإسلامية من العصور الوسطى لغزو القبائل الرعوية، التي قطعت أوصالها إلى مجموعة من الدول الصغرى في القرن السابع عشر. وبحسب نظرية ابن خلدون لـ»العصبية»، فإن طبيعة البداوة هي تدمير الحضارات. وبعد قرنين من النكسات والفشل في تأسيس دول مختلفة، كان قدوم الاستعمار قد أسس لواقع تاريخي جديد، يتمحور حول الاستعمار وتأثيره، وهي الفترة التي شهدت وفرة من الأدبيات.

(161) Mohamed Mukhtar, "Ajuran Sultanate." The Encyclopedia of Empire, http://onlinelibrary.wiley.com, 2016.

(162) Enrico Cerulli, *Somalia: scritti vari editi ed inediti. Vol.2* (Roma: Istituto poligrafico dello Stato,1957-1964), 250-254.

إن تدوين التاريخ القديم والإسلامي في العصور الوسطى يظهر فجوة تاريخية لا نكاد نعرف عنها أي شيء، وشهدت عددًا من السرديات المتصارعة. وكانت الفجوة التاريخية الأبرز هي الفترة بين القرن الأول بحضاراتها المزدهرة ومدنها التجارية، كما روى كتاب «دليل الإبحار في البحر الإريتري»، وقدوم الإسلام في القرن السابع عشر. فالسردية الأولى محل النزاع هي أصل الشعب الصومالي، الذي اعتبره البعض من المهاجرين من جنوب أثيوبيا منذ ١٠٠٠ق.م من شبه الجزيرة الصومالية في القرن الحادي عشر. وتؤكد السردية الجديدة المستندة إلى الأدلة الأثرية أن شعب الصومال يمثل السكان الأصليين في موطنهم الحالي منذ ٧٠٠٠ عام. وتتعلق السردية الثانية محل النزاع بوقت وصول الإسلام إلى الصومال. وقد أسلفنا القول: إن رواية وصول الإسلام أثناء الهجرة الأولى إلى الحبشة كانت محل شك بشكل كبير؛ لأن الأدلة القاطعة مفقودة، إلا أن الإشكالية التي تعقّد القضية هي وجود مسجد بقبلتين في زيلع، ومن المفترض أنه بُني قبل ٦٢٤ (على الأقل بعامين بعد الهجرة إلى المدينة).

أما السردية الثالثة محل الخلاف، فكانت تتعلق بوصف تريمينجهام للإمبراطورية المسيحية الحبشية بأنها «قلعة محاصرة في وسط بحر من الإسلام». وقد فصّل الرد على هذه السردية ترافيس، الذي أوضح «أن الجيران المسلمين للإمبراطورية الأثيوبية كانوا محاصرين من أثيوبيا المسيحية طيلة الفترة الوسطى». ولكن في كل الأحوال، يحتاج التأريخ للحقبة القديمة والحقبة الإسلامية في العصور الوسطى في الجزيرة الإسلامية إلى مزيدٍ من البحث والدراسة.

الفصل الثالث

إعادة تشكيل المجتمع الصومالي

«إن أسوأ شيء فعله الاستعمار هو أنه حجب رؤيتنا لماضينا»
(الرئيس الأمريكي باراك حسين أوباما)

الصورة (٣):
المدرسة القرآنية الريفية في الصومال.

«سيأتي اليوم الذي يتحدث فيه التاريخ... وستكتب إفريقيا تاريخها... وسيكون تاريخ مجدٍ وكرامة».
- باتريس لومومبا

إعادة تشكيل المجتمع الصومالي:
تأثير الطرق الصوفية والاستعمار

بدأ التاريخ الحديث لإفريقيا في القرن الثامن عشر، بعد قرنين تقريبًا من انهيار سلطنة «أجوران» وقبل التقسيم الأوروبي لإفريقيا. وكانت هذه الفترة مرتبطةً بصعود الممالك القبَلية المفككة، والمدن التي كانت تشكل دولاً، وإحياء الحركات الصوفية. وتميّزت الصومال، منذ قديم الزمن، بموقعٍ جغرافيٍّ، وما زالت كذلك في الفترة الحديثة. وكانت أغلبية الشعب بدوية تمارس الرعي وتنعم باتساقٍ نادرٍ في وحدة إيمانها بالدين الإسلامي واشتراكها في اللغة والثقافة. وقد حظيت المنطقة بوفرةٍ من الأراضي الصالحة للزراعة وساحلٍ طويل على امتداد المحيط الهندي، الغني بالموارد الطبيعية. ولكن للأسف، لم يستطع الصوماليون إنشاء دولةً وطنيةً في فترة ما قبل الاستعمار حتى تحمي أراضيها وتوحّد قبائلها المتفرقة. وفي ظل حالة متزعزعة كهذه، خلق قدوم الاستعمار في نهاية القرن التاسع عشر ظروفًا ألقت بظلالها على الإقليم وأعادت تشكيل كينوناتها ونمط حياتها.

ومنذ ذلك الحين، دار التاريخ الصومالي حول مجالين متعارضين: الإسلام،

والاستعمار. كان الإسلام الذي وصل إلى الصومال في القرن السابع قد اتسع تأثيره على معظم الصوماليين منذ القرن الحادي عشر. إضافة إلى ذلك، كانت حيويته الفاعلة ملموسة وظاهرة للعيان في القرن الثامن عشر مع صعود العديد من الطرق الصوفية التي كان لها تأثير فارق وضخم على المجتمع الصومالي الرعوي غير المتعلم، وذلك بسبب أساليب حشده الخلاقة للجماهير، ومراعاته للتوجهات الثقافية للمجتمع. وقد عُرفت الفترة المبكرة للنشأة الحديثة للدعوة الإسلامية في الصومال باسم «احياء الإسلام». أما المراحل الثلاثة الأخرى، فكانت تتضمن صعود الوعي بالإسلام (١٩٦٧ ـ ١٩٥٠)، وبداية الصحوة بالإسلام (١٩٧٨ ـ ١٩٦٧)، وبروز الحركات الإسلاموية (١٩٧٨ ـ الآن)[163].

وعلى الجانب الآخر، وصل الاستعمار إلى شبه الجزيرة الصومالية في ثمانينيات القرن التاسع عشر في حقبة التقسيم الأوروبي لإفريقيا. وخضع الشعب الصومالي تدريجيًا للأنظمة السياسية والاقتصادية للقوى الاستعمارية المتعددة نتيجة فشله في تجنب سقوطه تحت هيمنة الاستعمار[164]. وقد بدأت العملية الفعلية للاندماج مع النظم الغربية مع تقديم نظام التعليم الغربي وخلق النخب المتغربة. ونظرًا لتردي التعليم وضعف التدريب الوظيفي البدائي، كانت النخب الصومالية لا تملك ما يكفي من المؤهّلات لتولي المهمة الإدارية للدولة الصومالية المستقلة في الستينيات.

ويدرس هذا الفصل تلك الفترة التي تبدأ من حقبة ما قبل الاستعمار، والمقسمة

---

(163) قسّم الكاتب التطور الحديث للحركات الإسلامية في الصومال إلى أربع مراحل .راجع:
Abdurahman Abdullahi (Baadiyow), "Somalia: Historical Phases of the Islamic Movements." Somali Studies Journal. Volume 1 (2016), 19-49

(164) كان الشعب الصومالي خاضعًا لثلاثة قوى استعمارية: بريطانيا، وفرنسا، وإيطاليا، وجارتها أثيوبيا التي توسعّت داخل الإقليم الصومالي.

إلى ثلاث فترات رئيسية متداخلة ومتفاعلة فيما بينها، تبحث الفترة الأولى في التأثير الاجتماعي لإحياء الإسلام متجسدًا في دور الطرق الصوفية، فيما تبحث الفترة الثانية في الغزو الاستعماري المتعدد لشبه الجزيرة الصومالية، والتي استحثت المقاومة الصومالية بشكليها المسلح المتفرق والسلمي. وقد تعلم الصوماليون في أثناء عملية التفاعل مع الإدارات الاستعمارية أنظمة الحروب الحديثة، وتقنيات الإنتاج المادي، والممارسات الحديثة للسياسة. وتبحث الفترة الثالثة في تأثير الاستعمار على قطاع التعليم وإنتاج النخب المتغربّة (نسبة إلى الغرب)، أو يمكن تسميتها «المتأثّرة بالغرب». وأثناء هذه الفترة، تطورت القبلية السياسية مع ظهور الأحزاب السياسية، كما ظهر تفرع النخب إلى إسلاموية، وغير إسلاموية، ومتغربّة، وبرزت أيضًا حالة من التوتر المتصاعد بين هذه الكتل. أجّج هذا المشهد الصراع بين النخب التي تشربت العصبية السياسية والصحوة الإسلامية الصاعدة، وتدهورت العلاقة بين المجتمع والدولة بصورةٍ دراماتيكية في هذه الفترة، وأدت إلى نتائج كارثية تسببت أخيرًا في انهيار الدولة الصومالية عام ١٩٩١.

«إحياء الإسلام» وإعادة تشكيل المجتمع

وضع الإسلام أساسًا لإعادة توجيه المجتمع بشأن تصوره للعالم وهويته وتسلسل قيمه، وذلك من خلال توفير خارطة طريق ونموذج لنظام متكامل للحياة. هذا النموذج يستقي مصادره الأساسية من القرآن والتراث النبوي، الذي يفسر بمرونة تتقبّل الآراء المتعددة ضمن إطارها العام وأهدافها. وقدم الإسلام نظامًا من الحكم والأخلاق لجماعة من البدو الهمجيون والسكان المتفرقون وتسبّب في تغيراتٍ مباغتةٍ وتحولات كبرى في القيم الاجتماعية والسياسية والاقتصادية والأخلاقية. فالإسلام لا يهدف إلى إزالة الأنماط الثقافية السابقة

للمجتمعات، بل يعمل على إعادة توجيهها ودمجها والوصول بها إلى حالة الكمال. يقول النبي صلى الله عليه وسلم في حديثٍ يمسّ هذه النقطة: «إِنَّمَا بُعِثْتُ لِأُتَمِّمَ مَكَارِمَ الأَخْلَاقِ»(165).

وإضافة إلى ذلك، فقد مدح الله النبي صلى الله عليه وسلم لأخلاقه العالية، وقال سبحانه: ﴿وَإِنَّكَ لَعَلَىٰ خُلُقٍ عَظِيمٍ﴾ (القلم: ٤). وبذلك، كان للإسلام تاريخٌ طويلٌ وحافل في تحويل المجتمعات البدوية إلى مجتمعات متمدنة؛ وهو ما شخّصه القرآن في مواضع مختلفة، مثل قوله تعالى: ﴿الأَعْرَابُ أَشَدُّ كُفْرًا وَنِفَاقًا وَأَجْدَرُ أَلاَّ يَعْلَمُواْ حُدُودَ مَا أَنزَلَ اللَّهُ عَلَى رَسُولِهِ وَاللَّهُ عَلِيمٌ حَكِيمٌ﴾ (التوبة: ٩٧)، إلا أن بعض البدو، بعد إسلامهم، غيّروا شخصيتهم، كما في قوله تعالى: ﴿وَمِنَ الأَعْرَابِ مَن يُؤْمِنُ بِاللَّهِ وَالْيَوْمِ الآخِرِ وَيَتَّخِذُ مَا يُنفِقُ قُرُبَاتٍ عِندَ اللَّهِ وَصَلَوَاتِ الرَّسُولِ أَلا إِنَّهَا قُرْبَةٌ لَّهُمْ سَيُدْخِلُهُمُ اللَّهُ فِي رَحْمَتِهِ إِنَّ اللَّهَ غَفُورٌ رَّحِيمٌ﴾ (التوبة: ٩٩). لذلك، لعبت الطرق الصوفية تحديدًا دورًا كبيرًا في أسلمة شعوب إفريقيا وآسيا من خلال مداخلها الخلاقة والحساسة للتوجهات الثقافية المختلفة للشعب المستهدف. وسنعرض هنا كيف حولت الطرق الصوفية المجتمع الصومالي من بدو غير متعلمين إلى مجتمعاتٍ حضرية.

وقد عُرف التصوف بأنه ممارسة داخلية فردية عند المسلمين منذ بداية التاريخ الإسلامي، إلا أن نمطه المنظم ظهر كرد فعل للدنيوية المتنامية في فترات الخلافة الإسلامية المتوسعة وهيمنة المدرسة الفكرية المتمسكة بحرفية الشريعة(166). لقد تأسست على أساس إتقان وكمال العبادة أو «الإحسان»، كما

---

(165) الأدب المفرد، الكتاب (١)، الحديث رقم ٢٧٣.

(166) Abdallah Saeed, *Islamic Thought: An Introduction* (London: Routledge, 2006).

يوصف في الحديث النبوي: «أَنْ تَعْبُدَ اللَّهَ كَأَنَّكَ تَرَاهُ، فَإِنْ لَمْ تَكُنْ تَرَاهُ، فَإِنَّهُ يَرَاكَ»[167]. وبمعنى آخر، كانت الطرق الصوفية تعتقد أن القرآن والحديث لهم جانبٌ رمزيٌّ ومعنًى باطني، إضافة إلى معناهم الظاهر، إلا أن هذين البعدين يشكّلان مكوِّنات لابد منها للمفهوم الشامل للإسلام. وإضافة إلى ذلك، ورغم أن الدوائر المتطرفة للمدارس الباطنية والظاهرية لديها أصوات متعصبة؛ فإن الاعتقاد الإسلامي العام كان يجمع هذين الجانبين باعتدال. أما في السياق الصومالي، فقد كان الإسلام التقليدي يتبع ثلاثة أصول: العقيدة الأشعرية، والفقه الشافعي، والتصوف. ولقد أسس العقيدة الأشعرية أبوالحسن الأشعري (٩٣٥ ـ ٨٧٣) كرد فعل للمنطقية المتطرفة التي اعتنقها المعتزلة[168].

أما المدرسة الشافعية للفقه، فهي أحد المذاهب الفقهية الرئيسية الأربعة، والتي تستند إلى منهج وتعاليم أبي عبدالله الشافعي (٨٢٠ ـ ٧٦٧)[169]. وتنتمي الطرق الصوفية في الصومال إلى المدارس المعتدلة التي يعود أصلها إلى طريقة الغزالي، والتي حظيت بتأثيرٍ جارفٍ في الصومال[170]. ويرجع صعود الطرق الصوفية كحركات منظمة في العالم الإسلامي إلى القرون الحادي عشر والثاني عشر والثالث عشر. وعلى سبيل المثال، أنشأ الشيخ عبدالقادر الجيلاني الطريقة

(167) Muhammad Bin Jamil Zeno, *The Pillars of Islam & Iman* (Darussalam, 1966),19.

(168) المعتزلة هي العقيدة التي أسسها واصل بن عطاء (749–699) الافتراض الأساسي الذي تقوم عليه هذه المدرسة هو أن العقل يأتي قبل النقل .انظر:
Majid Fakhry, *A History of Islamic Philosophy* (New York: Colombia University Press, 1983), 44-65.

(169) المذاهب الفقهية الأربعة الرئيسية للمسلمين السنة هي: المالكية، والحنفية، والشافعية، والحنبلية.

(170) يعتبر أبو حامد الغزالي (١٠٥٨ ـ ١١١١) العالم الذي نجح في جمع التصوف والفقه ؛ حيث حاجج بأن التصوف متجذّرٌ في القرآن ومتوافقٌ مع الفكر الإسلامي.

القادرية (١١٦٦ ـ ١٠٧٧)، والشاذلية أبوحسن الشاذلي (١٢٥٨ ـ ١١٩٦). أما الطرق الأخرى، مثل: الأحمدية، التي وضعها أحمد بن إدريس الفاسي (ـ ١٧٦٠ ١٨٣٧)، فقد تطورت لاحقًا.

وكان الإسلام دائمًا مرتبطًا بالتعليم، وقد رفع التراث الإسلامي من قدر وقيمة التعليم ووضعه على رأس أولوياته، وتحديدًا الفقه الإسلامي الذي لا غنى عنه لأداء الفروض الأساسية، والتي لها الأولوية، وفعلها واجب على كل مسلم. وقد كان أول ما نزل من وحي القرآن: ﴿اقْرَأْ بِاسْمِ رَبِّكَ الَّذِي خَلَقَ، خَلَقَ الإِنسَانَ مِنْ عَلَقٍ، اقْرَأْ وَرَبُّكَ الأَكْرَمُ، الَّذِي عَلَّمَ بِالْقَلَمِ، عَلَّمَ الإِنسَانَ مَا لَمْ يَعْلَمْ﴾ (العلق: ٥ ـ ١). وبإدراك هذه المهمة الكبيرة، فقد أخذ علماء الإسلام الصوماليون على عاتقهم مشروع تعليم الشعب الرعوي/ البدوي غير المتعلم بطريقة خلاقة؛ لإدراكهم أهمية هذا التحدي الكبير. وقدموا نظامًا إبداعيًا ومستدامًا للتعليم، يستعمل تقنياتٍ وليدة البيئة. وكان هذا النظام بسيطًا بكل مكوناته التي تشمل المعلم وطرق التعليم والمحتوى وبيئة التعليم والتمويل الذي كان متركزًا ذاتيًا ومتمركزًا حول المجتمع، كما كان مبنيًا على منهج يبدأ بحفظ القرآن والمعارف الإسلامية الأساسية في الطفولة المبكرة.

ولتعزيز حفظ هذه العلوم في شعب لا يتحدث العربية بالصومال، قدم العالم الإسلامي الشيخ يوسف الكونين نظام الحروف العربية باللغة الصومالية في ١١٥٠م[171]. وكانت مواقع المدارس القرآنية متلائمة بيئيًا وبُنيت من المواد

---

(171) ضريح أو- باركادلي يقع على بعد ٢٠ كم شمال شرق هرجيسيا .انظر:
Oral traditions on Aw-Barkhadle in the detailed narrations of I.M. Lewis, *Saints and Somalis: Popular Islam in a Clan-based Society* (Red Sea Press, 1998), 89-98. Also, I.M. Lewis, (ed.), *Islam in Tropical Africa* (London: Oxford University Press, 1966), 28.

المحلية. وإضافة إلى ذلك، كان الحُفّاظ يستخدمون ألواحًا خشبيةً قابلةً لإعادة الاستخدام وحبرًا مصنوعًا من الحليب المخلوط مع الفحم المطحون كمواد تعليمية. وكانت هذه المدارس تقدّم فرصًا تعليمية مستدامة يمكن الوصول إليها، وهي تلبي حاجة القسم الأكبر من السكان في القرى والبلدات والمدن. أما المستوى الثاني من التعليم، فكان يقع في المساجد؛ حيث يستمر الطلاب الخريجون من مدارس القرآن إلى المستوى الأعلى من التعليم الإسلامي.

وكان المنهج يرتكز بشكل رئيسي على اللغة العربية والفقه والتفسير والحديث. وكانت فرص التعليم العالي تقدّم مجانًا من العلماء المتطوعين، لكنها كانت مقصورة بشكل رئيسي على المراكز المدنية. وكان الخريجون الأكثر إحاطة بالتعاليم الإسلامية يتم إرسالهم كمبعوثين من مشايخهم أو شيوخ طريقتهم إلى مواطنهم لنشر الإسلام. إن مفهوم إرسال البعثات العلمية هو أمر ثابت في القرآن الكريم: ﴿وَمَا كَانَ الْمُؤْمِنُونَ لِيَنفِرُواْ كَافَّةً فَلَوْلاَ نَفَرَ مِن كُلِّ فِرْقَةٍ مِّنْهُمْ طَائِفَةٌ لِّيَتَفَقَّهُواْ فِي الدِّينِ وَلِيُنذِرُواْ قَوْمَهُمْ إِذَا رَجَعُواْ إِلَيْهِمْ لَعَلَّهُمْ يَحْذَرُونَ﴾ (التوبة: ١٢٢).

كذلك تحقق الاستقرار والتمدن للسكان الرعويين من خلال تأسيس مراكز تعليم إسلامية دائمة. وكان بعض هؤلاء المتعلمين يركزون على دراسة الفقه؛ لكي يصبحوا قضاة ومعلمين، بينما كان بعضهم ينتسبون إلى إحدى الطرق الصوفية. ويجمع البعض بين دراستهم الفقهية والصوفية في المرحلة المبكرة، ويركزون على نشر الفكر الصوفي. أما المرحلة الثالثة من التعليم، فقد كانت مبنيةً بشكل كامل على الصوفية، الموزعة بين شيوخ الطرق الصوفية. وكانت الطرق الصوفية ترتكز على «تزكية النفس» تحت توجيه شيخ صوفي؛ حيث يبحث المريدون عن علاقة أقرب مع الله من خلال المبادئ الخاصة والممارسات

الروحية. وتُعد ظاهرة التصوف في الصومال امتدادًا لمثيلتها في العالم الاسلامي مع إضافة الخصوصية الصومالية. ويوضح المخطط التالي نظام التعليم الاسلامي الذي قد يتحول مساره بعد مرحلة التعليم الأساسي، إما إلى الارتباط المبكّرٍ بالصوفية أو السعي لتعليمٍ أعلى.

التعليم الأساسي	المتقدم/ الأعلى	التصوف
• حفظ القرآن • التعليم الإسلامي الأساسي	• اللغة العربية • الفقه • التفسير • الحديث	• الدراسات الصوفية • التطبيق العملي

المخطط (٢): النظام التقليدي للتعليم الإسلامي

تزامن مجيء التصوف في شبه الجزيرة الصومالية في بداية القرن الخامس عشر مع وصول ٤٤ عالمًا من شبه الجزيرة العربية تحت قيادة الشيخ إبراهيم أبو زرباي عام ١٤٣٠م[172]، إلا أن إحياء وإصلاح الطرق الصوفية كان مشهودًا بشكل ملحوظ في الربع الأخير من القرن التاسع عشر حتى منتصف القرن العشرين. يقول البروفيسور سعيد سمتر: إن «هذه السنوات بين عامي ١٨٨٠ و١٩٢٠ يمكن وصفها بأنها حقبة الشيوخ في التاريخ الصومالي»[173].

وقد استلزم الإصلاح الصوفي الانتقال من التقوى الفردية والعبادات إلى

(172) Abdurahman Abdullahi (Baadiyow), *The Islamic Movement*, 38.

(173) Said Samatar, *Oral Poetry and Somali Nationalism: The Case of Sayid Mohamed Abdulle Hassan* (Cambridge: Cambridge University Press, 1982), 97

تأسيس طرق ومناهج جماعية[174]، وكان رواد التصوف ينتمون إلى أحد ثلاثة تصنيفات من الشيوخ في الصومال: الشيخ (المعلم والفقيه الإسلامي)، والمعلم (المعلم القرآني)، و«الأو» (الشخص ذو التعليم الإسلامي الأساسي). وكان محفز إحياء الصوفية ـ وفقًا للمؤرخ الاستشراقي سبينسر تريميجهام ـ هو ظهور الشيوخ الروحيين ذوي الشخصية الجذابة الذين يملكون موهبة الحشد الجماعي[175]، إلا أن هذا السبب ليس كافيًا لتفسير الظاهرة التي يبدو أنها ارتبطت بطبيعة الإسلام الذي ينهض بشكل دوري، كما يروي الحديث النبوي: «إِنَّ اللَّهَ يَبْعَثُ لِهَذِهِ الْأُمَّةِ عَلَى رَأْسِ كُلِّ مِائَةِ سَنَةٍ مَنْ يُجَدِّدُ لَهَا دِينَهَا»[176]. إضافة إلى ذلك، قامت الطرق الصوفية بدور منظمات المجتمع المدني بعد أن تراجعت الدول المسلمة. واستغلت حملات التبشير ذلك لتستهدف العديد من الشعوب من ذوي الثقافات المختلفة، وخاصة في إفريقيا وآسيا.

وكانت الطرق الصوفية معروفة بشكل رئيسي بمساعيها السلمية للإصلاح الاجتماعي ـ الديني عبر نشر الإسلام والإحياء الروحي[177]. ولذلك، هيمنوا على الحياة الدينية، ووصلوا إلى السكان في المناطق الريفية والمدنية. وبهذه

(174) Scott Steven Rees, *Patricians of the Banadir: Islamic Learning, Commerce and Somali Urban Identity in the Nineteenth Century* (PhD thesis submitted to the University of Pennsylvania, 1996), 306

(175) Trimigham, *Islam in Ethiopia* (Taylor & Francis,1952). Also, Rees, Patricians of the Banadir, 302-303.

(176) الحديث رواه أبو داود وحكيم والبيهقي .حديث آخر مشابه يرويه حكيم، ويقول: "لا يَزالُ طائِفَةٌ مِن أُمَّتي ظاهِرينَ علَى الحَقِّ حَتّى تَقومَ السّاعةُ."

(177) طبيعة سلمية الطرق الصوفية يمكن أن تختل بسبب مستفزات خارجية، مثل: الاستعمار، كما في حالة العديد من العلماء، الذين مثلهم سيد محمد عبد الله حسن، والصراعات العقدية الداخلية، مثل: الصراع بين جماعة بارديري وسلاطين جيليدي والقتال الحالي بين "الشباب"، وطريقة "أهل السنة والجماعة "الصوفية.

الطريقة، قام شيوخ الصوفية بدور أساسي في إدارة شؤون المجتمع مع وجهاء المجتمع وتأسيس مراكز خيرية إسلامية أعطى سكانها الولاء فقط لشيوخهم الصوفيين[178]. ويعتبر التأريخ الشائع هو أن الحركات الصوفية كانت لاسياسية؛ أي إنها لم تكن مهتمةً باقتحام المجال السياسي، أو لم تشغل اهتمامها به، ولكن هناك علامات استفهام تحيط بهذه الادعاءات، فلا يوجد في الإسلام فكرة اللاسياسة؛ إذ إن كل مسلم يجب أن يمارس ما هو صحيح، ويمنع ما هو باطل. وقد أخذ العلماء المسلمون على عاتقهم- بشكل عام- المسؤولية التي تُرسيها هذه الآية الكريمة: ﴿وَلْتَكُن مِّنكُمْ أُمَّةٌ يَدْعُونَ إِلَى الْخَيْرِ وَيَأْمُرُونَ بِالْمَعْرُوفِ وَيَنْهَوْنَ عَنِ الْمُنكَرِ وَأُولَئِكَ هُمُ الْمُفْلِحُونَ﴾ (آل عمران: ١٠٤). ثانيًا: كانت الطرق الصوفية تملك السلطة الشرعية وتمارس السياسة، بالمعنى الأوسع والشامل، على أنه النشاط الذي يُنشئ الأحكام العامة التي يعيش بموجبها الناس لتحقيق العدل. كما أن العديد من شيوخ الطرق الصوفية أصبحوا زعماء سياسيين لجماعاتهم، بالمعنى التقليدي للسياسة، وقد ساهم ذلك في تراجع سلطة الانتماءات والولاءات القبلية وتوجيهها نحو الولاءات الفكرية.

ومن حينٍ لآخر، كان يظهر شخصٌ يجمع سلطة الدين والدنيا في آنٍ واحد؛

---

(178) تحديدًا، كل الجماعات في الصومال، التي قدرها لويس في الخمسينيات بأكثر من ٨٠ جماعة، تحت قيادة شيخ، والعامل القبلي ليس له مساحة كبيرة، وأكثر من نصفها كانوا أحمدية، والبقية توزعوا بالتساوي ما بين القادرية والصالحية (لاحظ أن هنا الصالحية من ضمن الأحمدية، إلا أن هذا غير صحيح). انظر: Lewis, Saints, 35.
إضافة إلى ذلك، البروفيسور مختار أحصى ٩٢ جماعة في العشرينيات في المستعمرة الإيطالية، تسكن ما يقارب الخمسين منها في جوبا العليا، وثلاثون في بنادر، وأربعة في جوبا الدنيا، وثمانية في حران. انظر:
Historical *Dictionary of Somalia. African Historical Dictionary Series, 87* (Lanham, MD: Scarecrow Press, 2003), 127.

وهو ما يؤدي إلى بروز شيخ صوفي ذي نفوذ. يقول البروفيسور سعيد سمتر: إن «ظهور تصوف منظم سمح لهؤلاء الرجال الدينيين بممارسة سلطات استبدادية غير معروفة للرجال العلمانيين في السياسات المفككة للتنظيمات القبلية»(179). وقد كانت معظم مراكز التعليم الإسلامية واقعة في أماكن التمركز السكاني في المناطق الزراعية وحول آبار المياه، وتحول العديد منها لاحقًا إلى قرى وبلدات ومدن. وبهذه الطريقة، حولت الطرق الصوفية المجتمع الرعوي إلى مجتمعات مستقرة مرتبطة بالزراعة والتجارة.(180)

ولم يكن الانتشار الإسلام في الصومال في القرن التاسع عشر حصرًا على الطرق الصوفية وحدها، بل كانت هناك مراكز تعليم إسلامي مستقلة، مثل: «غل عسبو» في منطقة «هيران»، و»روح» في «نغال»، و»حافون» في «باري»، وهي لم تكن منتمية لأي طريقة صوفية. فعلى سبيل المثال، تعلم القاضي الشهير الشيخ عبدالله قوريو في « غل عسبو «، وأصبح قاضيًا لـ»طريقة الدراويش» التي قادها السيد محمد عبد الله حسن (١٩٠٠ ـ ١٩٢١). وعلى الجانب الآخر، كانت منطقة «روح»، الواقعة على بعد ٥٠ كم شمال بلدة «غالكعيو»، مركز الحاج يوسف محمد فقهي إدريس، معلم الشيخ علي مجرتين وبعض العلماء البارزين الآخرين. وعلاوة على ذلك، فقد ظهر مركز تعليم «حافون» الذي كان مرتبطًا بشبه الجزيرة العربية والمدرسة السلفية التي كانت هناك في وقت مبكر(181).

أما في جنوب الصومال، فقد كان ما يسمى بموطن الأشراف في سرمان، الواقع قرب بلدة «حدر» و»براوة»، مركزًا للتعليم الإسلامي؛ حيث تخرج فيه

(179) Samatar, Said. "Poetry in Somali Politics·, PhD Dissertation submitted to the Northwestern University, 1979, l92.

(180) Laitin, and Samatar, *Somalia: Nation,45*.

(181) Abdurahman Abdullahi (Baadiyow), *The Islamic Movement*. 67-71.

العديد من العلماء، منهم الزعماء البارزون لجماعة «بارطيرى»، مثل: الشريف عبد الرحمن، والشريف إبراهيم، اللذين كانا من «سرمان». وقد سُمي هذا الصراع خطأ «جهاد بارطيرى» من معظم المؤرخين، وتحديدًا البروفيسور كاسانلي الذي صك هذا الشعار. والواقع أن الحروب الداخلية بين المسلمين لا ينبغي لها أن تُسمّى جهادًا. فهذه تسميةٌ مغلوطة استخدمتها جماعة « بارطيرى « المسلّحة لتبرير حربهم مع المسلمين الآخرين في المنطقة. كما أن هذه العبارة مشحونةٌ بالمفهوم الأيدولوجي «التكفير»، ويجب مراجعته(182).

وقد كانت هناك محاولات إصلاحية مبكّرة لتأسيس سلطنات إسلامية في القسم الجنوبي من الصومال في النصف الأول من القرن التاسع عشر. على سبيل المثال، جماعة « بارطيرى «، التي تأسست عام ١٨١٩ على يد الشيخ إبراهيم يبرو، ووضعت هذه الخطة الطموحة لتأسيس النظام الإسلامي. وقد عرضت الجماعة بعض الإصلاحات الإسلامية، مثل: حظر التبغ وتجارة العاج والرقص الشعبي، وفرضت ارتداء اللباس الإسلامي على النساء، كما وسعت مجال تأثيرها على أجزاء من «بكول» و»باي» وجنوب «شابيلي» عام ١٨٤٠. وقد هدد حظر الجماعة لتجارة العاج المربحة مصلحة التجار في المدن الحضرية في مركة وبراوة ومقديشو. يقول السفير صلاح محمد: «اعتبر التجار حظر تجارة العاج من قادة الجماعة حظرًا تجاريًا ظالمًا على بنادر، كما أنه سلوك ينم عن عداوةٍ

(182) لاحظ أن سلطان "جيليدي "لم يسمّه جهادًا، لكنه كان يدافع ببساطة عن تأثير الغرباء الوهابيين .حول تفاصيل هذا الحدث، انظر:
Lee Cassanelli, *The Shaping of Somali Society: Reconstructing the History of a Pastoral People, 1600-1900* (Philadelphia: University of Philadelphia Press, 1982),136-139.

سافرة[183]. وقد استفز هذا السلوك التجار والقبائل في المناطق النهرية الداخلية، ودفعهم إلى الانضمام لحملة سلطنة غلدي على بارطيرى، مركز الجماعة؛ حيث حشدت سلطنة غلدي قوة من ٤٠ ألف رجل من كل القبائل في المناطق، وأمرتهم بمداهمة بارطيرى، وحرقها تمامًا عام ١٨٤٣م[184].

وهناك مثال آخر؛ وهو وصول الشيخ علي عبد الرحمن (مجرتين) (١٧٨٧ـ ١٨٥٢) إلى مركة بمئات الرجال المسلحين وكمية كبيرة من الأسلحة النارية والذخائر بهدف تأسيس إمارة إسلامية عام ١٨٤٦، وكان ذلك بعد أربعة أعوام من هزيمة جماعة بارطيرى. وكان رد فعل سلطنة غلدي سريعًا، وانهزم أتباع الشيخ علي في مواجهة قوات السلطان غلدي عام ١٨٤٧م[185]. ومن الواضح أن الشيخ علي كان ينتمي إلى نفس أيديولوجية جماعة بارطيرى ذات التوجه المسلح الجديد، الذي كان قد ظهر في تلك الفترة في العديد من البلدان الإسلامية. وبعد تدمير جماعة بارطيرى والمحاولات الفاشلة للشيخ علي مجرتين على مركة، تم إجهاض أهداف الحركات الإصلاحية المبكرة إلى أن ظهرت حركةٌ أكثر قوة وتنظيمًا مع بداية الغزو الاستعماري؛ وهي حركة الدراويش، تحت القيادة الكاريزمية للشيخ سيد محمد عبد الله حسن.

وبقيت الحركات الصوفية نشطة في الصومال مع الدعم الشعبي لها، رغم أن النخب الحديثة التي لم تنتمِ إلى أي طريقة صوفية برزت مع تطور التعليم الحديث والحركات الإسلاموية الحديثة التي تجنبت الصوفية. وكانت السمات الرئيسية للحركات الصوفية هي باختصار أنهم يتبعون الشبكات الصوفية الأوسع

---

(183) Salah Mohamed Ali, *Hudur and the History of Southern Somalia* (Cairo: Nahda Publishing, 2005),33

(184) Abdullahi, *The Islamic Movement*, 68.

(185) المصدر السابق، ٧٠.

في العالم الاسلامي، وقياداتهم مطلقة وسلطوية، والخلافة ليست مبنية بالضرورة على الوراثة، فالخليفة يعين خليفته في حياته. وغالبًا ما كان معظم الشيوخ يعينون أبناءهم؛ لاعتقادهم أن البركة موجودةٌ فيهم، وكان أعضاء الطريقة يولون احترامًا كبيرًا للابن، انطلاقًا من احترامهم لأبيه. وكان لدى كل شيخ صوفي سلسلة صوفية رسمية تربطه بمؤسس الطريقة.

وكان الطريق للعضوية التي يحصل عليها المريدون الجدد هو الولاء الرسمي المباشر، وكان لزامًا على كل عضو أن يتبع سياسات وإجراءات الطريقة التي تتضمن تلاوة الأوراد. وأخيرًا، كان الأعضاء يتخذون الاسم المشترك لـ«الإخوان»، والذي يربطهم بالطريقة الموجودة في أنحاء العالم الإسلامي(186).

وهناك ظهرت طريقتان صوفيتان رئيسيتان في الصومال: القادرية والأحمدية، ولكل طريقة صوفية منهما عدة تفرعات(187)؛ فالقادرية لها ثلاثة أفرع: الزيلعية، والرفاعية، والأويسية. أما الزيلعية، فقد أسسها الشيخ عبد الرحمن الزيلعي (١٨٨٢ ـ ١٨١٥)، الذي كان موجودًا في قلنقل قرب طغحبور في غرب الصومال (الدولة الصومالية في اثيوبيا)(188). بينما كان معظم أتباع الرفاعية من الشيوخ البنادريين في مقديشو، مثل: الشريف العيدروسي، الذي كان أحد مؤسسي

(186) Spencer Trimigham, *Islam in Ethiopia* (Taylor & Francis, 1952), 236-237.

(187) معظم الباحثين يفشلون بالتفريق بين الطريقة الصوفية الأصلية وفروعها .أحيانًا، هذه الطرق الصوفية يقال إنها ثلاثة، بجعل الصالحية طريقة منفصلة عن الأحمدية، وكذلك بتجاهل وجود الطريقة الرفاعية .انظر:

David Laitin and Said Samatar, *Somalia: Nation in Search of State* (Boulder: Westview, 1987),45.

(188) Bradford G. Martin, "Shaykh Zayla'i and the nineteenth-century Somali Qadiriya", in: Said S. Samatar (ed.), *In the Shadows of Conquest. Islam in Colonial Northeast Africa* (Trenton, NJ: The Red Sea Press, 1992), 11-32.

«الرابطة الإسلامية»، أول منظمة إسلامية بعد الحرب العالمية الثانية[189].

والأويسية، أسسها الشيخ أويس بن أحمد البراوي (١٩٠٧ـ ١٨٤٦)، وكانت موجودة في بلد الأمين قرب أفغوي، على بعد ٤٠كم تقريبًا جنوب غرب مقديشو[190]. أما الأحمدية، فلها ثلاثة أفرع في الصومال، هي: الرحمانية، والصالحية، والدندراوية. أما الرحمانية، فقد أسسها مولانا عبدالرحمن بن محمود (توفي ١٨٧٤). بينما الصالحية، أسسها الشيخ محمد صالح في تسعينيات القرن الثامن عشر، ولها فرعان: الفرع الجنوبي على يد الشيخ محمد جوليد الراشدي (توفي عام ١٩١٨)، والفرع الشمالي على يد الشيخ سيد محمد عبد الله حسن (١٩٢١ـ ١٨٥٦). والدندراوية قدمها الشيخ سيد ادن أحمد، ولها أتباع محدودون في شمال الصومال[191].

وفي سياق تتبع التاريخ المبكر للطرق الصوفية في الصومال، تجدر الإشارة إلى أن هناك مركزين إقليميين مهمين للتعليم الإسلامي في الصومال في حقبة ما قبل الاستعمار. هذان المركزان مرتبطان باليمن وزنجبار وعمان والسعودية ومصر. أحد هذين المركزين تأسس في منطقة بنادر؛ حيث تقع مدن مقديشو وبراوة ومركة

---

(189) Abdurahman Abdullahi, *The Islamic Movement*, 113.

(190) هناك عدد من الأوراق القيمة التي كتبت حول الفرع الأويسي للطريقة القادرية، منها:
Bradford G. Martin, "Shaykh Uways bin Muhammad al-Barawi, a Traditional Somali Sufi", in: G. M. Smith and Carl Ernst (eds.), *Manifestations of Sainthood in Islam* (Istanbul, 1993), 225-37., Said S Samatar, 1992. "Sheikh Uways Muhammad of Barawe, 1847-1909. Mystic and Reformer in East Africa", in: Said S. Samatar (ed.), *In the Shadows of Conquest. Islam in Colonial Northeast Africa* (Trenton, NJ: The Red Sea Press, 1992), 48-74., and Christine Choi Ahmed, "God, Anti-Colonialism and Drums: Sheikh Uways and the Uwaysiyya." (Ufahamu: A Journal of African Studies, 17(2) 1989), 96-117.

(191) Cabdirisaq Caqli, *Sheikh Madar: Asaasaha Hargeysa* (biographical work on Sheikh Madar written in Somali Language, no date or publishing house).

وورشيخ. وفي هذين المركزين عمل العلماء المشاهير والشيوخ الصوفيون البارزون على نشر الإسلام بين قبائل الداخل، كما أسّسوا شبكات متجاوزة للقبيلة من خلال الانتساب الشائع لإحدى الطرق الصوفية. وسافر الطلاب إلى بنادر عبر طرق التجارة التي تربط هذه المنطقة مع المناطق الجنوبية والوسطى للأراضي الصومالية[192].

وكانت مراكز التعليم الإسلامية الأخرى تقع في المدن التاريخية للأراضي الصومالية الغربية (حاليًا الدولة الصومالية في اثيوبيا)، مثل: هرر، وجغجغا، والمناطق المحيطة. وكانت قلنقل تحديدًا معروفة بأنها مركز الصوفية القادرية، ولها أهميتها الخاصة؛ كونها مكان مؤسس الفرع الزيلعي للقادرية؛ وهو الشيخ عبد الرحمن الزيلعي. وكان العلماء وطلاب الدراسات الإسلامية يسافرون بين هرر وجغجغا والمناطق المحيطة عبر المناطق الشمالية والشمالية الشرقية الصومالية التي تشمل الآن «أرض الصومال» و«بنت». وكانت الطرق الصوفية الأخرى هامشية؛ حيث أتت متأخرة للصومال. ونشرت الطريقتان الصوفيتان الأساسيتان: القادرية والأحمدية، وفروعهما، رسائلها عبر مراكز التعليم الإسلامي والمراكز التابعة التي أسسها المريدون.

اسم الطريقة الصوفية	مؤسس الطريقة	مركز الطريقة
* القادرية: ـ الزيلعية ـ الأويسية	* الشيخ عبد الرحمن الزيلعي (توفي عام ١٨٨٢). * الشيخ أويس البراوي (توفي عام ١٩٠٩).	* قلنقل (طغحبور). * بلد الأمين (أفغوي)

---

(192) انظر:

trade routes in early Somalia in Laitin and Samatar, Somalia: Nation, 9-10.

اسم الطريقة الصوفية	مؤسس الطريقة	مركز الطريقة
* الأحمدية: ـ الرحمانية ـ الصالحية (شمال) ـ الصالحية (جنوب) ـ الدندراوية	* الشيخ عبد الرحمن محمود (توفي عام ١٨٧٥). * الشيخ محمد عبد الله حسن (توفي عام ١٩٢١). * الشيخ محمد جليد الراشدي (توفي عام ١٩١٨). * الشيخ سيد ادن أحمد (النصف الثاني من القرن التاسع عشر).	* بصرا (أفغوي). * قوريوين (لاس عانود). * ميرا وين (جوهر). * بلدة حاحي وشيخ.

المخطط (٣): الطرق الصوفية في الصومال[193]

دراسة حالات دور الطرق الصوفية في التغيير الاجتماعي

توضح الأمثلة الثلاثة التالية دور الطرق الصوفية في ثلاثة مواقع مختلفة من الصومال[194]. اخترنا مثالاً من شمال الصومال الشيخ مدر أحمد شروع (١٨٢٥ ـ ١٩١٨). وقد كان الشيخ مدر أحمد شروع مرشدًا صوفيًا، ومصلحًا اجتماعيًا، وفقيهًا. حفظ الشيخ القرآن الكريم، وتعلم اللغة العربية في المدرسة القرآنية الرعوية في طفولته؛ وهي مدرسة تنتقل مع الانتقالات الرعوية الفصلية. وكانت بربرة الميناء التجاري الذي يربط مدينة هرر الإسلامية التاريخية مع العلماء

(193) هذا الجدول أعيد ترتيبه من الجدول الأصلي الذي أعده الكاتب في كتابه الثاني:
The Islamic movement in Somalia: A Study of Islah Movement, 66

(194) هذه الأمثلة الثلاثة يمكن الرجوع إليها بتفصيل أكبر في:
Abdullahi, *The Islamic Movement*, 44-66.

والطلاب والتجار الذين كانوا يسافرون دوريًّا بين هاتين المدينتين. وبينما كانت بربرة هي البوابة التجارية للمنطقة، كانت هرر هي القاعدة الإقليمية للتعليم الإسلامي.

وبعد سيطرة بريطانيا على عدن عام ١٨٣٩، دعمت بربرة الحامية البريطانية في عدن بالمواشي. وبالتالي، كان الرعاة في تلك المنطقة يستفيدون من فرصة الصفقات المربحة في المنطقة؛ فأصبحوا أكثر ثراء، وازدهرت التجارة بين بربرة وهرر بشكل واضح. ونتيجة لذلك، عاش الكثير من الصوماليين في هرر للتجارة أو الأعمال أو لطلب العلم. وبحلول عام ١٨٥٥ ـ كما يروي ريتشارد بورتون (Richard Burton) ضابط المخابرات البريطاني ـ كان نحو ٢٥٠٠ صومالي يعيشون في هرر ويشكلون ثلث سكان المدينة[195]، وكان اثنان من العلماء البارزين هناك صوماليين، وتحديدًا: حاج جامع وكبير خليل المنحدر من منطقة بربرة، وكان العديد من الطلاب القادمين من تلك المنطقة تحت رعايته. وكان والد الشيخ مدر من بين الرعاة الأغنياء الذين استفادوا من التجارة المزدهرة في بربرة، وكان قادرًا على دعم تعليم ابنه في هرر. وقد درس الشيخ مطر في هرر عشرين عامًا، وأصبح عالمًا متميزًا وشيخًا في الطريقة القادرية. وجهه شيخه الصوفي كبير خليل ليعود إلى بلاده وينشر الإسلام والطريقة القادرية، ويحل النزاعات بين القبائل التي تقطع طرق التجارة بين بربرة وهرر[196].

وبعد ذلك، انتقل الشيخ مطر بتوجيه من الشيخ كبير خليل إلى مركز الصراع القبلي، وأنشأ «المجمع الكبير» كمركز للتعليم الإسلامي في ستينيات القرن

(195) Richard F. Burton, *First Footsteps in East Africa* (Biblio Bazaar, 2009), 139.
أيضًا: Caqli, *Sheikh Madar*, 26.

(196) Abdullahi, *The Islamic Movement*, 48-49.

التاسع عشر. وتطورت هذه الجماعة، وأصبحت لاحقًا مركز مدينة هرغيسيا، عاصمة «أرض الصومال»(197)، كما حشد العلماء الآخرين في المنطقة، وقام ببناء منازل لمجمعه، وبنى «المسجد الكبير» عام ١٨٨٣. ومن هناك بدأ التعليم الإسلامي في الانتشار، وتم تطبيق الشريعة في المجتمع، وبدأ التصالح بين القبائل المتصارعة.

وكان الشيخ مدر قد استفاد من خبرته التي اكتسبها في هرر، وقدّم ثلاث طرق لإصلاح الحياة في المجتمعات الرعوية. أولاً: قدم استقرارًا دائمًا لإصلاح الحياة البدوية المبنية على متابعة المطر والمراعي. ثانيًا: عمل على جلب أعضاء من قبائل مختلفة منتمين للطريقة، مغيرًا بذلك الثقافة المبنية على الولاء لقبيلة واحدة. ثالثًا: دفع ووجه أتباعه باتجاه الزراعة، مغيرًا الثقافة الرعوية البدوية(198). ولا يزال تأثير الشيخ مطر بتقديم الزراعة واضحًا في الشركات الزراعية غرب هرغيسيا، وغبلي، وبورمة.

وهناك حالة أخرى للدراسة في المراكز الوسطى من الصومال؛ تمثلت في الشيخ داود علسو، الذي سيكون مثالاً لدور الطرق الصوفية في تأسيس المراكز المدنية وتعليم الناس. غادر الشاب داود منطقته الواقعة في «عيل طير» على بعد ٣٠٠ كم شمال مقديشو، وسافر إلى بنادر، باحثًا عن العلوم الإسلامية. وحفظ القرآن في «برمال»، التي تبعد ١٠٠ كم شمال مقديشو، ثم درس لبرهة في «عغارن»، قرية قرب مركة، والتي كانت قاعدة التعليم الإسلامي التي أسسها الشيخ الشهير علي مجرتين الذي هاجر من منطقة مدغ.

---

(197) المجمع والمسجد المؤسسان من الشيخ مطر لا يزالان فاعلين، ويرمزان إلى الحكم الانتقالي للعلماء المسلمين في المجتمع الصومالي.
(198) انظر: Cabdirisaq Caqli, *Sheikh Madar*, 184.

وانضم داود أخيرًا إلى المدرسة الإسلامية للشيخ علي ميه في مركة، ومن هناك تخرج بتفوق. وبعد التخرج، عين الشيخ علي ميه الشيخ داود مبعوثًا له وأرسله إلى قبيلته وعيسلي، مع مريدين اثنين آخرين، هما: حاج عمر مودي، ومعلم عثمان كلمي، وكلّفهما بمرافقة الشيخ داود في مهمته. وقبل المغادرة قام الشيخ علي ميه بإعطائهم التوجيه الأخير، قائلاً: «لقد جعلت ابني داود الرأس، وجعلتكما اليدين»؛ وهو ما يعني أن الشيخ داود كان الأمير ورئيس البعثة، وكان الآخران المرافقان تحت قيادته. واستقرت بعثة العلماء في بلدة مريغ، وتحديدًا في المكان الذي أشار الشيخ علي ميه على ساحل المحيط الهندي(199).

وقد أسست البعثة مسجدًا بما يتوافق مع التراث الإسلامي، وافتتحت محكمة إسلامية للتعامل مع خلافات المجتمع، وأسّست برامج تعليمية، وأطلقت للناس حقبة جديدة من الحكم الإسلامي. وأصبح حاج عمر مودي قاضي المحكمة الجديدة، بينما افتتح معلم عثمان أول مدرسة قرآنية. وبدأ الشيخ داود بالحشد الاجتماعي والتشاور مع كبراء القبائل في مشروعه الدعوي الجديد، كما نظم اجتماعًا عامًّا لأعضاء القبيلة في بلدة مريغ ، ووجههم للاستحمام جماعيًا في المحيط للقيام بالغسل والوضوء، كما ذكرت في القصة المعروفة بـ«*Maalinta Bad _ galka*» (يوم دخول المحيط). ولقد كان هذا حدثًا غير اعتيادي يهدف إلى تطهير أجساد وملابس الأشخاص للقيام بـ«الغسل والوضوء»، كما هو

(199) تقول القصة الشعبية لبلدة مريغ :إن الشيخ علي مية أشار على البعثة بالسير على طول سواحل المحيط، وعندما يرون غزلانًا لا تهرب منهم، فعليهم أن يستقروا هناك .كان مكان الغزلان الجلسة في بلدة مريج، وما زالت آثارها حاضرة ويمكن رؤية حطامها .ولمزيد من التفاصيل، انظر: Abdullahi, *The Islamic Movement*, 58.
يبدو أن تأسيس المدينة الذي رويته سابقًا على يد بعثة الشيخ داود كان خاطئًا؛ إذ كانت المدينة موجودة قبل وصوله، وكانت بوابة تجارية لسلطنة "أجوران."

مطلوب في الفقه الإسلامي قبل الصلاة[200].

وأمّ الشيخ داود صلاة الجماعة، وعلّم الناس أهمية الصلوات ودرّبهم على الصلاة. ومنذ ذلك اليوم، أصبح الشيخ داود أمير قبيلته، وأخذ على عاتقه مسؤولية تعليمهم، كما أعلن سيادة الشريعة الإسلامية على التقاليد، وحلّ الخلافات القبلية عبر الصلح أو القضاء، وأعاد بناء السلطات القبلية، وأسّس جيشًا قويًّا. ولقد دافع عن إمارته بجدارة في وجه غزو «سلطنة هوبيو» تحت حكم السلطان علي يوسف في الشمال، وقوات الدراويش من الغرب. وما زالت البنية التنظيمية التي أسسها الشيخ داود في قبيلته فاعلة، وما زال مركزه التعليمي الإسلامي يتخرج فيه العديد من العلماء كل عام.

أما عن المناطق النهرية جنوب الصومال، فستتناول دراستنا مجتمع الصالحية التابع للشيخ بشير الواقع في منطقة شبيلي الوسطى. وتعد هذه الجماعة واحدة من خمس عشرة مستوطنة للجماعة على طول ضفاف نهر شبيلي. تم تأسيسها عام ١٩١٩ على يد الشيخ بشير حاج شعيب، الذي انتقل من جماعة معروف، الواقعة قرب منطقة بولو- برت في منطقة هيران، بعد وباء طاحن عام ١٩١٧ و١٩١٨م[201]. وبعد وفاة الشيخ بشير، خلفه في الجماعة الشيخ حنفي (توفي عام ٢٠٠٢) وواصل تقاليده.

وتقضي التقاليد بأن يكون هناك إلى جانب شيخ الجماعة أربعة أعضاء استشاريين يسمون «*Shuruud*» (الشرود)، ويساعدون شيخ الجماعة في القضايا الإدارية. وتؤسس الجماعة إمارة صغيرة يطلب فيها من كل الأعضاء الالتزام

(200) الشيخ عثمان حدغ، مقابلة من الكاتب، ١٢ كانون الأول/ ديسمبر ٢٠١٤، مقديشو، الصومال.

(201) أحمد رشيد حنفي، مقابلة بالإيميل، ١٨ تشرين الثاني/ نوفمبر ٢٠٠٩.

بمجموعة من القوانين ونظام القيم الإسلامية. فعلى سبيل المثال، يجب على كل الأعضاء أن يحضروا صلوات الجماعة بانتظام، ويؤدوا صلاة الجمعة في مسجد الجماعة، أما أولئك الذين لا يستطيعون ذلك، فعليهم أن يغادروها[202]. وكان شيخ الجماعة يتولى مهمات، مثل: حل الصراعات في المجتمع، وتقديم الخدمات القانونية، وكتابة عقود الزواج، إضافة إلى القيام بمهمات المناسبات، مثل: احتفاليات «المولد» النبوي، والعيد، وإحياء الذكرى السنوية لكبار الشخصيات... إلخ.

وكان أعضاء المجتمع المحلي يُعرَفون بـ»الأنصار»، بينما يسمى أولئك الواصلون من مناطق آخرى والمنضمون إلى الجماعة باسم «المهاجرين»، محاكين بذلك حقبة النبي صلى الله عليه وسلم. وبعكس الجماعة في شمال الصومال، والتي حولت البدو إلى حضر، والرعاة إلى مزارعين، فإن الجماعة في جنوب الصومال كانت تُؤسس منذ البداية في مجتمعات زراعية حضرية، إلا أنها تتشارك مع الجماعات الأخرى في مهمة خلق جماعة عابرة للقبلية؛ حيث يكون الولاء بها بشكل أساسي للزعيم الديني[203]. وقد أظهرت الجماعات الصوفية على ضفاف نهري جوبا وشبيلي ثقافة جوهرية متجاوزة القبلية، وغيابًا للمفهوم المتحيز لقبائل الأكثرية مقابل الأقلية، وتشجيعًا للزواج المتبادل بين أفراد القبائل المختلفة.

وتظهر حالات الدراسة السابقة أن الطرق الصوفية وضعت الأسس

---

(202) شروط العضوية هي: ١) قبول الطريقة الصالحية، ٢) ترشيح ثلاثة أعضاء، ٣) المعاهدة على الالتزام بالنظام القيمي وقوانين الجماعة.

(203) جيلاني حنفي، مقابلة مع الكاتب، ٢١ كانون الأول/ ديسمبر ٢٠٠٩، هرغيسيا، أرض الصومال.

المدنية بتحويل العديد من الناس ضمن المجتمع الصومالي من رعاة بدو إلى حضر منظمين في نظام يتجاوز القبيلة ويحل محل الانتماءات القبلية المحدودة. وكانت المهمة الأساسية للعلماء مرتكزة على تعليم الإسلام، إضافة إلى تعزيز التدين وبناء السلام وحل النزاعات بين المجتمعات المتناحرة. وشكّلت الطرق الصوفية بعثات عظيمة حولت العديد من الناس في قارات مختلفة إلى الإسلام. كما أنهم أخذوا على عاتقهم مهمة إضافية تعد من مهام العلماء؛ ففي الصومال قاموا بأربعة إصلاحاتٍ مدنيةٍ كبرى تقاطعت أحيانًا مع العلماء غير الصوفيين. هذه الإصلاحات غيّرت جذريًا نمط حياة المجتمعات الصومالية. وحتى تكون مقبولة ضمن المجتمعات المختلفة، استخدمت الطرق الصوفية النشاطات الرمزية الحساسة لثقافة الناس وتقنيات الحشد الإبداعية.

وفي بداية الإصلاح الاجتماعي، كانت تقام هناك احتفاليات تجميعية اجتماعية دورية لجمع البدو الذين لا يمكن أن يجتمعوا بغير ذلك. وكان للشيوخ الصوفيين الأوائل برنامج يتمثل في إطلاق ذكرى سنوية الأجداد المتوفين (القريبين والبعيدين)، وسُمي هذا البرنامج

وكان يهدف إلى جمع القبائل الفرعية سنويًا في مقابر آبائهم للدعاء لهم. وعند اجتماع أعضاء القبائل يقوم الشيوخ بحل المشاكل ونشر التعاليم الإسلامية وتولي القيادة في العديد من الشؤون الاجتماعية. وتدريجيًا تم تأسيس برامج أخرى، مثل: برنامج إقامة ذكرى المعلمين أو الشيوخ الكبار للجماعة، المعروفة باسم «*Siyaro*». ويقام هذا البرنامج عند زيارة ضريح الشيخ سنويًا في وقت وفاته؛ حيث يتجمع كل مريديه لذكراه، ويقرأون القرآن ويدعون له.

وكان هناك الاحتفال بالفعاليات الإسلامية المجردة، مثل: «المولد

النبوي»، وعيدي الفطر والأضحى. وفي كل هذه المناسبات، كانت هناك احتفاليات الذكر الشعبي والطقوس المسماة بـ«*Dikri*"، والقصائد الدينية، التي تغنى بطريقة جماعية فنية وبطقوس متنوعة. وكان القرآن كذلك يُقرأ جماعيًّا بطريقة تسمى «سبع»، وهي طريقة مهمة لإظهار قدرة الحفظ لدى طلاب القرآن وأداء المدارس القرآنية[204]. إضافة إلى ذلك، كانوا يقرأون القرآن على جسد المريض، باستخدام قدرته الشفائية المثبتة، كما أوصى النبي- صلى الله عليه وسلم[205]. كما كان القرآن يُرتّل أمام قبور الآباء والشيوخ المبجلين؛ طلبًا للرحمة والمغفرة والعفو من الله لهم. وكانت هناك خدمات أخرى تُقدم، مثل: حل النزاعات، وكتابة العقود، والخدمات الدينية الأخرى. هذه المناسبات كانت تخلق شعورًا جماعيًّا، وحسًّا بالانتماء، ودعمًا مشتركًا لأتباع الطرق الصوفية، كما أنها تخلق شبكةً عابرة للقبائل؛ وهو ما يسمح لأفرادها بإجراء عقد الصفقات وتعزيز العلاقات العائلية من خلال الزواج المتبادل بين أفراد القبائل المختلفة.

وقد قام برنامج الإصلاح الثاني على تأسيس مراكز التعليم الإسلامي بكل مكوناتها، مثل: المدارس القرآنية، ومراكز التعليم العالي، وحلقات التصوف. وعادة كان نظام التعليم يتبع نموذجًا تقليديًّا يقوم على الدعم الذاتي، وكان دعم المجتمع يقدم منحًا لطلاب العائلات الفقيرة، أو لأولئك القادمين من مناطق

(204) كلمة "Subac"مشتقة من كلمة "سبعة "العربية، بالإشارة إلى قراءة سبعة أجزاء من القرآن في سبعة أيام من الأسبوع .هذه إحدى طرق قراءة القرآن في الصومال .ويجتمع حافظو القرآن في دائرة ويقرأ الجميع.

(205) هناك آيات وأحاديث عديدة تقدم أدعية مختارة للشفاء .من الآيات قوله تعالى: ﴿ وَنُنَزِّلُ مِنَ الْقُرْآنِ مَا هُوَ شِفَاءٌ وَرَحْمَةٌ لِّلْمُؤْمِنِينَ﴾ (الإسراء: ٨٢) .ومن الأدعية النبوية للشفاء: "اللَّهُمَّ رَبَّ النَّاسِ، أَذْهِبْ الْبَاسَ، اشْفِ وَأَنْتَ الشَّافِي، لَا شِفَاءَ إِلَّا شِفَاؤُكَ، شِفَاءً لَا يُغَادِرُ سَقَمًا" (البخاري، رقم: ٦٥٧٥، مسلم، رقم: ٢١٩١).

بعيدة. هذه المنحة تتضمن تعليمًا مجانيًا مقدمًا من علماء أكفاء، وإقامة مجانية مقدمة من أعضاء الجماعة. وكان هذا النظام يسمى «إطعام طلبة العلم» (*Jilidda Xer – cilmiga*)، ويقدم أعضاء الجماعة الطعام للطلاب.

وتمثل برنامج الإصلاح الثالث للطرق الصوفية في تحقيق استقرار دائم وتمدين بإصلاح نمط الحياة الرعوي البدوي القائم على التتبع بعد سقوط المطر والمراعي. ونتيجة لذلك، أسّسوا قرىً وبلداتٍ ومدنًا، كما تم التعريف بثقافة التنمية الزراعية، التي كانت تعد مهنة الطبقة الدنيا من منظور البدو «النبلاء»، وتم تعزيز شبكات التجارة مع المراكز المدنية الأخرى. ولا شك أن الحضارة الإنسانية بدأت مع الاستقرار والاعتماد على الزراعة، وخاصة مزارع الحبوب التي تنتج طعامًا فائضًا يمكن تخزينه والتجارة فيه. وكما قال هيربرت ويلسز، فإن «الحضارة هي فائض الزراعة[206]».

أما برنامج الإصلاح الرابع، فكان يرتكز على جلب أعضاء من قبائل مختلفة تحت رابطة الأخوية؛ وهو ما غير الثقافة القائمة على الولاءات البسيطة للقبيلة. ولقد أسسوا انتماءً متجاوزًا للقبيلة من دون تهميش قبائل الأقليات؛ وهو ما جسد مفهوم الأمة المبني على الأخوة والتعاون، مع أفراد أتقياء تحت قيادة زعماء الجماعة. وفي هذا السياق، كان من الملاحظ أن معظم شيوخ الصوفية المبكرين انتموا إلى قبائل الأقلية في الصومال. وغيرت الجماعات الصوفية النظرة القبلية للصوماليين وحولتهم إلى مؤمنين أقوياء بالمبادئ الإسلامية ، مثل: السلام، والخير، والأخوة. وبفعل ذلك، لم يلغوا الانتماءات القبلية، لكنهم خفّفوا ولاءاتها البدائية وتأثيرها المفرق.

(206) H.G. Wells, *The World Set Free: A Story of Mankind.* (Macmillan and Co. Ltd, 1914, 194)

الاستعمار وتأثيره في إعادة تشكيل المجتمع

تبدأ المرحلة الثانية من إعادة تشكيل المجتمع الصومالي مع الغزو الاستعماري لشبه الجزيرة الصومالية، ودمج المجتمع في الإدارات الاستعمارية المتعددة. وكان مؤتمر برلين، الذي عُقد عام (1885 ـ 1884)، هو الذي شرعن وقسم ووضع خريطة قارة إفريقيا بين القوى الأوروبية المختلفة، وفي ذلك محنة قاسية للشعب الصومالي. وكانت النتيجة هي الاستيلاء على شبه الجزيرة الصومالية وتقسيمها بين أربع قوى، هي: إيطاليا، وبريطانيا، وفرنسا، وأثيوبيا. ولشرعنة هذا الاحتلال، وقّعت الدول الأوروبية الثلاثة اتفاقيات مختلفة مع السلطنات الصومالية، بينما سيطرت الإمبراطورية الأثيوبية المتوسعة شرقًا واحتلت الأراضي التي يسكنها الصوماليون قسرًا.

وكانت طريقة بريطانيا وإيطاليا لإدارة مستعمراتهم الصومالية مختلفة عبر تبني إيطاليا للحكم المباشر وبريطانيا للحكم غير مباشر. فعلى سبيل المثال، بنت إيطاليا مستعمرتها الصومالية عبر الاتفاقات مع السلطات المحلية من خلال الشركات التجارية[207]. وكان هدف الاستعمار الإيطالي ـ بحسب لويجي جيغليا (Luigi Giglia) ـ يتكون من «ثلاثة عناصر رئيسية: الحكم المباشر والعنصرية والاستعمار الديمغرافي»[208]، وكان دافعها كذلك ذا ثلاثة أوجه: التخلص من ضغط الشعب في إيطاليا، والقيام «بمهمة التمدين الرومانية» للصوماليين، ورفع الوجاهة الإيطالية من خلال الاستعمار العابر للبحار.

---

(207) على سبيل المثال، الشركة الإيطالية التي أدارت بنادر كانت شركة "Filonardi" ١٨٨٩ ـ ١٨٩٣.

(208) Poalo Tripodi, *The Colonial Legacy in Somalia: Rome and Mogadishu: from Colonial Administration to Operation Restore Hope* (Macmillan Press Limited, 1999), 5.

وقد عُقدت الاتفاقيات الأولى في بنادر عام ١٨٨٦ تحت السيادة الاسمية لسلطان زنجبار العماني، وتبعتها سلطنة هوبيو تحت قيادة يوسف كنيديد عام ١٨٨٨، ثم تم الوصول لاتفاقية مشابهة مع بقور عثمان على «سلطنة مجرتين» عام ١٨٨٩. ولكن تم إلغاء اتفاقيات الحماية بين السلطنتين وإيطاليا في النهاية من جانب واحد على يد إيطاليا عام ١٩٢٥م[209]. أما منطقة بنادر التي كانت اسميًا تحت سيادة سيد برغش في زنجبار، فقد اشترتها إيطاليا عام ١٩٠٥م[210]. وفي ٥ نيسان/ أبريل عام ١٩٠٨، أقر البرلمان الإيطالي قانونًا أساسيًا لتوحيد كل أجزاء جنوب الصومال في منطقة تسمى «الصومال الإيطالية».

وقد وسعت إيطاليا تدريجيًا ممتلكاتها من الأراضي أثناء الحكم الفاشي، وتحديدًا تحت حكم الحاكم ماريا دي فيشي(Maria de Vecchi) الذي تولى حكم المستعمرة في ١٥ كانون الأول/ ديسمبر ١٩٢٣، وأتم تشكيل مستعمرة إيطالية كاملة بحلول عام ١٩٢٧م[211]. بينما الجزء الأخير من أراضي المستعمرة الإيطالية في الصومال، وهو جوبالاند، تنازلت عنه بريطانيا عام ١٩٢٥ كجائزة لإيطاليا لانضمامها للحلفاء في الحرب العالمية الأولى، بحسب معاهدة «فرساي»

---

(209) كانت المكافأة السنوية للسلطان ١٢ ألف دولار، بحسب:
Huddur & the History of Southern Somalia. (Nahda Bookshop Publisher, 2005), 3.
أيضًا: Mohamed Osman Omar, *Somalia: Past and Present* (Somali Publications and (Pvt. Ltd., 53

(210) وافقت إيطاليا على دفع ١٤٤ ألف جنيه لسلطان زنجبار. انظر:
Mohamed Osman Omar, Ibid, 63.

(211) تشكيل مستعمرة إيطالية كاملة حصل أثناء الحكم الفاشي بعد السيطرة على آخر سلطنة صومالية مستقلة، وخضوع بقور عثمان محمد، حاكم مجرتين، في ٦ تشرين الثاني/ نوفمبر ١٩٢٧.

انظر:
Robert Hess, *Italian colonialism* (University of Chicago Press, 1966), 156.

للسلام، والتي أنهت الحرب بين ألمانيا والحلفاء، وتم توقيعها في ٢٨ حزيران/ يونيو ١٩١٩م(212).

وعلى الجانب الآخر، وقَّعت بريطانيا عدة اتفاقيات مع قبائل مختلفة في شمال الصومال. وتم توقيع المعاهدة الأولى مع سلطان ورسنغلي، محمد علي شيري، عام ١٨٨٨، والذي حكم ما يعرف الآن بعض أجزاء من مناطق سول وسناج وعين(213)، ثم وقّعت القبائل الأخرى المستقرة في محمية «أرض الصومال» اتفاقيات مشابهة. وبذلك، تم إعلان اتفاقية الحماية على إمارة «أرض الصومال» رسميًّا عام ١٨٨٧، وحدودها مع «أرض الصومال» الفرنسية (جيبوتي)، وأثيوبيا والمستعمرة الإيطالية في أرض الصومال، وتم رسم الحدود على التوالي حتى عام ١٨٨٩.

وكانت الوصاية تمارس الحكم في البداية من «الهند البريطانية» حتى عام ١٨٩٨؛ إذ تولى حكمها وزارة الخارجية (١٩٠٥ ـ ١٨٨٧)، ومكتب المستعمرات عام ١٩٠٥. ومنذ عام ١٩٠٠، دخلت أرض الصومال حربًا مع «حركة درويش» التي يقودها القائد الكاريزمي سيد محمد عبدالله حسن، حتى شباط/ فبراير ١٩٢٠م(214). ووقّعت فرنسا كذلك معاهدات مختلفة مع سلطنات «عيسي»

---

(212) Roland Anthony Oliver, *History of East Africa, Volume 2*. Clarendon Press, 1976, 7.

(213) World Heritage Encyclopedia, *Mohamoud Ali Shire* (World Heritage Encyclopedia, no publishing date). Available from http://www.ebooklibrary.org/articles/eng/Sultanate_of_Mohamoud_Ali_Shire (تم الوصول في ١٩ آذار/ مارس ٢٠١٧).

(214) بعد فشلها بهزيمة دولة "الدراويش "بالقوات البرية، أرسلت بريطانيا ١٢ طائرة من القوات الجوية الملكية لأرض الصومال منذ بدء "البعثة الخامسة ."بدأت الحملة مطلع كانون الثاني/ يناير ١٩٢٠، وانتهت في ٩ شباط/ فبراير ١٩٢٠، عندما تم قصف تليح، عاصمة دولة دراويش، على يد القوات الجوية الملكية، ثم السيطرة عليها .لم تر قوات دراويش أي طيران من قبل وكانت

و»عفر« ما بين عامي ١٨٨٣ و١٨٨٧، وأعلنتها مستعمراتها تحت حكم ليونسي لغاردي (Leonce Legarde)، الذي لعب دورًا بارزًا في توسيع التأثير الفرنسي في القرن الإفريقي.

ومن الملاحظ أن التأريخ الاستعماري يقلل من أهمية شبه الجزيرة الصومالية، التي تربط آسيا وإفريقيا وأوروبا عبر ممرات المحيط الهندي والبحر الأحمر وقناة السويس، كما يصغره وكأن الصومال لم تكن ذات أهمية جذابة للمستعمرين. وادعت القوى الاستعمارية أن مصالحها في الصومال كانت مجرد استخدامها كحجر عبور وقناة تواصل للإبقاء على المواقع الجغرافية المهمة الأخرى أو احتلالها. وعلى سبيل المثال، ادعت بريطانيا أن دافعها الأساسي لتأسيس محمية «أرض الصومال» كان تأمين موارد اللحم لميناء عدن البريطاني، والذي احتلوه عام ١٨٣٩. لذلك، كان الاسم الرمزي لـ«أرض الصومال» هو «ملحمة عدن»[215]. إضافة إلى ذلك، تضمنت الأهداف البريطانية الأخرى، كما يوضحها البروفيسور عبد سمتر: «مراقبة سير العبيد وإقصاء تدخل القوى الأجنبية»[216].

ومع ذلك، فقد أظهرت السجلات التاريخية اهتمامًا استراتيجيًا بريطانيًا مبكرًا في أراضي شمال الصومال عندما وصلت إلى معاهدات تجارية مع قبائل

خائفة ومشتتة. تم إجلاء سيد محمد إلى أوجادين في ١٢ كانون الأول/ ديسمبر ١٩٢٠، بعمر ٦٤ عامًا. لقد كانت هذه المرة الأولى التي استخدم بها الطيران الحربي في إفريقيا، وتم استخدام الدروس الاستراتيجية التي تم تعلمها في بلدان أخرى لاحقًا. انظر:

Douglas Jardine, *The Mad Mullah of Somaliland* (London: 8vo., 1923).

(215) Ahmed Samatar, *Socialist Somalia: Rhetoric and Reality* (London: Zed Books, 1988), 16.

(216) Abdi Ismail Samatar, *The state and rural transformation in Northern Somalia, 1884–1986* (Madison: University of Wisconsin Press, 1989), 31.

المدن الساحلية في ١٨٢٧م(217). وادعت فرنسا أن مصلحتها بالساحل الصومالي، المعروف اليوم بجمهورية جيبوتي، كانت إنشاء منشآت لتزويد سفنها بالفحم في طريقها إلى المستعمرات الفرنسية في الصين الهندية ومدغشقر. وبذلك سيطرت بريطانيا وفرنسا على جزء من الأراضي الصومالية، مانحة إياها أسماء: «أرض الصومال البريطانية» في عام ١٨٨٥، و«أرض الصومال الفرنسية» في عام ١٨٨٧، واعترفت الدولتان بمجال تأثير بعضهما في بعض، ورسمتا الحدود عام ١٨٨٨. إضافة إلى ذلك، سيطرت بريطانيا على أرض يسكنها الصوماليون، أسمتها «منطقة الجبهة الشمالية»، الواقعة في أقصى أراضي جنوب الصومال بمحاذاة مستعمرتها في كينيا.

وكانت المصلحة الإيطالية بالأراضي الصومالية واضحة بالسعي لتعزيز صورتها كواحدة من القوى الأوروبية الكبرى في التكالب على إفريقيا، كما طمحت إلى توسيع مجال تأثيرها في إريتريا والصومال إلى الهضاب الأثيوبية كجزء من بناء الصورة والبحث عن المظهر ضمن القوى الأوروبية المتنافسة الأخرى. ولكن، وبعد هزيمة مفاجئة للإيطاليين في عدوة عام ١٨٩٦، على يد القوات الأثيوبية، ادعت إيطاليا أن احتلالها للصومال كان لدعم خطتها الاستراتيجية

---

(217) في نيسان/ أبريل ١٨٢٥، رست سفينة "ماري آن" "تحت إمرة القبطان لينجوارد في ميناء بربرة لأهداف تجارية، وتمت مهاجمتها من الصوماليين. وفي عام ١٨٢٧، وصلت بعثة مكونة من السفينتين: تمار وبندورا إلى بربرة، وأجبرت السكان على القبول بمعاهدة في ٦ شباط/ فبراير ١٨٢٧.
انظر:
Mohamed Osman, *Somalia: Past and Present* (Publications Pvt. Ltd, 2006), 2.
أيضًا
Mark Bradbury, *Becoming Somaliland* (Progresso, 2008), 23.

للانتقام وإعادة احتلال أثيوبيا[218].

ومن المثير للاهتمام أن المغامرة الاستعمارية لإيطاليا كانت مدعومة من بريطانيا لإفشال الخطط الفرنسية الاستعمارية. ففي البداية أطلقت إيطاليا غزوها للصومال بمعاهدة تجارية عام ١٨٨٥، وتولت الإدارة الكاملة لمنطقة بنادر، والتي أجرتها لسلطنة زنجبار عام ١٨٩٢. وتحقق الحلم الإيطالي لمدة قصيرة في الفترة (١٩٣٦ ـ ١٩٤١) بعد أن احتلت أثيوبيا ووصلتها بإريتريا، بالإضافة إلى «أرض الصومال» الإيطالية، وأنشئت دولة استعمارية موحدة أسمتها: «شرق إفريقيا الإيطالي»[219] (Africa Orientale Italiano)، وكانت مقديشو عاصمة هذه الدولة، وكان هناك ٥٠ ألف مستوطن يسكنون «أرض الصومال» الإيطالية بحلول عام ١٩٣٥، ٤٠٪ منهم كانوا في مقديشو التي يقدر عدد سكانها بخمسين ألفًا[220]، وفي المقام الأخير تأتي أثيوبيا التي كانت إمبراطورية إفريقية صاعدة في القرن التاسع عشر، ولكونها دولة إفريقية مستقلة على علاقة جيدة مع القوى الغربية، فقد دفعها ذلك إلى المطالبة بحصتها من الكعكة الصومالية. وقام الإمبراطور الصومالي مينليك الثاني بالتنافس مع الأوروبيين، موسعًا جبهات الإمبراطورية الأثيوبية شرقًا، واستولى على أجزاء من الأراضي الصومالية بحلول عام ١٨٩٧.

وقد أبهرت الإمبراطورية الأثيوبية القوى الأوروبية؛ كونها قوة إفريقية محلية دخلت في الصراع، وشاركت في الأراضي الصومالية. وبالتالي، دخل الشعب

---

(218) Robert Hees, *Italian Colonialism*, 172.

(219) Francesco Marion, *Military Operations in the Italian East Africa, 1935-1941: Conquest and Defeat* (MA thesis submitted to Marine Corps University Quantico VA School of Advanced War-fighting, 2009).

(220) W. Mitchell, Journal of the Royal United Service Institution. Whitehall Yard, Volume 57, Issue 2, 997.

الصومالي ـ المتجانس ثقافيًا والمنقسم سياسيًا ـ القرن العشرين منقسمًا إلى خمسة أجزاء بين أربعة دول. وألحقت هذه الهيمنة الاستعمارية المتعددة ضررًا نفسيًا ضخمًا للصوماليين، ومسّت عقلهم وشغاف قلبهم، مستفزة مقاومة عفوية غير منسقة. وبذلك بدأت الحقبة الجديدة لإعادة تشكيل المجتمع الصومالي، وتشكيل الدولة، وكان لها تأثير كبير على كل تاريخ الصومال في القرن العشرين وما تلاه.

ردة الفعل الصومالية على الاستعمار

يمكن تقسيم ردّ الصومال على الاستعمار، بصورةٍ عامة، إلى مرحلتين، كانت أولاهما (1927 ـ 1889)، وهي حقبة مواجهة القادة التقليديين للاستعمار، وخلصت إلى هزيمة ملك مجرتين عثمان محمود، الذي سلّم سيفه للحاكم الإيطالي الفاشي ماريا دي فيكي في نوفمبر 1927 م[221]، فيما عُدّ نقطةً دراماتيكية. ولقد غلبَت العفوية والتشتت على ردّ الصوماليين على الاستعمار في مراحله الأولى؛ حيث كانت الصومال وقتها تتألّف من قبائل وسلطناتٍ متشرذمة، فيما سعت قوى الاستعمار إلى إنفاذ خططها الاستعمارية بالعمل بسياسة العصا والجزرة، فضلاً عن استخدام عتادٍ حديث[222].

وليس أدلّ على تشتت المقاومة الصومالية مما حدث في بلدة وارشيخ (الواقعة 40 كم شمالي مقديشو)، حينما قُتل ضباط بحرية إيطاليين، زافاليو

(221) سلّم الملك عثمان محمود سيفه في بلدة هورديا الساحلية (التي تُعدّ اليوم ضمن أرض البنط). للاستزادة، انظر: Abdisalam M. Isse-Salwe, *The Collapse of the Somali State: The Impact of Colonial legacy* (Haan Publishing; 2nd edition (1996), 45.

(222) استخدم البريطانيون، على سبيل المثال، قوةً عسكريةً جويةً لقصف مقر حركة الدراويش في تلاح عام 1920. انظر Laitin and Samatar, *Somalia,* 58.

وبيرتوريلو (Pertorello, Zavaglio)، عام 1830[223]. وتبع ذلك بعض مظاهر المقاومة الأخرى التي قامت في بلدة عدله في مايو 1891، حينما لقي 55 صوماليًا وستة جنودٍ حتفهم[224]. وكانت بلدة عدله هي أولى قواعد الصومال الإيطالي تحت حكم فينجينزو فيلوناردي (Vincenzo Filardi) الذي كان أول حاكمٍ إيطالي عام 1899. وأحدثت هاتان الحادثتان تغييراتٍ جذريةٍ في السياسات الاستعمارية الموضوعة للتعامل مع السكان المحليين. ونظم الشيخ أحمد أبيكر جبيو (1844 ـ 1933) قصيدةً وطنيةً لاستثارة روح المقاومة في وجه الاستعمار الإيطالي، يمكن ترجمة مضمونها كالتالي:

قاتلوا أعداء الصومال!

ارفضوا المستعمرات الكافرة!

فليكن لكم ما تُذكرون به بعد موتكم

فقريبًا لن يبقى منكم سوى التراب

وستنهش الديدان أبدانكم

فلتكونوا مثلاً للأجيال القادمة[225]

ولربما لعبت هذه القصيدة دورًا في استنهاض شعب ورشيخ في ثورتهم ضد الإيطاليين. يُضاف إلى ذلك قرار الإيطاليين بإرسال حملةٍ عقابيةٍ دمّرت

---

(223) Mukhtar, Historical Dictionary, 204.

(224) اعتقلَ ثلاثة أشخاص بعدما ثار سكان بلدة عضلة في وجه الاستعمار، وهو ما أجّج مقاومةً أوسع مات على إثرها عددٌ كبيرٌ من نسل عبد الله هارون الذي يعود أصله إلى قبيلة هارتي الأبقال.

(225) هذا هو نصّ القصيدة الأصلي بالصومالية:
Somalian u dagaalamayna; Kuwa dulmaaya la dood gelayna; Kufriga soo degay diida leenahay; Dabeysha mawdka intey I daadeyn; Hilibka duud cunin ooan deeb noqon; Dadka tusaan danahiisa leeyahay; Kuwa dambaan udariiq falaaya!
انظر: Mukhtar, Historical Dictionary, 204.

كلاًّ من ورشيخ و عدله، وقتلت أكثر من 80 صوماليًّا في عام 1891. ونظم الشيخ أحمد غبيو قصيدةً أخرى تصف كرب الشعب في أعقاب المجزرة الإيطالية، ويمكن ترجمة كلمات القصيدة كما يأتي:

لقد جرح هؤلاء الدخلاء رجولتنا
فما هم أنبياءُ أرسلهم الله
نحن نرفضهم، ولكنهم لم ينصتوا لنا
العار على من تخلفوا عنا عندما كنا نقاتل قوةً عاتيةً كهذه
لقد جرح هؤلاء الدخلاء رجولتنا[226]

ولقي الضابط الإيطالي ماوريزيو تلموني (Maurizio Tolmone) حتفه في بلدة مركا إثر تعرضه للطعن، وكان ذلك في أكتوبر 1983، «في اليوم نفسه الذي رُفِع فيه العلم الإيطالي في البلدة»[227]. وتبع ذلك مقتل ضابطٍ إيطاليٍّ آخر، جياكومو ترفيس (Giacomo Tervis)، في مركا في عام 1897م[228]، فنضجت صور المقاومة المتشرذمة المفككة هذه لتأخذ شكلاً منظّمًا أكثر. فوقعت مسؤولية قيادة توجيه القوى المدافعة عن أرض المسلمين من غزو المسيحين على عاتق العلماء في المرحلة الأولى.

وتغيّر ذلك في المرحلة (1960 ـ 1943) التي شهدت انتقال قيادة الصدّ

---

(226) هذا هو نص القصيدة الأصلي بالصومالية:
Ragow hadoo qalbi waa rafaadaa! Rujulka kaafira oo rugtaan yimid; Sidii Rasuul Rabi nooma soo dirin; mana rabne naga reed bax waa niri; Hadaase ruux la dagaasho kaa roon; reekaad u kasha laheedna raagaan;
انظر:
Mukhtar, Historical Dictionary, 205

(227) Salah, Hudur,7.

(228) المصدر السابق، 8. وقيل إن شابًّا صوماليًّا اسمه عمر حسن يوسف كان من اغتال الإيطالي جيكومو تريفيس.

الصومالي للاستعمار إلى نخبةٍ وطنيةٍ جديدة. وكان الاختلاف بين الفترتين هو أن الصدّ الأول كان رفضًا تامًّا للغزو المسيحي على أراضي المسلمين، وحُشِدَ الناس بالفعل تحت راية الإسلام. أما المرحلة الثانية، فقد وجّهها هدف إقامة دولةٍ مستقلة، أسوةً بالنظام العالمي الجديد الذي صاغه قيام الدول القومية. وشكّلت هذه المرحلة توجهًا جديدًا للصومال؛ فقد أخذت بنموذج التحرر بعيدًا عن أيام المقاومة الأولى للاستعمار التي قادها العلماء إلى صراعٍ نخبويٍّ حديث يهدف إلى إقامة دولةٍ صوماليةٍ حديثة.

وقد اصطلح على تسمية فجوة الأعوام الخمسة عشر بين عامي 1927 و1943 بـ«التشتت الصومالي»، ولقد كانت تلك الفترة فترةً انتقاليةً من هيمنة النخب التقليدية إلى نهوض النخب القومية. وقاسى الصوماليون تجارب عسيرةً خلال تلك السنوات كدخول بالحرب الإيطالية الأثيوبية (1941 ـ 1935) والحرب العالمية الثانية (1945 ـ 1941) بصفتهم جنود مستعمرات الجهات المتحاربة. فتقول سجلات التاريخ ـ على سبيل المثال: إن «قوات المستعمرات الصومالية قاتلوا باستماتة ضد الأثيوبيين الذين يُعدّون أعداءهم التقليديين» وشارك أكثر من 6000 ألف جنديٍّ صوماليٍّ منتظم في الحرب الإيطالية الأثيوبية، فيما يُقدّر عدد الجنود الصومالين غير المنتظمين في تلك الحرب بأربعين ألفًا(229).

وكان هناك أيضًا عددٌ كبيرٌ من الصوماليين الذين حاربوا في صفّ الأثيوبيين ضد الاستعمار الإيطالي، من بينهم 22 اسمًا معروفًا(230)، كما أن جنود المستعمرات

---

(229) Robert Hees, *Italian Colonialism,* 174

(230) يورد كتاب *Ex-Italian Somaliland*، صفحة 17، لمؤلّفه بانكرست ذكرًا لأسماء الاثنين وعشرين .ويبدو أن رقم الـ 2000 شخص المعروفين ـ كما يورد سمتر ـ ما هو إلا مبالغة .انظر:
Samatar, *Socialist Somalia*, 52.

الصومالية حاربوا في صفّ الإيطاليين والبريطانيين على حد سواء على جبهات قرن إفريقيا خلال الحرب العالمية الثانية، وتحديدًا حرب (1941 ـ 1940). وكان للجنود الصوماليين أيضًا وجودٌ في مشهد حرب بورما، فانضوى الجنود الصوماليون تحت الألوية الإفريقية التابعة للقوات البريطانية خلال الحرب العالمية الثانية(231)، فضلاً عن قتال جنودٍ صوماليين من جيبوتي، ضمن الألوية الإفريقية في الجيش الفرنسي، فلم يكونوا أكثر من مجرد كبش فداءٍ زهيد خلال الحرب العالمية الأولى، وشارك الجنود الصوماليون أيضًا في تحرير فرنسا عام 1944م(232). ويجدر بالذكر أن التاريخ العسكري الصومالي يُنظر إليه على أنه حفرةٌ سوداء في تاريخ الصومال، وفي «البحث عن المؤرّخين» لتأريخ تلك الفترة.

ولقد تحسّن تنظيم المقاومة الصومالية للاستعمار تحت قيادة العلماء الذين كانوا يتبعون الطرق الصوفية؛ فأنهكت حروب العصابات التي شنّتها حركة الدراويش تحت قيادة سيد محمد عبد الله حسن (1921 ـ 1856) كاهل البريطانيين والإيطاليين والأثيوبين لأكثر من عشرين عامًا. ويبقى بذلك سيد محمد رمزًا صوماليًا قوميًّا لفصاحة شعره التي لم يكن يضاهيها أحد، وإيقاده لشعلة الحركة المناهضة للاستعمار. ولقد أرّقت الصوفية مضجع الحكم الاستعماري ونظام

انظر أيضًا:

Abdurahman Abdullahi", Tribalism, Nationalism, and Islam: The crisis of the political Loyalties in Somalia" (MA thesis, Islamic Institute, McGill University, 1992), 66.

(231) Ashley Jackson, *The British Empire and the Second World War* (London: Hambledon Continuum, 2006), 213.

(232) Jonathan Sutherland and Diane Canwell, *Vichy Air Force at War: The French Air Force that Fought the Allies in World* (Pen and Sword Aviation, 2011), 32.

التعليم الذي تأثر بالقيم الغربية[233]. وبرزت طرقٌ متنوّعةٌ لمقاومة الاستعمار، واستخدمتها طرقٌ صوفيةٌ متعددة في ظلّ ظروفٍ مختلفة، وليس هناك أساسٌ تاريخي للافتراض الشائع الذي يُعلي من منزلة الطريقة الصالحية بصفتها بطلة الصراع ضد الاستعمار على حساب الطريقة القادرية التي وُصمت بالإذعان، بل قيل إنهم قدّموا يد العون للمستعمرين، ولكن الحقيقة المثبتة تاريخيًا هي أن «الشيخ أويس دعا إلى مقاومة المستعمرين الأوربيين في تنجانيقا، التي كانت ترزح تحت الاحتلال الألماني، وحتى أوغندا وشرق الكونجو»[234].

وتُبيّن الأدلة التاريخية أن صدّ القادرية للاستعمار كان محكومًا بالظروف، فتَبنّي منهجيةٍ أحاديةٍ أو تقديم الحل العسكري على المقاومة السلمية لم يكن حلاً محمود العواقب، بل يجب النظر إلى أن كلا المنهجين متكاملان، ولربما يتلاءم كل منهما مع الحالة وتقييم الخيارات المتاحة. فمثلاً، إذا نظرنا إلى أشكال مقاومة الاستعمار التي انبثقت من المناطق الريفية؛ فسنرى أن الجانب العسكري قد طغى عليها على النقيض من الحركات المناهضة للاستعمار في المناطق الحضرية والزراعية البدوية التي كانت في معظمها حركاتٍ سلمية. ويمكن الاسترشاد بهذه الفكرة لشرح منهجيات حركة الدراويش، التي كان يقودها سيد محمد عبد الله حسن، وجماعة الشيخ أويس البراوي في الصومال.

ويُلاحظ أن المنهجيات التي لجأت إليها الطريقة القادرية، في المقابل،

---

(233) عارضت الطريقة القادرية في الشمال محاولات الحكم البريطاني لفتح مدارس علمانية معارضةً شديدة.

I.M. Lewis, *A Modern History of the Somali: Nation and State in the Horn of Africa* (Ohio University Press, 2003), 37. Also, I.M. Lewis, *Saints and Somalis: Popular Islam in a Clan-Based Society* (Sea Press,1998), 9.

(234) المصدر السابق، 36

والتي نشطت في جنوب الصومال، كانت محكومةً بمستعمراتهم البدوية الزراعية والحضرية، على الرغم من أن مفهوم الجهاد كان حاضرًا. ولقد فضّل أتباع الطريقة القادرية، في بعض الأحيان، سبيل المقاومة المسلّحة، كما كانت الحال في حادثة لفولي عام 1896، ووُجهّت أصابع الاتهام إلى محاربين من قبيلة وعدان وغلدي في هذه الحادثة، وهم الذين كانوا من أتباع الشيخ أحمد حاج مهدي (توفي في 1990) شيخ الطريقة القادرية. وكان الردّ الإيطالي يوم 20 أبريل 1897 بقصفهم لمدينة نيمو، موطن الشيخ أحمد؛ وهو ما أسفر عن مجزرةٍ بحق السكان المدنيين[235]. وكانت حركة المقاومة البنادرية (1908 ـ 1896) هي حركة مقاومةٍ أخرى برزت في الجنوب، وقادها معلم مرسل يوسف والشيخ أبيكر غفلي، وقاومت الحركة الاستعمار لمدةً وصلت إلى 12 عامًا[236].

ومما كتبه السفير صالح محمد بعباراتٍ واضحة: «لم تكن هناك حركة مقاومة تجاري مقاومة البنادرية في مرارتها، وطولها، وعزمها، سوى حركة الدراويش التي قادها سيد محمد»[237]. واتصلت حركات المقاومة الجنوبية بحركة الدراويش الجنوبية في تحركٍ أبان عن وحدة الغاية، والوعي الإسلامي. كما كانت هناك المقاومة التي وقفت في وجه التوسع الإيطالي في إقليم بنادر، والتي قادها الشيخ

---

(235) رحل الشيخ أحمد حاج عن مقديشو خروجًا على الإيطاليين؛ إذ اعتبر الشيخ المدينة دار كفر، وأسّس ما أسماه دار الإسلام في نيمو .وتورّط في حادثة لفاولى شخصين ينتميان إلى المجتمع اليمني كانا يعيشان في مقديشو ، هما: المترجم الشخصي لفيلوناردي أبو بكر بن عود، والثاني هو إسلام بن محمد .انظر:
Exploration of History and Society. Available from https://operationoverload.wordpress.com/category/anti-colonization-wars/
(تم الوصول في 14فبراير .(2017

(236) Isse-Salwe, The Collapse of Somali State, 22.

(237) Salah Mohamed, *Hudur,* 17.

حسن برسني (1927 ـ 1853)، وكانت تتبع الطريقة الأحمد/ الرحمانية. وكان هناك أيضًا الشيخ بشير يوسف (1945 ـ 1905)، أحد شيوخ الطريقة الصوفية الصالحية، الذي سار على خطى الجهاد خلفًا لسيد محمد عبد الله.

وهناك التعاليم القومية التي نظّر لها فارح اومار ضد الاستعمار البريطاني في منطقة برعو الواقعة في إقليم تغطير. ولكن سُحِقَت كل هذه الحركات تحت سطوة القمع بحلول 1924، وكان مصير قادتها إما الإقصاء أو الاحتواء، وكان آخرها حركة سلطنة مجرتين المستقلة التي قُمعِت بوحشيةٍ كبيرة بعد عامين من المقاومة في عام 1927، ليكتمل بذلك عقد الاستعمار الإيطالي للصومال، وشكّل ذلك نقطةً فارقة أنهت صور القيادة المستقلة في المجتمع الصومالي. لقد احتاجت القوى المستعمرة 100 عامٍ لفرض سيطرتها الكاملة على الأراضي الصومالية منذ اتفاقية البريطانيين مع القبائل الصومالية في بربرة عام 1827 حتى الانتصار الإيطالي على سلطنة مجرتين عام 1927 م[238]. وآتت الطرق الاستعمارية الأولى ثمارها باحتواء الرموز من كبار السن عبر الترغيب والترهيب.

وفي المقابل، تعرض العلماء للقمع والتهميش والاستبعاد في ظلّ مقاومتهم للمشروع الاستعماري باستخدام السلاح وغيره من طرق المقاومة السلمية. وقد خلّد التاريخ الصومالي أولئك الذين اختاروا طريق السلاح، أما نظراؤهم من الناشطين السلميين، فقد أهملهم وهمّشهم التاريخ. ودرس علماء الاستعمار المقاومة المسلّحة، ونظروا إليها، في كتاباتهم، على أنها تهديدٌ لحكمهم. ويبدو أن القوميين الصوماليين، الذين نسبوا إلى أنفسهم صور المقاومة المسلحة بمختلف صورها على أساس كونها جزءًا من تاريخ الحركة القومية الصومالية،

---

(238) Ahmed Samatar, *Socialist Somalia: Rhetoric and Reality* (Zed Books Ltd, 1988), 19.

كانوا يميلون إلى الميليشيات المسلحة في صراعهم مع هيمنة أثيوبيا، ولعل ذلك كان السبب وراء عدم حصول العلماء الذين انخرطوا في الأنشطة الثقافية وبرامج الإصلاح على حقهم من التقدير في التأريخ الصومالي، وكذلك الأمر للعلماء الذين أحيوا المقاومة الداخلية في وجه الهيمنة الاستعمارية الثقافية (239).

وطوّرت الدول المستعمرة سياساتٍ للتعامل مع القادة التقليديين بعد فرض سيطرتها على كامل الأراضي الصومالية. فتمتّع القادة التقليديون، الذين كانوا ينقسمون إلى شيوخ القبائل و العلماء، بالوجاهة والقيادة في مجتمعاتهم قبل أن تعيد الدول المستعمرة رسم المعادلات الاجتماعية وتغيّر معطيات السلطة، فتعاملت الأنظمة المستعمرة مع هؤلاء القادة عبر «الإدماج البيروقراطي»، الذي استهدف شيوخ القبائل الذين وقّعوا في البداية اتفاقياتٍ مع القوى المستعمرة ليتمّ الاعتراف بهم شركاء محليين. وكان مما سهّل ذلك التقارب بين طبيعة القوانين العلمانية التي وضعتها الدول المستعمرة والقوانين العرفية الصومالية التي عرفت باسم «حير»، والتي صانها شيوخ القبائل.

وهكذا، كان من السهل إقناع وجهاء الصومال بالتعاون مع القوى المستعمرة في ظلّ وجود شيءٍ من التقاطع بين القانونين. فوظّفت الدول المستعمرة شيوخ القبائل بوضعها خطوط سياساتٍ عريضة، بل وفرت لهم رواتب، واستخدمتهم بصفتهم ممثّلين رسميين لمجتمعاتهم. ويمكن القول، في ظل ذلك: إن الاستعمار أرسى أسس نظام حكمٍ ذي تسلسلٍ إداري في هذا المجتمع القائم على تساوي

(239) والاستثناء هنا هو توجهات البروفيسور مختار في هذا العدد من *Historical Dictionary of Somalia* وأيضًا العمل الذي حرّره سعيد سمتر، والذي شكّك فيما شاع من التأريخ الصومالي عقب إعادة دراسته الحركات القادرية والصالحية، وشدّد على الحاجة للتحقيق والبحث بصورةٍ أكبر.

الجميع، والذي آمن بثقافة القيادة قبل مجتمعات مماثلة. وبالعودة إلى السجلات التاريخية، كان هناك 950 من شيوخ القبائل الذين تُصرَف لهم الرواتب في نهاية الخمسينيات في إقليم الصومال، الواقع تحت الحكم الإيطالي، و361 في الجزء الواقع تحت الحكم البريطاني(240)، فيما كان التعامل مع العلماء بسياسة الاحتواء، وتعرّضت هذه الفئة للقمع والتهميش، ولو أن بعضًا منهم أُدخِلوا إلى الإدارة الاستعمارية لاحقًا. فهناك سورينتينو (Sorrentino) ـ على سبيل المثال ـ المفوّض الإيطالي في مقديشو عام 1896، الذي قام بتوزيع 296 تالر*(241) على أناسٍ معروفين وعلماء «لاستمالة أصدقاء لإيطاليا»(242). ونظرت القوى المستعمرة للإسلام على أنه تهديدٌ لمهمة المستعمرين التي قيل إنها «مهمة تمدين» وسيطرةٍ ثقافية؛ ولهذا كان لا بد من تحييده. وبالفعل كان معظم العلماء يبذلون الجهد في مقاومة موجة الاستعمار عبر طرق العنف، أو يحاولون حشد العوام وإقناعهم برفض التعاون مع الكفار.

ولكن حسم انتصار الاستعمار نهاية المقاومة المسلّحة، واستمرت المقاومة

(240) كان هناك ثمانية زعماء من شانجاني، على سبيل المثال، ممن استفادوا من صرف رواتب ثابتة، كان منهم إمام قبيلة الأبقال شريف حداد مولانا وشريف حبيب بن حامت، وعشرة أئمة من حمروين من بينهم حسن جدي أبتو (رير ماتان) وحسن سوكرو (الموروساد). انظر هوامش

Salah Mohamed Ali, *Hudur and the History of Southern Somalia.* (Cairo: Nahda Publishing, 2005), 10

وأيضًا:

Abdurahman Abdullahi", Tribalism and Islam: The Basics of Somaliness." In *Variations on the Theme of Somaliness,* edited by Muddle Suzanne Lilius (Turku, Finland: Centre of Continuing Education, Abo University, 2001): 227-240, 229.

(241) * عملةٌ أوروبيةٌ معدنيةٌ مصنوعةٌ من الفضة كان يتم التداول بها في الماضي (المترجم).

(242) Robert Hess, *Italian Colonialism* in Somalia (University of Chicago Press, 1966),33.

السلمية، وتمّ تبني منهجياتٍ جديدةٍ تدريجيًّا. وفي المقابل، انطبق ذلك على القوى المستعمرة، التي توجهّت هي الأخرى إلى إيجاد طرقٍ أكثر مراعاة لحساسية الوضع لإرضاء المشاعر الدينية الشعبية، ووضعت سياساتٍ للفوز بقلوب الناس وعقولهم. فكانت سياسة إيطاليا خلال الحكم الفاشي هي كسب دعم المسلمين ضد المسيحيين الأرثذوكسيين في أثيوبيا، وأعلن موسوليني نفسه حامي الإسلام عام 1937 خلال زيارته إلى ليبيا[243]. ودفعت هذه المنهجية الإداريين في المناطق الإسلامية تحت الحكم الفاشية الإيطالية إلى بناء المساجد، واحترام العلماء، وقبول الشريعة الإسلامية في الجوانب الحساسة، مثل: الأحوال الشخصية، وبناء محاكم إسلامية وتعيين العلماء فيها كمصلحين وقضاة[244]. كما تبنّت بريطانيا أيضًا سياسة الحكم غير المباشر؛ فقوّت شوكة شيوخ القبائل، ودعمت مدارس القرآن؛ أملاً في كسب دعم الشعب، وتمّ أيضًا منع بعثات التبشير النصرانية في أرض الصومال البريطانية عام 1910، وتمّ تطبيق هذه القاعدة الصارمة بعد ذلك أيضًا[245]، فضلاً عن تقييد البعثات الكاثوليكية في جنوب الصومال لتفادي أي استفزازات.

فيما بدأت المرحلة الثانية من مقاومة الاستعمار بعمليةٍ طويلةٍ، هدفت إلى بناء نخبةٍ جديدة تحمل رؤيةً جديدة للمجتمع والدولة، فيما سعت القوى

(243) Jakob Krais, "Shakib Arslan's Libyan Dilemma: Pro-Fascism through Anti-Colonialism in La Nation Arabe"? (Orient-Institut Studies 1, 2012). متاح على: file:///C:/Users/Abdurahman/Downloads/krais_dilemma.doc.pdf (تم الوصول بتاريخ 19أبريل 2017).

(244) استمرت المساجد التي بنتها إيطاليا عاملةً في بيدوا وبلد ودهاجبر.

(245) Lewis, A History, 103. The Swedish Church wanted to return to Somalia after the Second World War but was refused entry by British Military Administration. 83 Sylvia Pankhurst, *Ex-Italian Somaliland* (London: Watts, 1951), 212- 214.

الاستعمارية إلى توظيف صوماليين أكثر في المستويات الدنيا من منظومات العمل المدني والعسكري الاستعمارية، وفتحت مدارس انتقائية تمتّع فيها أطفال النخب التقليدية بالأولوية والامتيازات(246)، وامتصّ النظام الاقتصادي والسياسي الاستعماري الأراضي الصومالية بالتدريج تماشيًا مع هذه الاستراتيجية. ولكن هذا لم يعنِ الاندثار الكامل للخطاب المناهض للاستعمار من السنوات الأولى، ولكن تحوّل إلى صراعٍ سياسيٍ حديثٍ ومسالم نحو الاستقلال(247). فبدأ تشكيل الدولة الحديثة في الصومال على أرض الواقع بتأسيس منظّمات مجتمعٍ مدني كانت مختلفةً بهيئتها وعملها من المؤسّسات التقليدية، مثل: المؤسّسات الدينية التي هيمنت عليها الطرق الصوفية ووجاهات القبائل.

وكانت بداية هذه المنظّمات المدنية في أرض الصومال البريطانية، ولاحقًا في جنوب الصومال، تحت الحكم البريطاني العسكري (British Military Administration) عام 1941، فيما تمّ حظر جميع صور التنظيم في جنوب الصومال، الواقع تحت الحكم الفاشي الإيطالي(248). وبدأ التنظيم الاجتماعي بتشكيل الجمعية الإسلامية الصومالية عام 1925 في عدن على يد المنفي حاج فارح اومار لدعم أنشطته السياسية، وللنداء بتحسين أوضاع الموظّفين الصوماليين الذين يعملون مع الإدارة البريطانية(249). وظهر المزيد من المنظّمات تدريجيًا، مثل: المنظمة الخيرية عام 1930، التي نادت بتحسين الرعاية الاجتماعية والتعليم،

---

(246) Sylvia Pankhurst, *Ex-Italian Somaliland* (London: Watts, 1951), 212- 214

(247) عن تطور القومية الصومالية، انظر:

Saadia Touval. *Somali Nationalism: International Politics and the Drive for Unity in the Horn of Africa* (Cambridge: Cambridge University Press, 1963).

(248) M. Lewis, *A Modern History of the Somali: Nation and State in the Horn of Africa* (Ohio University Press, 2003), 121.

(249) Touval, *Somali Nationalism*, 65.

واتحاد الموظفين الذي تأسّس عام 1935، وكان ينادي بالمساواة في الحقوق بين الموظّفين الصوماليين والوافدين، وجمعية الأولاد القدامى الصومالية (Somali Old Boys Association) التي انبثقت عنه. وكانت الجمعية الخيرية الوطنية (Patriotic Beneficiary Union) أول منظّمة يتمّ تأسيسها في جنوب الصومال، وكان ذلك عام 1942م⁽²⁵⁰⁾، وتلتها لجنة التحسين المحلي (Native Embitterment Committee) في العام نفسه، ونادي الشباب الصومالي (Somali Youth Club) عام 1943م⁽²⁵¹⁾.

وبدأ التطور السياسي الحديث في الصومال في السنوات الأولى من الحرب العالمية الثانية بعد أن تكبّدت الفاشية الإيطالية الهزيمة في قرن إفريقيا، وبسط الحكم البريطاني العسكري سيطرته على معظم الأراضي الصومالية. وأرسى بيئةً سياسية محسّنة بإلغاء «التقييدات التي فرضتها الإدارة الفاشية على الجمعيات والنوادي السياسية المحلية»⁽²⁵²⁾، على الرغم من قرار الحكم البريطاني العسكري القاضي بتدمير المشاريع الاقتصادية الصغيرة القائمة وقتها، وكذلك البنى التحتية، ومن بينها خط السكة الحديدية الذي كان يصل مقديشو، وجوهر، وجسر أفجوي، وآلات إنتاج الملح في حافون، ومناجم ماجيان وقندلا⁽²⁵³⁾.

---

(250) Mohamed Mukhtar, *Historical Dictionary of Somalia: African Historical Dictionary Series*, 87 (Lanham, MD: Scarecrow Press, 2003), 106.
وأيضًا:
Salah Mohamed Ali, *Hudur and the History of Southern Somalia* (Cairo: Mahda Bookshop Publisher, 2005), 340.

(251) Abdurahman Abdullahi, "Non-state Actors in the Failed State of Somalia: Survey of the Civil Society Organizations during the Civil War (1990-2002)." *Darasat Ifriqiyah*, 31 (2004): 57-87. See Salah Mohamed, *Hudur*, 361.

(252) I. M. Lewis, *A Modern History*, 121.

(253) انظر:

ورحّبت السياسة الجديدة التي رسمها الحكم البريطاني العسكري بنهوض الوعي السياسي للصوماليين بعد أن شارك العديد منهم في خمسة حروبٍ مختلفة: حروب المقاومة الصومالية (حركة الدراويش، والمقاومة البيمالية وغيرها)، والحرب الإيطالية ـ التركية (1912 ـ 1911)، والحرب العالمية الأولى (ـ 1914 1918)، والحرب الإيطالية ـ الأثيوبية (1936 ـ 1935)، والحرب العالمية الثانية (1945 ـ 1941). وتأسّس نادي الشباب الصومالي (SYC) بتاريخ 15 مايو من عام 1943 في مقديشو، وهي منظّمةٌ صوماليةٌ شبابيةٌ محلية، قامت بتشجيع من الحكم البريطاني العسكري[254]، وتطوّر النادي من الأعضاء الثلاثة عشر الذين أسّسوه إلى حزبٍ سياسيٍّ عام 1946، وأعيدت تسميته رابطة الشباب الصومالي (SYL).

وبدأت نهضةٌ مشابهةٌ في الوعي السياسي الصومالي بالبزوغ في الصومال البريطاني؛ وهو ما أدّى إلى تأسيس الحزب المعروف باسم العصبة الصومالية القومية (SNL) في الخمسينيات. وتبنّى كلا الحزبين ـ رابطة الشباب الصومالي والعصبة الصومالية القومية ـ خطابًا قوميًّا متقاربًا في الخمسينيات، ورافق ذلك

Paolo Tripodi, *The Colonial Legacy in Somalia: Rome and Mogadishu: from Colonial Administration to Operation Restore Hope* (London: Macmillan Press, 1999), 45. 91 On the relations between SYC

و BMA, refer to Cedric Barnes, "The Somali Youth League, Ethiopian Somalis, and the Greater Somali Idea c1946-1948". Journal of East African Studies, v.1, no.2, 2007, 277-291.

(254) الآباء المؤسّسون للقومية الصومالية هم: حاج محمد حسين، ومحمد حرسي نور (سيدي)، وعبد القادر سخاء الدين، وعلي حسن محمد (بردورا)، وطيري حاج طيري، ومحمد علي نور، وطاهر حاج عثمان، ومحمد عبد الله فرح (حييسي)، وخليف هودو محمد، ومحمد فرح هيلولي (فرناجو)، وياسين حاج عثمان، ومحمد عثمان باربي، وعثمان غيدي راغي .انظر: Abdulaziz Ali Ibrahim, Xildhiban", *Taxanaha Taariikhda Somaaliya* (London: Xildhiban Publications, 2006), 13.

تحول عددٍ من الأحزاب الأخرى أصغر حجمًا إلى خطابٍ أقرب إلى القومية. وتم تقرير مصير الصومال بعد شدٍّ وجذبٍ دام خمس سنوات حول مستقبل المستعمرات الإيطالية التي هُزِمَت في الحرب العالمية الثانية. وقرّرت الأمم المتحدة في النهاية منح إيطاليا سلطةً إداريةً على الصومال تحت مجلس الوصاية التابع للأمم المتحدة، وكان ذلك بتاريخ 21 نوفمبر عام 1949.

ومن المفارقة أن هذا القرار تم اتخاذه بعد أن شهدت مهمة الأمم المتحدة إلى الصومال تمردًا قوميًّا عنيفًا ضد الإيطاليين في 11 يناير عام 1948؛ حيث قُتِلَ 24 صوماليًّا و51 إيطاليًّا. وتمت إعادة المستعمرة الإيطالية بصورةٍ رسميةٍ إلى إيطاليا في الأول من إبريل عام 1950م[255]، وشكّل القرار بإعادة الصومال إلى إيطاليا هزيمةً كارثيةً لمشروع الصومال الكبير الذي نادى به إيرنيست بيفن، وزير خارجية بريطانيا[256]. وتمّ احتواء الهزيمة الدبلوماسية للمشروع العظيم بعد أن قامت القوى الأربع (الولايات المتحدة، والاتحاد السوفييتي، وفرنسا، وبريطانيا) بالتغاضي عن طموحات الشعب الصومالي بالوحدة، وإظهار التعاطف مع الادعاءات الأثيوبية التي أملت بالإبقاء على الأراضي الصومالية التي احتلتها في السابق، فضلاً عن تمني إيطاليا نفسها بإحياء أجندتها الاستعمارية.

وفي المقابل، توجسّت النخب السياسية الصومالية ـ وتحديدًا رابطة الشباب الصومالي ـ خيفة من الحكم البريطاني[257]. وهكذا، عادت الصومال الإيطالية لتقع تحت وصايةٍ إيطاليةٍ من جديد عام 1950 رغمًا عن رغبة الصوماليين في

---

(255) Paolo Tripodi, The Colonial Legacy, 46-47.

(256) Salah Mohamed, *Hudur,* 229-324.

(257) أثارت سياسات الحكم البريطاني العسكري حنق النخبة الصومالية، وكانوا، في ظلّ ذلك، ضد مقترح عودة الصومال إلى إيطاليا واستمرار الحكم البريطاني. المصدر السابق، 313-320.

أن يحكمهم مجلس وصايةٍ تديره القوى الأربع الكبرى. وطبقًا لمهمة الأمم المتحدة، تعيّن على إيطاليا إدارة المستعمرة وإعطاءها استقلالاً كاملاً عام 1960؛ ليكون هذا القرار نهاية فصلٍ من تجربة جنوب الصومال في تغيير هيئة الحكم.

ولقد رزح جنوب الصومال تحت حكم الاستعمار لمدةٍ وصلت إلى 62 عامًا، من بينها فترة تكوينية امتدت إلى 24 عامًا، كانت الصومال خلالها تحت الاستعمار الإيطالي (1923 ـ 1989)، وتلا ذلك الحكم الفاشي الذي استمر 18 عامًا (1941 ـ 1923)، ومن ثم 10 سنواتٍ كان الحكم فيها للإدارة البريطانية العسكرية (1950 ـ 1941)، و10 سنواتٍ أخرى تحت حكم إيطالي بإشراف مجلس الوصاية التابع للأمم المتحدة (1960 ـ 1950). وشهدت هذه السنوات بسط إدارةٍ واحدةٍ لسيطرتها على معظم الأراضي الصومالية في مناسبتين، امتدت أولاهما لخمس سنوات، وكان ذلك جزءًا مما عرف «بشرق إفريقيا الإيطالي»، حينما أحكمت فاشية إيطاليا السيطرة على إقليمين صوماليين، هما أوجادين والصومال الإيطالي إلى جانب أثيوبيا وأريتريا. ووقعت منطقة أرض الصومال تحت حكم الإدارة الفاشية لفترة ثمانية أشهر (أغسطس 1940 ـ مارس 1941)[258].

وأُختيرت مقديشو عاصمةً لشرق إفريقيا الإيطالي. أما المرة الثانية، فكانت بعد هزيمة الحكم الفاشي في مسرح عمليات القرن الإفريقي؛ وهو ما أدّى إلى انتزاع الحكم البريطاني العسكري لجنوب الصومال، ويعنى أن أمور الحكم آلت إلى الحكم البريطاني العسكري في جميع الأراضي الصومالية باستثناء أرض

(258) تحاجج سالي هيلي بأن القوميين الصوماليين كانوا يتخيّلون وجود احتماليةً لاعتماد ترتيب حدود جديد بسبب "الحكم الاستعماري المتغيّر باستمرار ."انظر: Sally Healy, "Reflections on the Somali state: What Went Wrong and Why it Might not Matter." In *Milk and Peace, Drought and War: Somali Culture, Society and Politics* edited by Markus Hoehne and Virginia Luling (London: Hurst&Company, 2010), 271.

الصومال الخاضعة لفرنسا. ومن ثم تولّت إيطاليا مسؤولية إعداد جنوب الصومال للاستقلال خلال فترةٍ قصيرةٍ جدًّا في ظلّ جدبٍ كبيرٍ في الموارد المالية(259). وشهدت تلك الفترة دمج عددٍ من العلماء البارزين في عملية الوصاية؛ أملاً في كسب الدعم والشرعية الشعبية، ولكن كان العلماء في تلك الفترة يركزّون على الأنشطة الاجتماعية الثقافية، وهم يراقبون بتوجس صعود النخب الجديدة ورسوخ الهيمنة الاستعمارية. وبقي شمال الصومال تحت الانتداب البريطاني منذ عام 1888 حتى الاستقلال الصومالي عام 1960، باستثناء ثمانية أشهر وقعت فيها تحت الاحتلال الإيطالي (أغسطس 1940ـ مارس 1941)، فلم تقاسِ تلك المنطقة من تغير أيدي القوى الاستعمار، ومن التوابع التي رافقت ذلك. ولجأت بريطانيا أيضًا إلى الحكم بطريقةٍ غير مباشرة؛ حيث مُنحت المؤسّسات التقليدية السلطة لإدارة الشعب تحت إشراف السلطة الاستعمارية، وبهذه الطريقة لم تتهدّم السلطات التقليدية مقارنةً بجنوب الصومال الذي وقع تحت حكمٍ إيطاليٍ مباشر؛ وهو ما همّش المؤسّسات التقليدية.

تأثير الاستعمار على التعليم والسياسة

استخدم الاستعمار أداتين رئيسيتين لتحويل المجتمع الصومال، تمثلت أولاهما في نظام تعليم بقيم غربية؛ وهو ما سمح بخلق الأداة الثانية، وهي نخبةٌ سياسيةٌ مهجّنةٌ غَربيًّا. وسيحلّل هذا الجزء العملية التي استخدمت لتحقيق هذه الأهداف. لقد كانت الفترة الزمنية المتاحة لإرساء الإصلاح المطلوب محدودةً جدًّا، وكانت الموارد زهيدةً أيضًا. ولهذا، أفرزت هذه العملية نخبًا سياسيةً

(259) اقتطعَ ربع ميزانية الحكم الإيطالية عام 1951. انظر: Tripodi, *The Colonial Legacy,* 60-61.

ضعيفة وجهازًا بيروقراطيًّا افتقر إلى التدريب الصحيح. كما غرّبت هذه العملية القادة التقليديين، وتحديدًا العلماء، وخلقت حالةً من التشعب بين النخب، وصراعًا بين الدولة والمجتمع.

تأسيس التعليم الحديث

بدأت أولى خطوات الاستعمار في إعادة تركيب المجتمع الصومالي بتقديم نظامٍ تعليمي حديث في الصومال، كان على رأس عوامل نهوض وانتشار القومية الصومالية وانبثاق النخب الحديثة، فكانت مقاليد السلطة السياسية والدينية في حقبة ما قبل الاستعمار بيد النخب التقليدية التي اشتملت على شيوخ القبائل و العلماء، وتمّ تهميش النخب التقليديين في ظلّ انتشار التعليم الحديث وإفرازه للنخب الحديثة. وقد تأخر دخول التعليم الحديث إلى الصومال نسبيًّا بسبب التحديات التي واجهت البعثات المسيحية، وهم الذين كانوا رواد التعليم في مستعمرات إفريقيا[260]؛ حيث قام العلماء الصوماليون بصدّ أنشطتهم. يُضاف إلى ذلك عدم تخصيص حكومات الاستعمار الموارد الكافية لتطوير تعليمٍ حديث في ظلّ الاضطراب السياسي، والوضع الأمني المتقلّب، وعدم وجود فوائد محقّقة. وهكذا، أدّى بطء العملية إلى تشكل نخبةٍ صوماليةٍ خاملةٍ ومنقوصةٍ

(260) كانت 99% من المدارس تحت سيطرة المسيحيين، وبقي الوضع طويلاً كذلك حتى عام 1942، وكان أكثر من 97% من الطلاب في إفريقيا يدرسون في مدارس تبشيرية. وبحلول عام 1945، كان عدد الإفريقيين الذين تعلّموا القراءة والكتابة ولم يتلقّوا كل تعليمهم أو أيًّا منه في مدارس تبشيرية أقل مقارنةً بما كان عليه الحال قبل ذلك.
Magnus O. Bassey, *Western Education and Political Domination in Africa: A Study in Critical and Dialogical Pedagogy* (Bergin & Garvey, 1999), 27.
كان القرار بنفي بعثات التبشير المسيحية في الصومال أو أن تكون هذه البعثات متحفظةً جدًّا خوفًا من نقم السكان المسلمين.

ومتشعّبة عانت أيضًا في ظلّ الحرب الباردة والشدّ بين المسلمين والمسيحيين.

ويمكن تصنيف الأنظمة التعليمية في الأراضي الصومالية إلى أنظمةٍ تقليدية وأنظمةٍ حديثة، إما أن تكون تابعةً للدولة أو غير تابعةٍ لها. وبقي النظام التقليدي إسلاميًّا في جوهره بالاهتمام بحلقات حفظ القرآن الكريم ودراسة اللغة العربية والفقه، والتي ظلت المواضيع الرئيسية. ونجحت معظم النخب الحديثة في إتمام حفظ القرآن الكريم في مراحل مبكّرةٍ من الطفولة. أما التعليم الحديث، فقد دخل الصومال في ظلّ الحقبة الاستعمارية، وكان التعليم بلغة المستعمر مع تبني مناهج الدول المستعمرة التي روّجت لنظرةٍ عالميةٍ غربية؛ إذ صارت اللغتان الإيطالية والإنجليزية اللغات الرسمية للتعليم على حساب العربية التي صارت جزءًا ثانويًّا من المنهاج. واشتمل التعليم الحديث غير الحكومي على مزيجٍ من المدارس والمناهج المختلفة، من مدارس البعثات المسيحية، إلى المدارس المصرية العربية، والمدارس الإيطالية، وغيرها[261]. ومُنح خريجو هذه المدارس منحًا دراسية للدراسة في الخارج[262]. وسينتقل تركيزنا إلى نظام التعليم الحكومي في محاولتنا لتحليل تكوين النخب في الصومال والبذور التي زرعتها هذه المرحلة في خلق مجتمعٍ متصادمٍ أيدولوجيًّا.

لقد كانت النخب الحديثة نتاجَ التعليمِ الحديث الذي بدأ بوصول القوى الاستعمارية التي كانت تتبنّى - مجملاً - قيم العلمانية؛ حيث غذّت القوى الاستعمارية القيم الغربية ونظام الحكم القائم على الفصل بين الدين والدولة.

(261) كان من بين هذه المدارس المدرسة الروسية الثانوية بنادر، ومدارس إيطالية، ومدارس التضامن الإسلامي السعودية.

(262) ابتعثَ العديد من الطلاب الصوماليين للدراسة في روسيا، وأوروبا الشرقية، والصين، وإيطاليا، ومصر، والولايات المتحدة الأمريكية، وسوريا، والعراق، وغيرها من البلدان، وكان ذلك بعد عام 1960.

ورسم الدور المبكّر الذي لعبته البعثات التبشيرية المسيحية في التعليم إدراكًا في عقول الشعب الصومالي بأن التعليم الحديث يتوازى مع المسيحية، وأنه يهدف إلى تحقيق هيمنةٍ استعماريةٍ دائمة عن طريق إدخال الناس في دين المسيحية والاستيعاب الثقافي.

وكما قال عبد الرحمن أحمد نور: «استندت منظومة التعليم التي قدّمها الاستعمار إلى: أـ مستوى قبول شعب الإفريقي لتغيير الدين والاستيعاب الثقافي. بـ طبيعة القوى العاملة المدرّبة التي اشترطتها القوى الاستعمارية. جـ درجة قبول الناس لهذا التعليم أو ممانعتهم له»[263]. وقد تم إعداد بعض البرامج التعليمية البسيطة قبل الحرب العالمية الثانية في المستعمرة الإيطالية السابقة، وأوكلت أمورها إلى الكنيسة الرومانية الكاثوليكية، وكان هدف هذه البرامج التعليمية هو توفير عمال مؤهّلين للوظائف التي لا تناسب «العرق الإيطالي الأرقى»[264].

كذلك منع النظام الإيطالي الفاشي، الذي انتهت إليه مقاليد السلطة عام 1923، التعليم في جميع المستعمرات الإيطالية[265]. وتوجد وثيقةٌ أُكتشِفَت عام 1939 بعد هزيمة الإيطاليين في حرب شرق إفريقيا، نصّت على أن: «هدف التعليم هو تدريب الطلاب على العناية بالأرض الزراعية أو لتأهليهم لوظائف

(263) Abdirahman Ahmed Noor", Arabic Language and Script in Somalia: History, attitudes, and prospects" (Ph.D. diss., Georgetown University, 1999), 48.

(264) حكم نظامٌ فاشيٌّ دولة إيطاليا في الفترة (1943 -1922)، وكان هذا النظام يرتكز على أيديولوجيا يمينيةٍ متطرّفة تقوم على العنصرية والسلطوية.

(265) Mohamed Sharif Mohamud, -*Abdirizaq Haji Hussein, Rais Wasara al-Somali (1964- 1967),* 2009", availablefromhttp://arabic.alshahid.net/columnists/6110 (accessed on April 21, 2010).

لا تروق للعرق الإيطالي»[266]. يُضاف إلى ذلك، الإشارة إلى أن الهدف من التعليم كان تمييزيًّا، فكانت هناك مدارس «ثقافية» خُصّصت حصرًا لأبناء الأناس المعروفين «المطاوعين»، وكان يُتوقّع من هؤلاء الأطفال خلافة آبائهم في خدمة أسيادهم المستعمرين بعملهم كمترجمين، أو موظّفين، أو «صبيان» مكاتب[267].

اختلف الوضع في أرض الصومال البريطانية؛ فقد أدّى حظر البعثات المسيحية التبشيرية عام 1910، والتوجس الذي طغى على المشهد العام، فضلاً عن الحركة الجهادية التي قادها سيد محمد عبد الحسن، إلى إرجاء جميع محاولات إنشاء نظام تعليميٍّ حديث إلى ما بعد الحرب العالمية الثانية[268]، فكان هناك مزيجٌ من العوامل التي أجّلت قيام نظام تعليميٍّ حديث في أرض الصومال البريطانية تمثّلت في المقاومة الصومالية لفرض الضرائب، وتوجسهم من خلط المسيحية بالتعليم الحديث، وضعف الميزانية المالية لقوى الاستعمار. ولكن طرأ شيءٌ من التغيير في ظلّ الجهود المركّزة لنخبٍ صوماليةٍ صغيرة تعلّمت في السودان، والمساهمات اللافتة للصوماليين في الحرب العالمية الثانية، فالتحق 400 طالبٍ في عام 1945 بسبع مدارس أساسية، إلى جانب مدارس قرآنيةٍ عديدة كان الحكم البريطاني يدعمها، إلا أن نمو التعليم الحديث كان بطيئًا للغاية بسبب جدب الموارد، ولم تُؤسّس أول مدرستين متوّسطتين حتى عام 1950.

وقد وُجّهَ سؤالٌ للسيد ليتلتون (Lyttleton)، وزير بريطانيا للمستعمرات، في البرلمان البريطاني عام 1952 عن وضع التعليم في الأراضي الصومالية الواقعة تحت الوصاية البريطانية، وكان جوابه كما يأتي: «يُقدّر تعداد السكان بـ 640

(266) Pankhurst, *Ex-Italian Somaliland*, 212.
(267) Abdullahi, *Tribalism*, 63.
(268) Touval, *Somali Nationalism*, 64.

ألفًا، وهناك 1130 طالبًا في مدارس أساسيةٍ ومتوّسطةٍ حكومية، و50 في مدارس ثانوية، ومن بينهم 25 طالبًا يدرسون في الخارج تحت رعاية الحكومة»(269). وأفاد الوزير بأن ميزانية التعليم تُقسّم إلى 48511 جنيهًا إسترلينيًا، خُصّصت من صندوق الوصاية، و17 ألف جنيه إسترليني من برنامج التطوير الاستعماري والرعاية الاجتماعية. وأضاف أن عدد المدارس الأساسية هو 13 مدرسة تضمّ 815 طالبًا، وثلاث مدارس متوسطة، واحدة منها تجارية فيها 315 طالبًا، ومدرسة إعدادية واحدة(270). وتطوّر التعليم بصورةٍ تدريجيةٍ فيما تلا ذلك من أعوام، فزاد عدد الطلاب في «أرض الصومال» من 623 طالبًا في عام 1948 إلى 6209 طالبًا في عام 1959 طبقًا للسجلات الحكومية التي كشف عنها أحمد سمتر(271).

بدأ التعليم الحديث في المستعمرة الإيطالية السابقة التي سيطر عليها الحكم البريطاني العسكري «بدون سقف»(272)، بعد الحرب العالمية الثانية، فقد أبدى الصوماليون اهتمامًا كبيرًا بالتعليم الحديث بفضل مبادراتٍ محلية قام بها ناشطون اجتماعيون وأحزابٌ سياسية. فكانت الأحزاب السياسية الصاعدة تتنافس فيما بينها على كسب دعم العامة بالاستثمار في مجال التعليم. ولعبت رابطة الشباب الصومالي دورًا رائدًا في هذا السباق، فكان تطوير التعليم الحديث واحدًا من الأهداف الرئيسية التي أخذتها رابطة الشباب الصومالي على عاتقها(273).

---

(269) انظر: أسئلة وأجوبة، السيد ليتيلتون/ الوزير البريطاني للمستعمرات .متاحة على الرابط: http://hansard.millbanksystems.com/written_answers/1952/nov/12/education-(british-somaliland (accessed on April 12, 2017

(270) المصدر السابق.

(271) Samatar, *Socialist Somalia*, 47.

(272) هذا مصطلحٌ صكّه صلاح محمد، ويعني منح الحرية الكاملة في تأسيس المدارس وحتى المنظّمات المحلية .كانت هذه الأنشطة محظورةً تحت الحكم الفاشي .انظر:
Salah Mohamed, *Hudur*, 358.

(273) كانت رابطة الشباب الصومالي (SYL) أول حزبٍ سياسيٍّ في الصومال .تأسّس الحزب

فأقام الحزب عددًا من صفوف التعليم الليلية للبالغين بفضل المساهمات السخية لأعضائه، وبحلول العام 1948 كان 65% من هذه الصفوف تُدرّس باللغة الإنجليزية مقارنةً بـ35% التي كان التدريس فيها باللغة العربية[274]. انتشرت هذه الصفوف بكثرة في المدن الكبرى، مثل: مقديشو، ومركا، وبيدوا، وبوصاصو، وهرغيسا[275].

واقتدت الأحزاب السياسية الأخرى بهذه الطرق، وبدأت بتأسيس برامج تعليمية مشابهة، مع أنها كانت أصغر في نطاقها وحجمها. وفي عام 1947 كانت هناك 19 مدرسة تعليم أساسي فقط، تموّلها الدولة، تعلّم اللغة العربية لغةً أولى والإنجليزية لغةً ثانيةً في المستعمرة الإيطالية في الصومال التي انتهى الحكم فيها للحكم البريطاني العسكري. ووصلت ميزانية هذه المدارس إلى 16198 جنيهًا إسترلينيًّا من مجموع نفقات الحكم البريطاني الصومالي التي وصلت إلى 1376752 جنيهًا إسترلينيًّا (مليون وثلاثمائة وستةٍ وسبعين ألفًا وسبعمائةٍ واثنين وخمسين) أو ما يعادل 1%[276]، وخلال تلك الفترة اشتهر اسم معلم جامع بلال الذي كان مديرًا لإحدى أولى المدارس في مقديشو[277]. وتطوّر الأمر بعد ذلك

على أساس كونه منظّمةً شبابية عام 1943، وتحوّل إلى حزب سياسي عام 1947. وحكم الحزب الصومال في الفترة (1969 -1956)، فكان الحزب القوميّ الأول في الصومال.

(274) Noor, *Arabic Language*, 63.

(275) Hassan Makki, *Al-Siyasat al-Thaqafiya fi al-Somali al-Kabir (18871986)* (Al-Markaz al- Islami li al-Buhuth wa al-Nashri, 1990), 141.

(276) تماشت سياسة تعليم اللغة العربية في مدارس التعليم الأساسي مع الممارسات السائدة في أرض الصومال البريطانية .انظر:

Salah Mohamed, *Hudur,* 358- 359.

وافتتحت أول مدرسةٍ إعداديةٍ على يد عصبة الشبيبة الصومالية في مقديشو عام 1949، وعُيّن السيد إسماعيل علي حسين مديرًا لتلك المدرسة .انظر:

Makki, *Al-Siyasat*, 141.

(277) Makki, *Al-Siyasat*, 141.

ليصل عدد المدارس إلى 29 مدرسة بحلول العالم 1950، يدرس فيها 1600 طالب، ويعمل فيها 45 مدرّسًا[278]. ويجدر بالذكر أن أول مدرسةٍ ثانويةٍ في تاريخ الصومال تأسّست على يد شريف بانا ابا في منطقة حمر ججب في مقديشو في عام 1949 بدعم لجنة التنمية المحلية، وهي مؤسّسةٌ خيريةٌ محلية[279]. وكان شريف بانا تاجرًا صوماليًّا محسنًا ورئيس لجنة التحسين المحلي(Native Embitterment Committee). وكانت هذه المؤسّسة تبيع السكر بهدف استخدام الأرباح لتمويل مشاريع تطويرٍ اجتماعي في التعليم، وبناء دور أيتام، وتقديم مساعداتٍ إنسانية.

ولقد تغيّرت أهداف التعليم بصورةٍ جذرية بعد أن صادقت الأمم المتحدة على المهمة الإيطالية في الصومال عام 1950، والتي كان الهدف منها إعداد الصومال للاستقلال خلال فترةٍ زمنيةٍ لا تتجاوز عشر سنوات، فأمست هذه الأهداف ـ كما يبيّن تريبدوي(Tripodi) ـ هي «حصول النسبة العظمى من الشعب الصومالي على تعليمٍ أساسيٍّ على الأقل، وتقديم فرص تعليمٍ عليا للنخبة المثقفة الصغيرة، وتعزيز عملية تأسيس نخبةٍ جديدةٍ تتمتّع بتعليمٍ حسنٍ»[280].

ولتحقيق هذه الأهداف، تمّ وضع برنامجٍ تطويريٍّ مدته خمسة أعوام في

---

(278) Lee Cassanelli and Farah Sheikh Abdulkadir, "*Somali Education in Transition*" (*Bildhan*, vol. 7, 2007), 91-125. هناك تضاربٌ في البيانات الإحصائية المتوافرة عن رقم الطلاب الملتحقين بالمدارس، فتذكر مجلة بيلدان رقم 1600 طالب، مقارنةً بـ 2850 وفقًا لتريبودي. انظر:

Tripodi, *The Colonial Legacy,* 59.

(279) أسّست الجمعية الخيرية مدرسةً تستطيع استيعاب 500 طالب في العام الدارسي 1948-1949، مع بناءٍ يحوي دارًا للأيتام. انظر:

Salah Mohamed, *Hudur*, 361-62.

(280) Tripodi, *The Colonial Legacy,* 59.

عام 1952 بالتعاون مع اليونيسكو. وتمّ تأسيس مدارس حديثة، ومعاهد تقنية، وبرامج لتدريب المعلمين بالتماشي مع هذه الخطة، وأثمرت هذه البرامج ـ وفقًا للبروفيسور لويس ـ «التحاق ما يقارب 31 ألف طالب من كلا الجنسين في المدارس الأساسية بحلول عام 1957، فيما وصل عدد الطلاب في المدارس الإعدادية إلى 246 طالبًا، ووصل عددهم في المعاهد التقنية إلى 336 طالبًا، وبضعة مئاتٍ آخرين في مؤسّسات تعليم أعلى»(281). وكان ذلك بالفعل تقدمًا لافتًا على صعيد التعليم الحديث مقارنةً بما كان عليه الحال قبل الخمسينيات، حينما كان عدد الطلاب المستفيدين من برامج التعليم لا يتجاوز الألفي طالب. ولكن لم يكن هناك سوى ثمانية مدارس إعداديةٍ حكومية، فيما كان سبعةٌ من هذه المدارس الثمانية تدرّس باللغة الإيطالية(282).

كما ظهر عددٌ من المدارس المتخصصة، إلى جانب توسيع رقعة المدارس الحكومية، مثل: مدرسة السياسة والإدارة التي تأسّست في مقديشو في الخمسينيات، وكان الهدف من هذا المعهد هو تدريب المسؤولين الصوماليين منهم والقادة السياسيين ودمجهم في نظام الحكم الإيطالي. وكان عددٌ كبيرٌ ممن يدرسون في هذا المعهد أعضاء في رابطة الشباب الصومالي وغيرها من الأحزاب السياسية. وقدّمت بعض المنح الدراسية لبعضٍ من خريجي هذا المعهد لإكمال تحصيلهم التعليمي في جامعة بيروجيا في إيطاليا، فيما تم توظيف آخرين خلال برنامج الحكومة الصومالية الذي سار بوتيرةٍ سريعة، وإعطاؤهم وظائف إدارية في الحكومة بعد 1956. وكان هناك 4380 صوماليًّا يعملون في وظائف حكومية خلال تلك الفترة؛ أي 88% من القوى العاملة، وكان هذا رقمًا كبيرًا مقارنةً

(281) Lewis, *A History*, 140

(282) Noor, *Arabic Language*, 59

بأرض الصومال البريطانية خلال الفترة ذاتها، فلم يتجاوز عدد الموظّفين الـ 300 موظّف في إدارة الدولة، من بينهم ثلاثون فقط (10%) من أصولٍ صومالية[283]، وتأسّست معاهد أخرى عام 1954، وكان أهمها المعهد العالي للقانون والاقتصاد، والذي تحوّل لاحقًا إلى كلية الصومال الجامعية، وتمّت توسعتها لتكون نواة جامعة الصومال الوطنية عام 1969م[284].

وكانت هناك أيضًا منحٌ دراسية، وندوات، وزياراتٌ رسميةٌ إلى إيطاليا قُدّمت للنخب الصومالية ليتشربوا اللغة والثقافة الإيطالية؛ وهو ما أدّى إلى الظهور التدريجي لنخبةٍ صوماليةٍ جديدةٍ تحمل قيم الثقافة الإيطالية، وتتمتّع بتعليمٍ حديثٍ أفضل وامتيازاتٍ وظيفيةٍ أعلى. وتقلّدت هذه النخبة قيادة الأحزاب السياسية، والوظائف الحكومية العليا، ورئاسة القطاعات، وأخذوا أيضًا مناصب محافظي المحافظات، فضلاً عن إيجاد وظائف لهذه النخبة الجديدة في الأجهزة الأمنية للدولة[285].

---

(283) البرنامج الحكومي الصومالي كان برنامجًا لتوكيل الصوماليين مسؤولية إدارة البلاد عبر تدريبهم على يد مسؤولين إيطاليين .وكان الفرق كبيرًا وواضحًا في الأساليب الإدارية، ورفد النخبة الجديدة بين مستعمرة البريطانيين ومستعمرة الإيطاليين تحت وصاية الأمم المتحدة. انظر:

Tripodi, *The Colonial Legacy,* 75.

(284) Lewis, *A History*, 141. انظر أيضًا: الموقع الرسمي لجامعة الصومال الوطنية. /http://snu.edu.so/overview

(تم الوصول بتاريخ 19أبريل .(2017

(285) تم إرسال أول ثمانية ضباط شرطة إلى إيطاليا لتلقي تدريبهم هناك يوم 25أغسطس 1952.وكانوا محمد سياد بري، وحسين كلميي أفرح، ومحمد إبراهيم (ليق- ليقتو) ومحمد أبشير موسي، وعبد الله علي محمد، وداود عبد الله حرسي، ومحمد عيناشي جوليد، ومحمد بن خميس .وتم إرسال أول 13ضابطًا مدنيًا عام 1953، وكانوا حاج عمر شيغو ، وحاج بشير إسماعيل، وعبد الرشيد علي شرماركي، وطاهر حاج عثمان ، وعلي شيدو عبد، وعلي عمر شيغو ، ونور أحمد عبد الولي (كاستيلي)، وأحمد عدي مني، وعثمان عمر شيجو، وحسين محمد حسين (واكوي)، وعبد شيخ ادن، ومحمد شيخ غبيو، وأويس شيخ محمد .انظر:

وتنامى دور النخبة الجديدة بصورةٍ متسارعةٍ أكثر في ظلّ تدشينهم أنفسَهم نخبةً حاكمةً عام 1956 حينما استبدلوا الإيطاليين في جميع المناصب الإدارية العليا على طريق إعداد الصومال للاستقلال عام 1960، ولكن لم يكن هناك أي إنجازٍ أو تطورٍ يستحق الذكر على صعيد التعليم العالي. «فوفقًا لتقريرٍ نشرته الأمم المتحدة عن الصومال قبل ثلاث سنوات من موعد الاستقلال المحدّد، لم يكن هناك طبيب صوماليّ واحد، أو صيدلي، أو مهندس، أو معلّم ثانوية في كل الصومال»(286)، ولكن كان هناك 37 طالبًا صوماليًّا في الجامعات الإيطالية في العالم الدراسي 1958 ـ 1957، من بينهم 27 طالبًا كان من المتوقع تخرجهم في عام 1960م(287).

وقد انتهت مقاليد الحكم إلى النخب الحديثة مع استقلال الصومال، الذين صاروا القادة الوطنيين للدولة الصومالية مع إعلان الاستقلال عام 1960 بتوحيد الأراضي الصومالية الواقعة تحت وصاية البريطانيين مع الصومال الإيطالي. وتعقّدت مشكلة الشدّ والتنافس بين اللغتين الإيطالية والعربية مع دخول اللغة الإنجليزية التي كانت اللغة الرسمية لنخب أرض الصومال البريطانية، فتمّ اعتماد سياسةٍ تعليميةٍ تجمع بين اللغات الثلاث، الإنجليزية والعربية والإيطالية، في ظل ذلك، فكانت العربية هي لغة التعليم الأساسي، وكانت الهيمنة للغة الإنجليزية

Maxamad Ibrahin Maxamad , Liiq-liiqato", *Taariikhda Somaaliya: Dalkii Filka Weynaa ee Punt (*Mogadishu: 2000), 127.

Noor, *Arabic Language*, 52. (286)

(287) "في عام الاستقلال، 1960، لم يحصل سوى 27صوماليًّا على شهاداتهم الجامعية في إيطاليا .تخصّص واحدٌ منهم في الطب، وستةٌ في العلوم السياسية، وواحدٌ في علم الاجتماع، وتسعةٌ في الاقتصاد وإدارة الأعمال، وواحدٌ في الصحافة، وثلاثةٌ في الطب البيطري، واثنان في العلوم الزراعية، وواحدٌ في العلوم الطبيعية، وواحدٌ في الصيدلة، وواحدٌ في اللغويات ."انظر: Mohamed Osman Omar, *The Road to Zero: Somalia's self-destruction* (HAAN associates, 1992), 45.

في التعليم المتوسّط والثانوي، ولكن بقيت الإيطالية هي اللغة الإدارية وحافظت على دورها بفضل مدارس إيطاليةٍ متخصّصة ومنحٍ إلى إيطاليا. كما طغت اللغة الإيطالية على المستوى الجامعي في السبعينيات. وبدأت التوجهات الصومالية السياسية بالتبلور بعد الاستقلال، وكانت هناك عداوةٌ مريرة بين معسكر الشرق ومعسكر الغرب، خلال الحرب الباردة، ومزّق هذا التنافس دولة الصومال، وارتكزت هذه المنافسة على ثلاثة محاور: التعليم، والجيش، والتطور الاقتصادي.

وتركّز تنافس اللاعبين الخارجين في قطاع التعليم في تقديم منحٍ دراسية لخريجي المدارس الثانوية الذين كان يُتوقّع لهم أن يشكّلوا التوجهات الاجتماعية والسياسية لنخب المستقبل، فتُظهر بياناتٌ إحصائيةٌ غير مكتملة، على سبيل المثال، ما يلي من التوجهات: كان هناك 500 طالبٍ مدني يدرسون في الاتحاد السوفييتي في الستينيات، و272 في إيطاليا، و152 في السعودية، و86 في الولايات المتحدة الأمريكية، و40 في السودان، و34 في بريطانيا، و32 في فرنسا، و29 في الهند[288]. ويُستدل بهذه الأرقام على أن مجموع المنح المقدّمة من الدول الغربية كان أقل من عدد المنح التي قدّمها الاتحاد السوفييتي وحده. ولكن تبقى هذه الأرقام غير مكتملة؛ فهناك عددٌ من الدول العربية القومية التي قدّمت منحًا سخيةً للصومال، مثل: مصر، وسوريا، والعراق، ولكن لم يتم ذكرها من بين هذه الأرقام، وكذلك الأمر لمنحٍ أخرى أيضًا من دولة الصين، وغيرها من دول المعسكر الشرقي، مثل: تشيكلوسلوفاكيا، وبولندا، ورومانيا، وألمانيا الشرقية.

وكان من الواضح أن الشرق نجح في استمالة الصومال، فتدرّبت النخب الجديدة في بلدانٍ اشتراكية إضافةً إلى حلفائهم من الدول العربية التي لعبت

(288) Luigi Pastaloza, *The Somali Revolution* (Bari:Edition Afrique Asie Amerique Latine, 1973), 350.

دورًا مهمًّا في المستقبل السياسي الصومالي. فبل الانتقال إلى القطاع العسكري، نرى هذه التوجهات بصورةٍ أوضح؛ حيث اغتنم الاتحاد السوفييتي عدم رضا الصومال عن حجم المساعدات الزهيدة للصومال في مجال التطوير العسكري، ووافق على مساعدة دولة الصومال عام 1962 لبناء جيشٍ قويٍ، وهذا كان جزءًا من استراتيجية الاتحاد السوفييتي خلال الحرب الباردة التي كانت تسعى إلى موازنة الوجود الأمريكي في أثيوبيا. فطبقًا لديفيد ليتين وسعيد سمتر، قدّمت الدول الغربية مقترحًا مشتركًا لمساعدة الصومال بمبلغٍ يصل إلى 10 ملايين دولار لجيشٍ يبلغ تعداده 5000 شخص، مقارنةً بعرض الاتحاد السوفييتي الذي أبدى استعداد لإقراض الصومال 52 مليون دولار وجيشًا يبلغ عدده 14 ألف شخص. وبالطبع كانت الغلبة للاتحاد السوفييتي الذي نجح في انتزاع زمام تدريب الجيش الصومالي[289].

وقد قُدّر عدد الضباط الصوماليين الذين تدرّبوا في الاتحاد السوفييتي فقط إلى 500 ضابط بحلول العام 9691. وهكذا تشرّب الجزء الأكبر من النخب الصومالية الحديثة، بطريقةٍ أو بأخرى، الأيدولوجيا الاشتراكية؛ حيث إنهم تلقّوا تعليمهم في نظامٍ تعليميٍّ غربي[290]. وقد أضفت النخب التي تمّ تدريبها في بلدانٍ اشتراكيةٍ توجهًا يساريًّا متطرفًا على عملية الغربنة المتزايدة، وهي ظاهرةً تجلّت خلال النظام العسكري عام 1969.

---

(289) انظر:
David D. Laitin and Said Samatar. *Somalia: Nation in Search of a State* (Boulder: Westview Press, 1987), 78.

(290) Ahmed Samatar, *Socialist Somalia*, 78.

بروز العشائرية السياسية

كان الهدف من سياسات الاستعمار في اختيار أبناء شيوخ العشائر هو ترسيخ التسلسل الوراثي في النخب الحاكمة. فصارت النخب التقليدية الآن تستطيع أن تسكن في المدن، والبلدات، والقرى؛ لأن معظمهم كانت تُصرف لهم رواتب، وكانت لهم علاقاتهم بالحكومات الاستعمارية، وفي المقابل استقر كثيرٌ من العلماء التقليديين في المناطق الشعبية، أو أسّسوا مستوطناتهم وقراهم الخاصة(291)، ومكّن ذلك أبناء هذه النخب التقليدية من الدراسة في المدارس الحديثة، والحصول على فرص عملٍ مبكّرة في مؤسّسات الدولة. وبالطبع، كان هناك سياقٌ تنافسيٌّ مدنيٌّ آخر في الصومال الذي هيمن عليه أولئك الذين تواصلوا مبكّرًا مع الإيطاليين والبريطانيين، أو كانوا محاربين غير نظاميين شاركوا في الحروب المختلفة، واستقروا بعد ذلك في المدن. وكانت هناك أيضًا نخبةٌ تجاريةٌ صغيرة شكّلت الأغلبية في المناطق الحضرية مع الشريحة المتمدّنة الأصلية التي كانت تسكن ساحل بنادر.

وضمن الأبناء المتعلّمون للنخب التقليدية استمراريةً شكّلتها قرابات الدم بين النخب التقليدية والنخب الحديثة. ويظهر أن تهميش النخب التقليدية لم يكن مشكلةً في ظل تمكين نسلهم في مؤسّسات الدولة الحديثة. فحُدّدت، بهذه الطريقة، معالم أدوار النخب التي كانت تجمعها قراباتٌ، فكان الآباء وأولاد العمومة مسؤولين عن الشؤون الاجتماعية، فيما هيمن أبناؤهم على المشهد

---

(291) كانت البلدات في الصومال تُؤسّس بالقرب من مصادر المياه .ويمكن أن تكون هذه المصادر أنهارًا، أو بحارًا، أو سدودًا .وكان التجار الأوائل هم الذين تعلّموا القراءة والكتابة وتلقّوا تعليمًا إسلاميًّا تقليديًّا .وكان يوجد مسجدٌ في كل مستوطنة، ومدرسةٌ قرآنية، كما تمّ تأسيس حلقاتٍ لتعليم الدين.

السياسي الحديث[292]. وجدير بالذكر أن الزواج من الأقارب كان عادةً طاغيةً بين النخب التقليدية لعددٍ من الأسباب، من بينها ضمان وجود مجتمعٍ متناغم؛ ولهذا كان هناك العديد من صلات القربى التي تجمع شيوخ القبائل و العلماء. كما أن النخب الصومالية المبكّرة كانوا في جملتهم مهاجرين جدًا استقروا في الحضر، أو جنودًا تم تجنيدهم في الحقبة الاستعمارية.

وهكذا، كانت الفجوة بين النخب التقليدية والنخب الحديثة ضيقةً جدًّا، بل مثّل بعضهم نخبًا تقليدية أعادوا تكييف أنفسهم ليصبحوا نخبًا حديثة. وجرت هذه العملية بعد عام 1950 مع تأسيس المجلس الإقليمي الذي بلغ عدد أعضائه 35 عضوًا، وهيمنت النخب التقليدية على عضويته، كما هيمنت النخب التقليدية في أرض الصومال البريطانية؛ حيث تجلّت هذه الظاهرة بصورة أوضح عندما تشكّل المجلس الاستشاري من شيوخ قبائل حصرًا[293]، ولكن كبرت الفجوة بين النخب التقليدية والنخب الحديثة مع توسع رقعة التعليم الحديث والتمدن؛ فتشرّب أبناء النخب التقليدية ثقافات وأعراف الحضر، وصاروا متمدّنين، فكان التغيير، على هذا الصعيد، تدريجيًا أو في بعض الأحيان نتيجة حدوث نقلةٍ ثقافية. ولقد وفّر التعليم الحديث تعليمًا موحّدًا لجميع السكان؛ أي إن الامتيازات التي كانت حصرًا على أبناء طبقة معروفة صارت الآن متاحةً لشرائح اجتماعيةٍ أخرى.

وكان الأطفال يتفاعلون ويحتكون مع أبناء أحيائهم عوضًا عن أبناء قبيلتهم، فكانت ألعابهم مختلفة، وكانوا يشاهدون الأفلام، ويتردّدون على دور السينما. وكان بعضهم يزورون النوادي الليلية، ويدخّنون، ويشربون الكحوليات، ويعاشرون

(292) عن تشكل النخبة الحديثة، انظر: Abdullahi, *Tribalism*, 62-75.

(293) Lewis, *A History*, 144.

النساء خارج إطار الزوجية. وكانوا يلبسون ثيابًا أوروبية، ويقرأون كتبًا ومجلاتٍ أوروبية، ويأكلون أطعمةً أوروبية. فبدأت عملية التثاقف هذه بتحويل الجيل الصومالي الحضري الذي تم تحفيزه لمحاكاة عادات الشعب الأبيض الأوروبي المهيمن.

وطفت على السطح ثقافةٌ مدنيةٌ مهجّنة وحركةٌ اجتماعيةٌ مضطردة بعد الاستقلال عام 1960 في ظل هجرة سكان المناطق البدوية إلى المدينة كانت نتيجة تمازج الثقافة الصومالية البدوية مع ثقافة متمدنّةٍ تشرّبت القيم الأوروبية. ويبدو أن النخب القومية وجدت نفسها على مفترق طرقٍ خلال هذه السنوات بين رؤاهم الشعبية الأصلية والقيم النخبوية التي برزت، بين تعليمٍ دينيٍّ محافظ وتعليم ليبراليٍّ حداثي، بين الاعتماد على العشيرة والاعتماد على الذات في ظل حياة المدينة. وتأجّجت حالةٌ من النقم في صدور العلماء على هذه الثقافة الغربية المتنامية التي كان لها أثرها على الحياة الاجتماعية.

وقد فشلت النخب الحديثة في تجاوز الانقسامات والتبعيات التقليدية على المشهد السياسي؛ فبقيت الأحزاب السياسية في الخمسينيات تقوم على الانقسامات العشائرية، باستثناء رابطة الشباب الصومالي الذين كانوا ينادون بقيم وأفكارٍ قومية[294]. وكانت الأحزاب السياسية الرئيسية في أرض الصومال الإيطالية في الخمسينيات هي: رابطة الشباب الصومالي (SYL)، وحزب ديجيل

(294) كانت رابطة الشباب الصومالي حزبًا قوميًّا، ولكن كان معظم أعضائه من عشيرتي دارود (50%) وهوية (.(30% هذه الإحصائية لا تمتلك مرجع علمي صحيح، إنها مجرد خيال لإي .إم .ليس .كان من الواضح أن عشيرة هوية كانت الأغلبية في حزب الشباب الصومالي خلال فترة النضال من أجل الاستقلال والحكومة الأولى التي أُنشئت في عام .١٩٥٦ فلم يستطع الحزب تجنيد أعضاءٍ له من عشائر كبيرةٍ أخرى، مثل: ديجيل وميريفل، وقد شكّلت هاتان العشيرتان حزبهما الخاص (.(HDMSانظر:
Lewis, *A History,* 146

وميرفيل (HDM)، والاتحاد الصومالي الوطني (SNU)، وعصبة الصومال الكبير (GSL)، وحزب الشبيبة الصومالي الليبرالي (PLGS)[295]. وكانت الأحزاب الرئيسية، خلال الفترة نفسها، في أرض الصومال البريطانية هي العصبة الصومالية القومية (SNL)، والحزب الصومالي الموحّد (USP)، والجبهة الوطنية الموحّدة (NUF)[296].

وحاربت كل هذه الأحزاب العشائرية، وكانت تحاول تقييضها في كل مناسبة. وكانت هذه الأحزاب تحاول أن تتحدّث بلغة الحداثة، مناديةً بأيدولوجيا قومية تذمّ العشائرية وتنادي بإقصائها. ولكن في النهاية كانت العشائرية السياسية تتسيّد المشهد دونما أي رادعٍ أو منافس، فلم تكن هناك أي طريقةٍ للوصول إلى مناصب سياسية في البرلمان أو في الحكومة إلا عبر النجاح في اختبار العشائرية السياسية المتشعّب. وكانت العشائرية السياسية هي المكان الوحيد الذي يقوم فيه الجميع بحشد عشيرته للتصويت له في دائرته الانتخابية. وتشكّلت أسس الثقافة السياسية الصومالية خلال السنوات الأولى من التجربة السياسية في الخمسينيات[297]،

(295) شاركت هذه الأحزاب الخمسة في الانتخابات البلدية والانتخابات العامة التي أقيمت عام 1954، وعام 1958، وعام .1959 وفاز حزب رابطة الشباب الصومالي بأغلبيةٍ ساحقة في هذه الانتخابات، فيما نُظر لحزب HDMS على أنه الحزب الثاني المعارض في البلاد .للحصول على تفاصيل أداء هذه الأحزاب في هذه الانتخابات، انظر: .Touval, *Somali Nationalism*, 88

(296) تشكّل حزب العصبة الصومالية القومية عام 1951، وكان ينادي بنفس البرنامج القومي لحزب رابطة الشباب الصومالي ، وانبثقت الجبهة الوطنية الموحّدة (NUF) مع طفو قضية الهاود، حينما تمّ إعطاء أراض صومالية لأثيوبيا، لتكون منصةً ميسّرةً ومشتركةً لجميع الأحزاب والمنظّمات، ولكن تطوّرت الجبهة لتصبح حزبًا سياسيًا منفصلاً له أجندةٌ قوميةٌ قوية .وتأسّس الحزب الصومالي الموحّد عام 1960، وجذب بعضًا من الأعضاء السابقين في عصبة الشبيبة الصومالية في أرض الصومال البريطانية .انظر: .Touval, *Somali Nationalism,* 104-108

(297) لمزيد من التفاصيل عن العشائرية السياسية، انظر:

Aweys Osman Haji and Abdiwahid Osman Haji, *Clan, sub-clan and regional representation 1960-1990: Statistical Data and findings* (Washington D.C., 1998).

وكانت هذه الثقافة متجذرة في جزءٍ منها داخل النظام السياسي، وتفرّعت، جزئيًّا أيضًا، من الثقافة الصومالية التقليدية.

ويمكن تلخيص هذه الثقافة السياسية في النقاط التالية: حتمية وضرورة التبعية العشائرية، وسلوكيات المحاباة التي تنجم عن ذلك، وتعميم السياسية في سبيل الكسب الاقتصادي، وشيوع التزوير والاحتيال والعنف كوسائل سياسية، والتخبط والتبعية للحماية الأجنبية. وتقود هذه الثقافة السياسية المتخبطة التي ترتكز على الارتباطات العشائرية والمصالح الشخصية إلى تشكيل ولاءاتٍ راسخة وشراهة شخصية. ولا يمكن وضع حدٍّ لها سوى بالقفز فوق الحدود القومية والسعي لإيجاد رعاةٍ أجانب. ونتيجة ذلك، طفت على السطح ظاهرة عشائريةٍ سياسيةٍ جديد في ظل التمدن داخل النخبة الصومالية الحديثة خلال سنوات النشاط السياسي الأولى في الخمسينيات. وتمايزت هذه الظاهرة من النظام العشائري التقليدي في ظلّ المناخ البيئي ونمط الحياة القائم على معيشة الكفاف والجماعية.

وصارت بهذا العشائرية السياسية صورةً من صور التعاون والاحتكاك الجماعي بين أبناء العشائر الذين يقيمون في المدن بتطورها داخل الوسط المدني، كاستمراريةٍ لشبكات العوائل الممتدة. فتعاون وتآلف أبناء العشائر على مساعدة المهاجرين الجدد من الريف وأبناء مجتمعهم المحتاجين، مع تنظيم فعاليات زواج وجنائز. ولقد خلق أبناء العشائر شبكاتٍ تنظيميةٍ غير رسمية، لها ممثّلون معترفٌ بهم في المدن، فاستطاعت العشائر بهذه الطريقة أن تصون شبكاتها العشائرية في وسط الحضر عن طريق إعادة تنظيم أنفسهم والتعاون

وأيضًا:
Maryan Arif Qasim, *Clan versus Nation* (Sharjah: UAE, 2002).

مع العشائر الموجودة في مناطقهم الأصلية، ولكن تشكّل وعي سياسيٍّ محدّد لهذه الشبكات بصورةٍ تدريجية؛ وهو ما أدّى إلى مقارنة الدور السياسي لأعضائها من أبناء العشائر مع غيرهم من أبناء العشائر الأخرى. فكان زعماء العشائر يحرصون على دراسة وظائف أبناء العشيرة وجودة وضعهم الاقتصادي ودورهم السياسي.

وكان تسجيل أفراد العشيرة في مستوطنهم الجديد في المدن أمرًا مهمًّا جدًّا لحساب المساهمات الاجتماعية، وكان ذلك يُسمّى "بالقاران"، ويتبين لنا إذًا أن هذه الشبكات كانت تعمل بفعاليةٍ عالية، وكان كلٌّ منها يسعى للحصول على الامتيازات وتطوير شبكاته المجتمعية المحدّدة. وكانت النخب السياسية التي تسعى لدخول غمار الانتخابات في دوائر مناطقهم حريصةً على استغلال هذه المنظّمات الشبكية العشائرية، وهكذا تم تسييس العشائر إلى درجةٍ كبيرة، كما أن النظام الانتخابي الذي وضعه الإيطاليون عزّز هيمنة العشائرية السياسية وأضعف الأجندة القومية، ويستشهد تريبودي بكتابات ماريو ديأنتونيو (Maro d'Atonio) في نقده للنظام الانتخابي الصومالي؛ حيث يقول:

«كان السير بخطى حذرةٍ أمرًا ضروريًا على طريق رسم تدابير مبتكرة راديكالية، حتى في ظروفٍ كهذه، فيجب الموافقة بين نزعتين تنطويان على بنيةٍ اجتماعية مختلفة، وأسلوب حياةٍ مختلفة، وعقليةٍ مختلفةٍ في الصومال. فهناك الصومال القديمة، والصومال القبلية، والتقليدية، والبدوية، والمرتبطة ارتباطًا وثيقًا بالماضي والعرق والدين. وهناك على طرف النقيض، صومالٌ حديثةٌ، لها شعب عامل في مدنها وقراها الصغيرة، والتي أسّست بلدياتٍ انتخابيةً منظّمة في أحزابٍ سياسيةٍ متنوّعة، وتكيّفت سريعًا مع أسلوب حياةٍ حديث وتبنت بعض التقنيات

المنتجة التي جاء بها الغرب»(298).

ولم تحصل هذه الموافقات على النحو المؤسسي، إلا أن النظام العشائري التقليدي من جهة والأحزاب السياسية من جهة أخرى كانا يستوعبان بعضهم بعضًا، وكانت العشائرية السياسية تضرب جذورًا عميقةً في أنساق النخبة الجديدة، بعيدًا عن الخطاب القومي. وعلى صعيدٍ آخر، كانت النخب الحديثة تدفع باتجاه مواجهة ما اعتبروه أخطر تهديدٍ على القومية: التأثير الخبيث للعشائرية السياسية أو «سرطان الدولة الصومالية»(299)، وعوضًا عن محاولة إيجاد صورة تصالحٍ أو تفاهم. فحاولت النخب الحديثة تطبيق ثلاثة وسائل، رغم أن أيًا منها لم يأتِ بأي نتيجة. كانت أولى هذه الوسائل التمثيل النسبي للعشائر في الحكومة، والمناصب، والخدمة العامة، على أمل إيجاد مجتمعٍ متوازن تكون فيه لجميع المواطنين نسبة بالاعتماد على التفاوت العشائري، ولكن صيانة هذا التوازن لم تكن أمرًا سهلاً على أرض الواقع؛ فحظيت بعض العشائر بفرصٍ اقتصاديةٍ وتعليميةٍ أفضل، واستغلت هذه الامتيازات وحصلت على مناصب حكوميةٍ مهمة، خلقت هذه المشكلةً حالةً من الحنق لدى العشائر المهمّشة.

وكانت الوسيلة الثانية هي تبجيل القومية الصومالية، وقدح العشائر والعشائرية ورفضها وبموقفهم هذا، اعتقد القوميون أن استئصال العشائرية سيكون أسهل، كلما كان الحديث أقلّ عنها، وقد كان، فانهال المديح والتبجيل على القومية في الأوساط الإعلامية العامة، وعبر الأغاني والأشعار، فيما عُدت العشائرية هي التحدي والمرض القومي الأعظم. أما الطريقة الثالثة، فقضت بأن العشائرية

(298) Tripodi, *The Colonial Legacy*, 77-78.

(299) Abdalla Omar Mansur", Contrary to a Nation: The Cancer of the Somali State", in Jimale (ed.), *The Invention of Somalia* (Lawrenceville: The Red Sea Press, 1995), 107- 116.

يجب أن يتم التعامل معها عبر القوى التشريعية والقوانين التي توضع للحدّ من تأثير العشائرية. وكانت الغاية من هذه القوانين هي تقليل سلطة شيوخ العشائر وتقليل انعزالية العشائر، واقتضى هذا التشريع حظر استخدام اسم العشيرة، بل إن النظام العسكري الذي قام عام 1969 أخذ منحًى أكثر راديكالية بحلّ نظام الدية (تعويض ما يُسفّك من الدم بدفع مبلغ مالي يتكفّل به أبناء العشيرة بصورةٍ جماعية)، وأعاد تسمية شيوخ العشائر، ودشّن نظام تأمينٍ للمركبات ليحلَّ محل نظام الدية الجماعي في الأوساط الحضرية. وترتّب على ذلك أن التأمين يتكفّل بدفع الأضرار في حال وقوع حادثٍ بدلاً من العشيرة.

وعمدت النخبة الحديثة إلى دفن صورة العشائرية بعيدًا عن الذاكرة العامة تحت ظلّ النظام العسكري باستخدام دعاية اشتراكية، وصار التخلص من آفة العشائرية برنامجًا ذا أولوية سُميّ *Dabar – goynta qabyaaladda*، ويعني «إقصاء العشائرية»، ولكن لم تُؤتِ أيٌّ من هذه الوسائل ثمارًا ملموسة. ورأى العلماء، من زاويةٍ أخرى أنه يمكن تلطيف أثر الانقسام العشائري دون التخلص منه، وآمنوا بأنه يمكن توحيد الشعب الصومالي، ولكن لابدّ من إحياء قيم الإسلام المتمثّلة بالإخوة والتكافل، وهي دعوة لاقت صدىً تاريخيًا في ممارسات جماعات الطرق الصوفية. وانطلقت النخب الإسلاموية من هذا المنظور لرسم أجندة مختلفة للصومال. ولكن كان يجب اعتماد تغييراتٍ بنيوية للقوانين الانتخابية ونظام الأحزاب السياسية من شأنها إضعاف العشائرية السياسية وتجفيف عيون بيئتها السامة، إلى جانب رفع القيم الإسلامية والقومية.

صحوة النخب الإسلاموية

تطوّرت النخبة الإسلاموية الحديثة عبر قناتين، كانت أولاهما التعليم الرسمي

في المدارس العربية/ الإسلامية لما حظي بعض خريجي هذه المدارس بفرصة إكمال تحصيلهم العلمي في مؤسّسات تعليم عليا في بلدانٍ عربيةٍ مختلفة، مثل: مصر، والسودان، وسوريا، والعراق، والمملكة العربية السعودية. ولكن هذا لم يعني أن هؤلاء الطلاب تشرّبوا بصورةٍ تلقائيةً الأجندة الإسلاموية ، فمعظم مؤسّسات التعليم العالي في الدول العربية قد مرّت بمرحلة علمنة تحت ظلّ الحقبة الاستعمارية وما تلاها من حركاتٍ عربيةٍ قومية، إلا أن طلاب المدارس العربية تشبّعوا بالثقافة الإسلامية/ العربية، وصار بعضهم على درايةٍ بالتوجهات الإسلاموية الجديدة في العالم الإسلامي، سواء كان ذلك بالتواصل المباشر معها، أو بقراءة أدبياتٍ منشورة.

أما القناة الثانية، فكانت عبر أولئك الذين سافروا إلى خارج الصومال بعد تلقي العلوم الاسلامية بالطرق التقليدية في الصومال؛ لينضموا إلى مؤسّسات تعليمٍ عالٍ. وتواصل هؤلاء مع علماء وطلابٍ مسلمين من شتى بلاد الإسلام التي شهدت قيام حركات نهضةٍ إسلامية. وسُميّ هؤلاء فيما بعد «العلماء الإنتقاليين»، وجاءت التسمية من عمل هؤلاء على سدّ الفجوة بين التعليم الإسلامي التقليدي والتعليم الإسلامي الحديث. وقد صار هؤلاء العلماء رواد الحركات الإسلاموية الحديثة في الصومال. ومن أبرزهم: الشيخ علي صوفي، وسيد أحمد شيخ موسى، والشيخ عبد القني شيخ أحمد، والشيخ نور علي عولو، والشيخ محمد أحمد نور (غريرى)، والشيخ محمد معلم حسن، والشيخ عبدالله معلم، والشيخ عبدالرحمن حسين سمتر، والشيخ علي إسماعيل، والشيخ إبراهيم حاشي، وشريف محمد، وغيرهم.

وقد بدأ تهميش النخب الإسلاموية بحرمانهم من التساوي في فرص العمل، فلم يكن ـ على سبيل المثال ـ بمقدور خريجي المدارس الثانوية والجامعات

العربية التنافس على الوظائف المحلية مع خريجي المدارس الحكومية، وغيرها من المدارس غير الحكومية بسبب عائق اللغة، فبقيت اللغة الإدارية في الصومال هي الإيطالية أو الإنجليزية، إلى أن تم صكّ اللغة الصومالية المكتوبة عام 1972. كما كانت المدارس الثانوية العربية محدودةً في نطاقها، وكانت تقدّم شهاداتٍ ثانويةٍ عامة في الفنون والعلوم، فيما ركّزت مدارس الأزهر على علوم الفقه واللغة العربية، فيما كانت المدرستان الثانويتان الإيطاليتان في مقديشو تقدّمان شهاداتٍ ثانويةٍ علميةٍ عامة، وشهاداتٍ فنيةٍ متخصّصةً أيضًا[300].

واستهدف التعليم التقني توفير قوًى عاملة مدرّبة للعمل في الخدمات الحكومية المدنية والشركات الخاصة. وقدّمت هذه المدارس تخصصاتٍ في مجالات المحاسبة، والإدارة، والتدريب التقني على الهندسة المدنية. وهكذا لم يستطع التعليم العربي التنافس مع السوق المحلي، سواء على النطاق اللغوي أو التأهيلي؛ ولهذا كانت فرص العمل المتاحة لخريجي المدارس والجامعات العربية هي القضاء أو تدريس اللغة العربية والإسلام برواتب زهيدة، أو الالتحاق بالجيش.

خلقت هذه اللامساواة البنيوية تشعبًا في أنساق النخب في ظلّ تنوع المناهج واللغات؛ فكان التمييز بحق النخب التي درست باللغة العربية ـ فيما كان يفترض أن يكون فرص عمل متساويةً لجميع المواطنين ـ عاملاً أجبر كثيرًا من هؤلاء النخب بالتفكير بطرقٍ بديلة أو تغيير النظام. فكان طلاب علوم الإسلام يرون زملاءهم الذين تخرّجوا في مدارسٍ إيطاليةٍ وإنجليزية يحصلون على فرصٍ

---

(300) كانت هاتان المدرستان هما "Ligeo Scientifico"و"Scola Regioniria and Giometiro" وكان المتخرّجون من هذه المدارس يتمتّعون بفرص عالية للحصول على الوظائف. أحمد علي علسو في مقابلةٍ مع المؤلف بتاريخ 20 يونيو 2009 في العاصمة الكينية نيروبي.

أفضل، بل يُبعثون أيضًا إلى الولايات المتحدة الأمريكية، أو يحصلون على رواتب أعلى في مؤسّساتٍ حكومية. فأدرك الطلاب الذين يدرسون باللغة العربية أن الفرص المتساوية التي يمكن لهم الحصول عليها ستكون فقط إما بالانضمام إلى الجيش أو البحث عن منح في بلدانٍ اشتراكيةٍ، مثل: الاتحاد السوفييتي، وألمانيا الشرقية، والصين. فكان جميع الصوماليين متساوين في هذه البلدان؛ حيث إن عليهم جميعًا تعلم لغةٍ جديدة. وكانت الاستثناءات هي المنح المدنية والضباط المتدرّبين الذين يتم إرسالهم إلى إيطاليا، والذين يُشترط فيهم أن يكونوا قد تخرّجوا في مدارس إيطالية. وفي المقابل، كان يجب على المستفيدين من المنح المدنية والضباط المتدرّبين الذين يُرسلون إلى مصر، وسوريا، والعراق أن يكونوا ملمّين باللغة العربية.

وقد خلق توجه إرسال الصوماليين الشباب إلى بلدانٍ شرقيةٍ وغربيةٍ تحكمها أيدولوجياتٌ اشتراكيةٌ أو رأسماليةٌ حالةً من الانفصام الثقافي والأيدولوجي مع مرور الزمن على أوتار حمى الحرب الباردة، فلم يستطع عددٌ كبيرٌ من الصوماليين المحترفين الذين تخرّجوا في العديد من الجامعات من مختلف دول العالم أن يحصلوا على وظائف إبان عودتهم إلى بلادهم. وقد كانت هذه البطالة نتيجة الفساد والمحاباة التي نهشت جسد الحكومة؛ فكان لابد على كل من يريد الحصول على وظيفةٍ جيدة أو ترقية ميسرة، في ظلّ هذه الحال، أن يتمتّع بوجاهةٍ عشائريةٍ تشدّ من عضده، أو أن يكون هناك قادةٌ سياسيون نافذون يقومون بتزكيته. وقد خلقت هذه الأوضاع العديد من التوترات التي حتّمت إحداث تغييرٍ في النظام. ولم يكن أمام والعلماء ، بمواردهم وقدراتهم الهزيلة، سوى أن ينادوا بإحياء الثقافة الإسلامية واحترام اللغة العربية.

هذا، وبلورت تشعبات النخب وتطوراتها في الصومال أربعة أنواعٍ من النخب؛

فكانت هناك النخب التقليدية التي تتألّف من شيوخ العشائر والعلماء التقليدين، والنخب الحديثة التي تتألّف من غير الإسلامويين المتأثّرين بالغرب، والإسلامويين. وكانت النخب الحديثة ذات هيكل معقد إلى حدٍّ كبير، وكان ذلك نتيجة التعليم الحديث بصورةٍ رئيسية. ومثلت ديناميكيات الإسلام (التقليدي والحديث)، والعشيرة (التي مثّلها الشيوخ)، والدولة (التي مثّلتها النخب غير الإسلاموية المتأثّرة بالغرب) أكبر قضيةٍ تقضّ مضجع الصومال.

ولقد كانت العلاقات بين النخب التقليدية وديةً وتعاونية؛ فكان هؤلاء يسعون إلى صيانة تماسك المجتمع، فيما كانت العلاقة بين غير الإسلامويين المتأثّرين بالغرب والإسلامويين علاقة عداوة بسبب المواقف المختلفة التي تبنّاها كلٌّ من هاتين الكتلتين بخصوص طبيعة الدولة، فكانت النخب غير الإسلاموية المتأثّرة بالغرب، ممن ورثوا دولة ما بعد الاستعمار، قد حزموا أمرهم على صيانة علمنة الدولة. أما الإسلاميون، فكانوا ينادون بضراوة بأسلمة الدولة[301]. وسحبت النخب غير الإسلاموية المتأثّرة بالغرب قدرة الاختيار من المواطنين عبر العملية الديمقراطية، التي كان يفترض أن تكون الحلّ السلمي لهذا النزاع، بدعم من القوى الغربية، وكان نتيجة ذلك تولّد التطرف وسدّ آفاق الإسلاموية المعتدلة بصورةٍ عامة.

الخلاصة

يلقي هذا الفصل نظرةً تاريخيةً عامة على إعادة تركيب المجتمع الصومالي

(301) صمّم مؤلّف هذا الكتاب الرسم البياني للكتلتين من النخب الصومالية وعلاقاتهما .انظر: Abdurahman Abdullahi, "Tribalism, Nationalism and Islam: The crisis of the political Loyalties in Somalia." (MA thesis, Islamic Institute, McGill University, 1992), 92-101.

من حقبة ما قبل الاستعمار. وكان هناك عاملان رئيسيان للتغيير؛ هما الطرق الصوفية وتجلياتهما الإسلامية، وقوى الاستعمار المختلفة ورؤاهم الحداثية. وقد أرست الطرق الصوفية الأسس الحضارية في الصومال عبر تطوير أسلوب الحياة من رعوي بدوي إلى مجتمعاتٍ مستقرة، وتأسيس مراكز حضرية، وتقديم وسائل زراعية تعاونية. كما أسّست الطرق الصوفية مجتمعاتٍ منظّمة بنظامٍ عشائريٍّ عمومي تحكمه مبادئ الإسلام، ولهم أن يتبعوا الشيوخ الذين يختارون. كما أسّست الطرق الصوفية مراكز لنشر الإسلام يقصدها طلاب العلم الشرعي، ويحصل هؤلاء على منحٍ مجتمعيةٍ مجانية.

ولم يحرص علماء الصوفية، إلى جانب كل هذه المنجزات السابق ذكرها، على تحدي سلطة شيوخ العشائر، ولكن تعاونوا معهم لخلق مجتمعٍ متناغم، فكان شيوخ الصوفية على دراية واعية جدًّا بثقافة المجتمعات، وعمدوا إلى السعي لتحقيق أهدافهم بنشر الإسلام بطرقٍ متطوّرة.

وكان العامل الثاني في إعادة تركيب المجتمع الصومالي هو الاستعمار، والذي قدّمه المستعمرون على أنه رمزٌ للرقي، والعظمة، والفرص الاقتصادية. فصدّر المستعمرون قيمهم السياسية، والاجتماعية، والاقتصادية للشعوب التي استعمروها عبر التثاقف والتعليم. ودفعت الصومال، على وجه التحديد، ثمن موقعها الاستراتيجي؛ فجذبت طموحات عددٍ من القوى الاستعمارية التي قسّمت الشعب الصومالي إلى أربع قوىً استعمارية. وعمّقت هذه الصورة الاستعمارية الانقسامات الاجتماعية الموجودة أصلاً (العشائر المتفككة) إلى صورةٍ أكثر تشتتًا (التقسيم الاستعماري للصومال إلى خمسة أجزاء). ودقّ شعب الصومال المنقسم أبواب القرن العشرين منهكًا من هذا التفكك المزدوج، ومرّت على الصومال أنظمةٌ ثقافيةٌ وإداريةٌ مختلفة، وكانت ردة الفعل الصومالية هي المقاومة

العفوية، إلا أن تيارات المقاومة انتظمت بصورةٍ أفضل مع مرور الوقت تحت قيادة الطرق الصوفية.

نجحت القوى الاستعمارية أخيرًا في السيطرة على الصومال عام 1927 بعد إزهاق آخر جيوب المقاومة، وبدأ صراعٌ جديدٌ عام 1943 عندما تأسّست نادي الشباب الصومالي ، وبدأت توجهاتٌ سياسيةٌ أكثر بالظهور بتأسيس المزيد من الأحزاب السياسية بحلول العام 1947. وشجّع الحكم البريطاني العسكري على التنمية السياسية والتعليم بعد أن كانا محظورين تحت الحكم الفاشي، واستمر الحال على ذلك بعد عودة الانتداب الإيطالي على الصومال تحت وصاية الأمم المتحدة عام 1950. وتحسّن التعليم، في ظلّ موارد ماليةٍ محدودة، وتم إعداد النخب الصومالية على عجالة لإدارة مؤسّسات الدولة الحديثة. وكانت هناك عملياتٌ مشابهةٌ وموازيةٌ تحدث في أرض الصومال البريطانية، رغم أنها كانت على نطاقٍ أضيق. وانتشرت في تلك الفترة العشائرية السياسية بفضل نظام الحكم، والقوانين الانتخابية، ونظام الأحزاب السياسية في ظلّ وجود خطاباتٍ مفرغةٍ من الروح تنادي بمحاربة العشائرية السياسية.

بدأت النخب السياسية بمحاكات القيم الثقافية التي صدّرتها القوى الاستعمارية بعد حصول الصومال على الاستقلال عام 1960 لتحلّ محل ثقافة الحكم الرشيد. ونهضت كتلتان نخبويتان بعد تهميشهما في السنوات الأولى من الاستقلال، وهما الاشتراكيون والإسلاميون الجدد. وارتكزت جمهورية الصومال على القومية في سعيها لتهميش كلٍّ من الإسلام والعشيرة؛ أملاً في خلق حالة مثالية من الوحدة. وكانت النتيجة هي إضعاف المجتمعات الصومالية المتناغمة، التي كان شيوخ العشائر والعلماء يعملون فيها يدًا واحدة. وركزّت التنمية الإسلامية الحديثة على محاربة الابتداع في الإسلام بتوجيه أنظارها إلى فتح جبهةٍ مع الطرق الصوفية،

وأنهى ذلك التعاون التاريخي بين والعلماء وشيوخ العشائر.

وأخيرًا، همّشت النخب الصومالية المتأثّرة بالغرب ــ وهم الذين نادوا بالقومية والحداثة وقدحوا بالإسلام والعشيرة ــ همشت القادة التقليديين. ويتجلى لنا أن الأيدولوجيات المستوردة التي استخدمت لبناء الدولة، والتأويلات المتطرّفة للإسلام، وتسييس العشائر الذي مهّدت له قوى الاستعمار، كل ذلك قد مزّق المجتمع الصومالي المتجانس. وفي المحصلة، ستستمر الأزمة والآلام إن لم يتمّ تلطيف هذه الأيدولوجيات.

الفصل الرابع

نهوض القومية الصومالية وسقوطها

نهوض القومية الصومالية وسقوطها: البحث عن الوحدة بين الاعتدال والتطرف

كانت شبه الجزيرة الصومالية نواةً لعددٍ من الحضارات القديمة التي طوّرت سلاطين خلال الحقبة الإسلامية الوسطى. ولكن عُرفت الصومال قبل الاستعمار بأنها مقسّمةً إلى سلطناتٍ بدويةٍ ودويلات منفصلة بالمدن. وكان المناخ العام لهذه الفترة متسمًا بدور السلطة الروحية للطرق الصوفية، وتلت ذلك سيطرة القوى الاستعمارية المتعددة التي بدأت بالتوافد في نهايات القرن التاسع عشر. وأعاد هذان العاملان تركيب وصياغة المجتمع الصومالي، وينطبق ذلك بصورةٍ خاصة على الاستعمار الذي أسّس نظام حكمٍ جديد.

وقد مرّ عددٌ من القوى الاستعمارية المتتابعة على الجنوب الصومالي من الفترة التكوينية للحكم الإيطالي، والحكم الفاشي الإيطالي (1941 ـ 1923) بسياساته القاسية ومشاريعه الطموحة، والحكم البريطاني العسكري (ـ 1941 1950)، ومن ثم الانتداب الإيطالي تحت وصاية الأمم المتحدة (1960 ـ 1950). وكانت وتيرة التغيير وتيرةً متسارعةً ومضطربة، فشهدت الصومال تغيير نظام الحكم ثلاث مرات في ظرف 27 سنة؛ وهو ما كان له أثرٌ لم يقتصر فقط على

الجهاز الإداري، بل أيضًا على أسلوب الحكم، واللغة الإدارية، والنظام القانوني.

كذلك شارك الشعب الصومالي في خمسة حروبٍ كبرى خلال 45 عامًا؛ هي حركات جهاد الدراويش (1920 ـ 1900)[302]، والحرب الإيطالية ـ التركية (1912 ـ 1911)[303]، والحرب العالمية الأولى (1918 ـ 1914)[304]، والحرب الإيطالية ـ الأثيوبية (1936 ـ 1935)[305]، والحرب العالمية الثانية (ـ 1941 1945)[306]. ورفعت هذه الأحداث مستوى الوعي السياسي الذي مهّد الطريق لنهوض القومية الصومالية الذي يُعدّ العامل الثالث في إعادة تركيب المجتمع الصومالي.

وترتكز أيدولوجية القومية على مزج الحياة العامة والخاصة في قالبٍ واحد

---

(302) أودت حركة مقاومة الدراويش بما يُقدّر بثلث سكان شمال الصومال .وهناك عددٌ من الأعمال الأكاديمية التي تناولت سيد محمد عبد الله حسن وحركة الدراويش .انظر :
Said Samatar, *Oral Poetry and Somali Nationalism: The Case of Mohamed Abdulle Hassan* (Cambridge University Press, 1982); Abdi Sheikh Abdi, Divine Madness: Mohamed Abdulle Hassan (1856-1920) (Zed Book, 1993); Aw Jama'a Omar Isse, Taariikhdii Daraawiishta iyo Sayid Moxamed Cabdulle Xassan (1895-1921) (Wasaaradda Hiddaha iyo Tacliinta Sare, Edited by Akademiyadda Dhaqanka, 1976).

(303) قاتل ما يزيد عن 1000صوماليٍّ من مقديشو مع الجنود الأريتريين والإيطاليين في الحرب الإيطالية ـ التركية .وعادت معظم المجموعات الصومالية المقاتلة إلى موطنها في عام 1935، ولا يُعرف عدد قتلاهم ومفقوديهم .انظر :
W. Mitchell, Journal of the Royal, 1997.

(304) Antony Beevor, *The Second World War* (Little, Brown and Company, 2014).

(305) David Nicole, *The Italian Invasion of Abyssinia 1935–1936* (Westminster, Maryland: Osprey, 1997).

(306) Anthony Adam Thwaite, *The Making of the Second World War* (New York: Routledge, 1992), and Angelo Del Boca, *Italiani in Africa Orientale: La caduta dell'Impero* (Roma- Bari: Laterza, 1986). Also, F. Marino, "Military Operations in the Italian East Africa, 1935–1941: Conquest and Defeat." A thesis submitted to the United States Marine Corps, Command and Staff College, 2009.

على أساس الفكرة القاضية بأن لكل شعبٍ الحق في تقرير مصيره وصياغة دولته القومية[307]. وارتبطت هذه الفكرة تاريخيًّا بالانتصارات التي حقّقتها الثورات الفرنسية والأمريكية في القرن الثامن عشر، قبل أن يصل صدى ذلك إلى أوروبا في القرن التاسع عشر، ومن ثم باقي دول العالم في القرن العشرين، لتبسط هذه الفكرة هيمنتها على العالم بأسره في القرن العشرين. وصارت هذه الأيدولوجيا هي الأيدولوجيا السياسية المهيمنة، وحرّضتها عوامل مختلفة في سياقات شعوبٍ مختلفة. وكانت حالة القومية الصومالية حالةً مشابهةً لحالات الشعوب التي وقعت تحت حكم الاستعمار في إفريقيا وآسيا؛ وهو ما نشّط هذه الفكرة بعد بدء برنامج إنهاء الاستعمار حول العالم[308].

وتم تبني فكرة إنهاء الاستعمار بصورةٍ رسمية في بيانٍ سياسيٍّ خلال اجتماعٍ جمع الرئيس الأمريكي فرانكلين روزفيلت (Franklin Roosevelt) ورئيس وزراء بريطانيا وينستون تشرشل (Winston Churchill) في الميثاق الأطلسي بتاريخ 14 أغسطس عام 1941م[309]. ويتألّف هذا الميثاق من ثمانية مبادئ، من بينها حقّ الشعوب الخاضعة للاستعمار في تقرير مصيرها، وتمّ إدماج هذه المبادئ في ميثاق الأمم المتحدة عام 1945، فتنصّ المادة 2) 1) من ميثاق الأمم المتحدة

(307) درس مؤلّف هذا الكتاب الكتب الثلاثة التالية التي تناولت القومية:
Hans Kohn, *The Idea of Nationalism: A Study in its Origins and Background* (New York: the Macmillan Company, 1956); Benedict Anderson, Imagined Communities: Reflections on the Origins and Spread of Nationalism (London: Veso, 1983); and Eric Hobsbawm, Nations, and Nationalism since 1780: Programme, Myth, Reality, *Second Edition* (Cambridge: Cambridge University Press, 1992).

(308) Assa Okoth, *A History of Africa: African Nationalism and the De-Colonialism Process* (East African Publisher, 2006).

(309) انظر: نص الميثاق الأطلسي.
Available from file:///C:/Users/Abdurahman/Downloads/Atlantic%20Charter.pdf (Accessed on January 23, 2017).

على أن إحدى غايات مؤسّسة الأمم المتحدة هي «إنماء العلاقات الودية بين الأمم على أساس احترام المبدأ الذي يقضي بالتساوي في الحقوق بين الشعوب، وبأن يكون لكل منها تقرير مصيرها، وكذلك اتخاذ التدابير الأخرى الملائمة لتعزيز السلم العام». وشكلّت هذه السياسة نقلةً نوعية في نظام العالم الجديد، وأرست الأسس لتحرير الشعوب المستعمَرة. وكان ذلك بفضل الرئيس روزفلت، الذي نادي بمبدأ تقرير المصير، بالرغم من ان هذا المبدأ لم يلقَ رواجًا في أوروبا التي كانت وقتها تُحكم قبضتها على معظم الشعوب المستعمَرة[310].

وبالنظر إلى سياق الصومال، فقد تأخّر نشوء الوعي السياسي والانعكاس المؤسسي للقومية في مستعمرات الصومال الإيطالية خلال الحقبة الفاشية (1923 ـ 1941)، والتي حُظِرَت فيها جميع الأنشطة الاجتماعية السياسية. ولكن تغيّر الوضع بعد هزيمة إيطاليا في الحرب العالمية الثانية في مسرح عمليات القرن الإفريقي عام 1941، وأحكم الحكم البريطاني العسكري سيطرته على الأراضي الصومالية، وكانت سياسته أكثر تسامحًا مع حرية التعبير والانتماءات[311].

وهكذا بدأت عملية تحرير الصومال من الاستعمار مع انبثاق أول حركةٍ قوميةٍ، وهي نادي الشباب الصومالي، بتاريخ 15 مايو 1943. واستغرق نهوض القومية الصومالية وعملية بناء الدولة والشعب وقتًا طويلاً، ولم يكن انهيارها أمرًا حدث فجأة، بل شهد ذلك العديد من التقلبات السلبية والإيجابية. وكانت

---

(310) Elizabeth Borgwardt, *A New Deal for the World* (Harvard University Press, 2007)

(311) Robert Patman, *The Soviet Union in the Horn of Africa: The Diplomacy of Intervention and Disengagement* (Cambridge: Cambridge University Press, 1990),34. Also, Cedric Barnes, "The Somali Youth League, Ethiopian Somalis and the Greater Somalia Idea, 1946-48." Journal of Eastern African Studies Vol. 1, No. 2, 277-291, 2007, 80.

كلتا العمليتين متقاطعتان حتى موعد السقوط الأخير، وانهيار النظام وانهيار الدولة.

وتحاول الصفحات التالية تناول تاريخ نهوض وسقوط القومية الصومالية وربطها البارز بين الدولة والشعب بالتجول بين المحطات التاريخية على خطّ نهوض وتشكيل النخب القومية. وتدرس أيضًا هذه الصفحات أداء النخب القومية في عملية بناء الدولة، والتعامل مع العشائرية السياسية ومشروع الصومال الكبير، ومن ثم يُختتم هذا الفصل بالخلاصة.

نهوض وسقوط القومية الصومالية (1991 -1943)

بدأت البذور الأولى لفكرة القومية الصومالية بالتبلور مع تشكيل منظّمات المجتمع المدني ، والتي تطوّر بعضٌ منها لاحقًا ليصبح أحزابًا سياسيةً قائمةً بحد ذاتها. وكانت هيئات هذه المنظّمات مختلفةً بالكلية على صعيد بنيتها ووظائفها عن المؤسّسات التقليدية كالنظام الديني الذي تمحور حول الطرق الصوفية ونظام العشائر، وهما النظامان الوحيدان اللذين أِلفهما الصوماليون قبل دخول الاستعمار. وبدأت العملية في أعقاب الهزيمة النهائية لمقاومة القادة الشعبيين التي تجلّت في أوضح صورها بقمع حركة الدراويش (1921)، وآخر سلطنة مجرتين المستقلة (1927)[312].

وكان تأسيس منظّمات المجتمع المدني هو ثمرة الانبثاق المبكّر للنخب الجديدة عبر التعليم الحديث، والاحتكاك بالشعوب المستعمَرة الأخرى، التي كانت هي أيضًا تصبو للحرية والاستقلال. وبدأت أولى منظّمات المجتمع

---

(312) Abdurahman Abdullahi, *The Islamic Movement in Somalia: A case Study of Islah Movement, 1950-2000* (London: Adonis & Abby, 2015), 79.

المدني في المناطق الواقعة تحت الانتداب البريطاني، بفضل قربها من عدن، وعلاقاتها التجارية، والحكم البريطاني المشترك الذي مكّن الصوماليين المغتربين من تأسيس أولى منظّمات المجتمع المدني، وهي الرابطة الإسلامية الصومالية (Somali Islamic Association) عام 1925. وكان مؤسّس هذه الحركة حاج فارح اومار، كما هو واضح من اسم المؤسّسة، متأثّرًا بالوعي الإسلامي الذي برز في هذا الوقت، فضلاً عن انحداره من عائلةٍ دينيةٍ تتبع الطريقة القادرية في بربرة(313). وتأسّست الرابطة الإسلامية الصومالية لتكون منصةً يعبّر فيها الناس عن استيائهم من «إهمال وسوء حكم» الإدارة البريطانية(314). وقد درس حاج فارح في كلٍّ من عدن والهند، وهناك تأثّر بالصحوة المبكّرة للعالم الإسلامي والصراع ضد الاستعمار الذي قاده مهاتما غاندي ومحمد علي جيناح في الهند؛ ليصبح حاج فارح رائد القادة القوميين الأوائل(315). وقد ظهر المزيد من منظّمات المجتمع المدني في السنوات التالية بصورةٍ تدريجية في المستعمرات البريطانية، ومنها المنظمة الخيرية (1930)، وعطية الرحمن (1935)، واتحاد المسؤولون الصوماليون (1935)، والرابطة الصومالية القومية (1936)(316). وانبثقت منظّمات

---

(313) Muse Eid, "What do you know about Haji Farah Oomar" (Somaliland young politicians, 2008). Available from http://somalilandyoungpolitician.blogspot.ca/2008/11/what-do-you-know-abouthajifarah.html (accessed on April 13, 2017).

(314) Abdi Samatar, *The State and Rural Transformation in Northern Somalia (1884-1986)* (University of Wisconsin, 1989), 49

(315) كان محمد علي جناح (1876–1948) زعيم رابطة مسلمي عموم الهند من عام 1913 حتى استقلال باكستان بتاريخ 14 أغسطس 1947. أما المهاتما غاندي (1869–1948)، فقد كان القائد الأبرز للحركة الهندية القومية، وعرف باستخدامه لأنشطة العصيان المدني السلمية.

(316) Abdurahman Abdullahi, "Non-State Actors in the Failed State of Somalia: Survey of the Civil Society Organizations in Somalia during the Civil War." Darasaat Ifriqiyayyah 31 (2004): 57-87, 65.

مشابهة في جنوب الصومال بعد هزيمة إيطاليا عام 1941؛ إذ كان الحكم الفاشي يحظر أي نوعٍ من هذه النشاطات في تلك المناطق قبل ذلك. وتضمّنت هذه المؤسّسات الجمعية الخيرية الوطنية (1942)، ونادي الشباب الصومالي (1943) [317]. وتحوّل بعض هذه المنظّمات لاحقًا إلى أحزابٍ سياسيةٍ قائمةٍ بذاتها بحلول عام 1947؛ فأعيدت تسمية نادي الشباب الصومالي ليصبح « رابطة الشباب الصومالي» ، وتحوّلت الجمعية الخيرية الوطنية إلى حزب ديجل ومرفلي (HDM).

وتمثّل الفرق بين هذين الحزبين في أن رابطة الشباب الصومالي كانت حزبًا قوميًّا، بينما كان الآخر حزبًا إقليميًّا خصوصيًّا اقتصر بصورةٍ رئيسيةٍ على من يتحدّثون بلهجة الماي، أحد تفرعات اللغة الصومالية. كما أن الحزبين آمنا برؤيةٍ مختلفةٍ لبنية الدولة الصومالية؛ فنادى حزب ديجل ومرفلي بنظامٍ فيدرالي، أما رابطة الشباب الصومالي فكانت تفضّل نظام حكمٍ مركزي. وفي المستعمرات البريطانية، تحوّلت الرابطة الصومالية القومية إلى العصبة الصومالية القومية (SNL) في عام 1948، وصار الحزب سلطة أمرٍ واقع. وانتشرت سياسة الأحزاب لتصبح النموذج الجديد؛ فتأسّس عددٌ من الأحزاب لأسبابٍ مختلفة وعبّرت هذه الأحزاب عن شعارات العشائر ومصالحها.

وبعد نهاية الحرب العالمية الثانية، طفى على السطح سؤال المستعمرات الإيطالية التي أصبح مصيرها مجهولاً، واقترحت بريطانيا عقد مؤتمرٍ يجمع القوى الأربع الكبرى في العالم (الولايات المتحدة الأمريكية، وبريطانيا، والاتحاد السوفييتي، وفرنسا) وعقد المؤتمر عام 1946، وكان اقتراح بريطانيا هو وضع

---

(317) Abdullahi, Non-State Actors, 82

الأراضي الصومالية تحت الحكم البريطاني العسكري[318]. ولاقت الخطة البريطانية لتوحيد الأراضي الصومالية ـ أيًّا كانت أهدافها الحقيقية ـ قبولاً واسعًا من الشعب الصومالي، وأشعل مقترح الوزير البريطاني إيرنست بيفن طموحات القوميين بتحويل حلم الصومال الكبير إلى واقعٍ على الأرض. ولكن تنكّرت القوى الكبرى الأخرى، الولايات المتحدة والاتحاد السوفييتي وفرنسا، لمقترح بريطانيا تنكرًا كاملاً لأسبابٍ مختلفة.

وعلى سبيل المثال، استجابت الولايات المتحدة للوبي الأثيوبي القوي وصوّتت لصالح أثيوبيا مقابل موافقة الأخيرة على إقامة قاعدةٍ عسكريةٍ في إريتريا (التي كانت جزءًا من أثيوبيا)[319]. ولو أن الأمور سارت وفقًا لخطة بيفين، لخسرت أثيوبيا الأراضي الصومالية التي سيطرت عليها خلال توسعها في الشرق في القرن التاسع عشر. وفي المقابل، كان الاتحاد السوفييتي يدعم عودة إيطاليا إلى الصومال للتأثير على فوز الأحزاب اليسارية في الانتخابات الإيطالية المقبلة. وكان السوفييت يتوّقعون فوز التحالف اليساري، الجبهة الديمقراطية الشعبية، في عام 1948، وبهذا تصبح إيطاليا حليفةً للسوفييت. وكانت فرنسا مهتمةً

(318) عن كيفية التعامل مع المستعمرات الإيطالية انظر:
S. Kelly, *Cold War in The Desert: Britain, the United States and Italian Colonies* (Macmillan Press Ltd, 2000).

(319) استولت بريطانيا على الراديو مرينا، مركز اتصالات إيطاليا في أريتريا، خلال الحرب العالمية الثانية .وتسلمت الولايات المتحدة خطَّ وصولٍ لها إلى القاعدة من البريطانيين في 1942. وأعلن الرئيس فرانكلن روزفيلت أن أثيوبيا تتمتّع بالأهلية للاستفادة من برنامج ليندـ ليس للمعونات العسكرية .وبدأ موقع اتصالات الولايات المتحدة بالعمل في 1943، وسُمّي لاحقًا محطة كاجنيو .انظر:
Getachew Metaferia, *Ethiopia and United States, History, Diplomacy and Analysis* (Algora Publishing, 2009), 49. Also, Jeffery Lafebvre, *Arms for the Horn: US Security Policy in Ethiopia and Somalia 1953-1991*(Pittsburgh: University of Pittsburgh Press, 1991), 55-58.

بمصير مستعمرة أرض الصومال الفرنسية (جيبوتي)، وكانت تعتقد بأن تدشين دولةٍ صوماليةٍ موحّدة تحت التأثير البريطاني سيؤدّي إلى وحدةٍ صوماليةٍ كاملة؛ وهو ما يهدّد نفوذها في جيبوتي[320].

وأحيلت القضية إلى الجمعية العامة للأمم المتحدة بعد ما يزيد عن أربع سنواتٍ من المفاوضات والخلافات بين القوى الأربعة الرئيسية في ظلّ مشهدٍ سياسي كانت تحكمه موازين الحرب الباردة في ذلك الوقت. وصوّتت الأمم المتحدة لصالح إعادة المستعمرات الصومالية إلى إيطاليا في 21 نوفمبر 1949، ولكن تحت وصايةٍ أممية[321]. وهكذا وقعت الصومال «ضحيةً لقرار الأمم المتحدة» ـ على حدّ تعبير السفير محمد عثمان[322].

لقد كان من الشناعة أن تكون الصومال هي المستعمرة الإيطالية السابقة الوحيدة التي عادت إلى قبضة إيطاليا، بينما رُسِم مصيرٌ مختلف للمستعمرتين الإيطاليتين الأخيرتين ليبيا وأريتريا. فحصلت ليبيا على الاستقلال بتاريخ 24 ديسمبر 1951، وكان ذلك بفضل مناصرةٍ قويةٍ من الجامعة العربية، في حين صارت أريتريا جزءًا من اتحادٍ فيدراليٍّ مع أثيوبيا؛ وهو ما خالف إرادة شعبها[323]. ووفقًا لتفويض الأمم المتحدة، كان يتعين على إيطاليا أن تحكم الأراضي

---

(320) لقراءة سردٍ مفصّلٍ لخطة بيفين للصومال الكبير والاجتماعات المختلفة التي عقدت حول مستقبل الصومال، انظُر:
Mohamed Osman Omar, *The Scramble in the Horn of Africa: History of Somalia (1927-1977)*, 500-526. Also, Tripodi, 92.

(321) S. Kelly, *Cold War in The Desert,* 110-131.

(322) Mohamed Osman Omar, *Somalia Past and Present* (Somali Publications Pvt. Ltd.),138.

(323) المصدر السابق، انظر أيضًا:
Ronald Bruce St John, *Libya and the United States, Two Centuries of Strife* (University of Pennsylvania Press,2002).

الصومالية، بحيث تحصل الصومال على استقلالٍ كاملٍ في 1960م[324].

ولم تملك إيطاليا سوى نافذة زمنية ضيقة لم تتجاوز عشرة أعوام في ظلّ ديمقراطيةٍ هشةٍ واقتصادٍ منهكٍ بعد خروجها مهزومةً من الحرب العالمية الثانية. وبالنظر إلى مجرى الأمور وقتها، يمكن القول: إن قرار الأمم المتحدة بوضع الصومال تحت الوصاية الإيطالية فيما سُميَّ بإقليم الصومال الإيطالي كان البذرة الأولى في بناء دولةٍ ضعيفةٍ تعاني من تبعيةٍ اقتصادية تمثّلت في صومالٍ مقسّم يقاسي ويلات صراعٍ وانقساماتٍ مع شعبه ومع جيرانه. لقد كانت هذه أيضًا فرصةً مهدرةً لإقامة مشروع الصومال الكبير، الذي طمح له شعب الصومال.

واتخذت الحركة القومية هيئتها المؤسّسية الأولى في 15 مايو 1943، عندما قام 13 شابًّا صوماليًّا من عشائر مختلفة بالاجتماع في مقديشو لإرساء الأسس الأولى لنادي الشباب الصومالي. ودعم الحكم البريطاني العسكري هذه الحركة، وحضّ الصوماليين الذين يعملون في خدمة الحكم البريطاني بالانضمام إلى هذه الحركة، وكان من بينهم مدنيون وعسكريون من الشرطة، والقضاة، والموظفين على النقيض من الحياد الذي يجب أن يلتزموا به بصفتهم يعملون في القطاع العام.

ووفقًا للبروفيسور سعيد سمتر والبروفيسور ديفيد لايتين، فإن توقيت انبثاق الحركة القومية الصومالية «يرجع إلى عددٍ من العوامل المعقّدة التي ساعدت في رعاية هذه العقلية الجديدة، منها: ذكرى المقاومة القومية لحركة الدراويش،

(324) Lawrence S. Finkelstein, "Somaliland Under Italian Administration: A case Study of in United Nation's Trusteeship" (Carnegie Endowment for International Peace, 1955). Available from https://archive.org/stream/somalilandunderi00fink/somalilandunderi00fink_djvu.txt (accessed on January 23, 2017).

وعملية التوحيد التي جرت أخيرًا مع وجود شبح انقسام آخر يحوم فوق البلاد، والإهانة العامة التي تجرّعتها القوى المستعمرة (أولاً البريطانيون ومن ثم الإيطاليون) الذين ظنّ الناس ـ حتى ذلك الوقت ـ أنهم لا يُقهَرون، وتطور التعليم والتعقيد الاقتصادي، وبروز نخبةٍ قوية الحجة واللسان، وقرار القوى الحاكمة الجديدة برفع الحظر عن الفضاء السياسي»[325].

ويُضيف البروفيسور ساديا توفال، الذي استفاض في دراسة القومية الصومالية، العوامل المشتركة التي وُجِدت أيضًا عند الشعوب الأخرى التي عاشت تحت الاستعمار، والتي تضمنّت تغيراتٍ اجتماعيةٍ واقتصادية، وتدشين مبادئ تقرير المصير، والمساواة، وحرية الشعوب[326]. كان هناك أيضًا ثلاثة عوامل خاصّةٍ بالصومال وفقًا لساديا توفال، أولها: نقمة الصوماليين على حكومات الاستعمار التي حكمت البلاد دون أن تهزم الصوماليين في معركةٍ من قبل. وكان أن وجد الصوماليون أنفسهم مكرهين ـ وهم الذين لم يألفوا قبل ذلك إدارة حكومةٍ مؤسّسية ـ على تحمل ضرائب باهظة والعمل القسري وسياساتٍ عرقية فرضها الحكم الفاشي تحديدًا[327]. كما عملت السلطة الاستعمارية بسياسة الاستيلاء

---

(325) David Laitin and Said Samatar, *Somalia: Nation in Search of a State* (Boulder: Westview, 1987), 63.

(326) Saadia Touval, *Somali Nationalism* (Harvard: Harvard University Press, 1963), 76-78. See also James Colman, "Nationalism in Tropical Africa", In *African Politics and Society*, (ed.) Irving Markovitz, (New York: The Free Press, 1970),153-178.

انظر أيضًا:

Abdi Sheikh-Abdi, Somali Nationalism: Its origin and Future. *The Journal of Modern African Studies, Vol. 15, 7 (1977), 657-665.*

(327) Touval, Somali Nationalism, 61

على الأراضي الزراعية؛ أي إنها تدخّلت فيما كان يُعدّ سابقًا سلطةً تقليدية[328]. ويُضاف إلى ذلك أن «المواجهة بين الصوماليين الرعاة والمستقلين وجدوا أنفسهم في مواجهة حكومةٍ منظّمة؛ وهو ما أدّى في النهاية إلى أحقادٍ وصراعات»[329].

وارتبط العامل الثاني بالعداء الديني للقوى الأوروبية وأثيوبيا؛ فتجسّد القوى الاستعمارية دين المسيحية، على النقيض من الصوماليين الذين كانوا مسلمين ملتزمين بتعاليم الإسلام. وبالطبع، لا يوجد مفهوم الفصل بين الدين والدولة في الإسلام؛ وهو ما جعل «قبول شعبٍ مسلمٍ لحكمٍ غير مسلم أمرًا صعبًا ومهينًا بصورةٍ لا تُطاق»[330]. وكان العامل الثالث هو «التحريض المدروس من حكوماتٍ متعدّدة» لتحقيق أهدافهم الاستراتيجية، فكانت الفاشية الإيطالية ـ على سبيل المثال ـ تطمح إلى تأسيس إمبراطوريةٍ إيطاليةٍ قويةٍ في شرق إفريقيا (Africa Orientale Italiano).

وصبّ الغزو الإيطالي على أثيوبيا في عام 1935 لصالح الصومال، فضمّت إيطاليا الأراضي الصومالية التي احتلتها أثيوبيا في السابق في الحكم الصومالي كجزءٍ من تصميمها للصومال العظيم «La Grande Somalia»، كما كان هناك مقترح وزير الخارجية البريطاني إيرنست بيفين في عام 1946، الذي كان يقول: إن مجلس العموم البريطاني بدأ «بالتفكير بصورةٍ واقعيةٍ بصومالٍ كبير»؛ وهو ما

(328) تزايد عدد الأراضي الزراعية المتنازل عنها للإيطاليين بصورةٍ لافتة، فقفز العدد من أربع أراضٍ في عام 1920 إلى 115 في عام 1933. وبحلول نهاية العام، كان الإيطاليون قد مُنِحوا 87487 هيكتارًا من الأراضي المختارة كان يتملكّها 1192 مالكًا مختلفًا، وجميعهم من غير الصوماليين الأصليين. انظر:
Abdullahi, *Tribalism, Nationalism and Islam*, 65.

(329) Touval, *Somali Nationalism*, 62.

(330) المصدر السابق.

أجّج آمال الصوماليين أكثر وأكثر[331].

ولقد لعبت مصر الثورة أيضًا دورًا مهمًّا في بثّ الأفكار القومية في الخمسينيات بتدشين نظام تعليميٍّ حديث يُدرّس باللغة العربية ويُولي فكرة القومية العربية اهتمامًا كبيرًا[332]. ومن المهم أيضًا الإشارة إلى أن القومية الصومالية انبثقت كفكرةٍ مضادةٍ للعشائرية السياسية؛ أملاً في الوصول إلى وحدةٍ وطنية. وقد نزعت القومية الصومالية إلى إضعاف وقمع الوعي العشائري واستبداله بوعيٍ قومي. وهكذا تشرّب الشعب الصومالي فكرة الهوية القومية، وأن يدين بالولاء حصرًا للدولة القومية. ولم يتنكّر القوميون الصوماليون للإسلام كدين، ولكن اختاروا تحييده سياسيًّا بالتناغم مع الأفكار العلمانية ووفقًا للأفكار الأولى للحداثة والدول القومية.

ولم تغب يومًا مشاعر التكافل والوعي بالهوية الشخصية من أذهان الصوماليين، إلا أن القومية الصومالية لم تنبثق إلى احتكاك الصومال بالاستعمار الأوروبي، وهكذا اعتمد قيام القومية على تقدّم العلم الحديث، والتقدم الاجتماعي الاقتصادي، والتنمية السياسية. من هنا، كان من المهم فهم التنمية التعليمية، والاقتصادية، والسياسية خلال السنوات العشر في إقليم الصومال الإيطالي لتتبع نمو القومية الاقتصادية. كما يدلّل التحليل المقارن للتنمية الاجتماعية الاقتصادية والسياسية بين أرض الصومال البريطانية وجنوب الصومال، المعروف بإقليم الصومال الإيطالي، على الأزمة التي تفاقمت بين الكتلتين بعد الاستقلال

---

(331) كان بيفن وزير الخارجية في بريطانيا في عام 1946، وكشف "بيفن عن مقترح لتوحيد الصوماليين تحت الحكم البريطاني في خطابٍ ألقاه أمام مجلس العموم بتاريخ 4 يونيو" 1946، انظر:

Saadia Touval, *Somali Nationalism,* 79.

(332) Abdullahi, *The Islamic Movement*, 105-113.

والتوحيد، فتطوّرت، خلال تلك الفترة، ثقافة النخب السياسية، وانخفض مستوى عجز التعليم والتبعية الاقتصادية في جمهورية الصومال. وسنلقي نظرةً على البيانات الإحصائية للتعليم الاستعماري، ومؤشّر التجارة، والخدمة العسكرية، والأحزاب السياسية والانتخابات في محاولةٍ لتبيّن هذه العوامل.

لقد كان قرار الحدّ من التعليم في جنوب الصومال قرارًا متعمّدًا خلال الحكم الفاشي؛ لأن الهدف الرئيسي من التعليم الاستعماري كان توفير تدريبٍ انتقائي يهدف فقط إلى خدمة الأسياد المستعمرين[333]. وبقيت هذه السياسة على حالها حتى فترة الوصاية (1960 ـ 1950) عندما فُتِحت أبوب التعليم المجاني لكل طفل، وزادت معدّلات الالتحاق بالمدارس بصورةٍ كبيرة. فمثلاً، لم يكن هناك سوى ستة مدارس أساسية تُديرها بعثات التبشير الكاثوليكي في الأراضي الصومالية قبل عام 1939، وكانت هذه المدارس تضمّ بصورةٍ رئيسية الأيتام واللقطاء[334]. ولكن ارتفع معدّل التحاق الأطفال بالمدارس من 1390 طالبًا في عام 1930 إلى 1776 طالبًا في عام 1939، وتُظهر دراسة مقارنة لنفقات المستعمرة في الفترتين (1936 ـ 1931) و(1940 ـ 1936) أن النفقات العسكرية قفزت من 39% من الصرف الكلي للمستعمرة إلى 55%، وانخفضت التنمية الاقتصادية إلى 2% من 3%، ولم يُخصّص سوى 1% من الميزانية لنصيب التعليم[335].

(333) Abdullahi, *Tribalism, Nationalism, and Islam*, 62.

(334) وصلت الكاثوليكية إلى الصومال في نهايات القرن التاسع عشر، وكان أتباعها هم من المهاجرين الإيطاليين وبعض العبيد السابقين المنحدرين من عرق البانتو الذين تحوّلوا إلى دين النصرانية .وبُنيت الكاتدرائية الكاثوليكية في مقديشو عام 1928، وكانت الأكبر على القارة الإفريقية .وتمّ تخريبها خلال الحرب الأهلية .وكان هناك 8500من أتباع الطائفة الكاثوليكية يعيشون في الصومال في عام 1950.

(335) انظر:

Pankhurst, *Ex-Italian Somaliland* (Publisher, Watts, 1951), 96; and Ahmed I.

وانخفضت نسب التعليم الحكومي بصورةٍ أكبر حتى في السنوات الأولى للحكم البريطاني العسكري الذي انتزع السيطرة على الأراضي التي كانت تحكمها إيطاليا إبان الهزيمة التي تلقّتها الأخيرة في الحرب العالمية الثانية. ولكن حافظت الكنيسة الكاثوليكية على نشاطاتها وتمتّعت دور الأيتام التي تديرها بدعم البريطانيين، فُخصّص 0.65 شلن يوميًّا لكل يتيم(336). وانخفض عدد الطلاب الملتحقين بالمدارس إلى 399، وانخفض نصيب التعليم في الميزانية إلى 0.5% من مجموع النفقات الكلي(337)، وقفز عدد الطلاب خلال سنوات المهمة الأممية لإيطاليا، وتحديدًا من 1950 إلى 1958، من 6459 إلى 31524 طالبًا، وزاد عدد طلاب المدارس الثانوية إلى 1029 بعد أن كان فقط 193 طالبًا، وارتفع عدد طلاب التعليم العالي من 14 طالبًا إلى 58 طالبًا(338). «وكان هناك أيضًا 2000 طالب يتلقّون التعليم الثانوي والتقني والجامعي في أرض الصومال الإيطالية في عام 1957 عبر منحٍ في الصين ومصر وإيطاليا»(339).

وكان تشكيل النخب المتمتّعة بالتعليم الحديث في أرض الصومال البريطانية بطيئًا نسبيًّا بسبب مستوى التنمية المنخفض للتعليم الحديث في المستعمرة، وهذا بدوره يرجع إلى ثلاثة أسباب، هي: عدم وجود تمويلٍ حكوميٍّ للتعليم، ورفض السكان المحليين قبول الضرائب المفروضة لتمويل التعليم، ومعارضة

Samatar, *Socialist Somalia*: Rhetoric and Reality (Zed. Books, London, 1988), 51.

(336) Salah Mohamed Ali, *Hudur and the History of Southern Somalia* (Cairo: Nahda Publishing, 2005), 360.

(337) Pankhurst, *Ex-Italian Somaliland*, 192.

(338) محمد عبد المنعم يونس، الصومال: وطنا وشعبا (القاهرة: دار النهضة العربية، ١٩٦٢)، ١١٢ ـ ٢٤.

(339) Helen Chapin Metz (ed.), *Somalia: A Country Study* (Washington: GPO for the Library of Congress, 1992), 21

القادة الدينيين للتعليم الحديث بسبب خشيتهم من استخدامه لبثّ دعاية البعثات التبشيرية المسيحية[340].

وهكذا لم يكن هناك سوى مدرسةٍ حكوميةٍ واحدةٍ فقط للتعليم الأساسي في عام 1934 وكانت تضمّ 120 طالبًا، ولم تتجاوز الميزانية المخصّصة للتعليم 500 دولارٍ أمريكي[341]. وقد ارتفع عدد المدارس إلى 13 مدرسةٍ حكوميةٍ للتعليم الأساسي والمتوّسط في عام 1952، كما ارتفع عدد الطلاب إلى 1130 طالبًا، من بينهم 50 طالبًا في المرحلة الثانوية. و طبقًا للسجلات الحكومية التي كشف عنها البروفيسور أحمد سمتر، فقد ارتفع عدد الطلاب إلى 6209 طلاب في عام 1959 مقارنةً بـ 623 طالبًا في عام 1948 من أصل مجموع سكانٍ يصل إلى 650 ألف نسمة، وكانت نسبة الالتحاق بالمدارس هي 4.9%[342].

ولعبت السياسات المتبنّاة دورًا في انبثاق النخبة الحديثة على صعيد التنمية الاقتصادية الاستعمارية، فوُجهّت التنمية الزراعية لجذب المزيد من المستوطنين الأوربيين على حساب إبقاء المزارعين الصوماليين في طبقة العمال. وارتفع عدد الأراضي الصالحة للزراعة التي تم التنازل عنها للإيطاليين بصورةٍ ملحوظة في المستعمرة الإيطالية خلال الحقبة الفاشية (1941 ـ 1923) ليصل إلى 115 في عام 1933 مقارنةً بأربعةٍ فقط في عام 1920. وتم منح الإيطاليين ما يصل إلى 87847 هيكتارًا من الأراضي المختارة مع نهاية عام 1933، ولم يكن هناك أيّ صوماليٍّ أصلي من مالكي الأراضي، الذين وصل عددهم في ذاك الوقت إلى

(340) Touval, *Somali Nationalism*, 64, 65.

(341) المصدر السابق، 64.

(342) Ahmed Samatar, *Socialist Somalia: Rhetoric and Reality* (London: Zed Books, 1988), 47.

1192[(343)]. ولم تتجاوز نسبة الصادرات 20% من نسبة الواردات في الفترة (1939 ـ 1919)، وبموجب مرسوم قانوني، كان الصوماليون محظورًا عليهم المشاركة في تجارة الصادرات والواردات[344]. وكان ما نسبته 60% من عائدات المستعمرة في الفترة (1936 ـ 1931) هي منحًا مالية؛ وذلك نتيجةً لتطبيق سياساتٍ مضادةٍ للتنمية، والجهود التي كانت تهدف إلى خلق حالةٍ من التبعية لدى الصوماليين[345].

وكان الاقتصاد الإيطالي في حالةٍ يُرثى لها عندما تم تدشين إقليم الصومال الإيطالي تحت وصاية الأمم المتحدة عام 1950، فقُدّر معدل دخل الفرد الواحد في ذاك الوقت بـ 300 دولار، وكان الأقلّ في كل أوروبا[346]، فاضطرت إيطاليا، بسبب اقتصادها المنكمش، إلى اقتطاع ربع ميزانية إقليم الصومال الإيطالية؛ أي من 8000 مليون ليرة إلى 6000 مليون ليرة في 1951م[347].

ووصلت نسبة الإعانات من الحكومة الإيطالية إلى 13.5 مليون دولارٍ أمريكي من أصل مجموع النفقات الذي قُدّر بـ 18.3 مليون دولارٍ أمريكي[348]، على الرغم من أن هذه النسبة انخفضت بصورةٍ حادةٍ في السنوات التي تلت ذلك. ولكن ظلّت الفجوة كبيرة، ففي عام 1957 وصل مجموع النفقات إلى 14.1 مليون

---

(343) المصدر السابق، 50.

(344) Pankhurst, *Ex-Italian Somaliland*, 197

(345) المصدر السابق.

(346) Paolo Tripodi, *The Colonial Legacy in Somalia: Rome and Mogadishu: from Colonial Administration to Operation Restore Hope* (Macmillan Press Limited, 1999), 60

(347) Tripodi, *The Colonial Legacy*, 61.

كان معدّل الصرف من الليرة إلى الدولار يوم 21سبتمبر 1949هي 1دولار أمريكي = 625 ليرة.

(348) Ahmed Samatar, *Socialist Somalia*, 55.

دولارٍ أمريكي، منها 6.9 ملايين دولار على شكل عائداتٍ محلية، والباقي 7.2 ملايين دولار كان منحًا إيطالية[349]؛ أي إن أكثر من 50% من رواتب الموظّفين الصوماليين كان يُدفع عبر المنح الإيطالية، ويُظهر الجدول التالي (1) مؤشّر الميزانية لإقليم الصومال الإيطالي في الفترة (1957 ـ 1951). وقد تمت صياغة هذه الأرقام من الجدول الذي قدّمه البروفيسور أحمد سمتر، الذي اقتبسه من دراسات مارك كارب (Mark Karp) لاقتصاديات إقليم الصومال الإيطالي عام 1960م[350]

القيمة/ بالمليون	1951	1952	1953	1954	1955	1956	1957
النفقات	18.3	14.2	12.8	12.3	14	14.9	14.1
العائدات	4.8	4.8	4.3	5.2	5.8	6.2	6.9
المعونات الإيطالية	13.5	9.4	8.5	7.1	8.2	8.7	7.1
المجموع	18.3	14.2	12.8	12.3	14	14.9	14.1

المخطط (4): مؤشّر النفقات/ العائدات والمعونات الإيطالية

وبالاستناد إلى مؤشّر التجارة لقياس التنمية الاقتصادية، يتضح أن العجز التجاري استمر من عام 1951 بقيمةٍ وصلت إلى ـ 5.2، إلى عام 1957 بقيمةٍ وصلت إلى ـ 5.7. وكانت نسبة الصادرات/ الواردات هي 8/ 13.2 و10.7/ 16.4 على التوالي. ويظهر الجدول (2) بياناتٍ تقارن بين مؤشّر الصادرات/ الواردات

(349) المصدر السابق.

(350) Mark Karp, *Economics of Trusteeship in Somalia* (New York University Press, 1960), 147.

من عام 1951 إلى 1957. وتمّ تحصيل هذه الأرقام أيضًا من مؤشّر الواردات/ الصادرات لإقليم الصومال الايطالي بين عامي 1951 و1957، والتي اقتبسها من البيانات الإحصائية لمارك كارب(351)

القيمة/ بالمليون	1951	1952	1953	1954	1955	1956	1957
الواردات	١٣,٢	١٤,٧	١٠,٩	١١,٥	١٤,١	١٦,١	١٦,٤
الصادرات	٨	١٠,٤	٨,٦	٩,٢	١١,٤	١٠,٩	١٠,٧
التجارة/العجز	- ٥,٢	- ٤,٣	- ٢,٣	- ٢,٣	- ٢,٧	- ٥,٢	- ٥,٧

المخطط (5): مؤشّر الاستيراد/ التصدير في الصومال والعجز التجاري

أما عن السياسات الاقتصادية البريطانية في الأراضي الواقعة تحت انتدابها، فقد تم إدخال زراعة نبات الذرة في الأجزاء الغربية من أراضيها، في مناطق، مثل: بوراما، وهرغيسا. وفي عام 1949، قُدّرت المساحات المزرعة بـ50850 فدانًا، وقد تضاعف هذا الرقم ثلاثة أضعاف تقريبًا في عامي 1954 و1955 ليصل إلى 140 ألف فدان(352). ولمّا حلّ عام الاستقلال 1960، كان هناك 1400 مزرعةً صغيرةً فقط يصل مجموع مساحتها إلى 140 ـ 130 ألف فدان، وكانت هذه المزارع تنتج الذرة البيضاء والذرة العادية بصورةٍ رئيسية. وانحصرت صادرات منطقة أرض الصومال بالمواشي التي وصلت قيمتها إلى 1,020088 جنيهًا استرلينيًّا (2,886447 مليون دولار أمريكي) في عام 1959م(353).

(351) Mark Karp, *Economic of Trusteeship*, 153 and Ahmed Samatar, *Socialist Somalia*, 55.

(352) Abdi Samatar, The State and Rural Transformation in Northern Somalia, 1884- 86 (The University of Wisconsin Press, 1989), 60.

(353) المصدر السابق، .64معدّل قيمة الصرف من الجنيه الإسترليني إلى الدولار الأمريكي في

ولم يشكّل هذا، بالمقارنة، سوى 26% من صادرات جنوب الصومال عام 1957 (10.7 ملايين دولار أمريكي). ووصلت ميزانية منطقة أرض الصومال في (1958 ـ 1959) إلى 4,584 مليون دولارٍ أمريكي، منها 3,263 مليون دولار هي عائداتٌ محلية بعجزٍ وصل إلى 1,321 مليون دولار أمريكي(354). ولو كان لنا أن نقارن بين الميزانيتين؛ ميزانية إقليم الصومال الايطالي، وميزانية أرض الصومال البريطاني في العامين 14.1 /4,584) 1957/1959)، فهي تشكّل 33%، ولم يكن هناك أي نموٍّ حضري لافت في أرض الصومال البريطانية، ولم يكن هناك أي مشاريع اقتصاديةٍ تنموية تُنفّذ قبل عام 1951.

وعن سياسة الحكم البريطاني، يقول بروك ميلمان: «كان من المفهوم أن هناك مساحةً ضئيلةً ممكنةً للتنمية، أو مسموحة، أو حتى مرغوبًا فيها»(355). ولم يُظهر البريطانيون دافعاً لمحاولة تنفيذ أي برامج تنموية تستحق الذكر؛ ولهذا «لم يكن هناك سوى تنميةٌ اجتماعية أو اقتصادية زهيدة في الشمال»(356). ويُرجِع دوجلاس جاردين غياب التنمية الاقتصادية في أرض الصومال إلى ثلاثة أسباب: الحرب مع حركة الدراويش التي قوضت أسس السلام، والطبيعة العقيمة للأجزاء

1959 كانت .2.81 وبالاستناد إلى ذلك تُقدّر قيمة صادرات الصومال في 1959 بـ 2866447 دولار أمريكي .معدّل الصرف متاح على:
Lawrence H. Officer, "Dollar-Pound Exchange Rate From 1791", Measuring Worth, /2017URL: http://www.measuringworth.com/exchangepound

(354) S. Steinberg, The Stateman 's Yearbook: Statistical and Historical Annual of the states: The statistical and Historical Annual of the states of the World for the Year 1961 (London: McMillan &Co. LTD, 1961), 1376.
تم تحويل الجنيه الاسترليني إلى دولار أمريكي بناءً على نسبة تُقدّر بـ .2.8.

(355) Brock Millman, *British Somali land: An Administrative History, 1920-1960* (Routledge, 2014), 4-5.

(356) Peter Woodward, *The Horn of Africa: Politics and International Relations* (London: I.B. Tauris &co., 2003), 26.

الكبرى من البلاد، والطبيعة المتحفظة والمستقلة لأهلها[357]. وكان الشحن بالبواخر هو المنفذ التجاري الوحيد المزدهر في الشمال؛ ولهذا كان هناك عددٌ كبيرٌ من الصوماليين يعملون كبحارة. وتخلّفت منطقة شمال الصومال عن نظيرتها الجنوبية في حقبة إقليم الصومال الإيطالي على صعيد البرامج التنموية، وكان لهذا التباين أثرٌ سلبيٌّ على الصومال بعد توحيدها.

ومثّلت الخدمة العسكرية عاملاً آخر أسهم في نهوض النخب الحديثة؛ حيث كانت السلطات الاستعمارية تجنّد الصوماليين مع جنودها، سواء البريطانيون أو الإيطاليون، وتحديدًا خلال الحرب الإيطالية الأثيوبية عام (1935 ـ 1934)، وقد زاد عدد المجندين الصوماليين بنسبة كبيرة جدًّا؛ حيث قُدّر نحو 6000 جنديٍّ صوماليٍّ منتظم وأكثر من 40 ألف جنديٍّ غير منتظم شاركوا في تلك الحرب على الجبهات الإيطالية[358]. ومن المثير للاهتمام أن الصوماليين كانوا يُكافَؤون على إسهاماتهم في الحرب بالإشارة إليهم بـ«صوماليين»[359]، وفي هذا دلالة على الاحترام، عوضًا عن الإشارة إليهم بمسمى «سكانٍ أصليين».

وشارك الصوماليون أيضًا على الجبهات الأثيوبية، وقاتلوا ضد الإيطاليين تحت قيادة 22 من القادة البارزين، وسجّلت بانقرست أسماء هؤلاء[360]. وترتّب على هذا الحشد الشعبي والتكيف مع أسلوب الحياة الجديدة خلال الحرب

---

(357) Mohamed Osman Omar, *The Scramble in the Horn of Africa: History of Somalia (1827- 1977)* (Mogadishu: Somali Publications,2001), xxviii

(358) I.M. Lewis, *A Modern History of Somalia: Nation and State in the Horn of Africa* (London: Longmans, 1980),113.

(359) Lewis, A Modern History, 111.

(360) Pankhurst, *Ex-Italian Somaliland*, 17. ويظهر أن رقم 2000 الذي سلّم به أحمد سمتر كان مبالغةً كبيرة .انظر:
A. Samatar, *Socialist Somalia*, 52.

عودة عددٍ من الجنود من الحرب، والاستقرار في المراكز الحضرية؛ ليصبحوا لاحقًا جزءًا من القوميين الصوماليين. وشهدت الصومال عملية تمدّن متسارعة، وتحديدًا في مدينة مقديشو؛ إذ تضاعف عدد السكان في السنوات (1933 – 1940)، ليصل عدد السكان إلى أكثر من 60 ألف نسمة[361].

وعلى الرغم من غياب البيانات الإحصائية التي يمكن الرجوع إليها لتقدير عدد الصوماليين الذين شاركوا في الحرب العالمية الثانية، فإنه يُعتقد بوجود عددٍ كبيرٍ من الصوماليين الذين انضموا إلى القوات المسلّحة التابعة لإيطاليا، وبريطانيا، وفرنسا، وأثيوبيا. وكان هناك أكثر من 2400 صوماليٍّ ناشطين في قوات الأمن عام 1952م[362]، ولكن أثّرت بعض الاضطرابات التي طفت على السطح بعد عام 1948 في أعقاب حادثةٍ مؤسفةٍ تُعرف في التاريخ الصومالي باسم "Dhagax-tuur"، المنضوين تحت لواء قوات الدرك من الصوماليين، وكان معظمهم أعضاءً في رابطة الشباب الصومالي (60%)، وهذا – إلى حدٍّ كبير – بسبب اتهاماتٍ وُجّهت إليهم بالمشاركة في ثورة 1948.

ونتيجةً لذلك، تمّ الاستغناء عن 13 فرقة مشاة، ولم يتم الإبقاء إلا على 600 عنصرٍ أمني[363]. وكان إرث حركة الدراويش، والاحتكاك بالبلاد المسلمة المجاورة، مثل: اليمن والسودان، عوامل أخرى ساهمت في انبثاق القومية في أرض الصومال البريطانية. ومع ذلك، لم يكن من المفاجئ التباين بين الأفكار التي نادت بها النخب التي تمتّعت بتعليم حديث وأفكار النخب التقليدية، ففضّلت النخب الحديثة سياسات الموافقة والمحاكاة، ومن هنا كان تأسيس

---

(361) Lewis, *A Modern History*, 113.
(362) Tripodi, *The Colonial Legacy*, 53
(363) المصدر السابق، 48.

الأحزاب السياسية.

ولقد كان تشكيل الأحزاب السياسية وعقد الانتخابات أمرين جديدين على الصوماليين، ولعب عامل العشائر دورًا فارقًا في ذلك. ومن الجدير بالذكر أن أهم المشاكل التي شابت السياسة في الصومال هي وجود ولاءاتٍ متعدّدة لقرابات الدم والأحساب السياسية. ويؤكد البروفيسور ساديا توفال أن «أهم ما يجب معرفته عن المشهد السياسي الصومالي هو أن أساسه هو القبلية»[364]، ولكن مركزية عامل العشيرة يُرجع إلى المدرسة الفكرية الأنثروبولوجية، وفي الواقع، لم يكن هو العامل الوحيد. صحيحٌ أنه لا يمكن إنكار وجود عامل العشيرة في الفضاء السياسي في الصومال، ولكن كانت هناك عوامل وتوجهاتٌ أخرى لا يمكن التغاضي عنها. فقد وجدت النخب الحديثة، التي اعتنقت أيدولوجية القومية، نفسها في مواجهة خيارٍ محيّر في ظلّ ولاءاتهم المتعدّدة. ويمكن ملاحظة ذلك في سياقاتٍ سياسية مختلفة، «فالنخب السياسية الحديثة لا تملك ارتباطٍ قبلي، ولا يكون لها ذلك»[365].

ونظرًا لما للانقسامات القبلية من أثرٍ مهمٍّ على تشكيل الأحزاب السياسية، فإن الأحزاب السياسية والمؤسّسات غير العشائرية لم تملك جذورًا عميقةً في الثقافة السياسية في الصومال، وكانت الطرق الصوفية هي الصورة الوحيدة المقبولة اجتماعيًّا للكتل التي تتعدّى حدود القبائل. ويُتوقع، في ظلّ ذلك، أن تعاني عملية تشكيل هذه المنظّمات في المراكز الحضرية من ضعفٍ تنظيمي، وسيولةٍ أيدولوجية، وولاءاتٍ تقليدية. فعلى سبيل المثال، كان هناك 20 حزبًا سياسيًّا في جنوب الصومال، وشاركت هذه الأحزاب في الانتخابات البلدية عام

---

[364] Touval, *Somali Nationalism*, 85.
[365] المصدر السابق.

1954، ومثّلت المصالح القومية، والإقليمية، والاجتماعية الاقتصادية، والعشائرية[366]. وكان حزب رابطة الشباب الصومالي الحزب الصومالي العام الوحيد في رؤيته وأجندته، وتمتّع الحزب بدعمٍ واسعٍ من مختلف المناطق الصومالية على الرغم من أن العائلتين العشائريتين دارود وهوية كانتا تهيمنان عليه[367].

أما العشائر الرئيسية الأخرى في الجنوب، فتمثلت في العائلتين العشائريتين دجل ومرفلى، وكانتا بصورةٍ رئيسيةٍ تنضويان تحت لواء حيزبيا دجل ومرفلى. ومن الجدير بالذكر أيضًا أن العائلتين العشائريتين دارود وهوية لم تكونا جميعا من داعمي رابطة الشباب الصومالي ، فاستطاعت عصبة شبيبة هوية، التي تشكّلت قبل 1956، أن تنتزع شيئًا من دعم هوية من رابطة الشباب الصومالي . ودعم المجرتين في إقليمي بنادر وجوبا عصبة الصومال الكبير ، والتي أنشقت أيضًا من رابطة الشباب الصومالي [368]. كما استطاع حزب الشبيبة الصومالي الليبرالي أن يحظى بالجزء الأكبر من دعم فرع أبغال من عشيرة هوية وبيمال من عشيرة دير الجنوبية[369]. وكانت هناك أحزابٌ أخرى مثل الاتحاد الصومالي القومي ، وكان السواد الأكبر من داعميه هم من شعب البنادري، واتحاد المريحان؛

---

(366) Mohamed Abdullahi, *State Collapse and Post-Conflict Development in Africa: The Case of Somalia (1960-2001)* (Indiana: Perdue University Press,2006), 74.

(367) تقدير توزيع أفراد حزب عصبة الشبيبة الصومالية بين العشائر الرئيسية خلال عام 1956: 50% دارود، و30% هوية، و10% ديجيل وراهنوايان. انظر: Lewis, A Modern History, 146. ويظهر أن هذه البيانات تخمينية إلى حدٍّ بعيد.

(368) Abdullahi, Tribalism, Nationalism and Islam, 69.

(369) المصدر السابق.

وهو الحزب الوحيد الذي انبثق من عشيرةٍ فرعية وحمل اسمها بصراحة[370].

وكان الانقسام القبلي وآثاره على المشهد الحزبي أكثر تجليًا في الشمال، وكان أكبر أحزاب الشمال، العصبة الصومالية القومية ، يدين بالولاء لعشيرة إسحاق. أما رابطة الشباب الصومالي ، فقد حشدت دعمًا من عشائر دارود في الشمال (طلبهنتي وورسنجلي). وكان ثالث هذين الحزبين هو حزب الجبهة الصومالية القومية (NUF) الذي حاز قاعدةً شعبيةً أصغر، وتركّز في فرع هبر تل جعلي المنحدر من عشيرة إسحاق[371]. وكان الحزب الرابع هو الحزب الصومالي الموحّد (USP) الذي تأسّس في بداية الستينيات، ومثّل تحالف العشائر من غير إسحاق في الشمال، مثل: طلبهنتي وورسنغلي ، وعيسى، وجدبورسي. وكان الهدف من تأسيس الحزب بالدرجة الأولى هو معادلة الموازين في ظلّ الهيمنة الجارفة الذي تمتّع بها حزب العصبة الصومالية القومية بين أبناء عشيرة إسحاق.

وتجدر الإشارة إلى أن الأحزاب السياسية كانت غير قانونية في المستعمرة البريطانية حتى عام 1959 ، ولم يكن يُسمح للعاملين في القطاع العام بالانضمام إلى هذه الأحزاب[372]. وعلى طرف النقيض من ذلك، شجّع الحكم البريطاني العسكري تأسيس الأحزاب السياسية منذ عام 1943 ، وسمح للعاملين في القطاع العام والقطاع العسكري بالانضمام رابطة الشباب الصومالي . ولهذا السبب تخلّفت عملية نشوء الأحزاب السياسية في منطقة أرض الصومال بصورةٍ كبيرةٍ عن نظيرتها في الأراضي الصومالية الواقعة تحت الوصاية الإيطالية.

---

(370) المصدر السابق.

(371) كان ميكل مريانو هو الشخصية القيادية البارزة في هذا الحزب، وهو شخصيةٌ سياسيةٌ مسيحيةٌ في الصومال.

(372) Maria Brons, *Society, Security Sovereignty and the state of Somalia: From Statelessness to statelessness* (International books, 2001), 153.

وقد عُقِدت أول انتخاباتٍ في الصومال في مايو 1954 عندما نظّم إقليم الصومال الإيطالي أول انتخاباتٍ بلدية. ولم يكن هناك سوى 50740 ذكرًا مسموحًا لهم بالتصويت؛ إذ كانوا منتخبين مسجّلين في الدوائر البلدية، وكانت نسبة المشاركة بين الشريحة التي تستطيع التصويت عاليةً جدًّا؛ إذ وصلت إلى 75% (38119)[373]. وتم الإعلان عن القانون الانتخابي بتاريخ 31 مارس 1955 في مرسوم أصدره السفير أنزيلوتي (Anzilotti)، مدير إقليم الصومال الإيطالي. وكان أساس هذا القانون كما يلي:

«يحقّ لجميع الذكور المشاركة في الاقتراع العام التي ستفرز مجلسًا إقليميًّا، وستُعقد انتخاباتٌ ثانوية للمقيمين خارج الدوائر البلدية، أما الشير (Shir) (الاسم الذي يطلق على تجمعات العشائر)، والممثّلون الانتخابيون، والذين يعيشون داخل الدوائر البلدية، فسيكون لهم حق المشاركة في انتخاباتٍ مباشرة، وستكون اختيارات الممثّلين الانتخابيين والمنتخبين الذين يعيشون في الدوائر البلدية مباشرةً وحرةً، وستُصان سريتها، وستسير وفقًا لقائمة المرشّحين المشاركين في المنافسات الانتخابية، وسيكون التمثيل بنظام النسبي»[374].

وحقّقت رابطة الشباب الصومالي فوزًا كبيرًا في الانتخابات بنسبةٍ وصلت إلى 47% من مجموع الأصوات الكلي، وكان هذا يعني حصول الحزب على 141 من أصل 281 مقعدًا في المجلس، وتلاه حزبيا دجل ومرفلي الذي حصل على 57 مقعدًا، ووُزّعت المقاعد المتبقية على عددٍ من الأحزاب الأخرى الصغيرة[375]. وقد غيّرت هذه النتيجة العلاقة بين رابطة الشباب الصومالي

(373) Tripodi, *The Colonial Legacy*, 66.
(374) المصدر السابق، 78.
(375) المصدر السابق، 66.

وإدارة إقليم الصومال الإيطالي بعد أن حكمتها التوترات، وهكذا بدأت فترة التقارب؛ فحسّنت رابطة الشباب الصومالي علاقتها بإدارة إقليم الصومال الإيطالي تدريجيًا عن طريق عددٍ من الوسائل، كان منها الإقناع، فأخذت التوجهات القومية، التي كانت شديدةً في البداية، منحًى أكثر اعتدالاً، وعكس هذا تأثيرًا أسماه أوكبازغهي يوهانس «بالترويض السياسي»، فيما أشار إليه محمد شريف محمد «بالحكمة والبصيرة» من بعض قادة حزب رابطة الشباب الصومالي (376).

كانت هذه النقلة في السياسات تطورًا طبيعيًا؛ إذ أدركت إدارة إقليم الصومال الإيطالي أن رابطة الشباب الصومالي هم حزب الأغلبية، وقد بدأ بالاستعداد ليتولّى مقاليد الحكم في البلاد، إلا أن هذه السياسات الجديدة لم تنل رضا بعض الشخصيات البارزة في الحزب نفسه، مثل: حاج محمد حسين، الذي انتخب رئيسًا للحزب في عام 1957. ولقد جسّد حاج محمد حسين أفكار النموذج الناصري المتمثّلة في توجه عدم الانحياز الإيجابي؛ وهو ما رأت فيه إيطاليا والولايات المتحدة الأمريكية نموذجًا مناهضًا للغرب ومناصرًا للشيوعية. وبدأ

(376) حاكت الولايات المتحدة وإيطاليا سياسةً لإبقاء الصومال بيد الغرب .وكانت وسيلتهم هي تغذية توجهاتٍ مناصرةٍ للغرب داخل حزب رابطة الشباب الصومالي المسيطر .وهذا بدوره ضمن لحزب رابطة الشباب الصومالي دعم الغرب، ومكّنه من الحفاظ على علو كعبه على الأحزاب الأخرى في .1956انظر:

Okbazghi Yohannes, *The United States and the Horn of Africa: An Analytical Study of Pattern and Process* (Westview Press, 1997), 204-212.

ونجحت القيادات المعتدلة لحزب رابطة الشباب الصومالي ، وتحديدًا ادان عبد الله عثمان، في إقناع أغلبية أعضاء اللجنة المركزية باتخاذ سبيل السلام والتعاون مع إيطاليا لجعل مهمة الحصول على الاستقلال سهلةً بقدر الإمكان ضمن النافذة الزمنية المحدّدة .وعن هذا الموضوع، انظر:

محمد شريف محمود، "الرئيس آدم عبد الله عثمان أول رئيس للجمهورية الصومالية,2009 " , available from See http://arabic.alshahid.net/ columnists/ 1 458 (accessed on June 6, 2010).

تصنيف قادة الحزب إلى معتدلين مناصرين للغرب، وراديكاليين معادين للغرب في مناخ الحرب الباردة والمفردات السياسية السائدة في ذاك الزمن.

ولقد نجح حاج محمد في أسر مخيّلات الجماهير والدوائر الدينية بفضل خطابه الذي تمحور حول قضية «الصومال الكبير»، ومهاراته الاجتماعية الاستثنائية، وإتقانه للغة العربية الذي أسبغه باستشهاده بأبيات الشعر الصومالي والآيات القرآنية. وحظي حاج محمد ـ على وجه التحديد ـ بدعم العديد من العلماء لميوله الإسلامية الواضحة ودعمه للغة والثقافة العربية. ولكن حدث أن حيكت مؤامرة ضد حاج محمد، كان للولايات المتحدة وإيطاليا يدٌ فيها، أدّت إلى إقصائه من الحزب في مايو 1958م[377]. وقد مثّل حاج محمد وغيره من الشخصيات البارزة في الحزب أيدولوجياتٍ منافسةٍ لم يُحسَب حسابها، وقاموا بتأسيس حزب الصومال الكبير ، ونعتته وسائط الإعلام الغربي بأنه «متطرّف يحمل نفس مواقف رابطة الشباب الصومالي المعادية لإيطاليا»، و»قوميٌّ كلاسيكي شعبوي» يناصر »سياساتٍ تصبّ في مصلحة مصر»[378].

وهكذا، وكما كشفت الأحداث على النقيض من الخطاب الذي شاع وقتها،

---

(377) Tripodi, *The Colonial Legacy*, 87.

(378) ملاحظة: بحلول عام 1960، زار حاج محمد حسين الصين، وعند عودته إلى مقديشو، بدأ في الدعوة إلى الاشتراكية .وهكذا انقسم حزب الرابطة الصومالية الكبرى، وسحبت جماعات التوجه الإسلامي دعمها للحزب بسبب توجهاته الشيوعية .انضم حاج محمد إلى حزب آخر وتبدد حزب الرابطة الصومالية الكبرى.وصف تريبودلي سياسات حاج محمد حسين بأنها "متطرّفة"، فيما يرى توفال أنه كان ـ ببساطة ـ مناصرًا للمصريين .انظر:

Touval, *Somali Nationalism*, 91.

وأيضًا:

Tripodi, *The Colonial Legacy*, 87

كما وصفت مجلة "التايمز "حاج محمد حسين بأنه "قوميٌّ كلاسيكي ديماغوجي ."الاقتباس من:
Elby Omar, *Fifty Years, and Fifty Stories: the Mennonite Mission in Somalia, 1953-2003* (Herald Press, 2003), 31.

حالت قوى الغرب دون قيام ثقافةٍ سياسيةٍ ديمقراطيةٍ في الصومال تحت ذريعة مواجهة الشيوعية[379]. وارتكز قانون الانتخابات على نظام مختلط، وهو ما كان أمرًا حتميًا في ظلّ صعوبة الوصول إلى موقفٍ تجمع عليه أغلبية الشعب الرعوي، وأيضًا تسجيلهم في قوائم الناخبين بسبب النافذة الزمنية الضيقة وشحّ الموارد. فلم يُسمح بالانتخاب إلا للقاطنين في الدوائر الانتخابية. وكان الذين يعيشون في الدوائر الانتخابية قد بلغ عددهم 230.000 شخص، ولم يسمح لهم بالتصويت في الانتخابات إلا لخمسين ألفاً فقط من المقيمين والمسجلين في الدوائر المحددة.

وبحسب التقديرات، فقد وصل عدد المقيمين خارج هذه الدوائر إلى 1.5 مليون[380]. شاركت 10 أحزاب في الانتخابات العامة الأولى التي عُقدت عام 1956، ونافست هذه الأحزاب على 60 مقعدًا كانت مخصّصةً للصوماليين في الجمعية التأسيسية. وأفرزت هذه الانتخابات حصول رابطة الشباب الصومالي على 43 مقعدًا، حزبيا دغل ومرفلي على 13 مقعدًا.

أما المقاعد العشرة المتبقية، فقد خُصّصت للإيطاليين، والهنود، والباكستانيين، والعرب. وعُزّز نظام العشائرية السياسية، و«تحتّم على أبناء القبيلة الذكور إيجاد حزبٍ يمثّل العشيرة، وصارت التقاطعات بين العشائر والأحزاب أكثر حدة»[381]. ويمكن التكهن بأن اعتماد قانونٍ انتخابيٍ قائم على نظامٍ مختلطٍ كان لغاية تفكيك القاعدة الشعبية لرابطة الشباب الصومالي ،

---

(379) انظر:
Yohannes, *The United States and the Horn of Africa*, 211.

(380) Tripodi, *The Colonial Legacy*, 78-79.

(381) Tripodi, *The Colonial Legacy*, 67.

وإعطاء فرصٍ أكبر للأحزاب المؤيّدة لإيطاليا[382]؛ أي إن العشائرية السياسية لم تكن فقط أمرًا جوهريًا في ظلّ نظام تقسيم عشائري في الصومال، كما يقول الأنثروبولوجيون، بل كانت هناك أيضًا مساعٍ مقصودة لقوى الاستعمار، هدفت إلى ترسيخ هذا النظام؛ أملاً في تسهيل سيطرتها على الشعب.

وبدأت فكرة تعزيز العشائرية بوضع سياسة الحكم غير المباشر وصرف رواتب لشيوخ العشائر؛ وهو ما أوجد منفذًا للفساد في نظام مبني على العدالة والتساوي بين الجميع، وحوّله إلى نظامٍ هرمي، وجعل منهم مهادنين مع الاستعمار. كما أن غياب التوافقِ الذي يمكن الاستناد إليه حول توزيع التمثيل في المقاعد الانتخابية قد عقّد مأمورية الوصول إلى تمثيلٍ عادلٍ للعشائر المختلفة في الجمعية. وفشل التوافق المخطّط له، الذي كان يفترض أن يكتمل في 1957، والذي قد فشل فشلاً ذريعًا في ثلاثةٍ من الأقاليم الإدارية الستة، وكانت هذه الأقاليم الثلاثة هي: مجرتين ومدغ وجوبا السفلى، فيما تمّ الوصول إلى توافق في بنادر وجوبا العليا وهيران[383].

وأدّى فشل إقليم الصومال الإيطالي في تحقيق توافقٍ يمكن الاستناد عليه إلى تمثيلٍ أوليٍّ غير عادل في مقاعد البرلمان؛ وهو ما أدّى إلى زرع بذورٍ مبكّرة لثقافة التلاعب بالانتخابات. وتمّ اعتماد نظامٍ انتخابيٍّ جديد على عجالة بحلول العام 1959، واختير أسهل نظامٍ ممكن للناس الذين لا يجيدون القراءة والكتابة. وكان النظام مبنيًا على الدوائر، بطريقة فائزٍ فردي؛ أي إن الفائز يحصد كل شيء، فيسمح هذا النظام لكل ناخبٍ أن يصوّت لمرشّحٍ واحد، ويكون المقعد من نصيب المرشّح الذي يحصد أكبر عددٍ من الأصوات حتى لو كان عدد الأصوات

(382) المصدر السابق.

(383) Tripodi, *The Colonial Legacy*, 86.

الذي حصده أقل من أغلبية الأصوات. وعُقِدت أول عملية انتخاب عام بناءً على النظام الجديد يوم 4 مارس 1959، ولكن معظم الأحزاب قاطعت الانتخابات، وحصدت رابطة الشباب الصومالي – في فوزٍ كان أمرًا مفروغًا منه على أرض الواقع – 83 مقعدًا من أصل 90 مقعدًا(384).

ولقد عزّز النظام الانتخابي المعتمد انقسام العشائر والصراع، وضمن احتكار العشائر الكبيرة في كل دائرةٍ انتخابيةٍ لمقاعد البرلمان، كما أدّى هذا النظام لاحقًا إلى تكثير الدوائر الانتخابية والغشّ عن طريق استغلال حدود الدوائر الانتخابية. ويُبيّن الجدول التالي الأحزاب السياسية عام 1960 وولاءاتها العشائرية. وكما هو موّضحٌ في الجدول، فإن رابطة الشباب الصومالي كانت تتمتّع بالتمثيل العشائري الأعلى على الرغم من أن الأغلبية تنتمي إلى الهوية والدارود، فيما كانت جميع الأحزاب الأخرى أحزابًا إقليمية أو تتبع عشائر فرعية.

أحزاب 1960	العشائر
رابطة الشباب الصومالي (SYL)	دارود وهوية
العصبة الصومالية القومية (SNL)	إسحاق
حزبيا دجل ومرفلي (HDMS)	دجل ومرفلي
عصبة الصومال الكبير (GSL)	مجرتين
الجبهة الوطنية الموحّدة (NUF)	تل جعلي (إسحاق)
حزب الشبيبة الصومالي الليبرالي (PLGS)	أبغال/بيمال
الاتحاد الصومالي الوطني (SNU)	بناديري

(384) Nohlen, D, Krennerich, M & Thibaut, B, *Elections in Africa: A data handbook* (Oxford University and Press, 1999), 812.

أحزاب 1960	العشائر
الحزب الصومالي الموحّد USP))	العشائر الشمالية غير إسحاق

المخطط (6): الأحزاب السياسية وولاءاتها العشائرية قبل الاستقلال عام 1960

أجمعت جميع برامج الأحزاب السياسية على أهدافٍ قوميةٍ جوهرية وقت الاستقلال، مثل: تأسيس الدولة الصومالية، والنضال من أجل الصومال الكبير. وزُرعت هذه الأفكار في أذهان الشعب الصومالي وتشرّبها قبل عقدٍ من ذلك بين الأربعينيات والخمسينيات، وكان حزب رابطة الشباب الصومالي في الأربعينيات هو الحزب الوحيد الذي يؤمن بأيدولوجيةٍ صوماليةٍ شعبية جامعة، في حين اتفقت جميع الأحزاب الأخرى على المناداة بالصومال الكبير عام في الخمسينيات. القضية الوحيدة التي كانت محل جدل هي بنية الدولة الصومالية، فكان حزبيا دغل ومرفلي يريد إقامة دولةٍ بنظامٍ فيدرالي؛ وهو ما بيّنه رئيس الحزب جيلاني شيخ بن شيخ في شرحه لأهدافً الحزب في 1958م[385]. ولكن الأحزاب القومية الأخرى في الشمال والجنوب، رابطة الشباب الصومالي والعصبة الصومالية القومية، كانت «تفضّل نظام دولةٍ مركزي»[386].

البحث عن الوحدة بين اعتدال وتطرف القومية الصومالية

تنامت العشائرية السياسية منذ بدء مشروع بناء الدولة في الصومال عام 1954، كما رأينا في الجزء السابق. وكانت هناك تشعباتٌ بين الولاءات العشائرية

(385) "قال قائد الحزب: إن الحزب بات مقتنعًا بأن النظام الوحيد الذي يمكن أن يوحّد الصوماليين هو فيدراليةٌ تضمن استقلالاً إقليميًا كاملاً."
Touval, *Somali Nationalism*, 96.

(386) المصدر السابق، 105.

المختلفة والأجندة القومية الموحّدة؛ وهو ما أثّر على عملية بناء الدولة بشكل كامل. وكانت الأهداف الأولية لحزب رابطة الشباب الصومالي هي توحيد جميع الصومال باستئصال الانحيازات الاجتماعية والعشائرية الضارة، وتعليم الشباب الأفكار الحديثة والمدنية، وإقصاء أي ظروفٍ لا تتماشى مع المصالح الصومالية، وصياغة نصٍّ يرسم أسس اللغة الصومالية الأصلية. وركّزت رابطة الشباب الصومالي في بادئ الأمر، كما هو مبيّنٌ في الدستور، على معالجة الآفات الاجتماعية المتفشية، مثل ثقافة العشائر المنتشرة التي تقود للخلافات والشقوق، مع تعزيز التعليم والبرامج الاجتماعية الأخرى.

وكان أهم هدفٍ وضعته رابطة الشباب الصومالي هو محاربة العشائرية التي كانت أصل كل صدعٍ في المجتمع الصومالي. وكان من الواضح أن جميع برامج عصبة الشبيبة الصومالية كنت موجّهةً لتحقيق وحدةٍ صوماليةٍ داخلية. ولكن بعد إعلان بيفن، ودولة بريطانيا، عن الرغبة في إقامة دولة الصومالِ الكبيرة تحت وصايتها، كرّس حزب رابطة الشباب الصومالي كل ما يملك لتحقيق حلم الصومال الكبير، وقد تحوّل الحزب إلى حزبٍ سياسيٍّ بحكم الأمر الواقع عام 1946؛ إذ صار تحقيق الوحدة الصومالية الداخلية، التي كان يفترض تحقيقها عبر إضعاف مشارب العشائرية، وتحقيق وحدةٍ صوماليةٍ خارجيةٍ تجمع الأقاليم الصومالية الخمسة التي احتلتها قوى الاستعمار، العناوين العريضة للأجندة القومية. وكان السعي لتحقيق هذه الأهداف سعيًا حثيثًا بالعاطفة ومشخّصًا بمناهج مثالية. ولننظر الآن إلى الكيفية التي عملت بها الحركات القومية في سعيها للوحدة، وماذا أثمرت هذه الكيفيات من نتائج.

المنهجيات القومية المعتدلة

كان هناك عاملان شغلا فكر القوميين الصوماليين، هما: إضعاف العشائرية وتقوية الوطنية. ورأى القوميون أن هذين الأمرين متضادان تمامًا؛ أي إن إضعاف عاملٍ منهما يعني بالضرورة تقوية الآخر، أو بكلماتٍ أخرى كانت معادلة العشائرية والقومية معادلةً صفرية. ولكن الواقع كان يقضي بأن العشائرية هي ثقافةٌ مجتمعيةً قائمةٌ على أرض الواقع؛ وهو ما قوّض مساعي القومية التي كانت تتطلّب أكثر من مجرد شعاراتٍ قوميةٍ قادحةٍ ومشجبة. ويُضاف إلى ذلك أن القومية كانت أيدولوجيةً دخيلةً تمثّل شرطًا مسبقًا للحشد القومي، والتحديث، وبناء الدولة. ويبيّن واقع الأحداث أن القوميين في الصومال مرّوا بمرحلتين في سياق محاولتهم لعلاج العشائرية وتنفيذ مشروع الصومال الكبير: المنهجية المعتدلة، والمنهجية الراديكالية التي طغت عليها الوسائل العسكرية والصدامية.

وكانت المشكلة الأكبر التي عانت منها عملية بناء الدولة الصومالية في نظر القوميين هي العشائرية، وهي القضية التي كرّسوا لها جميع جهودهم؛ أملاً في تقليل أثرها السلبي. وأوصى علماء بناء الدولة في المجتمعات العشائرية/ القبلية تطبيق ثلاث منهجيات: (1) التمثيل النسبي (proportional representation)، (2): التحول إلى الحكومات الإقليمية قدر الإمكان(decentralization)، (3): اللجوء إلى تحالفاتٍ سياسيةٍ عريضة (grand coalition)[387]. ولكن القوميين الصوماليين فنّدوا بالكامل، إمكانية عملية التحول إلى الحكم الذاتي الإقليمي، أو ما يُعرف بالفيدرالية قبل الاستقلال. ولم ترَ الكتل القومية في بناء تحالفاتٍ سياسيةٍ عريضة أجندةً لها، فكانت سياسة رابطة الشباب الصومالي هي إضعاف

(387) S. Sharma, *Politics of Tribalism in Africa* (Delhi: Kay Printers, 1973), 145-55.

الأحزاب المنافسة الأخرى وجذب أعضائها البارزين. وتركّزت محاولات القوميين الصوماليين على صياغة تمثيلٍ حكومي للعشائر يقوم على مبدأ التمثيل النسبي، وكذلك الأمر في مناصب وشؤون القطاع العام. وركّزت مساعي إضعاف العشائرية أيضًا على تمجيد وترويج القومية، إضافةً إلى بعض الإجراءات التشريعية، إلا أن صون التمثيل النسبي لم يكن بالأمر الهين، وانتزعت بعض العشائر وظائف حكومية أكثر مع مرور الوقت.

وكان السبب وراء ذلك هو أن بعض العشائر حصلت على بعض الفرص التعليمية في ظل الاستعمار قبل عشائر أخرى؛ وهو ما انعكس أيضًا على الوظائف. ويُضاف إلى ذلك بعض ثقافة العشائر وبعض العوامل البيئية؛ وهو ما أدّى، في جملته، إلى انهيار النظام النسبي[388]. فعندما تشكّلت أول حكومةٍ تحت إمرة عبد الله عيسى عام 1956، على سبيل المثال، كان هناك ستة وزراء تم اختيارهم من عشائر محدّدة تنحدر من هوية ودارود؛ وهو ما أثار غضب عشائر دجل ومرفلي على الرغم من أن حزبهم، حزبيا دجل ومرفلي، لم ينل عددًا كافيًا من المقاعد. كما تولّدت أيضًا حالةٌ من الغضب في صدور عشائر دارود الفرعية بسبب انتزاع هوية على نسبة الأغلبية في الحكومة[389]. وحاولت حكومة 1959 تلافي هذه الأخطاء، وإعطاء اعتبارٍ أكبر للوحدة الوطنية، فتمّ توزيع 15 منصب وزير ووكيل وزارة بالتساوي بين العوائل العشائرية: دارود، وهوية، و دجل

(388) رأيي هو أن العشائر التي تربّى أبناؤها على أسلوب الحياة البدوية كانوا يمقتون الوظائف الوضيعة، ويفضّلون العمل في وظائف حكومية .أما العشائر المنحدرة من مناطق زراعية، فكانت تملك خبرة العمل في القطاع الخاص.

(389) خُصّصت ثلاثة مقاعد وزارية من أصل ستةٍ، من بينها رئاسة الوزارة لهوية، وإثنان لداروود، وواحدٌ لدير .انظر:
Lewis, *A Modern History*, 140

ومرفلي (390).

وطُبّقت سياسة التمثيل النسبي أيضًا بعد الاستقلال، وتألّفت أول حكومةٍ بعد الاستقلال من 15 وزارة، وكان توزيعها بالتناسب بين المقاعد البرلمانية في الشمال والجنوب. فحصل 33 مقعدًا برلمانيًا يمثّلون الشمال على أربع وزارات بالإضافة إلى نائب رئيس الوزراء، ووُزّعت المناصب الوزارية الأربعة على إسحاق ودارود بالتساوي وتم تعيين غدابورسي نائبا لرئيس الوزراء، بينما حصل الجنوب ومقاعده البرلمانية التسعين على 10 وزارات بالإضافة إلى الرئيس ورئيس الوزراء. وتم تقسيمها بين العشائر على النحو التالي: أربع وزارات لهوية بالإضافة إلى الرئيس، وأربع وزارات لدارود بالإضافة إلى رئيس الوزراء، وزيرين لدجل ومرفلي (391).)ملحوظة: التوازن العشائري للحكومة قد تشوه بسبب دمج وزراء الدرود من الشمال والجنوب الذين أصبح عددهم 6 وزراء. وهذا يعطي دارود التفوق في مجلس الوزراء(. وصحيحٌ أن هذه النسب كانت موزّعةً بالاعتماد على نسب الجنوب والشمال، ولكنها أحدثت اضطرابًا في موازين العشائر، فلم ترضَ عشائر إسحاق ودجل ومرفلي بهذه القسمة.

وعلى الرغم من أن مبدأ موازين العشائر صار إجراءً متبعًا في جمهورية الصومال، لم يكن هذا المبدأ كافيًا لتحصين الحكومات بالشرعية التي احتاجتها بسبب غياب معيارٍ يمكن الاستناد إليه لصياغة النسب. فكان التمثيل النسبي قائمًا فعليًا على معايير افتراضاتٍ اعتباطيةٍ حول العشائر المهيمنة، والتي كانت

---

(390) Lewis, *A Modern History*, 160.

(391) المصدر السابق، .160 ملاحظة: هناك تصحيحات في الموازنة العشائرية للحكومة تختلف عن النسخة الإنجليزية الأصلية، بحسب الدكتور علي حسن .العشيرية وازمة الحكم في الصومال (.(1995-1960 دار الفكري العربي، .2022

هوية ودارود في ظلّ غياب توافقٍ يمكن التعويل عليه في الدولة والقبائل، فضلاً عن المغالاة في تمجيد القومية ، والذي رافقته أيضًا سخريةٌ كبيرة وإنكارٌ لوجود العشائرية. فطغت أفكار تمجيد القومية على وسائل الإعلام، وخصوصًا على شكل قصائد وأغاني، وبُجّل «أبطال القومية» مثل إمام أحمد جري وسيد محمد عبد الله حسن على أنهم أبطالٌ وطنيون، بل ذهب بعض القوميين، الذين عملوا بمنهجياتٍ راديكالية، أبعد من ذلك وأنكروا أن العشائرية لها أي وزنٍ في المشهد السياسي الصومالي.

واعتقد هؤلاء بأن استئصال العشائرية سيكون أسهل وأسهل كلما قلّ الحديث عنها. وتمّ اللجوء أيضًا إلى التشريعات لتخفيف أثر العشائرية على المساحة السياسية. فتمّ تدشين ثلاثة قوانين مهمة، على سبيل المثال قبل 1969 لكبح تأثير العشائرية، وكان الهدف من القانون الأول هو تقليل سلطة شيوخ العشائر. أما القانون الثاني، فتم وضعه لتفكيك التكافل العشائري إلى حدٍّ معين، وترتّب على القانون الثالث حظر الأحزاب السياسية التي استخدمت أسماءً قبلية.

وعلى الرغم من أن العشائرية السياسية كانت تحتل رقعةً متزايدةً في المشهد السياسي وكانت سياسة الفصائلية واضحةً بين القوميين الصومالية، إلا أن توحيد إقليم أرض الصومال البريطاني والصومال الإيطالي تحت وصاية الأمم المتحدة في عام 1960 عُدَّ انتصارًا وقفزةً كبيرةً للقومية الصومالية. فشهد عام 1960 قيام أول دولةٍ مستقلةٍ في تاريخ الصومال تألّفت من إقليمين بتاريخ مليءٍ بالانفصال من أيام الحقبة الإسلامية الوسطى حتى حقبة الاستعمار: مستعمرة أرض الصومال والصومال الإيطالي.

أصبحت الجمهورية الصومالية دولة مستقلة بين 17 دولةً إفريقيةً حصلت على الاستقلال عام 1960 الذي عُرف باسم عام إفريقيا، فقد هبّت رياح التغيير

التي وُجد أثرها في القارة الإفريقية. ولكن تحقيق الخطوة الأولى على طريق مشروع الصومال الكبير لم يكن كافيًا لمحو شعور عدم الرضا من قلوب القوميين ما دام إخوانهم يئنون تحت وحشية الاستعمار. فقد اعتبر القوميون الصوماليون توحيد جزأين من الصومال حجر الزاوية، والسلم الذي سيقودهم إلى التوحيد الكامل للأقاليم الصومالية الخمسة التي يُرمز لها بالنجمة البيضاء التي تزيّن علم الصومال. ولا أدل ربما على صدق هذه الآمال من أغنية حليمة خليف المشهورة التي تخلّدها، والتي كانت باسم *Somalidayne hadii ii midowday, saddexdii maqnaana wey soo socdaane* (ادا توحّد عضوان منا، وستلحق بنا الأراضي الثلاثة الباقية قريبًا).

وكان الاعتدال هو السبيل الذي اتبعه القوميون الصوماليون في التزامهم بدستور الدولة خلال سنوات الإدارة المدنية الأولى (1969 ـ 1960)، وقد نصّ الدستور على ما يلي في المادة (2 ـ 6) على ما يلي: « تنبذ الجمهورية الصومالية الحرب كوسيلة لحل المنازعات الدولية، وشدّد الدستور أيضًا على صون الوحدة الصومالية كما هو مبيّنٌ في المادة 6:4 التي تنص على ما يلي: «تؤيد الجمهورية الصومالية بالطرق القانونية والسلمية تحقيق وحدة الأراضي الصومالية وتشجع التضامن بين شعوب العالم عامة، والشعوب الإفريقية والإسلامية على وجه الخصوص»[392].

ومنحت جمهورية الصومال الجنسية الصومالية لجميع المنحدرين من أصلٍ إثنيٍّ صوماليٍّ في الأقاليم «المفقودة» أملاً في تعزيز القومية الصومالية. ولكن كانت هناك تحدياتٌ كبيرةٌ تنتظر الجمهورية بعد الاستقلال؛ كالقوى البشرية

(392) Somali Constitution of 1960. Available from http://somalitalk.com/dastuur/1960.html (accessed on January 18, 2017).

التي عابها تدريبها الرديء، ونظامٌ عشائريٌّ مسيّس، وموجات الهجرة الكبيرة من الريف إلى المدينة، والأداء الاقتصادي الضعيف، والضغط من الدول المجاورة التي حملت نوايا معادية، إضافةً إلى مشاكل على صعيد الاندماج الإداري بين النظامين البريطاني والإيطالي.

وطفت أولى علامات عدم الرضا على نظام المشاركة في السلطة بين نخب الجنوب ونخب الشمال عندما حصل سياسيو الجنوب على رئاسة الدولة ورئاسة الوزراء. فرأى الشمال في ذلك ظلمًا وإهانة، وكانت استياء الشمال ومعارضته المبكّرة لسياسات مقديشو جليًّا؛ إذ رفض الشمال الدستور المقترح بنسبةٍ وصلت إلى 54% في الاستفتاء الشعبي الذيَ أجري بتاريخ 20 يونيو 1961. ووصل الضيم إلى نقطة الغليان؛ إذ حاول ضباط الشمال القيام بانقلابٍ كان هدفه فصل أرض الصومال عن الصومال يوم 9 ديسمبر 1961، ولكن الانقلاب باء بالفشل[393].

وكان يبدو أن الصومال كانت تتعلّم عملية الحكم الديمقراطي بسرعةٍ مضطردة؛ إذ تم ضمان حرية الولاءات والمشاركة السياسية. فعُقِد على أرض الواقع انتخابان رئاسيان و انتخابان برلمانيان، وبدأت المنظّمات الاجتماعية في التشكيل، ولم يتم منع الاحتجاجات والإضرابات، ولم يكن المعتقلون السياسيون أمرًا معروفًا في الصومال، ولكن تطبيق نظام الديمقراطية الدخيل في مجتمعٍ تحكمه التقاليد قاد إلى الصراع بين العشائر، والفوضى السياسية، واضطراباتٍ سياسيةٍ لا محدودة. ويمكن تشخيص العملية الديمقراطية في تلك الفترة، كما يصفها عبد الله

(393) كان من بين هؤلاء الضباط عبد الله سعيد أبي، ومحمد أحمد، وحسن كايد، وآخرون غيرهم.

منصور، بـ» جنون الديمقراطية «(394).

وتسبّب هذا في نشوء ساحةٍ سياسيةٍ قائمةٍ على العشائر؛ وهو ما كان دون طموحات الشعب، والنخب المتعلّمة، وضباط الجيش الصومالي. فتطلّعت عيون الشعب الصومالي، الذي صار في حالةٍ من القنوط الكامل في ظلّ الفساد العارم والكساد الاقتصادي، إلى الجيش الذي رأوا فيه أداة التغيير الوحيدة في أفقٍ سياسيٍّ معدوم. وعزّزت الصومال أيضًا علاقاتها مع الاتحاد السوفييتي في 1963، في ظلّ هيمنة القيم القومية العمومية، وتلقّت جرعات دعمٍ عسكريٍّ واقتصاديٍّ كبير(395). ومن المهم الإشارة إلى أن منافسة الاتحادِ السوفييتي والولايات المتحدة في قرن إفريقيا كانت لها انعكاساتٌ كبيرةٌ على الصومال وأثيوبيا على التوالي.

وأكملت حكومة الصومال مساعيها على طريق مشروع الصومال الكبير عقب النجاح في حصول الدولة على الاستقلال عام 1960، وعملت الحكومة بسياساتٍ معتدلةٍ على مرحلتين. ويمكن تشخيص المرحلة الأولى بسعيٍّ أكثر حدّة نحو تحقيق مشروع الصومال الكبير على الصعيد الدولي، ودعم حركات التمرد المحلية في «الأقاليم المستعمرة»، إضافةً إلى بذل جهودٍ كبيرةٍ لمناصرة حق شعب الصومال في تحقيق مصيره. وامتدت المرحلة الأولى سبعة أعوام (1967 ـ 1960) تحت إمرة رئيس الوزراء عبد الرشيد شرماركي (1964 ـ 1960)، وخلفه عبد الرازق حاج حسين (1967 ـ 1964).

وبدأت المرحلة الثانية خلال رئيس الوزراء محمد إبراهيم عجال الذي قام

(394) Mansur Abdulla", Contrary to a Nation: The Cancer of Somali State" in Ahmed, Ali Jimale (ed), *The Invention of Somalia* (Lawrenceville et al., 1995),114.

(395) Abdullahi, The Islamic Movement in Somalia, 146. Also, Laitin and Samatar, *Somalia: Nation*, 78

بتغييراتٍ سياسيةٍ كبيرة، فركّز على تحسين الوضع الداخلي. وقامت سياسته الجديدة على تلطيف النزاعات، وتحسين العلاقات مع الجيران. فعلى سبيل المثال، قام شعب الصومال في الأراضي التي تسيطر عليها إثيوبيا بتشكيل جبهة التحرير الغربي ، وطالبوا بحقهم في تقرير المصير، ولجأت الجبهة إلى حرب العصابات بعد رفض مطالبهم. ودعمت حكومة الصومال حركة التمرد هذه، وأدّى ذلك إلى بعض المناوشات الحدودية في يناير 1964. وتم احتواء النزاع خلال بضعة أشهر، ووافق الصومال وأثيوبيا على وقفٍ لإطلاق النار، وتم توقيع الاتفاقية في الخرطوم تحت رعاية منظّمة الوحدة الإفريقية بتاريخ 6 مارس 1964م[396]. وتعهّد كلا البلدين بسحب قواتهم من الحدود، ووقف سياساتهم العدائية، والبدء في مفاوضات السلام. واضطرت الصومال، بموجب هذه الاتفاقية، إلى وقف دعمها لحروب العصابات في أثيوبيا.

وتبع ذلك خمود نار الحرب الحدودية التي اندلعت عام 1964، ولو أن ذلك كان إلى درجةٍ معيّنة. وأصدر البلدان، بالتواؤم مع سياسات عغال الحكومية الجديدة، بيانًا مشتركًا يوم 22 سبتمبر 1967 كشفا فيه عن اتفاقهما على «إنهاء جميع صور التوتر» بينهما، وتأسيس هيئةٍ عسكريةٍ مشتركة للتباحث في أمر الشكاوى من كلا الطرفين، و»لتحسين التعاون بأفضل صورةٍ ممكنة» عن طريق عقد اجتماعاتٍ فصلية بين إدارة كلٍّ من الدولتين[397]. ولقد لاقت التوجهات

(396) Kessing's Record of World Events (formerly Kessing's Contemporary Archives), Volume 10, July 1964 Ethiopia, Somalia, Page 20176. Available from https://www.google.ca/webhp?sourceid=chrome-instant&ion=1&espv=2&ie=UTF-8#q=somalia+ethiopian+agreement+in+Khartoum+1964 (Accessed on January 25, 2017).

(397) Kessing's Record of World Events (formerly Kessing's Contemporary Archives), Volume 13, November 1967 Kenya, Somalia, Ethiopia, Kenyan, Somali,

السياسية الجديدة التي أخذها مشروع الصومال الكبير معارضةً شديدةً على الصعيد المحلي، مقابل إشادةً واسعةً من الدول الإفريقية والدول الأخرى المهتمة في السلام والأمن في قرن إفريقيا[398]. ولم تمنع هذه الاعتراضات رئيس الوزراء عغال من اللجوء إلى البرلمان، الذي يعد حجر أساس قوته، وتمّت بالفعل المصادقة على الاتفاقية يوم 23 نوفمبر 1967. واستمر رئيس الوزراء في مساعيه لحلّ الاختلافات الكبيرة بين الصومال وجيرانها بعد أن استطاع الحصول على دعم البرلمان.

وفي المقابل، قطعت الصومال علاقاتها الديبلوماسية مع بريطانيا (1963 ـ 1968) بعد تغاضيها عن نتائج الاستفتاء العام الذي أجري في القطاع الحدودي الشمالي التي كانت ضمن الإدارة البريطانية لكينيا، والذي أبان عن رغبةٍ ساحقةٍ لدى السكان في الانضمام إلى جمهورية الصومال[399]. وأصدرت حكومة الصومال البيان التالي تعقيبًا على هذه الحادثة: «لقد كان من الواضح أن الحكومة البريطانية قد كذبت على شعب القطاع الحدودي الشمالي بإقناعهم بأن الحكومة البريطانية تستطيع صون حقهم في تقرير مصيرهم عبر وسائل سلميةٍ وقانونية، فضلاً عن خداعها لحكومة الصومال عن قصد على مدار ثمانية عشر شهرًا»[400].

Ethiopian, Page 22386. Available from ttp://web.stanford.edu/group/tomzgroup/pmwiki/uploads/1378-1967-11-KS-a-(RRW.pdf (accessed on January 22, 2017

(398) قوبل رئيس الوزراء عغال بمظاهرات محمومة بعد عودته من عروشا، وانتقد عبد الرزق حاج حسين رئيس الوزراء السابق في ذلك الوقت والأمين العام لحزب رابطة الشباب الصومالي. اتفاقية عروشا، المصدر السابق.

(399) David D. Laitin, *Politics, Language, and Thought: The Somali Experience*, (University of Chicago Press: 1977), 75

(400) Tom Wanambisi, "The Somali Dispute: Kenya Beware". Marine Corps Command and Staff College,1984. Available from http://www.globalsecurity.org/

وردًا على ذلك، دعمت الصومال حركة التمرد المسلح التي أسمت نفسها حركة تحرير القطاع الحدودي الشمالي في نضالهم للتوحد مع الصومال(401). وفعّلت هذه التطورات اتفاقية دفاعٍ مشتركٍ كانت كينيا وأثيوبيا قد وقّعتاها في 1964م(402). وكانت الدولتان، اللتان انضمتا للمعسكر الغربي، خائفتين من التسلح العسكري في الصومال الذي كان يحظى بدعم من الاتحاد السوفييتي. ولكن مساعي عغال للوصول إلى حلٍّ للنزاع بكينيا، تماشيًا مع المبدأ الدستوري، بدأت في اللجوء إلى وسائل سلمية لحلّ الخلافات الدولية؛ أملاً في تخفيف التوتر. وبدأت الواسطات لحل النزاع تحت رعاية منظّمة الوحدة الإفريقية، وتم التوصل إلى اتفاقيةٍ وُقعت في كينشاسا في سبتمبر 1967. وكانت هناك مادةً مسّت بصورةٍ مباشرةٍ وحدة الصومال، وتمثّلت في الشرط التالي: «أعربت كلتا الحكومتين عن رغبتهما في احترام كل دولة لسيادة الدولة الأخرى وسلامة أراضيها بما يتماشى مع فقرة 3 من المادة 3 من ميثاق منظّمة الوحدة الإفريقية»(403).

وتمّ توقيع مذكّرة الاتفاق في اجتماعٍ عقد لاحقًا في مدينة عروشا في تنزانيا يوم 28 أكتوبر 1967، وحضر الاجتماع رئيس كينيا جومو كينياتا، ورئيس وزراء الصومال محمد إبراهيم عغال. وكان تأويل كلٍّ من الدولتين لمجريات الأحداث

---

military/library/report/1984/WTL.htm (accessed on January 23, 2017).

(401) Moshe Terdman, Somalia at War – Between Radical Islam and Tribal Politics, The S. Daniel Abraham Center for International and Regional Studies, Tel Aviv University, Research Paper No. 2, 2008, 27.

(402) Vincent Bakpetu Thompson, *Conflict in the Horn of Africa: The Kenya-Somalia Border Problem 1941-2014* (UPA, 2015), 247.

(403) Declaration on Kenya -Somalia Relations: The Assembly of Heads of State and Government of the Organization of African Unity meeting in its Fourth Ordinary Session in Kinshasa, Congo, from 11 to 14 September 1967. Available from http://www.peaceau.org/uploads/ahg-st-1-en.pdf (accessed on January 23, 2017).

مختلفًا عن الدولة الأخرى، وهذا ما اتضح في خطابٍ عامٍّ ألقاه الرئيس كيناتا يوم 20 أكتوبر؛ إذ وصف فيه الخلاف بأنه «خصومةٌ بسيطة» تمّت تسويتها. وفي المقابل، قال رئيس الوزراء عغال في خطابٍ أمام الأحزاب السياسية: إن سياسة الحكومة «هي أن تقف بقدمٍ مستعدةٍ للحرب وقدمٍ أخرى مستعدةٍ للسلام»[404].

وعلى الجانب الآخر، أُجري استفتاءٌ شعبيٌّ في إقليم أرض الصومال الفرنسية (وهي جيبوتي اليوم) عام 1958 لحسم أمر الانضمام إلى جمهورية الصومال التي كان من المتوّقع، وقتها، أن تعلن الاستقلال بحلول عام 1960 أو البقاء تحت انتداب فرنسا. وكانت نتيجة الاستفتاء هي البقاء مع فرنسا[405]. وبالطبع، كانت هذه النتيجة انتصارًا للقوى السياسية المناصرة لفرنسا على حساب الجهود السياسية للقوميين الصوماليين تحت قيادة محمد حربي. وأُرجِعت هذه النتيجة إلى أن الاستفتاء عكس رغبة سكان المستعمرة من غير الصوماليين، مثل: العفر، والعرب، والفرنسيين[406]. وكانت هناك اتهاماتٌ واسعةٌ بوجود تزويرٍ في الانتخابات وإقصاء آلاف الصوماليين الذين أبدوا دعمهم للتوحد مع الصومال قبل الاستفتاء[407].

وأُجري استفتاءٌ عامٌّ ثانٍ بتاريخ 19 مارس 1967، وأسفر عن النتيجة نفسها: البقاء مع فرنسا. وكان هناك مرةٌ أخرى تقاريرُ بوجود تزويرٍ في الانتخابات،

---

(404) Ogenga Otunnu, "Factors Affecting the Treatment of Kenyan Somalis and Somali Refugees in Kenya: A Historical Overview. Available from file:///C:/Users/Abdurahman/Downloads/21678-22090-1-PB.pdf (accessed on January 24, 2017).

(405) David Laitin, *Politics, Language,*75.

(406) Berouk Mesfin, Situation Report, Institute for Security Studies, 2011. Available from http://dspace.africaportal.org/jspui/bitstream/123456789/32288/1/15Apr11Djib outi.pdf?1(Accessed on January 25, 2017).

(407) Kevin Shillington, *Encyclopedia of African history*, (CRC Press: 2005), p. 360.

إضافةً إلى إقصاء أكثر من 10 آلاف صوماليٍّ تحت ذريعة عدم امتلاكهم لهويةٍ شخصيةٍ صالحة(408). وأجّج الإعلان عن نتائج الاستفتاء حالةً من الاضطراب الأهلية. وتبع ذلك أيضًا إعادة تسمية إقليم أرض الصومال الفرنسية (Côte Français des Somalis) ليصبح الاسم الإقليم الفرنسي للعفر والعيسى (Territoire Français des Afars et des Issas) بعد استفتاء 1967 ردًّا على التوجهات الصومالية للوحدة، ولمكافأة العفر الذين أظهروا مناصرتهم للفرنسيين، ولصدّ آمال القوميين الصوماليين بتوحيد الصومال(409). والتقى عغال، الذي كان مستمرًا في سياساته الوفاقية، بالرئيس الفرنسي دي جول(Charles de Gaulle) بتاريخ 21 سبتمبر 1967، في محاولةٍ لتحسين العلاقات المتوّترة.

وشدّد البيان الذي صدر عقب اللقاء على التزام كلا الطرفين بصون حقّ جميع السكان في تقرير مصيرهم، وبمبدأ عدم تدخل الدول في الشؤون الداخلية للدول الأخرى(410). فكان إذًا أن غيّرت الصومال سياساتها على صعيد ملف جيبوتي، فصارت تنادي بحقّ جيبوتي في الاستقلال بعد دعمها السابق للتوحد مع الصومال. وصرّح وفد الصومال إلى الأمم المتحدة بتاريخ 10 نوفمبر 1976 بأن الصومال ستكون «أول من يعترف بسيادة الدولة الجديدة وسلامة أراضيها»(411). وبعدها أكّدت كلٌّ من الصومال وأثيوبيا بصورةٍ رسميةٍ أن موقفهما سيكون

---

(408) Jean Strouse, *Newsweek*, Volume 69, Issues 10-17, (Newsweek: 1967), p.48.

(409) Abdallah Abdo Adou, "The Ethnic Factor in the National Politics of Djibouti." The Oromo Commentary, VOL. II, no.1, 1992, 23.

(410) Djiboutian Independence 1967-77. Available from http://www.usc.edu/dept/ancntr/Paris-in-LA/Database/Case-DB/Erit-In-50- 93/DIS67A07.TXT (accessed on January 25, 2017).

(411) المصدر السابق.

«الاعتراف باستقلال وسيادة وسلامة أراضي دولة جيبوتي واحترامها»[412]. وفي النهاية، حصل الإقليم على الاستقلال بتاريخ 27 يونيو 1977 تحت اسم دولة جيبوتي؛ ليكون عدم انضمام دولة جيبوتي أول صدعٍ في مشروع الصومال الكبير.

المنهجيات القومية المتطرفة

ارتكزت السياسات المعتدلة التي وضعت بهدف تحقيق الوحدة الوطنية خلال فترات الحكومات المدنية على إضعاف العشائرية السياسية، وتعزيز الوعي بالقضايا القومية والمناصرة سلميًا لحق تقرير المصير «للأقاليم الثلاثة»[413]. ولكن هذه الجهود أخذت منحًى أكثر تطرفًا عقب انقلاب عام 1969 وعسكرة الحياة العامة في الصومال. ويمكن اعتبار عام 1969 أول محطةٍ في فشل القومية الصومالية في سعيها لإقامة صومالٍ ديمقراطي وكبح العشائرية السياسية، فكانت البداية بتزوير الانتخابات، وتلا ذلك اغتيال الرئيس عبد الرشيد شرماركي بتاريخ 15 أكتوبر 1969، وشكّل ذلك الخطوة الأولى على طريق فشل الدولة. وبدأت الصدوع تظهر في النظام الحزبي التعددي والثقافة الديمقراطية، وتعرّضت الانتخاباتٍ لتزويرٍ مخيفٍ بكل الوسائل الممكنة، فشارك 60 حزبًا مثّلوا عشائر فرعيةٍ مختلفة في انتخابات 1969 التي شهدت تنافس 1002 مرشّحٍ برلماني على 123 مقعدًا؛ أي إن كل ثمانية مرشّحين كانوا يتصارعون على مقعدٍ واحد، إلا أن الحزب الحاكم، رابطة الشباب الصومالي ، تلاعب بالانتخابات بصورةٍ سافرة وفاز بأغلبية المقاعد[414].

(412) المصدر السابق.

(413) تُحيي الأغنية الوطنية الشهيرة لحليمة خليف مغول ذكرى الوحدة الصومالية، وأعطت أملاً للناس بأن الأقاليم الصومالية الأخرى ستنضم قريبًا لهذه الوحدة.

(414) Lewis, *A Modern History*, 204.

وامتصّ حزب رابطة الشباب الصومالي الأغلبية الكبرى من مقاعد البرلمان من الأحزاب المعارضة ليتحوّل الحكم إلى حكم حزبٍ واحد[415]. فكان الحزب يسير تدريجيًا إلى حكم الحزب الواحد في عام 1969، بعد نضاله في سبيل الاستقلال (1943 ـ 1954)، ومن ثم مهادنته للقوى الاستعمارية (1954 ـ 1960). وفي النهاية، وفي ظلّ انتخاباتٍ شهدت تزويرًا كبيرًا، فضلاً عن الفساد البيروقراطي المتفشي، ونسب البطالة العالية، وتحديدًا بين النخب الصغيرة المتعلّمة، نُزِعت الشرعية من الحكومة، وتُوّج ذلك برضب الشعب من سياسة عغال المعتدلة على صعيد تأسيس الدولة الصومالية الكبرى، والذي وصل إلى ذروته باندلاع اضطرابٍ سياسيٍّ واغتيال الرئيس شرماركي بتاريخ 15 أكتوبر 1969. ولم يكن هناك خلال تلك الفترة أيّ مؤسّسةٍ قادرةٍ على الأخذ بزمام الأمور وإنقاذ الدولة الصومالية من الانهيار سوى الجيش الوطني المهيب، الذي تلقّى تدريبه بصورةٍ رئيسيةٍ على يد الاتحاد السوفييتي ومصر.

إذن تحطّمت أحلام الصوماليين خلال السنوات التسع الأولى بعد الاستقلال من الاستعمار، ونفّذ الجيش الصومالي انقلابًا سلميًا بتاريخ 21 أكتوبر 1969 الذي حظي بدعم أغلبية الشعب الصومالي، الذي عمّت فيه حالةٌ من عدم الرضا[416]، إلا أن النظام الجديد، وعلى النقيض من تطلعات الشعب، قام خلال فترةٍ قصيرةٍ بقطع حرية التعبير، وحظر جميع المنظّمات الاجتماعية والسياسية، وتعامل مع المعارضة بقبضةٍ حديدية، ومارس الاحتجاز والتضييق خارج نطاق القانون. وعزّز النظام الذي ارتكز على برامج اشتراكيةٍ قوميةٍ ،علاقاته مع السوفييت قوية ، وأعلن

---

(415) كان عبد الرزق حاج حسين، رئيس الوزراء السابق، المعارض الوحيد المتبقي، وكان يقول: "الله واحد، وأنا واحد."

(416) Samatar, *Socialist Somalia*, 87.

عن تطبيق برامج اشتراكية تستهدف العشائر، منها تجنيد أبناء عشائر معيّنة في الدوائر الحساسة، مثل: الأمن، والحرس الرئاسي، والشؤون الخارجية.

ونال النظام في البداية دعم الشعب واحترامه بفضل الأداء الاقتصادي المتحسّن، وتوسع الخدمات الاجتماعية، وخلق فرص عمل، وتدشين ثقافة حكم أفضل، ولكن النظام كشف عن وجهه الديكتاتوري بعد بضع سنوات من بثّ خطابه الاشتراكي، وبدأت المعارضة في التجسد في عددٍ من الطرق. فكان التحدي السياسي الأول الذي واجهه النظام العسكري هو المجلس الثوري حينما قام بعضٌ من قادة النظام البارزين بتنظيم انقلابٍ عسكريٍّ في عام 1971؛ أي بعد عامين من الانقلاب الأول، ولكن باء هذا الانقلاب بالفشل، وتمّ إعدام قادته على مرأى العامة[417]. وكان التحدي الثاني هو العلماء الذين عبّروا عن رفضهم لتدخل النظام في قوانين الأسرة المستنبطة من الدين الإسلامي، واستبدال قوانين علمانية بها تخالف بصورةٍ صريحة أحكام القرآن[418]. وكان ردّ النظام على الاحتجاجات السلمية التي نظّمها العلماء ردًّا بربريًّا وغير حكيم، فأُعدِم 10 علماء معروفين بتاريخ 23 يناير 1975، غير المئات الذين لاحقتهم الدولة[419].

---

(417) Mohamed Osman, *The Road to Zero: Somalia's Self-Destruction* (HAAN Associates, 1992), 125.

(418) Abdurahman Abdullahi, "Women, Islamists and the Military Regime in Somalia: The new family Law and its Implications." in Markus Hoehne and Virginia Luling (ed.), *Milk and Peace, Drought and War: Somali Culture, Society and Politics* (London: Hurst&Company, 2010), 137-160.

(419) أبوبكر، علي الشيخ .جذور المأساة الراهنة .بيروت: دار ابن حزم،;185-181 1992 انظر أيضًا: النصّ الكامل لاتفاقية التعاون والصداقة بين الصومال والاتحاد السوفييتي في المرفق، صفحة .247 كان الضباط الذين لقوا مصير الإعدام من أبناء عشائر إسحاق، ومجرتين، وأبغال .وتبع ذلك استهداف وملاحقة أقربائهم المباشرين، وعوائلهم الذين اعتبرهم النظام اعداءً للثورة .ويمكن الرجوع إلى شهاداتٍ لأناس شهدوا حملة النظام العسكري ضد الإسلام في: أبوبكر، علي الشيخ .جذور المأساة .137-109

ومثّل إعدام قادة مخطّطي الانقلاب و العلماء السبب الفعلي الذي سرّع بتهاوي القومية الصومالية، وتنامي العشائرية، وانهيار الدولة الصومالية. وكانت عواقب إعدام مخطّطي الانقلاب كارثية تاريخيًّا في ظلّ انتماء هؤلاء إلى ثلاث عشائر كبيرة. وأخذ الخطاب العشائري، في ظل ذلك، أبعادًا جديدة، ونما بصورةٍ متأصّلة من داخل النظام، والمجال البيروقراطي، والشعب بصورةٍ عامة. حاول النظام تبني سياساتٍ مستترة، في محاولةٍ لإصلاح الوضع المتردي؛ فبدأ باستهداف عشائر معيّنة، وتقديم امتيازاتٍ محدّدة لعشائر أخرى تحت ذريعة مساندة الثورة، وإقصاء العناصر المناهضة للثورة. وفي المقابل، اكتسبت الحركات الإسلاموية السرية، التي لا تزال قائمةً حتى اليوم، زخمًا أكبر بعد إعدام العلماء، وتحوّلت إلى التنظيم السري، وتمددت أذرعها في جميع المناطق؛ دفاعًا عن الدين في وجه «الاشتراكيين الملحدين».

لقد صاغت تلك اللحظة التاريخية أيدولوجيات الحركات الإسلاموية المعاصرة التي أطلقت برامج اجتماعية سياسية. وتشكّل تدريجيًّا تحالفٌ بين هاتين القوتين، اللتين استندتا إلى ثقافة العشيرة والدين المتأصّلة في الشعب الصومالي، وتوحّدت هاتان القوتان على رغبتهما في تغيير النظام، ولكنهما اختلفتا في الوسائل التي يجب استخدامها، فعملت كلٌّ منهما بطريقتها سعيًا لتقويض النظام. واصطدم النظام مع هاتين الأيدولوجيتين الصوماليتين المتأصّلتين؛ العشيرة والإسلام، وخلق هذا الصراع صدعًا في نسيج النظام الصومالي وتماسكه وتكافله[420].

(420) هناك مثلٌ مشهورٌ في الصومال: "أمران لا تُنتهَك حرمتهما في الصومال: العشيرة والإسلام ".وعبث النظام بهاتين القاعدتين المتينتين للهوية الصومالية .انظر
Abdurahman Abdullahi, "Recovering Somalia: The Islamic Factor." African Renaissance, 3, 5, 2006, 34-58.

واستمرّ النظام العسكري على خطى القومية باستخدام المنهجيات الثلاثة التي هدفت إلى احتواء العشائرية، والتمثيل النسبي، والتشريعات المناهضة للعشائرية، وبثّ أفكار القومية وزرعها بين الناس، مضيفًا منهجياتٍ أخرى راديكالية. وسنّ النظام العسكري تشريعاتٍ قاسيةٍ، ونفّذ دعاية فكرية شديدة ضد العشائرية، فتمّ اعتماد عددٍ من القوانين للتخلص من العشائرية، وعلى سبيل المثال، استبدل نظام الدية، الذي يعود أصله إلى شعائر الدين الإسلامي، بعقوبة الموت، وأُعيدت تسمية قادة القبائل ليصبح اسمهم «صانعو السلام» (*Nabadoon*)، كما باتت *Afminsbarism* (الدعاية السياسية والشائعات العشائرية) ممنوعةً قانونيًا[421].

كذلك قُوّض التكافل العشائري في المناطق الحضرية عن طريق برامج حكومية، مثل: تغطية تكاليف الجنازة في حال كان المتوفى لا يملك أي قراباتٍ مباشرة، وفُرضت سياسات تأمينٍ إجبارية على السيارات، وكان الأهم من ذلك اعتماد الاشتراكية أيدولوجيةً رسميةً للدولة؛ وهو ما أفرز حملةً منظّمةً ضد العشائرية[422]. وعلى الرغم من أن سياسة استئصال العشائرية التي وضعها النظام العسكري كانت لها نتائج سريعة، لكنها كانت التجلي الأمثل للمنهجيات المثالية والشعبوية والمتناقضة التي عرف بها القوميون الصوماليين، والتي افتقرت إلى الجوهر وإلى الجانب الواقعي للعمليةِ.

كما أن الدولة أساءت استخدام سياسة التمثيل النسبي إلى درجةٍ كبيرةٍ، فمما

انظر أيضًا:

see Abdurahman Abdullahi, "Tribalism and Islam: The Basics of Somaliness." In *Variations on the Theme of Somaliness*, edited by Muddle Suzanne Lilius. Turku, Finland: Centre of Continuing Education, Abo University, 2001: 227-24.

(421) Samatar, *Socialist Somalia*, 108.

(422) Mohamed Haji Ingiriis, *The Suicidal State in Somalia: The Rise and Fall of the Siad Barre Regime* (University Press of America, 2016), 166.

يدعو إلى السخرية هو أن الحكومة قامت بإطلاق حملاتٍ ضد الانتماءات العشائرية، والمحسوبية، والعشائرية، لكن الرئيس أحاط نفسه بأبناء ثلاث عوائل عشائرية على وجه الخصوص؛ وهي عشيرته مريحان، وعشيرة أمه أوجادين، وعشيرة صهره طلبهنتي (423). كما بُجّل شخص الرئيس محمد بري إلى درجة تقديمه على أنه «رمزٌ ماوي» (نسبة إلى ماو مؤسس الحزب الشيوعي الصيني)، وأعطي لقب «أبو الأمة» (Aabibi Ummada) تكريمًا له(424). وكان الرئيس يتوقّع، وهو الأب، أن يقبله جميع أبناء الشعب بصفتهم أولاده. ولكن «الأب» نفسه لم يطبق ـ على سبيل التناقض ـ التكافل العشائري بين أولاده، وفضّل أن يعتمد بصورةٍ كبيرةٍ على عشائر معيّنة، استمد منها أسس قواه السياسية. وفي المقابل، عمل الرئيس على تطهير إدارته من نخب هوية، وإسحاق، ومجرتين بصورةٍ تدريجية، فلجأ هؤلاء إلى النضال المسلّح؛ إذ لم يكن بإمكانهم التعبير عن مظلوميتهم أو إبداء استيائهم في ظلّ تقييد الحقوق الديمقراطية.

ويصعب تخمين الأسباب والزمن الدقيق الذي قرّر فيه الرئيس رسم هذه التحالفات العشائرية. وربما يكون ذلك بسبب دواعٍ امنيةٍ بعد محاولة الانقلاب التي قادها الجنرال محمد عيناشي، والجنرال سلاد غبيري، والكولونيل عبد القادر طيل في 1971، وكان هؤلاء الضباط من أبناء عشائر إسحاق، وهوية، ومجرتين على التوالي، وتعد هذه العشائر من العشائر الأكثر تأثيراً خلال الفترة

---

(423) Laitin and Samatar, Somalia: Nation in Search of a State (Boulder: Westview, 1987), 156.
(424) هناك غير واحدةٍ من الأغاني التي تُسمّي الرئيس بأنه أبو الأمة، وأبو المعرفة، وأبو الثورة. انظر
Lewis, "The Ogaden and the Fragility of Somali Segmentary Nationalism", Horn of Africa, 1&2 (1990),55. Also, Abdi Sheikh Abdi, "Ideology and Leadership in Somalia." The Journal of Modern African Studies. 19, 1(1981), 169.

المدنية (1960 ـ 1969). وربما، على صعيدٍ آخر، مثّلت هذه القرارات خطوةً مبكّرةً قام بها الرئيس لإرساء أسس سيطرته المطلقة على البلاد[425]. وبغض النظر عن الأسباب، نجحت التحالفات العشائرية التي عقدتها حكومة الرئيس محمد بري في تقويض سياسات التمثيل النسبي، ودمّرت أيضًا صورة القيادة التقليدية، وقلبت النظام الاجتماعي رأسًا على عقب.

ولقد تغيّر المشهد السياسي في قرن إفريقيا في عام 1974 عندما تمّ خلع الإمبراطور حيلي سيلاسي، وانتزعت الديكتاتورية العسكرية مقاليد الحكم في أثيوبيا، معلنةً عن توجهاتها الشيوعية. وشهدت أثيوبيا اضطراباتٍ داخليةٍ أضعفت قدراتها العسكرية بصورةٍ كبيرة، واستغلت الصومال الوضع المتقلّب في أثيوبيا، في ظلّ استمرار مساعيها لتحويل مشروع الصومال الكبير إلى واقع على الأرض، وبدأت بمحاولة زعزعة استقرار إقليم أوغادين أو غرب الصومال كما سميت خلال هذه الفترة. وصعّدت جبهة تحرير الصومال الغربي من عملياتها التمردية بدعم من الجهاز العسكري الصومالي، وتعقّدت الأزمة إلى أن وصلت إلى حربٍ حقيقيةٍ بين البلدين في عامي 1977 و1978م[426].

ودخلت الصومال في حربٍ مع أثيوبيا؛ سعيًا وراء مشروع الصومال الكبير

---

(425) أفرزت هذه العشائر الثلاث رئيسين وثلاثة رؤساء وزراء قبل انقلاب 1969.

(426) انظر Joseph K. Nkaisserry, "The Ogaden War: An Analysis of its Cause and its Impact on Regional Peace on the Horn of Africa". أطروحةٌ قُدّمت للكلية العسكرية التابعة للجيش الأمريكي، Carlisle Barracks, Pennsylvania, 1997. أيضًا

David Laitin, The war in the Ogaden: implications for Siyad's role in Somali history. Journal of Modern African Studies 17(1), 1979, 95-115.

وعن دور القوى الخارجية في الحرب، انظر

Adam Lockyer, Opposing Foreign Intervention 's Impact on the Course of Civil Wars: The Ethiopian-Ogaden Civil War 1976-1980. وهي ورقةٌ طرحت في مؤتمر رابطة العلوم السياسية الأسترالية الذي أقيم في سبتمبر 2006.

في وقتٍ كان فيه التماسك الاجتماعي يتداعى في الصومال، وكانت احتجاجات النخب تتزايد أكثر وأكثر، وكبرت أيضًا قاعدة المعارضة بعد إعدام العلماء وأعضاء المجلس الثوري. وكان مما زاد الوضع تعقيدًا تأسيس الحرب الاشتراكي عام 1977، الذي عمّق الانقسامات العشائرية وأجّج الاحتجاجات بعد أن كشف الحزب عن لجنته المركزية، والتي اختير أعضاؤها من العشائر التي تشكّل قاعدة الرئيس. ومثّلت حرب أثيوبيا (1978 ـ 1977)، وهزيمة الجيش الصومالي، نقطة تحولٍ ثانيةٍ أضعفت بدورها نسيج القومية الصومالية الجامعة؛ وهو ما مثّل محطةً أخرى على طريق سقوط الدولة[427].

وكان الوضع السياسي في عام 1978 في الصومال مشابهًا جدًّا لعام 1969؛ فهناك نظامٌ قائمٌ على حزبٍ واحد يحكم البلاد، وكان النظام يتجاهل الاحتجاجات السياسية التي تتفاقم مع الوقت. لكن الجيش الذي أنقذ الدولة من السقوط في عام 1969، والذي كان يملك القوة، أصبح الآن مفتّتًا، وفقدت بنية قيادته استقلاليتها واحترافيتها، بل صارت جزءًا لا يتجزّأ من التشرذم السياسي، وفي ظلّ ذلك لم يكن من الصعب أبدًا إحباط ثالث محاولة انقلاب في تاريخ الصومال، والتي كانت بتاريخ 9 أبريل 1978، وأسفرت عن إعدام 17 ضابطًا من الجيش (ملاحظة: الرقم الأصلي في النسخة الإنجليزية كان 18 ضابطا. لكن 17 ضابطا هو الرقم الصحيح) واحتجاز مئاتٍ آخرين، بينما نجح بعض من خطّطوا للانقلاب في الهروب، وشكّلوا معارضةً مسلّحة، وتلقّوا الدعم والترحيب من دولٍ مجاورةٍ لها أجندةٌ معاديةٌ للصومال، وتحديدًا أثيوبيا. وانتاب النظام في

(427) تدهورت العلاقات بين الصومال والسوفييت، وتمّ طرد الخبراء السوفييت من الصومال يوم 13 نوفمبر 1977. وكان مؤلّف هذه المقالة أحد الضباط العسكريين الصوماليين الذين طردهم الاتحاد السوفييتي ردًّا على قرار الصومال.

الصومال الرعبُ بعد محاولة الانقلاب، واعتمد سياساتٍ أمنيةٍ مشدّدة، وبدأ بتأليب العشائر المساندة للنظام ضد عشائر أخرى على أساس كونهم «اعداءً لشعب الصومال»، وعرفوا باسم «*Qaran – Dumis* و *Sama – diid*» (رافضو الخير وأعداء الدولة).

ودفعت السياسات العشائرية التي تبنّتها الحكومة العسكرية العشائر الساخطة إلى الراديكالية، واندلعت المعارضة المسلّحة، وقامت أولى محاولات المعارضة المسلحة ضد النظام بعد هزيمة الجيش الصومالي في حرب (1978 – 1977)، وفشلت محاولة الانقلاب التي كانت بتاريخ 9 أبريل 1978. وشكّلت هزيمة الجيش الصومالي إهانةً عنيفةً لـ«أبو الأمة» ونظامه، فضلاً عن العواقب البشرية والاقتصادية المدمّرة. وبدأت سياسات الفصائلية، في ظل ذلك في عام 1978. وهكذا بدأت حقبة التجزئة العشائرية، وكشّر النظام عن أنيابه في ظلّ اقتصادٍ هزيلٍ، وممانعة النظام للقيام بإصلاحاتٍ سياسيةٍ واقتصاديةٍ حقيقية، فبدأ فصلٌ جديدٌ في التاريخ الصومالي يمكن تلخيصه بأنه يمثل مرحلةً جديدةً من الرعب والإقصاء والمحسوبية والتناقضات.

المنهجيات القومية المتطرفة وانهيار الدولة

فرض فشل الدولة في كبح العشائرية، وفشل الجيش الصومالي في تحقيق أهداف مشروع الصومال الكبير- تحدياتٍ خانقةً على النظام العسكري الذي عمل بسياساتٍ هجومية، رافضًا وسيلة المفاوضات وتسوية الصراع سلميًا؛ فكانت السياسة الرسمية للنظام هي الخيار العسكري وقمع المعارضة التي اتجهت إلى التطرف أكثر وأكثر في ظل ذلك، وقبلت جميع الفصائل المسلّحة الرعاية الأثيوبية في قرارٍ يُنظر إليه حتى اليوم بأنه خيانة. وتشكّلت أولى حركات

المعارضة تحت اسم جبهة الخلاص الصومالي عام 1979، وكان مقرها أثيوبيا، وكان معظم أعضاؤها في جملتهم من عشيرة مجرتين. وتحوّلت جبهة الخلاص الصومالي إلى جبهة الخلاص الصومالي الديمقراطية بعد اندماج حزبين سياسيين مع الحركة(428). وتبع ذلك تشكيل حركة معارضةٍ ثانية هي الحركة الصومالية القومية، وتأسّست في لندن في أبريل من العام 1981 على يد بعضٍ من أبناء عشيرة إسحاق المنفيين، وكان مقرها في أثيوبيا. وعلى الرغم من المساعي الجادة من كلتا الحركتين للاندماج، وتشكيل جبهة معارضةٍ قوميةٍ موحّدة، ظلت الحركتان حزبين منفصلين يمثّلان عشيرتي مجرتين وإسحاق. وكان ردّ الحكومة على هاتين الحركتين ردًّا عسكريًا وحشيًّا استند إلى «سياسة الأرض المحروقة».

ويشير علي خليف غلير إلى «أن انتهاكات حقوق الإنسان الفظيعة لم تكن بالأمر المستجد، ولكن ما كان جديدًا ومقلقًا ووحشيًّا هو استهداف عشيرةٍ أو عشيرةٍ فرعيةٍ بحالها على أساس أن هذه العشائر هم أعداء النظام»(429). وشهد إقليم مدغ سياسة الأرض المحروقة التي استهدفت عشيرة مجرتين. وكان النظام حريصًا، وبصورةٍ مستميتة، على تجفيف مشارب كل الدعم من الحركات المعارضة على الصعيد السياسي أيضًا. وتماشيًا مع ذلك، وقّع النظام اتفاقية سلامٍ مع أثيوبيا في جيبوتي بتاريخ 4 أبريل 1988، وأنهى دعمه لحركة التحرير

(428) "كان هناك 11 عضوًا مؤقّتًا في اللجنة التنفيذية في أكتوبر 1981، وكان منهم عضوان من أبناء عشيرة إساق، وعضوٌ من عشيرة دولباهانتي، وعضوٌ من عشيرة هوية .ولكن لم يكن هناك سوى أربعة أعضاءٍ من غير أبناء عشيرة ماجرتين من أصل 24 عضوٍ شكّلوا اللجنة التنفيذية في 1983." انظر

Daniel Compagnon. "The Somali Opposition Fronts: some comments and questions", Horn of Africa, 1 & 2 (1990), 29.

(429) Ali Kkalif Galaydh, "Notes on the State of the Somali State." Horn of Africa 13: 1 & 2 (April/June, 1990): 1-28.

غرب الصومال في محاولةٍ لإنهاء الدعم الأثيوبي لجميع فصائل المعارضة المسلحة، وتحديدًا الحركة الصومالية القومية(430).

ومن الجدير بالذكر أن كل النخب الصومالية (حكومةً ومعارضين) لجأوا إلى أثيوبيا لتدمير بعضهم بعضًا في هذه اللحظة التاريخية عوضًا عن الالتفات والحديث بعضهم مع بعض. وقد نجمت عن الاتفاقية مع أثيوبيا نتائج كارثية؛ فترك مقاتلو الحركة الصومالية القومية قواعدهم في أثيوبيا، وشنّوا هجماتٍ مفاجئةً على المدن الكبرى في الشمال، مثل: هرغيسا وبرعو بتاريخ 27 مايو 1988، ونجحت الحركة في احتلال هذه المدن بصورةٍ مؤقّتة في عام 1989م(431). وأسفرت هذه الاشتباكات الدموية والوحشية عن مقتل ما يزيد عن 50 ألف مواطن، وتحوّل معظم سكان هذه المناطق إلى لاجئين.

وانبثق مزيدٌ من الحركات العشائرية المعارضة، مثل: الكونجرس الصومالي الموحّد، الذي هيمنت عليه عشيرة هوية، والحركة الصومالية الوطنية، التي هيمنت عليها عشيرة أوجادين، وكان مقرّ كلٍّ من هاتين الحركتين في أثيوبيا، وإن كان يمكن اعتبار تأسيس الكونجرس الصومالي الموحّد إشارةً إلى نجاح العشائر التي كانت لها السطوة في السابق في تصدر المشهد من جديد، فإن تشكّل الحركة الصومالية الوطنية كان دلالةً على تصدع التحالفات العشائرية المناصرة للنظام.

وأخذ القوميون في الصومال على عاتقهم مهمةً كبيرةً امتدت لثلاثين عامًا

---

(430) Lewis, "The Ogaden and Fragility", 59
(431) Peter J. Schraeder, "From Irredentism to Secession: Decline of Pan-Somali Nationalism", In *After Independence: Making and Protecting the Nation in Postcolonial and Post-Communist States* edited by Lowell W. Barrington (The University of Michigan Press, 2006), 124-25.

تمثّلت في استئصال العشائرية المتجذّرة، والسعي وراء حلم الصومال الكبير. ولكن الأفق المسدود للعملية الديمقراطية، والنظام العسكري المستبد، والمنهجيات الراديكالية التي لجأ إليها القوميون لتحقيق أجندتهم القومية، كلها عوامل أضعفت القومية الصومالية. وكانت المحاولات الأخيرة لإنقاذ الصومال من الانهيار على يد رجال الدولة المخضرمين في مايو 1990؛ حيث تم توقيع بيانٍ رسميٍّ يطالب باستقالة سياد بري، وتشكيل حكومةٍ مؤقّتة تمثّل الحركات المعارضة، ووضع جدولٍ زمنيٍّ لعقد انتخاباتٍ تشمل الأحزاب المختلفة(432).

ولكن أمر سياد بري باعتقال الـ 114 اسمًا الذين وقعّوا البيان قد أفشل خططهم على الرغم من أنه أطلق سراحهم تحت الضغط من دولٍ أجنبية(433).

ويرسم الجدول (5) تحليلاً مقارنًا بين الأحزاب السياسية عام 1960، والفصائل المسلّحة عام 1991. ويُبيّن الجدول مدى انسداد التنمية السياسية، إضافةً إلى محاولات الأحزاب السياسية في إعادة تقديم نفسها في إطار فصائل مسلحة. ويُظهر الجدول أيضًا انحلال رابطة الشباب الصومالي؛ وهو ما شكّل فشل التجسيد المؤسسي للقومية الصومالية.

أحزاب 1960	الفصائل 1991	العشائر
العصبة الصومالية القومية (SNL)	الحركة الصومالية القومية (SNM)	إسحاق
حزبيا دجل ومرفلي (HDMS)	SDM	دجل ومرفلي

---

(432) Mohamed Haji Ingiriis, *The Suicidal State in Somalia*, 211.
(433) Moshe Terdman, *Somalia at War – Between Radical Islam and Tribal Politics*, The S. Daniel Abraham Center for International and Regional Studies, Tel Aviv University, Research Paper No. 2, 2008, 23.

أحزاب 1960	الفصائل 1991	العشائر
رابطة الشباب الصومالي (SYL) + وعصبة الصومال الكبير GSL))	جبهة الخلاص الصومالي الديمقراطية (SSDF)	مجرتين
رابطة الشباب الصومالي (SYL) + حزب الشبيبة الصومالي الليبرالي PLGS))	الكونجرس الصومالي الموحّد (USC)	هوية
رابطة الشباب الصومالي SYL))	الحركة الصومالية الوطنية (SPM)	أوغادين
الحزب الصومالي الموحّد USP))	USF	توجالا (إسحاق)
الحزب الصومالي الموحّد (USP)	SDA	العشائر الشمالية غير إسحاق
رابطة الشباب الصومالي SYL))	SNF	مريحان

المخطط (7): الأحزاب السياسية في 1960 ومقارنتها بالفصائل في 1991.

وقد لاذ الرئيس محمد سياد بري بالفرار من القصر الرئاسي يوم 26 يناير 1991، واختبأ مع مؤيّديه في الأجزاء الجنوبية من الصومال. وتحوّل الصراع بين النظام والمعارضة المسلحة إلى حربٍ بين عشائريتين؛ دارود وهوية. وغرقت العاصمة مقديشو، بالتزامن مع ذلك، في دوامةٍ من الفوضى، فعثت الميليشيات فسادًا، دون أن تجد من يسيطر عليها أو يردعها، وغرقت مقديشو في عمليات النهب والسرقة وقتل السكان المدنيين. وقد تم تشكيل حكومةٍ مؤقتةٍ بتاريخ 28 يناير، واختير علي مهدي محمد رئيسًا مؤقتًا. ولكن اعترض الجنرال محمد فارح عيديد على هذا القرار؛ وهو ما عمّق الاستقطابات القائمة في صفوف

الكونجرس الصومالي الموحّد، الذي انقسم إلى معسكرين مسلحّين على أساسٍ عشائري؛ معسكر علي مهدي ومعسكر الجنرال عيديد.

وفي الوقت نفسه، شكّلت الحركة الصومالية الوطنية وجبهة الخلاص الصومالية الديمقراطية تحالفًا مع مع معسكر مؤيّدي محمد سياد بري في جدو وكيسمايو بسبب انتمائهم إلى عشيرة الدارود. وعلى الجانب الآخر، قامت الحركة الصومالية القومية باتخاذ قرارٍ من جانبٍ واحدٍ بنقض اتحاد 1960، وإعلان دولة أرض الصومال المستقلة يوم 18 مايو 1991. وأشعل قرار تعيين الحكومة المؤقّتة فتيل عداوةٍ مُرةٍ بين فصائل عشيرة هوية الذين اقتتلوا لما يقارب مائة يوم؛ وهو ما أسفر عن مقتل 30 ـ 20 ألف ضحية. حاولت الأمم المتحدة الدخول كوسيط للوصول إلى اتفاقية وقفٍ لإطلاق النار في مارس 1992. ونجحت الأمم المتحدة في تقليص حجم الصراع إلى حدٍّ ما، ووصل الاقتتال بين الجبهة الصومالية القومية (SNF) وفصيل الكونجرس الصومالي الموحد بقيادة الجنرال محمد فارح عيديد إلى سكان المنطقة النهرية؛ وهو ما أدّى إلى مقتل ما يقارب 300 ألف إنسان. ووصلت القوات الأمريكية إلى مقديشو في ديسمبر 1992، والتي كانت تقود قواتٍ تتألّف من جنسياتٍ مختلفة، وتضمّ ما يزيد عن 37 ألف مقاتل من 22 دولةٍ مختلفة. ولكن تمّ إجهاض المهمة بتاريخ 4 ـ 3 أكتوبر 1993، عندما اندلع قتالٌ بين قوات حفظ السلام وميليشيا الجنرال محمد فارح عيديد (434).

وانسحبت الأمم المتحدة من الصومال بتاريخ 3 مارس 1995، ونجحت المهمة الأممية في تخفيف المجاعة، وإضعاف أمراء الحرب، وتعزيز منظّمات

(434) أودى هذا الصراع بحياة 24 باكستاني، و 19 جنديٍّ أمريكي، و 1000-500 صومالي.

المجتمع المدني، وشجعّت أيضًا على إقامة اعمالٍ في القطاع الخاص. وتُوجّت هذه التطورات بتغييرٍ في استراتيجية المصالحة الوطنية، والتي أولت دورًا أكبر للقيادة المدنية. وكان من نتائج ذلك مؤتمر المصالحة الوطنية الذي أقيم في مدينة عرتا في جيبوتي عام 2000، ودشّن المؤتمر طيفًا واسعًا من الفاعلين المدنيين بعد 10 سنوات من المؤتمرات الفاشلة التي سادها أمراء الحروب. وأفرز مؤتمر عرتا للسلام الحكومة الانتقالية الوطنية (TNG)، التي كانت بريق أملٍ لاستعادة الحكم المدني في الصومال وتحقيق المصالحة بين الفصائل المتحاربة. وبدأت الحقبة الجديدة من إحياء القومية الصومالية على أساس رؤيةٍ وأجندةٍ معتدلة؛ وهو ما كان إحياءً لجمهورية الصومال، وتوحيد الإقليمين الصوماليين: أرض الصومال البريطانية السابقة، وإقليم الصومال الإيطالي السابق.

الخلاصة

انبثقت القومية الصومالية على أسس محاربة الاستعمار والقومية الثقافية، ومرّت القومية الصومالية بثلاث مراحل: المثالية الحالمة، والقوة، والضعف. كانت البداية طموحةً، وكان السعي فيها نحو تحرير الشعب الصومالي من قوى الاستعمار المتعدّدة، وتوحيدهم في دولةٍ واحدةٍ تلفّ أرض الصومال الكبير. مثّلت هذه المرحلة أيضًا مشروعًا حداثيًّا ضد التقاليد، وهدف المشروع إلى إصلاح المجتمع المفكّك إلى عشائر عبر تقويض دور العشائرية، وتهميش قياداتها، وتلطيف العشائرية المحلية واستبدالها بعشيرةٍ فوقية؛ هي القومية الصومالية، فصارت القومية الصومالية موازيةً تمامًا للمفهوم الأوروبي للقومية التي قامت على أساس حقوق الشعوب المستعمَرة بتقرير مصيرها وبإقامة دولٍ قومية.

وبدأ القوميون الصوماليين بمهمةٍ عظيمةٍ بتحويل قومية الصومال الثقافية، التي وحّدتها لغةً مشتركةٌ ودين الإسلام والتاريخ المشترك، إلى قوميةٍ سياسية. ورفدت رياح حركات التحرير هذا التوجه، فضلاً عن موجات إنهاء الاستعمار وتشجيع الدول الأجنبية. وكان انبثاق النخب المتعلّمة والأوضاع الاقتصادية المحسّنة والتطلع للاستقلال أيضًا عوامل دعمت هذه التوجهات. وتمثل الانتصار الأول، الذي احتفلت به القومية الصومالية، هو توحيد مستعمرة أرض الصومال والصومال الإيطالي لإقامة جمهورية الصومال في الأول من يوليو من عام 1960. ولكن طموح القوميين الصوماليين، كما أكّدوا هم أنفسهم، لم يتوّقف إلى هذا الحد، بل كانوا يريدون أيضًا تحرير «الأقاليم الثلاثة» وتوحيدهم أيضًا.

تزامنت الفترة التكوينية للقومية الصومالية مع المناخ المشؤوم للحرب الباردة في أعقاب الحرب العالمية الثانية، وانعكس هذا على صراع القوى الكبرى والدول الإقليمية على الصومال وموقعها الاستراتيجي. وقد خلّفت الدول المستعمرة وراءها مؤسّسات دولةٍ هزيلة بعد الاستقلال، واقتصادًا غير مستدام، وأزمة صراعٍ مستمرة مع الدول المجاورة للصومال. كما أن النظام السياسي المُورَّث كانٍ يغذّي ويوقد نار العشائرية السياسية، وثقافة النخبة التي أولت الأهمية لمشاركة السلطة، وغضّت الطرف عن ديمقراطيةٍ فاسدة. ولم يُعطَ تعزيز المواطنة، وسيادة القانون، والشفافية، والتنمية الاقتصادية الاهتمام الكافي، وكان الاتكال على المساعدات الخارجية.

وسعت القومية الصومالية إلى تحقيق هدفيها الرئيسين: كبح العشائرية، وتحقيق مشروع الصومال الكبير، بمنهجياتٍ تباينت بين المعتدلة والمتطرفة، فاتبعت الحكومات المدنية وشبه الديمقراطية (1969 ـ 1960) منهجياتٍ معدلة

على مرحلتين (صدامية ووفاقية). أما النظام العسكري (1991 ـ 1969)، فقد مال إلى منهجياتٍ متطرفة. واستخدمت العاطفة في كلتا الفترتين على نحوٍ موجّه، وتمت تقويتها عبر بثّ دعاية منهجية عبر وسائل الإعلام، والأغاني، والقصائد، والفن، والتراث الشعبي، ونظم التعليم، وتحويل الأبطال القوميين إلى رموز، وغير ذلك. وكانت القيم الشعبية المتأصّلة، والدين والثقافة وحق تقرير المصير، هي السمات الأبرز للخطاب والسردية القومية.

وكانت بداية منهجية النظام العسكري بتطبيق مشاريع غير واقعية، هدفت إلى استئصال العشائرية، ومحاربة الإسلاموية المتنامية، وتحقيق مشروع الصومال الكبير. وكانت لهذه المنهجية انعكاساتٌ سلبيةٌ أدّت إلى إضعاف ذات الأفكار التي حاولت رعايتها. على سبيل المثال، أضعفت المنهجيات الراديكالية التماسك الاجتماعي، وأجّجت مشاعر الاستياء التي تجسّدت في لغة العشائرية والإسلاموية، كما نتج عن دفع القومية الصومالية إلى الراديكالية زراعة البذور الأولى للصراع العسكري مع أثيوبيا في حرب (1978 ـ 1977).

واستدعت الحرب تدخلاً عسكريًا دوليًا من الجانب الأثيوبي، وتجرّعت الصومال هزيمةً نكراء بعد تحقيق بعض الانتصارات المبكّرة؛ وهو ما أدّى إلى عزلها وإضعافها وهزيمتها في النهاية على يد قوات التحالف. ولقد كانت الحرب مع أثيوبيا خطوةً انتحارية؛ حيث شكّلت بداية النهاية، وأفسدت ثمرات منجزات القومية الصومالية الأولى، وهي الدولة الصومالية. فتلقّت القومية الصومالية ضربةً موجهةً في عام (1978 ـ 1977) باستقلال جيبوتي دون الانضمام إلى الصومال، ومن ثم هزيمتها في الحرب مع أثيوبيا، وانبثاق المعارضة المسلحة التي أسّست مقراتها في أثيوبيا أيضًا.

وزاد الموقف الذي اتخذه النظام الديكتاتوري من المعارضة المسلحة الأمر

سوءًا، فارتكزت سياسات النظام في مواجهتها للمعارضة على بسط غطاءٍ عشائريٍّ على أجهزة الدولة، إضافةً إلى اتخاذها القرار العسكري لإخماد حركات التمرد المسلّح، وحصار كافة سبل التسوية السلمية. كل ذلك أدّى إلى لفظ حلم الصومال الكبير أنفاسه الأخيرة، وانهارت دولته المركزية بصورةٍ كاملة في 1991، فطغت في النهاية الانتماءات العشائرية الصومالية الراسخة وغير المركزية على مركزية قوى القومية وعرّت ضعفها وضحالتها.

ومع ذلك، لم تمت القومية الصومالية، بل تجرعّت خسائر عظيمة نتيجةً لعيوب منهجياتها العاطفية، وتصارع نخبها على السلطة السياسية. ونتج عن امتلاك قومية الصومال مكوّناتٍ طبيعيةٍ وعضويةٍ ـ نتج عنه استدامة بقائها وإنعاش هويتها؛ وهو ما يتأصّل في التجانس الإثني واللغوي لشعب الصومال، فضلاً عن اتباعهم دين الإسلام. ولهذا ترى أن الصوماليين في كل مكان يشعرون بعدم الرضا عن الطبيعة العشائرية؛ سواء في الشتات، أو في مخيمات اللاجئين، أو داخل البلاد، فينهض اليوم لونٌ جديدٌ من القومية الصومالية التي تتمتّع بحساسيةٍ ثقافية.

وتستخدم هذه القومية الشبكات الاجتماعية، ولا تتحفّظ على نقدها للماضي والحاضر، وفي الوقت نفسه تحاول استكشاف منهجياتٍ مبتكرة لإحياء فكرة القومية. وفي الخلاصة، نقول: إنه لا يزال بالإمكان إنقاذ القومية الصومالية عن طريق اعتماد استراتيجياتٍ ملائمةٍ لبناء الدولة والشعب، والتنمية الاقتصادية، والتقدم على الصعيد الاجتماعي والثقافي، وهذا يترتّب عليه تغيير مفهوم الصومال الكبير من وحدةٍ سياسيةٍ إلى تكاملٍ ثقافيٍّ واقتصادي. ولن تكون هذه المنهجية ممكنةً دون صون الديمقراطية، والتماسك الاجتماعي، وتعزيز السلام والتعاون الإقليمي.

الفصل الخامس

انهيار الدولة الصومالية: سياقاتٌ وآراء

﴿وَمَآ أَصَٰبَكُم مِّن مُّصِيبَةٖ فَبِمَا كَسَبَتۡ أَيۡدِيكُمۡ وَيَعۡفُواْ عَن كَثِيرٖ﴾

(الشورى: 30)

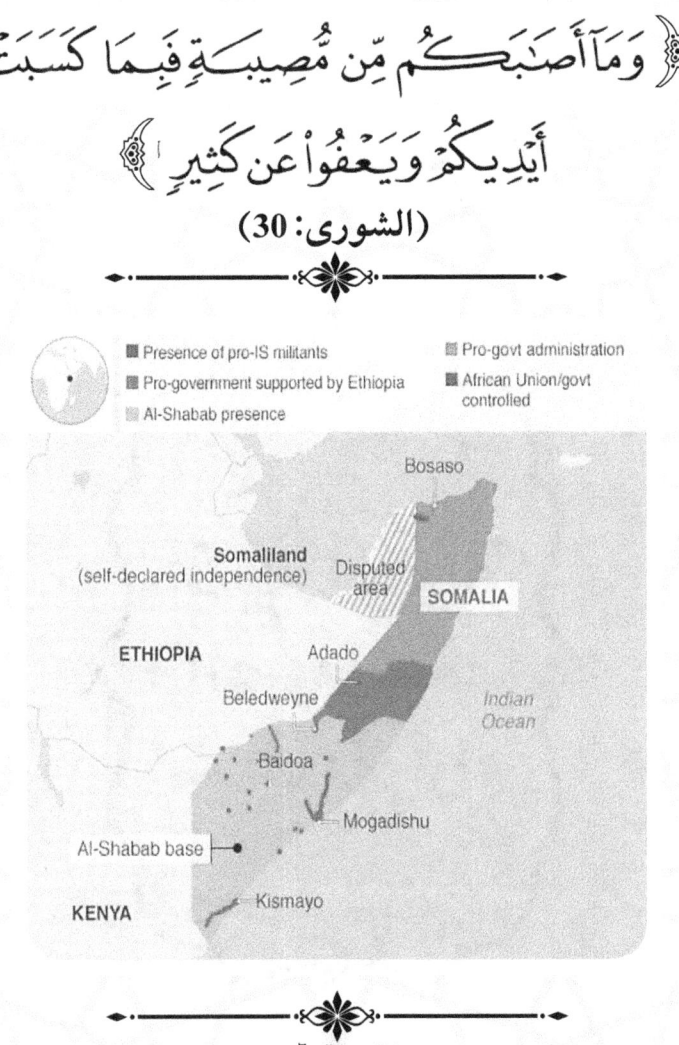

الخريطة (٦):
ما بعد انهيار الدولة التكوين السياسي في الصومال

> "لن يقوى تهديدٌ خارجي على تدمير أمريكا. ولكن إن حدنا عن الطريق وخسرنا حريتنا؛ فسيكون ذلك لأننا دمّرنا أنفسنا بأيدينا"

-إبراهام لينكولن

انهيار الدولة الصومالية: سياقاتٌ وآراء

شكّل انهيار الدولة الصومالية عام 1991 صدمةً وحيرةً عميقتين للدراسين وصناع السياسات والشعب الصومالي نفسه؛ نظرًا لأن هذه النتيجة كانت مغايرةً لما افترضه الناس على مرّ عقودٍ بأنه أمرٌ مفروغٌ منه. فقد نُظر إلى شعب الصومال على أنه شعبٌ ذو وحدة عضوية ونموذجٌ مثاليٌّ لبناء الدول في أعقاب الحقبة الاستعمارية في إفريقيا[435]. فقد كانت الصومال من أولى الديمقراطيات والدول القومية المتجانسة التي قامت في إفريقيا[436]، فشعبها يتحدّث اللغة نفسها ويعتنق الدين الإسلامي وينحدر معظمهم من مجموعة عرقية واحدة. ونجم عن تعدّد القوى الاستعمارية انقسام أبناء العرق الصومالي إلى أربع دولٍ مختلفة في قرن إفريقيا؛ هي جمهورية الصومال وجيبوتي وأثيوبيا وكينيا. ويحمل الصوماليون اليوم جنسياتٍ العديد من الدول في جميع القارات عقب موجة الهجرة الكبيرة

(435) "الشعب العضوي" هو مصطلحٌ صكّه المؤلّف، ويعني فيه شعبٌ لا يتجزّأ وتربطه علاقات قرابةٍ بيولوجية، وله ثقافة عيشٍ بدوية، مع توسع مستمر لمساحة أو رقعة معيشته.

(436) Abdi Ismail Samatar, *Africa's First Democrats: Somalia's Aden A. Osman and Abdirizak H. Hussein* (Indiana University Press, 2016).

التي حدثت نتيجةً انهيار الدولة عام 1991م[437].

ولمحاولة تقديم شرحٍ دقيقٍ لأسباب فشل الدولة الصومالية وانهيارها يقودنا الجواب البسيط إلى أن ذلك كان نتاج دولة ما بعد الاستعمار وقادتها؛ حيث ارتكزت الدولة على أسسٍ رخوةٍ ومتزعزعة في ظلّ أيدولوجياتها. يُضاف إلى ذلك مؤسسات الدولة وبنيتها وسياساتها، فلا يمكن إرجاع هذا الفشل إلى الشعب الصومالي ومؤسّساته الاجتماعية التي تمّ تغريبها وتهميشها وتقويضها في ظلّ الثقافة السامة للنخب السياسية التي أدت إلى النزاعات والانهيار[438]. فقد كانت طبيعة دولة الصومال دولةً وليدة ناشئة كان قلبها ينبض من الخارج وليس من الداخل على غرار العديد من الشعوب التي وقعت فريسةً لأيدي الاستعمار[439]. ولهذا يجب دراسة انهيارها في سياق التحديات الصعبة التي واجهتها مثل: الامكانات الشحيحة والأيدولوجيات المتخبطة والضغوط الخارجية المستمرة.

وترجع هذه التحديات الرئيسية الثلاثة التي واجهت تشكيل الدولة الصومالية ومخرجاتها التي أودت بالدولة إلى الانهيار والفشل إلى أسبابٍ جغرافية، إضافة تقسيم الشعب الصومالي وتطلعه إلى الصومال الكبير الموحد ووجود الصراع بين الدولة القومية ما بعد الاستعمار والمجتمع. فكان التحدي الجغرافي هو

---

(437) UNDP-Somalia, *Somalia's Missing Million; The Somali Diaspora and Its Role in Development* (UNDP-Somalia, 2009), 3-5.

(438) (Chinua Achebe, *The Trouble with Nigeria* (Heinemann, 1984 تشينوا آتشيبي، في كتابه الشهير "مشكلة نيجيريا"، قد حدد الحكم السيء في نيجيريا واتهم قيادة البلاد بصراحة. هذا التشخيص ملائم أيضًا لبلدان مماثلة مثل الصومال .(تعليق المترجم).

(439) يمكن تصنيف تشكل الدول إلى تشكيلاتٍ تاريخيةٍ أصلية، وتشكيلاتٍ ثانوية، وتشكيلاتٍ مشتقة .وكانت جميع الدول التي قامت في أعقابِ حقبة الاستعمار دولاً مشتقة ورثت بنيةً، وإطارًا قانونيًا، ونظامًا سياسيًا واقتصاديًا، وبنيةً تحتيةً معيّنة.

سببٌ طبيعيٌّ ربّاني؛ حيث أُنعِم على الصومال بموقع جغرافي يربط آسيا وأوروبا وإفريقيا. واستقطب هذا التقاطع القوى الأوروبية المختلفة خلال فترة تنازعها على إفريقيا؛ لتدفع الصومال ثمن التصارع والتنافس الأوروبي. ووجدت الصومال نفسها مسرحًا للعمليات في خضم الحرب العالمية الثانية وشارك الشعب الصومالي فيها على جميع الجبهات.

وخرجت شبه الجزيرة الصومالية من معمعة الحرب العالمية الثانية لتدخل إلى مسرح الحرب الباردة؛ وذلك لأن الصومال تعد جزءًا من الجغرافيا السياسية لقناة السويس وديناميكيات إقليم الخليج الغني بالنفط، فضلاً عن استقطاب الصومال إلى الصراعات الإقليمية في ظلّ التوتر الجغرافي السياسي بين مصر وأثيوبيا الذي تمحور حول نهر النيل(440). وكانت الصومال أيضًا، نظرًا لخصائصها الجغرافية، مسرحًا للصراع بين الهوية العربية والهوية الإفريقية(441)، وهي أيضًا المكان الذي رُسِمَت فيه حدود الشعوب المسلمة والمسيحية مع انتصار الصومال لصفّ المسلمين في قرن إفريقيا في وجه أثيوبيا وكينيا التي غلبت فيهما الحكم المسيحي(442).

وتمثّل التحدي الثاني في انقسام الشعب الصومالي بين العديد من الكيانات

(440) Osman Abdullahi, "The Role of Egypt, Ethiopia the Blue Nile in the Failure of the Somali Conflict Resolutions: A Zero-Sum Game" (paper presented at the annual meeting of the International Studies Association, Hilton Hawaiian Village, Honolulu, Hawaii, March 2005).

(441) Osman Abdullahi, "The Role of Egypt, Ethiopia the Blue Nile in the Failure of the Somali Conflict Resolutions: A Zero-Sum Game" (paper presented at the annual meeting of the International Studies Association, Hilton Hawaiian Village, Honolulu, Hawaii, March 2005).

(442) Ibrahim Farah, "Foreign Policy and Conflict in Somalia, 1960-1990" (PhD diss., University of Nairobi, 2009), 187.

التابعة لدول مختلفة في القرن الأفريقي وتطلع الصومال إلى توحيد كل هذه الأجزاء وفقًا لرؤية القوميين الصوماليين الذين طمحوا إلى إقامة دولة الصومال الكبير. فقد تجزّأ الشعب الصومالي وأقاليمه إلى خمسة جيوبٍ تصارعت عليها أربع قوى استعمارية، هي: فرنسا، وبريطانيا، وإيطاليا، وأثيوبيا. فخاض القوميون الصوماليون، بسبب ذلك، معركةً شرعيةً لتحرير جميع الأراضي المستعمرة وتوحيدها تحت دولةٍ واحدة. ولكن سياسات القوى الكبرى قوّضت هذه الآمال في السنوات الأولى للنضال في سبيل الاستقلال، ووضعت الصومال، عقب الاستقلال، على مسارٍ تصادميٍّ مع القناعات الدولية والتوزيع الحدودي الذي تركته قوى الاستعمار بعد خروجها[443]، كما وضع ذلك الصومال في صراعٍ مدمّرٍ غير محمود مع جيرانها الإفريقيين.

وكان التحدي الثالث يتمثل في الصراع بين الدولة والمجتمع في دولة ما بعد الاستعمار نتيجة الأيدولوجيات العلمانية ونظام الحكم المركزي. فقد كان نظام الحكم الجديد غريبًا عن المجتمع التقليدي الذي تأسّس على نظام العشيرة والدين[444]. هذا بالإضافة إلى تدخل الدولة في الشؤون الاجتماعية ومحاولتها

(443) لم تؤيّد الصومال إعلان منظّمة الوحدة الإفريقية حول حرمة الحدود الذي كان في القاهرة عام 1964. انظر:
Saadia Touval, "The organization of African Unity and Borders", International Organization 21, no. 1 (1967): 102-127.
انظر أيضًا:
the Organization of African Unity, "Resolutions adopted by the first ordinary session of the assembly of the heads of the state and government", Cairo, UAR, from 17 to 21 July 1964

(444) تتبع العلاقة بين الدولة والمجتمع ستة سيناريوهاتٍ محتملة تتراوح من أقصى درجات التعاون إلى أقصى درجات الصراع: 1) التعاون المشترك، 2) الانخراط المشترك، 3) الانخراط في الصراع، 4) فك الارتباط المشترك 5) فك الارتباط بالإكراه 6) فك الارتباط بفعل المقاومة- الثورية. انظر:

فرض سطوتها على نظام العشيرة والدين الإسلامي؛ فتصادما، وحدث الانفصام بين الدولة والمجتمع؛ وهو ما وضع الصومال في صراعٍ بين ثلاث أيدولوجيات، هي: العشائرية والإسلاموية والقومية. وكانت هذه الأيدولوجيات الثلاث تتقاطع وتتناوب فيما بينها في بعض الأحيان[445]. وأدّى تطرف المنهجيات القومية التي تبنّاها النظام العسكري وسياساته المترنّحة على رسم علاقات عدائية مع أسس المجتمع الصومالي: الإسلام والعشيرة، مما أدى إلى نقل عدوى التطرف بصورةٍ متبادلة إلى هذه العناصر لتتفاقم الصراعات والتصادمات نتيجةً لذلك.

وفي محاولتنا لاستكشاف سبب انهيار دولة الصومال، نستهل بالقول: إن هذا الموضوع جذب اهتمامًا أكاديميًّا هائلاً في العقود الثلاثة الأخيرة. لكن جملة الدراسات ركزّت على اهتماماتٍ عمليةٍ، وحاولت رسم خيارات التدخل التي كان يمكن للمجتمع الدولي الأخذ بها، كما ركّزت الدراسات الموجودة اليوم أيضًا على توصيف المعاناة الإنسانية والكروب الشديدة التي قاساها الصوماليون في أعقاب انهيار الدولة والحروب الأهلية والقرصنة والتطرف باسم الإسلام والإرهاب؛ أي إن الموضوعات الرئيسية التي ركزّت عليها الأعمال هي تحليلاتٌ ظرفية للحرب الأهلية والكارثة الإنسانية وآليات التكيف التي لجأ إليها الصوماليون، سواء داخل الصومال أو في الشتات والتدخل الإنساني الدولي،

Tracy Kuperus, Frameworks of State Society Relations, available from http://www.acdis.uiuc.edu/Re search/S&Ps/1994Su/S&P_VIII4/state_society_ (relations.html (accessed on February 14, 2011

(445) Abdurahman Abdullahi, "Tribalism, Nationalism and Islam: The Crisis of Political Loyalties in Somalia." AMA thesis submitted to The Islamic Institute, McGill University, 1992.

فضلاً عن الإرهاب الدولي والقضايا الأمنية في السنوات الأخيرة[446].

وتنامى عدد الدراسات العالمية حول انهيار الدولة في الأوساط الأكاديمية، واعتبر الباحثون الصومال مثالاً كلاسيكيًّا على انهيار الدولة[447]، إلا أن معظم الأعمال التي تمّ إنتاجها كانت في صورة مقالاتٍ وأوراقٍ أكاديميةٍ في بعض الأحيان[448]. وتدرس هذه الكتابات ـ كما هو متوّقع ـ فشل دولة الصومال وانهيارها من وجهات النظر الغربية ، ويعني هذا قصور هذه الابحاث عن رسم تصورٍ شاملٍ لسبب انهيار الدولة. وكان هناك بعض الباحثين الذين ركّزوا في أعمالهم على الأسباب الإدارية المرتبطة بالعمليات والأسباب المباشرة، مهملين أصل وبداية انهيار الدولة.

وهذا الفصل يحاول سد هذه الفجوة في الأدبيات الأكاديمية باستبيان

---

(446) يُنظر إلى الصومال على أنها ملاذٌ آمنٌ للجماعات الإرهابية في أعقاب أحداث الحادي عشر من سبتمبر، وتمّ بالفعل إغلاق عددٌ من المؤسّسات واتهام جماعاتٍ بارتباطها بالإرهاب.

(447) من الأمثلة على ذلك "مشروع الدولة الفاشلةFailed State Project) ") الذي أوجدته جامعة هارفارد تحت رعاية مؤسّسة السلام العالمي و"مشروع الدولة الفاشلةFailed State) " Project) في جامعة بيردو .وأنتج هذان البرنامجان أدبياتٍ وأوراقًا بحثيةً تستحق الدراسة حول هذا الموضوع.

(448) Terrence Lyons and Ahmed Samatar, Somalia: State Collapse, Multilateral Intervention, and Strategies for Political Reconstruction (*Washington:* The Brooking Institution Occasional Paper, 1995); Ahmed Samatar (ed.), The Somali Challenge: From Catastrophe to Renewal? *(Lynne Rienner Publishers, 1994;* Hussein M. Adam, "Somalia: A Terrible Beauty Being Born?" In I. William Zartman (ed.), Collapsed States: The Disintegration and Restoration of Legitimate Authority (*London*: Lynne Reinne, 1995); Walter S. Clarke, "Somalia: Can a Collapsed State Reconstitute itself?" In Robert I. Rotberg (ed.), State Failure and State Weakness in a Time of Terror (Washington: Brooking Institution Press, 2000); Brons, Maria, "The Civil War in Somalia: Its Genesis and Dynamics" Current African Issues, *(11*, Uppsala, Nordiska Africainstitutet, 1991); Virginia Luling, "Come back Somalia? Questioning a Collapsed State" Third World Quarterly, 18:2 (1997), 287-302.

وجهات نظر الحقول الأكاديمية المختلفة والبحث فيها وإعادة ترتيبها وصياغتها على شكل مواضيع رئيسية؛ بغية تحديد العوامل الرئيسية ورسم صورةٍ شاملةٍ حول الأمور التي ساهمت في انهيار دولة الصومال. ويُستهل هذا الفصل بنظرةٍ عامةٍ على إعادة سردٍ عامٍّ لقيام الدولة الصومالية وسقوطها (التفاصيل التي مرّ عليها الفصل الرابع)، قبل الانتقال إلى دراسة نظريات إمكانيات الدولة، وصراعاتها، وأثرها. ومن ثم، يتناول هذا الفصل، في جزئه الثالث، وجهات النظر المختلفة حول انهيار الدولة الصومالية، مع تحليل الأسباب وتصنيفها إلى أسبابٍ أصلية، وأسبابٍ إجرائية، وأسبابٍ مباشرة. وأخيرًا يرسم الفصل زبدة ما تمّ تناوله، مع تقديمه عددًا من التوصيات.

نظرةٌ عامة على قيام الدولة الصومالية وسقوطها

بدأت المحاولات الأولى لتأسيس دولةٍ صوماليةٍ حديثة بالوصاية الأممية التي أوكلت إلى إيطاليا بتاريخ 12 نوفمبر 1949؛ حيث طُلب من الإيطاليين إدارة مستعمرتهم السابقة التي استولت عليها بريطانيا في أعقاب الحرب العالمية الثانية عام 1941. ووافق مجلس الوصاية التابع للأمم المتحدة رسميًا على المهمة بتاريخ 27 يناير 1950، وتنصّ ديباجة الاتفاقية على ما يلي: «يجب أن يكون الإقليم (أي الصومال) دولةً مستقلةً ذات سيادة، بحيث يدخل استقلال الدولة حيز التنفيذ بنهاية السنوات العشر التي تبدأ من تاريخ الموافقة على اتفاقية الوصاية هذه من قبل الجمعية العامة للأمم المتحدة)»[449].

---

(449) انظر:

Draft Trusteeship Agreement for the Territory of Somaliland under Italian Administration as approved on 27 January 1950 by the trusteeship Council at the eighth meeting of sixth session

ومنحت إيطاليا سلطةً إداريةً، فيما تألّف مجلسٌ استشاريٌّ من ممثّلين من كولومبيا ومصر والفلبين طُلب منهم تمثيل مجلس الوصاية التابع للأمم المتحدة. ورسمت الاتفاقية المهام الرئيسية التي توجّب على إيطاليا تحقيقها في فترة السنوات العشر مثل: تأسيس نظام حكمٍ ديمقراطي والتنمية الاقتصادية وتوفير الخدمات الاجتماعية التي تتضمّن بناء مؤسّسات التعليم والصحة وبناء جهازٍ أمنيٍّ وإعداد الإقليم ليكون دولةً مستقلةً تتمتّع بالسيادة بحلول العام 1960.

وتسلمت إيطاليا أمور إدارة الإقليم الذي سُميَّ إقليم الصومال الإيطالي من الحكم البريطاني العسكري بموجب الاتفاقية يوم 1 أبريل 1950. وعلى الرغم من أن عودة إيطاليا لم يكن قرارًا تلقّته رابطة الشباب الصومالي والأحزاب السياسية الكبيرة بأذرعٍ مفتوحة، إلا أن إدارة إقليم الصومال الإيطالي بدأت بإعطاء الصوماليين مسؤولياتٍ إداريةً أكبر على نحوٍّ إيجابي، فتمّ تشكيل المجلس الإقليمي وعقدت انتخاباتٍ بلدية في عام 1954. وتمّ أيضًا العمل ببرامج متوّسطة للتنمية الاجتماعية الاقتصادية. كما قام إقليم الصومال الإيطالي بإعطاء الصوماليين أدوارًا أكبر وأكبر في هذه البرامج، ولكن كان هذا بسبب الميزانية الشحيحة في ظلّ دنو أجل الاستقلال؛ وهو ما أدّى إلى إسناد مسؤولياتٍ إداريةٍ لصوماليين لا يتمتّعون بالتدريب الكافي ودون دفع مرتّباتٍ كافيةٍ لهم أوكلتها لهم الإدارة الإيطالية على عجالة بعد أن كانت تتكفّل هي بها.

واستمر أيضًا توجه إضفاء الصبغة الديمقراطية، فعُقدت أول انتخاباتٍ عامةٍ في عام 1956، وحقّق فيها رابطة الشباب الصومالي فوزًا ساحقًا، وشكّلت أول حكومةٍ صومالية لإدارة الشؤون الداخلية، أو «Affare Interno»، والتي امتلكت سلطةً محدودةً، وكانت تحت تدريب جهاز إدارة إقليم الصومال الإيطالي[450].

(450) تألّفت الجمعية التشريعية من 70 مقعدًا، كان منها 60 مقعدًا للصوماليين، وأربعة مقاعد للجالية الإيطالية، وأربعة للجالية العربية، ومقعدان للجالية الهندية والباكستانية. انظر:

ومن ثم عقد انتخاب عام لأعضاء البرلمان الذي يبلغ عددهم 90 عضوًا، وكان ذلك عام 1959، وتمّت صياغة الدستور الصومالي[451]. أما في إقليم أرض الصومال البريطانية، «فقد تشكّل أول مجلسٍ تشريعيٍّ عام 1957 وبدأ الصوماليون بتسلم المناصب الحكومية بدلاً من المسؤولين الأجانب»[452].

وتسارعت عجلة إعداد أرض الصومال البريطانية للاستقلال، وعُقِدت أول انتخاباتٍ في فبراير 1960 لانتخاب 33 عضوًا للجمعية الوطنية. ووافقت بريطانيا على منح أرض الصومال الاستقلال بعد شهرين؛ وهو ما صادق عليه أيضًا مجلس الشيوخ بتاريخ 19 مايو 1960م[453]. وهكذا احتفلت أرض الصومال باستقلالها يوم 26 يونيو 1960؛ أي قبل خمسة أيام من استقلال الصومال الإيطالي تحت وصاية الأمم المتحدة والتي كانت يوم 1 يوليو 1960. وكانت العواطف القومية على أشدها في ذاك الوقت، فاجتمعت الأحزاب القومية من الأراضي الصومالية التي كانت تحت الوصاية الأممية ومن أرض الصومال البريطانية ووقّعت الأحزاب اتفاقيةً تاريخيةً لإقامة دولةٍ مركزيةٍ وموحّدة باسم جمهورية الصومال يوم 1 يوليو 1960.

وتربعت الآمال والأفراح على قلوب القوميين والشعب الصومالي مع بزوغ فجر الديمقراطية والحكم الذاتي. ولكن الدولة التي ورثها الصوماليون كانت في حالةٍ يُرثى لها في كل الأصعدة؛ فعلى سبيل الذكر لا الحصر، كان هناك شحٌّ في الموارد البشرية وكانت العشائرية طاغيةً على الثقافة السياسية وكانت التنمية الاقتصادية في أردى مستوياتها، كما أن دول الجوار لم تكن قد تحوّلت إلى

Tripodi, The Colonial Legacy in Somalia..., 80.

(451) المصدر السابق، 84-82

(452) Mark Bradbury, *Becoming Somaliland* (Progresso, 2008), 32.

(453) المصدر السابق.

الحكم الديمقراطيِّ بعد، وجاءت مهمة دمج نظامي الحكم معًا مع تحدياتها.

وبالطبع، كانت التوقعات من هذه الدولة الصومالية المؤسّسة حديثًا، على غرار أي دولةٍ في مرحلة ما بعد الاستعمار، بأن تتولّى مسؤولية جمع رأس المال المادي، وتشييد البنية التحتية، وتنمية الزراعة، واستيعاب القوى العاملة الموجودة، وتوفير خدمات التعليم والصحة؛ فصارت إذًا دولةٌ تعمل في بيئةٍ شديدة الصعوبة وتُنادي بأجندةٍ بالغة الطموح والتقدمية وتواجه تحدياتٍ صعبة وفرضت على نفسها توقعاتٍ ذات سقف عالٍ فعُقِدَت، على سبيل المثال، جولتان انتخابيتان للبرلمان وجولتان انتخابيتان رئاسيتان، ولكن أتى تطبيق نظام الديمقراطية الغريب على مجتمعٍ تحكمه التقاليد بنتائج سلبية، كان منها: اندلاع الصراعات بين العشائر والفوضى السياسية واضطراباتٍ سياسيةٍ لا يمكن قياسها.

وأبانت النخبة القومية الصومالية عن قلة خبرتها في تحقيق إصلاحٍ ناجحٍ وحقيقيٍّ لمؤسّسات الدولة والاقتصاد والمجتمع بما يتلاءم مع قدر التحديات التي كانوا يواجهونها. فالثقافة الإدارية التي توارثوها من المناخ الاستعماري قد غرقت منذ فترةٍ طويلةٍ في حالةٍ من الانحلال أنهكت كلّ موارد الصومال الداخلية بحلول عام 1969. وفي ذاك الوقت، وجدت الصومال نفسها على حافة الانهيار؛ وهو ما تُوّج بالفساد الذي عمّ انتخابات 1969؛ إذ دخلت ديكتاتورية حزب رابطة الشباب الصومالي مرحلة المخاض، وشوّه الحزب سنوات الديمقراطية التي سبقت هذه الانتخابات[454]. ولقد كانت الحال كارثية في الصومال على كل

(454) تنافس 1002 مرشّحًا برلمانيًا من 62 حزبًا سياسيًا على 123 مقعد في انتخابات مارس 1969، أي أن كل ثمانية مرشحّين كانوا يتنافسون على مقعدٍ واحدٍ.
Bradbury, Becoming Somaliland, 35.
كما أن مستوى الفساد كان عاليًا جدًا، إلى درجةٍ وصلت ببعض المرشحّين لدفع 30 ألف دولار. انظر:

الأصعدة، وكان الاستياء الشعبي المتعاظم واضحًا؛ وهو ما بدا جليًّا في الاغتيال التراجيدي للرئيس عبد الرشيد شرماركي يوم 15 أكتوبر 1969. وفي ظلّ كل هذه التطورات التراجيدية، يمكن أن يُعتبر عام 1969 المحطة الأولى على طريق فشل دولة الصومال.

وكان الجيش الصومالي الوطني هو حبل النجاة الذي أنقذ الدولة من التفكك، فنظّم الجيش انقلابًا سلميًّا بتاريخ 21 أكتوبر 1969 وحظي بدعمٍ ساحقٍ من الشعب الذي تأمّل خيرًا في هذه الخطوة. إذًا فشلت الدولة التي قامت في مرحلة ما بعد الاستعمار في الوفاء بوعودها الطموحة جدًّا خلال العقد الأول من الحكم. ولهذا قامت المؤسسات العسكرية باتخاذ منهجياتٍ بديلة، فشهد نموذج الحكم في الصومال نقلةً من النموذج المتوارث من قوى الاستعمار إلى توجهٍ اشتراكي[455].

ولم يكن يملك الشعب الصومالي أيّ تصورٍ عمّا ستحمله سنوات حكم النظام العسكري، إلا أنهم كان مستميتين لإحداث التغيير. وفي المقابل، تقلّد النظام العسكري دور الدولة في مجتمعٍ تقليدي في خطوةٍ غير محمودة؛ كونه يفتقر إلى المعرفة اللازمة والقدرات الكافية لإدارة عملية مشاركة السلطة بين النخب وهو السبب الذي رسم نهاية الأنظمة السابقة. وهكذا دشّن النظام العسكري برامج اشتراكيةٍ وقوميةٍ متشدّدة، وعزّز علاقاته بالاتحاد السوفييتي، وبدأ بتطبيق

Lewis, A History, 1976, 296.

(455) Pat McGowan; Thomas H. Johnson, "African Military Coups d'état and Underdevelopment: A Quantitative Historical Analysis. The Journal of Modern African Studies, Vol. 22, No. 4. (Dec. 1984), 633-666.

أيضًا:

EU Institute for Security Studies, Understanding Africa Armies, Report no. 27 (Published by the EU Institute for Security Studies and printed in France, 2016), 25-31.

برامجه الاشتراكية. واكتسب النظام دعمًا واحترامًا واسعين من الشعب بفضل الأداء الاقتصادي الذي تحسّن وتوسع الخدمات الاجتماعية وخلق فرص عمل وبناء ثقافة حكم أفضل. ولكن بانت الطبيعة الحقيقية للنظام الديكتاتوري بعد بضع سنواتٍ ملأًها النظام بحملات بثّ الخطاب الشيوعي. وبدأت المعارضة بالطفو على السطح، وتمثّلت أولى صور المعارضة للنظام في المجلس الثوري عندما قام بعض الضباط البارزين بترتيب انقلابٍ باء بالفشل في بداية 1971، وتمّ إعدام قادة المجلس على الملأ[456].

وجاء صوت المعارضة الثاني من العلماء الذين أعلنوا رفضهم لتدخل النظام في قانون الأسرة الإسلامي. وكان ردّ النظام على الاحتجاجات السلمية ردًّا بربريًا غير حكيمًا، فأعدم النظام 10 علماء بارزين معًا بتاريخ 23 يناير 1975، وسجن المئات وفر الكثيرون من البلاد[457] .وشكّل إعدام قادة مخطّطي الانقلاب والعلماء محطةً أخرى سرّعت انهيار الدولة الصومالية. وكانت آثار إعدام الضباط الذين قاموا بمحاولة الانقلاب آثارًا كارثيةً في التاريخ الصومالي، وأدّت إلى عودة العشائرية، التي تنامت بصورةٍ شرسةٍ في السنوات التي تلت ذلك. وفي المقابل، بدأت الحركات الإسلاموية الناشئة في ذلك الوقت بالتوجه إلى العمل في الخفاء في ظلّ إعدام العلماء، واكتسبت زخمًا، وبدأت منظّماتها بالانتشار سرًّا في كل

(456) الضباط الثلاثة الذين تم إعدامهم هم الجنرال عيناشي، والجينرال صلاد غفيري، والكولونيل عبد القادر طيل

(457) أبوكر علي الشيخ ، جذور المأساة الراهنة (بيروت: دار ابن حزم، ١٩٩٢)، ١٨١-١٨٥ انظر أيضًا: النصّ الكامل لاتفاقية التعاون والصداقة بين الصومال والاتحاد السوفييتي في المرفق، .247كان الضباط الذين لقوا مصير الإعدام من أبناء عشائر إسحاق، ومجرتين، وأبغال. وتبع ذلك استهداف وملاحقة أقربائهم المباشرين، وعوائلهم الذين اعتبرهم النظام أعداءً للثورة. ويمكن الرجوع إلى شهاداتٍ لأناس شهدوا حملة النظام العسكري ضد الإسلام في: أبوبكر، علي الشيخ .جذور المأساةً الراهنة .بيروت: دار ابن حزم، .137-1992109

زاوية دفاعًا عن الدين في وجه «الاشتراكيين الملحدين».

وصاغ هذا التقاطع التاريخي الأسس الأيدولوجية للحركات الإسلاموية التي بدأت بإطلاق برامج اجتماعية سياسية. وبدأت هاتان القوتان، التي انبثقتا من أيدولوجياتٍ محلية هي العشائرية والإسلاموية، في التبلور تدريجيًّا، وبدأتا بالعمل على قلب النظام. وأدّت سياسات النظام التي تمثّلت في تأسيس الحزب الاشتراكي الثوري الصومالي في 1977 إلى استبعاد مبدأ مشاركة السلطة بين العشائر أكثر وأكثر. وتكبّدت الصومال عواقب وخيمة إثر هزيمتها في الحرب مع أثيوبيا في (1978 ـ 1977) على يد قوات التحالف التي قادها الاتحاد السوفييتي وضمّت كوبا، وجنوب اليمن، وغيرهما من البلدان. وكانت هذه الهزيمة وما أعقبها نقطة التحول الثانية على طريق سقوط الدولة[458]. فقد أفرزت هذه الهزيمة مناخًا عامًا سادته الكآبة، وقوّض القومية الصومالية.

لقد كان المناخ السياسي في الصومال عام 1978 شبيهًا جدًّا بالمناخ العام في 1969 عندما انتزع حزبٌ واحد الحكم من الجميع وتعاظم الاستياء السياسي؛ وهو ما أدّى وقتها إلى الانقلاب العسكري. ولكن، للأسف، بات الجيش الذي أنقذ الدولة من الفشل عام 1969، ووصل إلى كرسي الحكم، تعاني مؤسّسته من التفكك، وخسرت بنيته الإدارية استقلالها واحترافيتها، وصارت جزءًا لا يتجزّأ من الحزب الحاكم والنظام القائم[459]. فلم يكن من الصعب، في ظل كل هذه

(458) تدهورت العلاقات بين الصومال والسوفييت، وتمّ طرد الخبراء السوفييت من الصومال يوم 13 نوفمبر 1977. وكان مؤلّف هذه المقالة أحد الضباط العسكريين الصوماليين الذين طردهم الاتحاد السوفييتي ردًّا على قرار الصومال.

(459) قام الحزب الحاكم، الحزب الصومالي الاشتراكي الثوري، بضمّ ضباطٍ برتبٍ عاليةٍ إلى لجنته المركزية، وكان هناك أيضًا ضباطٌ تمّ تدريبهم ليكونوا كوادر سياسية، وتمّ ربط هؤلاء الضباط بجميع الوحدات العسكرية لاستقطاب الكوادر العسكرية.

الأسباب، إحباط محاولة الانقلاب التي قامت بتاريخ 9 من أبريل 1978، وأعقبها إعدام 17 ضابطًا عسكريًا، واحتجاز مئاتٍ آخرين. وصحيحٌ أن الانقلاب لم ينجح في إسقاط النظام بصورةٍ مباشرة، لكنه رسم مشهد سقوط النظام. فشكّل الضباط الذين رتّبوا الانقلاب معارضةً مسلّحة بعد نجاحهم في الهروب، وتلقّوا دعمًا وترحيبًا من الدول المعادية، وتحديدًا أثيوبيا[460].

وكان ردّ النظام العسكري الذي تملّكته حالةً من الخوف هي تشديد القمع السياسي وإعدام المعارضين بدون محاكمات وفرض عقوباتٍ جماعيةٍ على العشائر التي ظنّ الحزب أنها تدعم حركات التمرد العسكري. وسادت الفوضى في حقبة فصائلية العشائر، وكشّر الغول الذي اتهمه الجميع بأنه سبب انهيار الدولة عن أنيابه. وتوالت الفصائل المسلحة في التشكل وفتحت قواعد لها في أثيوبيا على امتداد عقد الثمانينيات الذي كان فترةً عسيرةً في التاريخ الصومالي. وضمّت هذه الفصائل جبهة الخلاص الصومالي الديمقراطية التي تأسّست عام 1978م[461]، والحركة الصومالية القومية، التي تأسّست عام 1981، والكونجرس الصومالي الموحّد، الذي تأسّس عام 1989، والحركة الصومالية الوطنية، التي تأسّست عام 1988.

وافتقرت هذه الفصائل إلى القدرات التنظيمية والرؤية الوطنية، وترتّب على ذلك خوضها حربًا مع النظام دون أي تنسيق. وفي النهاية دخلت قوات الكونجرس

(460) كانت كلٌّ من الصومال وأثيوبيا يدعمان حركات المعارضة المسلحة في البلد الآخر. فكانت الصومال تدعم القادة الحاليين لأثيوبيا وأريتريا، فيما كانت أثيوبيا تدعم الفصائل العشائرية التي أسقطت نظام سياد بري، ولكن فشلت هذه الفصائل في إقامة دولةٍ قوميةٍ صومالية بعد سقوط النظام.

(461) توحّدت جبهة الخلاص الصومالي الديمقراطية مع الجبهة الصومالية الديمقراطية للتغيير (SODAF) وجبهة الخلاص الصومالي (SSF) عام 1981.

الصومالي الموحّدأرض القصر الرئاسي في مقديشو يوم 26 يناير 1991 وكُتِبت نهاية النظام العسكري المشؤوم. واستولت فصائل أخرى مثل الحركة الصومالية القومية على المدن الكبرى في الشمال الصومالي فيما سقطت المدن الكبرى في الجنوب تحت سيطرة الحركة الصومالية الوطنية.

ونختم هذا الجزء بتلخيص المراحل الثلاث لانهيار دولة الصومال: كانت المرحلة الأولى قبل الاستيلاء العسكري على السلطة في عام 1969. أما المرحلة الثانية، فكانت بعد هزيمة الصومال في الحرب مع أثيوبيا عام 1978 وإجهاض محاولة الانقلاب العسكري الذي أعقب ذلك. وسرّع ذلك مسار انهيار الدولة حتى وصول الصومال إلى نقطة الانكسار الكاملة يوم 29 يناير 1991 الذي مثّل المرحلة الثالثة الأخيرة. وبدأ الدارسون في السعي للوصول إلى إجاباتٍ للمعادلات الصعبة لانهيار الدولة الصومالية في تلك اللحظات التاريخية في ظلّ حيرةٍ عامةٍ. وسيتناول الجزء التالي من هذا الفصل نظريات انهيار الدولة والصراع لرسم الأسس النظرية لوجهات النظر المختلفة التي استخدمها هؤلاء العلماء.

1969	**السقوط الأول للدولة** **التلاعب بانتخابات 1969** **اغتيال الرئيس عبد رشيد علي شرماركي** **الانقلاب العسكري**
1978	السقوط الثاني للدولة الهزيمة في حرب أثيوبيا (1978 ـ 1977) انقلاب 9 أبريل 1978 الفاشل تشكل أول فصائل المعارضة المسلحة (الجبهة الديمقراطية الصومالية) في سبتمبر 1978

1991 ـ 1990	الانهيار الأخير للدولة في يناير 1991 وتصعيد الحرب الأهلية

المخطط (8): فترات فشل الدولة الصومالية وانهيارها

نظريات قدرات الدولة والصراع

تتناول الدراسات حول انهيار الدولة في التحليل السياسي المقارن حقل إمكانيات الدولة[462]. فقد قدّم العالم جول ميجدال (Joel Migdal) عددًا من النظريات حول إمكانيات الدولة في دراسته للدول الضعيفة والقوية والمجتمعات الضعيفة والقوية. ويرى ميجدال أن على الدول تدشين مواطنة سياسية واحدة، وتُعطى هذه المواطنة لجميع أفرادها في نطاقها القانوني، وتمارس سلطتها السياسية على المجتمع. ويجب أيضًا وجود عددٍ من العوامل كي تصون الدولة بقاءها وتتضمّن هذه العوامل: القدرات التنظيمية لقادتها والحجم السكاني والمصادر البشرية والمادية المتاحة وموقعها في التحالفات الدولية[463]. فتُسمّى الدول القادرة على تأدية وظائف الدولة دولاً عملية (Empirical State). ويُفترض أن تشكّل هذه الدول «بنًى سياسيةً مستقلةً تتمتّع بالسلطة والقوة الكافيتين لإدارة أرضٍ محدّدة وسكان هذه الأرض»[464]. ولكن عندما يوجد كيان دولة تعترف

(462) تُصنّف الدول بالاستناد إلى حالتها ضمن النظام الدولي، وقدراتها الاقتصادية، وقياداتها. وبناءً على هذا، تُصنّف الدول إلى ضعيفة وقوية، ومتطرفة ومحافظة، وراعية وعميلة، وحديثة وتقليدية، ومتقدّمة ونامية .انظر:

Kamrava, Mehran, *Understanding Comparative Politics: A Framework for Analysis*. Routledge, 1996,72.

(463) Joel S. Migdal, *Strong Societies and Weak States: State-Society Relations and State Capabilities in the Third World* (Princeton University Press, 1988), 21.

(464) R.H. Jackson & C.G. Rosberg, _Sovereignty and Underdevelopment: Juridical Statehood in the African Crisis ‘. The Journal of Modern African Studies, vol. 24 (1), 1986, p. 1-31.

به الدول الأخرى قانونيًا ولا يستطيع هذا الكيان تأدية وظائف الدولة، حينئذٍ تسمّى الدولة دولةً قانونية «de jure». وهذا يعني أنه لا يحقّ لأي دولةٍ أخرى أن تتدخّل في شؤون هذه الدولة دون رضاها. وتُقاس قدرة الدولة بمدى تمكّنها من «التغلغل في المجتمع وتنظيم العلاقات الاجتماعية واستخراج المصادر والاستخدام المناسب لهذه المصادر بطرقٍ محدّدة»(465).

وتؤدّي الدول القوية في العادة هذه الوظائف بفاعليةٍ عالية على النقيض من الدول الضعيفة التي تؤدّي أداءً هزيلاً على صعيد هؤلاء العناصر الأربع. فيمكن إذًا، تقدير إمكانيات الدولة بصورةٍ مقارنة بالنظر إلى قدرات الحكم الموجودة فيها بالاستناد إلى هذا التصنيف. والمؤشّر الذي يتمّ الاستناد إليه هو أداء الدولة في توفير هذه «الأغراض السياسية» الجوهرية والتي تقتضي توفير أمنٍ ملموس لمواطنيها وسكانها ضمن حدودها. فيُعدّ صدّ التهديدات الخارجية الآتية من خارج الحدود مسؤولية الدولة بالدرجة الأولى، فضلاً عن اكتشاف التهديدات الداخلية والحدّ منها مثل: حركات التمرد والثوار وغيرها من الأنشطة التي تقع في دائرة الجريمة والتي تعرّض حياة الإنسان وممتلكاته للخطر.

ولو نزلنا درجةً ثانيةً على سلم الأغراض السياسية؛ فسنجد مهمة وضع نظامٍ لتحكيم النزاعات وتأسيس نظامٍ قضائيٍّ فعّال يصون القانون والنظام. والدرجة الثالثة على سلم الأغراض السياسية هي توفير الخدمات الاجتماعية الجوهرية مثل: التعليم والرعاية الصحية والمدارس وحماية البيئة. ويتعيّن على الدول أيضًا توفير بنيةٍ تحتيةٍ أساسية مثل الطرق والسكك الحديدية والموانئ. ورابعًا،

---

(465) Joel S. Migdal, *Strong Societies and Weak states: State-Society Relations and State Capabilities in the Third World* (Princeton: Princeton University press, 1988), 4

يجب على الدول توفير وحماية شرايين التجارة مثل العملة والنظام المصرفي، إضافةً إلى توفير مساحةٍ للمجتمع المدني (466).

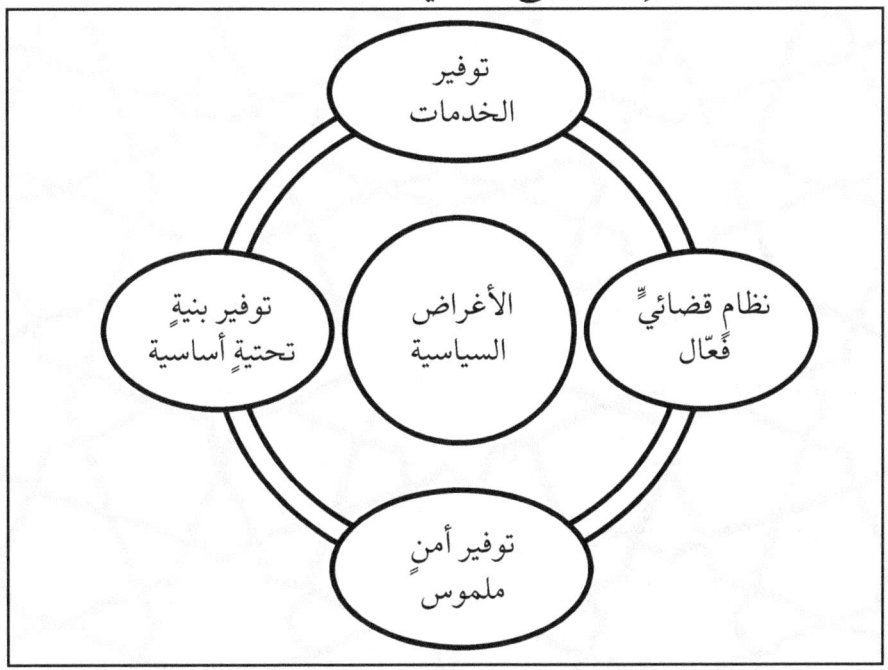

المخطط (9): الأغراض السياسية الجوهرية الأربعة في إطار الدولة

نظرية قدرات الدولة

عمدت الدراسات التنموية والأمنية إلى وضع الدول عند نقاطٍ مختلفةٍ على خطّ استمرارية التنمية وفقًا لقدرتها وأدائها. وتُصنّف الدول وفقًا لموقعها إلى «قوية» و«ضعيفة» و«فاشلة» و«منهارة». وتوصف الدول القوية بأنها الدول التي تظهر فاعليةً عاليةً في «التحكم بأراضيها وتأدية شتى الأغراض السياسية بجودةٍ عاليةٍ لمواطنيها» (467). ويمكن تلمس هذا الأداء العالي بمؤشّراتٍ متفقٍ عليها

(466) Robert I. Rotberg, *State Failure and State Weakness in a Time of Terror* (The World Peace Foundation: Brooking Institution Press, 2003), 2-4.

(467) Robert I. Rotberg, *Nation-state failure: A recurrence Phenomenon?* (www.

مثل «نصيب الفرد من الناتج المحلي الإجمالي ومؤشّر التنمية البشرية الذي وضعه برنامج التطوير التابع للأمم المتحدة ومؤشّر الفساد وتقرير حرية العالم التي تصدره سنويًّا مؤسسة دار الحرية»[468].

كذلك تتجلّى خصائص الحكم الرشيد الثماني في الدول القوية وهي كما يلي: المشاركة وتوافق الآراء والمحاسبة والاستجابة الشفافة والفاعلية والكفاءة والمساواة والتضمين واحترام سيادة القانون. ويضمن الحكم الرشيد تقليل الفساد إلى أدنى مستوى ممكن واحترام آراء الأقليات وأن يكون للفئات المستضعفة صوتٌ في عملية صناعة القرار. ويجب أيضًا أن يعي الحكم الرشيد احتياجات المجتمع الحالية والمستقبلية.

المخطط (10): عناصر الحكم الرشيد

وتُصنّف الدول الضعيفة إلى دولٍ ضعيفة تظهر بوادر تحسن ودولٍ ضعيفةٍ

cia.gov/nic/PDF_GIF_2020_Support/ 2003_11_06_papers/panel2_nov6.pdf), 3-5

(468) المصدر السابق.

موغلةٍ في النواحي السلبية وتتجه نحو مرحلة الفشل. وتشمل الدول السائرة نحو مرحلة الفشل الدول التي قد تكون ضعيفةٍ لعددٍ من الأسباب الموضوعية؛ فهناك مثلاً، القيود الجغرافية والمادية والاقتصادية. وقد يكون الضعف نتيجة عدم وجود تماسكٍ داخليٍّ وغياب نظامٍ وقيادةٍ سياسيين متمكّنين. وتفشل الدول الضعيفة، بصفةٍ عامةٍ، في حلّ المظالم العرقية والدينية واللغوية وغير ذلك من المظاهر التي تتراكم لتؤدّي إلى التوترات والصراعات. وتمتلك هذه الدول قدرةً ضعيفةً على توفير الأغراض السياسية الأساسية بالصورة المطلوبة.

وتعاني هذه الدول أيضًا بصورةٍ واسعةٍ من تآكل البنية التحتية مثل الطرق والمدارس والمستشفيات. كما يمكن تلمس سوء الحال أيضًا بالنظر إلى المؤشّرات المتفق عليها مثل نصيب الفرد من الناتج المحلي الإجمالي مقارنةً بتنامي الفساد وتضاؤل سيادة القانون والتضييق على المجتمع المدني واستشراء الطغيان[469]. وهناك بعض الدول الضعيفة الخاضعة لحكم مستبد تتمتّع بمستوياتٍ عاليةٍ من الأمن على الرغم من فشلها في توفير عددٍ كبيرٍ من الأغراض السياسية الأخرى[470].

ويمكن تشخيص الدول الفاشلة على أحد طرفي نقيضين. أولهما عندما لا تعود الدولة قادرةً على العمل وثانيهما عندما تصبح الدولة «فاعلةً بصورةٍ مفرطة» وتتطفّل على الدوائر الخاصة للمواطنين وتضيّق عليهم باستمرار. ويمكن تصوير هذه الفكرة مشابه لضغط الدم العالي والمنخفض، فكلاهما مرض يحتاج إلى

---

(469) يمكن إيجاد سرد تفصيلي أكثر بكثير للتعاريف والشروحات الجديدة الواردة في هذه الورقة في:

Robert I. Rotberg, "The Failure and Collapse of Nation- States: Breakdown, Prevention, and Repair", in Robert I. Rotberg (ed.), *Why States Fail: Causes and Consequences* (Princeton, 2004), 1-45.

(470) الصومال تحت حكم سياد بري، وكمبوديا تحت حكم بول بوت، والعراق تحت حكم صدام حسين، وليبيا تحت حكم القذافي، وكوريا الشمالية، جميعها أمثلة على هذه الحالة.

علاج. وتُشخّص الصورة الأولى من فشل الدولة بقدرتها المحدودة على توفير الأغراض السياسية الأساسية. وتبدأ هذه الدول تدريجيًا بفقد السيطرة لصالح أمراء الحروب وغيرهم من اللاعبين. وتعاني مؤسّسات الدول الفاشلة من العيوب والشوائب، ولا يكون كيانها السياسي قادرًا على تأدية المهام الأساسية للدولة.

وتتحوّل عادةً سلطتها التشريعية مطيةً لذراعها التنفيذي القوي، فيما تفقد السلطة القضائية مصداقيتها في أعين المواطنين الذين يختارون سحب ثقتهم من نظام المحاكم ملتفتين إلى أنظمة عدالة محلية لحل مشاكلهم القضائية. ولا تستجيب بيروقراطية الدولة غير المسؤولة في الدول الضعيفة لحاجات العامة التي وضعت في المقام الأول لخدمتهم. وتفقد الدول مسؤوليتها المهنية، ويصبح القطاع العام مناخًا خصبًا للمكاسب الشخصية. وتتضرّر البنية التحتية في الدول الضعيفة نتيجةً لذلك، وتصبح الخدمات الوطنية مثل الاتصالات والماء والكهرباء في حالٍ يُرثى لها، فيما تتداعى المرافق الاجتماعية مثل المدارس والمستشفيات، في ظلّ عدم تجديدها؛ وهو ما يؤدّي إلى انخفاض معدّلات تعلم القراءة والكتابة وتزايد معدّلات وفيات الرضع. وفوق كل هذا، تفشل معظم المشاريع الصناعية بسبب عدم وجود التنافسية.

ونتيجةً لذلك، يؤرّق شبح البطالة المجتمع، وبدورها تتزايد هشاشة المجتمع، ومن ثم تتآكل المزارع وينهار الإنتاج الاقتصادي المحلي. ويؤدّي كل هذا إلى حالةٍ عامةٍ من السخط على أداء الدولة ويفقد السكان الأمل وينأى المستثمرون الدوليون بأنفسهم عن الوقوع في هذا المستنقع. والى جانب ذلك، تتعاظم معدّلات التضخم وتفقد العملية المحلية قيمتها وتتعاون القوات الأمنية مع المجرمين وتجمع الضرائب بطرقٍ غير قانونية وتتقلّص الطبقة الوسطى وتهاجر.

وأيضًا، يضمحل الولاء للدولة ويتبدّد حس الوطنية لصالح ولاءاتٍ داخلية وتوفّر الدول الفاشلة فرصًا اقتصاديةً هائلةً لفئةٍ مميّزةٍ مختارة، أولئك الذين يحققون الثراء لأنفسهم عبر الفساد على أسس نظام محسوبيةٍ يرفعهم دون غيرهم.

وتُعد الدول المنهارة حالةً متطرّفةً من الدول الفاشلة، وتنهار الدول عندما تنهار بنيتها وسلطتها السياسية وسلطتها التشريعية والنظام والقانون وتغيب قوةٌ سياسيةٌ بديلةٌ تستطيع ملء هذه الفجوة. ويُرجع سقوط الدولة إلى انهيار التماسك الاجتماعي على مستوًى واسع؛ فلا يعود بمقدور المجتمع المدني خلق أو إيجاد الدعم للدولة وتلبية مطالبها؛ وهو ما يُعدّ الأساس التي تقوم عليه أي دولة. وبالطبع، لا تنهار الدول بين ليلةٍ وضحاها، وإنما يكون هذا حصيلة عمليةٍ تراكميةٍ وتدريجية شبيهة بالأمراض الانتكاسية. ولهذا، يمكن إصلاح حال الدولة وتغييره من الفشل إلى الضعف أو القوة، شريطة أن يكون التدخل في الوقت المناسب. فقد تفقد بعض الحكومات مثلاً، القدرة على إنفاذ السلطة التشريعية على جزءٍ من أراضيها الواقعة ضمن نطاقها القانوني، ونتيجةً لذلك، تخرج هذه الأراضي من سيطرة جهاز الدولة. ويتبع ذلك إعادة ترتيب المجتمعات لنفسها بناءً على روابطها العرقية والثقافية وروابط قرابة الدم. ويحكم منطق القوة الجانب الأمني؛ وهو ما تمثل في حكم العشائر المسلّحة في حالة الصومال. ويتقلّد لاعبون من غير الدولة زمام الأمور، وقد يكون هؤلاء اللاعبون أبناء مجموعةٍ عرقيةٍ معيّنة، أو قد يكون هؤلاء اللاعبون مجموعاتٍ تجارية شبيهةً بالعشائر، أو قد يكونون رموزًا دينية أو شيوخ عشائر. ويحاول هؤلاء إحياء بعضٍ من وظائف الدولة بصورةٍ أو بأخرى. ولكن إعادة الدولة إلى حالتها الأصلية تتطلّب دعمًا خارجيًا

قويًّا[471].

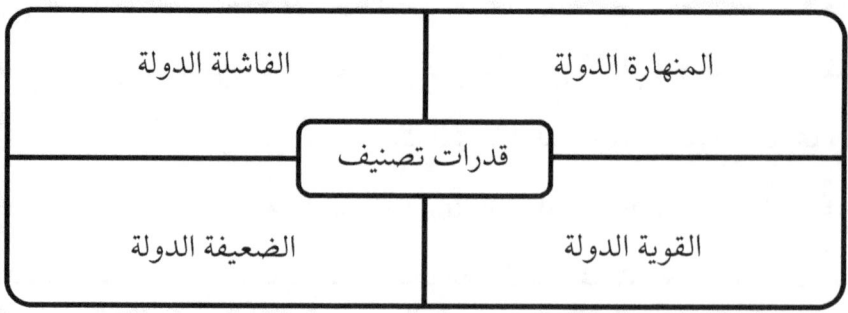

المخطط (11): تصنيف قدرات الدولة

نظريات الصراع الاجتماعي

لا تنهار الدول دون صراع، ويمكن إرجاع أصل هذا النزاع إلى أسبابٍ أساسية أو إجرائية أو مباشرة. وتتمثّل الأسباب الأساسية في الظروف المتجذّرة طويلة الأمد التي يعود أصلها إلى مرحلة تكوّن الدولة أو المجتمع. ويمثل هذا الطيف من الأسباب العوامل الموضوعية التي يمكن توظيفها لبدء النزاعات في حال وجود عوامل ذاتية. ويعتمد نطاق الأسباب الإجرائية التي تغذّي النزاع وتعمّق خصائصه على حجم وتفاقم الأسباب الأساسية، فيما تلعب الأسباب المباشرة دور آليات شد الزناد لاندلاع الصراعات الداخلية والاضطرابات الأهلية. وهناك الكثير من المدارس التي تدرس النظريات الثلاث للصراع وهي الأصلية والعملياتية والمباشرة، وتراها السبب الرئيسي للصراعات.

---

(471) يمكن أن تتعافى الدول المنهارة وترجع إلى حالة الدولة الفاشلة، شريطة استعادة حالة مقبولة من الأمن لإعادة بناء المؤسّسات وتعزيز شرعية الدولة التي تمّ إنعاشها .استطاعت لبنان تحقيق ذلك بفضل جهاز الأمن السوري، وطاجكستان بسبب روسيا، وأفغانستان بفعل الغزو الذي قادته الولايات المتحدة، وسيراليون بفضل التدخل البريطاني .وتشهد الصومال حاليًا عملية إنعاش بموجب مهمة الاتحاد الإفريقي إلى الصومال (AMISOM). انظر:
Robert I. Rotberg. *Nation-state failure: A recurrence Phenomenon*?

ولا يوجد إجماعٌ على تعريف أو توصيف الصراعات بين الدارسين. فيُعد الصراع عادةً ظاهرةً اجتماعيةً تنتج من الاختلافات في الظروف الاجتماعية، كما قد ينشأ نتيجة تباين المصالح بين طرفين على الأقل (الأفراد، الجماعات، الدول، وغيرها)(472). وتبيّن الدراسات التي تناولت جذور النزاع أنواعًا مختلفةً من الصراع. فيعرّف كيه وموكينج (Kieh and Mukenge) الصراع الأهلي بأنه «خلافٌ بين اللاعبين المحليين ـ الحكومة والجماعات الخاصة ـ حول قضايا اقتصادية أو سياسية أو اجتماعية أو ثقافية أو أيّ مزيجٍ من هذه القضايا».

ووضع المؤلّفون في أعمالهم البحثية ثلاثة أطرٍ نظريةٍ لشرح أسباب الصراعات الأهلية وهي: الأصلية والعملياتية والمباشرة(473). وتقوم نظرية الأسباب الأصلية على مفهوم هوية الجماعات البدائية مثل العشائر والعشائر الفرعية والمجموعات العرقية. وتقول النظرية: إن هوية الفرد الذي ينتمي إلى هذه الجماعات تُولَد معه أو إن انتماءه إلى هذه الجماعات يصيغ هويته عبر عملياتٍ نفسية عميقة ولا يكون فيها للسياسة والمجتمع سوى أثر بسيط. وتقتضي هذه النظرية أن تغيير هذه الهويات ليس أمرًا ممكنًا وأن اختيار الفرد ترسم هذه الهويات على مرّ الزمان. ويُستخلص من هذه الفكرة أن ما ينظّم الناس عند اندلاع صراع بين فئات الشعب في بلد عشائر مثل الصومال هو انتماءاتهم الأصلية. ويوجد أيضًا ـ بالاستناد إلى هذه النظرية ـ نمطٌ مهيمن من العلاقات التي يُلاحَظ فيه تحكم مجموعةٍ في الآخرين بالارتكاز على سلطةٍ سياسيةٍ أو اقتصاديةٍ أو كليهما.

---

(472) Woo Idowu, Citizenship, alienation and conflict in Nigeria, Africa Development, Vol. 24, No. 1/2, 1999, 31-55, 34.

(473) George Klay and Jr Kieh, "Theories of Conflict and Conflict Resolution, in George Klay Kieh Jr and Ida Rousseau Mukenge (eds), *Zones of Conflict in Africa: Theories and Cases* (Westport, Conn: Praeger, 2002), 3.

ويقدّم جورج كالي كيث وإيدا روسو موكينج شرحًا وافيًا لكيفية عمل هذا النمط المهيمن في سياق الدول القومية في حقبة ما بعد الاستعمار. ويمكن اعتبار حالة الصومال، على وجه الخصوص، حالةً كلاسيكية؛ حيث هيمنت عشائر معيّنة على السلطة السياسية ووضعت نفسها في مراكز مكّنتها من كسب امتيازاتٍ اقتصادية. وكانت إحدى نتائج ذلك هي قيام النخب التي تنحدر من عشائر مهمّشة (مدنية/ عسكرية) بتشكيل حركات تمردٍ مسلّحة(474).

ووفقًا لدراسة أصدرها البنك الدولي، فإن «جميع الصراعات المسلّحة في الصومال المعاصرة، مع وجود بعض الاستثناءات القليلة، كانت تندلع في سياقاتٍ عشائرية. فالهويات العشائرية هي هوياتٌ مُطوَّعة، ويمكن للقادة صياغتها بما يتناسب مع سعيهم للتحكم في الموارد والسلطة. وهويات العشائر ليست أساسًا للصراع، وإنما يرجع الصراع إلى تلاعبٍ واعٍ من شأنه خلق وتعميق الانقسامات. فيمكن للمجموعات العشائرية أن تُكوّن قوًى تدميريةً أو قوًى بنّاءة، وكذلك الأمر بالنسبة للوسطاء التقليدين في الصراعات»(475).

وتقوم نظرية الطبقية على وجود نسقٍ اقتصاديٍّ يحكم عملية الإنتاج في كلّ مجتمع، ويؤسّس كل فردٍ من أفراد المجتمع علاقته بنسق هذا الإنتاج، وينتمي النسق المذكور إلى الطبقة المالكة أو إلى طبقةٍ ثانوية. وطبقًا للنظرية الماركسية، فإن جميع الصراعات تنبثق من نزاعاتٍ مبنيةٍ على الطبقات ويهدف الصراع إلى تملك وسائل الإنتاج. وترى النظرية الماركسية أيضًا أن الطبقة الرأسمالية لن

(474) George Kaly Kieth, and Ida Rousseau Mukenge, Zones of Conflict in Africa: Theories and Cases. (Praeger, 2002), 10.

(475) The World Bank, "Conflict in Somalia: Drivers and dynamics", January 2005, 15. Available from http://siteresources.worldbank.org/INTSOMALIA/Resources/conflictinsomalia. pdf.

ترضى أبدًا بالتخلي عن موقعها المميز على رأس ملكية وسائل الانتاج. وبهذا، فإن الطبقة الرأسمالية تملك القدرة على التأثير على حياة الشعب وإنتاج صراعاتٍ لا يمكن حلها بينهم وبين الطبقة العاملة.

وتتحكّم هذه الطبقة الرأسمالية في الوسائل الرئيسية للإنتاج، وتحدّد نسب تخصيص وتوزيع المصادر والأجور. ويؤدّي هذا إلى استغلال الطبقة العاملة على يد الطبقة الرأسمالية؛ وهو ما يقود بالضرورة إلى خلق صراعٍ طبقي. ولكن اندلاع الصراع الفعلي يشترط تحقق عددٍ من الشروط. أولها: وجود وعي متنامٍ بالاستغلال والقدرة على تنظيم حركةٍ أو حزبٍ سياسيي؛ لكي يكون بالإمكان إشعال شرارة النزاع الطبقي[476]. ولا نجد في حالة الصومال تحليلاً وافيًا للصراعات الطبقية بصفته محرّك الصراعات، ولكن تُظهر بعض الدراسات التي صدرت مؤخّرًا وجود صراعٍ من هذا النوع في بعض الأماكن. فيقول أليكس دي وال(Alex de Waal): «يجبٌ أن نطوّر تحليلاً طبقيًّا لأصل ونمو الأزمة، التي كان محورها هو نمو العلاقات الرأسمالية تحت رعاية الدولة في كلٍّ من قطاعات الزراعة والرعي والدور الرئيسي الذي لعبه التحكم في جهاز الدولة بالسماح بتركز رأس المال في شرائح معيّنة من الطبقة الرأسمالية في الثمانينيات»[477].

وتقع النظرية الانتقائية بين النظريات الأساسية والطبقية، وترى أن الصراع هو نتيجة التقاء عددٍ من العوامل الثقافية والاقتصادية والتاريخية والسياسية والاجتماعية، وهكذا. وترى النظرية أنه ليس هناك عاملٌ أو متغيّرٌ واحدٌ كافٍ

---

(476) Jack A. Goldstone, *Revolutions: A Very Short Introduction* (Oxford University Press, 2014), 16-25.

(477) Alex de Waal, Class and Power in a Stateless Somalia A Discussion Paper, August 1996, 1. Available from http://justiceafrica.org/wp-content/ uploads/2014/03/DeWaal_ClassandPowerinSomalia.pdf.

لشرح تعقيدات الحروب الأهلية؛ أي إن هناك أسبابًا عديدةً متشعّبةً فيما بينها تحرّك الصراعات، بحيث يعزّز كلٌّ من هذه الأسباب بعضها بعضًا. فالفقر، على سبيل المثال، أساسه هو الفروق الفردية والاختلافات الإقليمية والقمع والتعدي على حقوق الإنسان وتركز السلطة في المركز السياسي واستعداد الدول المجاورة لإعطاء دعمهم للقوى المعارضة في بلدٍ ما، وتلعب كل هذه العوامل دورها. ويتحتّم استخدام عددٍ من الوسائل لحلّ النزاعات مثل صناعة السلام القائم على المفاوضات والوساطة أو صناعة السلام باستخدام القوة العسكرية والإشراف على السلام والمساعدات الإنسانية أو فرض السلام بطرقٍ تشتمل على إكراه أطراف نزاعٍ ما على الالتزام.

نظرية العصبية لابن خلدون

تجيب نظرية العصبية التي وضعها ابن خلدون على الأسئلة الثلاثة الرئيسية المتعلّقة بالصراع الاجتماعي. وتشرح هذه النظرية ـ أسوةً بالنظرية الأصلية التي تتناول الصراعات الاجتماعية ـ أصل النزاعات، ولكنها تقدّم أيضًا فهمًا شاملاً لديناميكيات الصراع في المجتمعات القبلية. فتبيّن نظرية العصبية كيف تتطوّر الصراعات في المجتمعات القبلية الرعوية وماذا يحدث بعد احتلال هذه القوى للمراكز الحضرية وكيف يمكن تلطيف ثقافتهم التدميرية. وجاءت هذه النظرية ثمرة دراساتٍ تجريبيةٍ لدورة نهوض وسقوط الدول في شمال إفريقيا في القرن الرابع عشر. فأخذ هذه النظرية من كتاب المقدّمة للتاريخ التي ألّفها ابن خلدون والتي تتعمّق في دراسة العلاقات بين الحضارات والشعوب البدوية.

وكانت المجتمعات التي درسها ابن خلدون مجتمعاتٍ تتكون من عشائر وقبائل وكان دينهم هو الإسلام. ولهذا ربما تكون لهذه النظرة صلة اليوم بمجتمعاتٍ

مشابهةٍ بالمجتمعات التي درسها ابن خلدون مثل الصومال. وتشتمل هذه النظرية على بعض الأفكار المشتركة مع النظرية الأصلية حول الصراع، ولكنها تقدّم في الوقت نفسه شرحًا أعمق على صعيد بيان سلوك البدو بعد احتلالهم للمراكز المتمدّنة وصعوبات إقامة الدولة من جديد؛ نظرًا لأن البدو لا يستطيعون الاجتماع على قيادةٍ واحدة، وهو ما يطيل أمد النزاع. وربما تكون الصومال النموذج الأمثل لتجلي نظرية العصبية على أرض الواقع وقت انهيار الدولة في عام 1991 والحرب الأهلية التي امتدت لأكثر من ثلاثة عقود.

ويميّز فرانز روزينثال الذي ترجّم المقدمة الذي ألّفه ابن خلدون إلى اللغة الإنجليزية بين البداوة والحضارة، فيقول روزينثال: إن البداوة تُعرَف بأنها بساطة الحياة، والشجاعة، والعنف، والقوة الضاربة. أما الحضارة فتُعرّف بأنها الحياة الحضرية التي تضمحل فيها هذه السمات الطبيعية بصورةٍ تدريجيةٍ لصالح الرغبةٍ في إيجاد السلام والأمن واليسر والرفاهية والمتعة[478]. ويُشتقّ مصطلح العصبية من جذره الصرفي عَصَبَ (وهو ربط الأفراد برباط جماعة)[479]. ويرى محمد الجابري أن العصبية «هي تكافلٌ اجتماعي بيئي واعٍ وغير واعٍ في الوقت نفسه، ويربط هذا التكافل أفراد جماعةٍ من الناس تجمعهم صلةٌ مشتركة (وغالبًا تكون هذه الصلة هي قرابة الدم) على نحوٍ مستمر، وتظهر هذه الرابطة وتقوى عند وجود تهديدٍ مشتركٍ لهذه الجماعة والأفراد»[480]. ويقدّم ابن خلدون دلالةً

---

(478) Ervin Rosenthal, *Political Thought in Medieval Islam* (Cambridge University Press, 1962), 90.

(479) ارجع إلى الدلالة القرآنية لكلمة العصب في المواضع التالية: سورة يوسف: 8، وسورة يوسف: 14، وسورة النور: 11 وسورة القصص: 76.

(480) الجابري، محمد عابد" .فكر ابن خلدون: العصبية والدولة ".دار النشر المغربية، بدون تاريخ .254

للعصبية، فيقول: إنها «ببساطة قوةٌ اجتماعيةٌ تمنح قوة المواجهة، سواء أكانت هذه المواجهة مواجهة طلب (أي مطالب سياسية) أم ردًّا للخطر»[481]. ويؤكد الجابري أيضًا أن القوة الدافعة التي تربط هؤلاء البدو هي «العامل الاقتصادي»، فبنيتهم السياسية البدائية بعيدةٌ عن التسلسل الهرمي والطبقية، وهذان العنصران عنصران قياسيان في العديد من الدول البيروقراطية الحديثة. ولهذا تتباين الدولة البدوية التقليدية عن المفهوم الحديث للدولة.

وفي هذا الفصل سنرسم تصورين لنظرية العصبية يمسّان الموضوع الذي نحاول دراسته، إضافةً إلى أسباب الصراع الأصلية والبدوية كأسباب للصراع الاجتماعي. ويقدّم التصور الأول جوابًا يشرح سلوك البدو عند احتلالهم المدن الحضرية. ويقضي هذا التصور بأن «القصور التي كانت تخضع لحكم العرب (البدو) كان يسرع إليها الخراب»[482]. ويعني هذا أن البدو عندما يحتلون المراكز الحضرية، التي تقوم طريقة حياتها على البيوت والمباني الفاخرة، وهو أسلوب حياةٍ مختلف عمّا كان اعتادوا عليه، فيستغل البدو العناصر المادية الموجودة في المدن لإثراء طريقة الحياة التي عاشوا عليها، فلا يتورّع البدو عن سطو ونهب ممتلكات الآخرين ولا يقدّرون الحرفيين ولا يحترمون القوانين أو يلتزمون بها ولا يقدّرون الحياة البشرية. ونادرًا ما يتفقون على قائدٍ واحد، فكل واحدٍ فيهم يحاول تقديم نفسه إلى مركز القيادة، ولهذا يعيشون في حالةٍ مستمرةٍ من النزاع. ولهذا تتابع دورة نهوض الحضارات وسقوطها في الأماكن التي تسقط في يد البدو.

---

(481) المصدر السابق، 257.

(482) Ibn-Khaldun, *The Muqaddimah: An Introduction to History* (Princeton University Press, 1980), 302.

ويتعرّض التصور الثاني لكيفية إصلاح سلوك البدو التدميري وتلطيفه. وتؤسّس هذه النظرية لعدم إمكانية إضعاف العصبية دون تدخل المعايير الدينية الأخلاقية التي تهذّب وحشيتها وضراوتها بقيم كونية. فكتب ابن خلدون في محاولته الإجابة عن هذا السؤال: «إن العرب لاً يحصل لهم الملك إلا بصبغةٍ دينيةٍ من نبوةٍ أو ولايةٍ أو أثرٍ عظيمٍ من الدين على الجملة»[483]. ويستطرد ابن خلدون في شرحه لهذا المفهوم، فيقول: «فإذا كان الدين بالنبوة أو الولاية كان الوازع لهم من أنفسهم، وذهب خلق الكبر والمنافسة بينهم؛ فسهل انقيادهم واجتماعهم»[484].

ويقضي هذا التصور بأن أفعال الشر ليست في طبيعة البدو، وإنما نتاج محدّد ببيئتهم، والحل الوحيد الذي يحدّ من وحشية البدو هو الدين؛ حيث إنه يقدّم منظورًا جديدًا وتصورًا روحيًا لابد منه لتجاوز المنظور الضيق لنزعات العصبية. إن غرس وإحلال المنظورِ الكونيِّ الشامل والاحساس بالأخوة البشرية والمساوة وقيمة الحياة البشرية وغير ذلك، هي الوسائل الوحيدة لتهذيب وحشية البدو وفقًا لابن خلدون.

ولو جاز لنا أن نُخرج العصبية من تعريفها التاريخي الضيق، فيمكن فهم هذا المبدأ بصورةٍ عامةٍ على أنه منظّمةٌ وثيقة الرباط، تتمحور حول دافعٍ فكري قوي يركّز على إدراك غايةٍ مشتركة، مثل: إدراك التفوق السياسي، أو الحصول على مكتسباتٍ اقتصادية. وهناك ثلاث عصبياتٍ (ولاءات) يمكن تمييزها في السياق الصومالي، وهي محور العشيرة (العشائرية)، والقومية، ومحور الدين

(483) نفس المصدر، 305.
(484) نفس المصدر.

(الإسلاموية)(485). وينصهر محورا الدين والعصبية القومية عادةً عند الحاجة لمقاومة وردّ شرّ أعداءٍ خارجيين. أما عصبية العشيرة، فتُسبّب غالبًا الشقاق والضعف الداخلي، والصراع، وربما الحروب الأهلية، إلا أن هذه العصبيات ليست معزولةً بعضها عن بعض مكانيًّا وزمانيًّا، فهي تتقاطع في بعض الأوقات لتخلق حالةً من التكافل الاجتماعي المتين. ولكن لا بد من إيجاد الزعيم المناسب لخلق هذا التكافل، ويجب أن يكون الزعيم فوق غيره من القادة.

أما رئيس الدولة، فيجب أن يُظهر الألفة والعطف ويصون العدل بين العشائر التي تتساوي فيما بينها (المواطنة). ولكن إن قام الرئيس، في المقابل، بتفضيل عشيرته أو فصيل معيّن وحاول استخدامه لإعلاء سلطته، فإنه بذلك سيستفزّ العصبيات الفرعية في العشائر المهمّشة التي ستثور وتبدأ بتنظيم حركات التمرد على نحوٍ عشائري. ويصف هذا السيناريو ما حصل تمامًا في الصومال خلال حكم النظام العسكري في الثمانينيات عندما بدأت الفصائل المسلحة في التشكيل للردّ على الحكومة التي تمحورت حول العشائر التي احتكرت السلطة والثروة.

وتشرح نظرية العصبية أيضًا سلوك البدو بعد عندما سيطروا على الحضر التي تضعف روابط السلطات العسكرية والتي لا توجد فيها أي سلطاتٍ مقيِّدة؛ وهو ما حصل في الصومال، فلم تتورّع الميليشيات العشائرية عن تدمير أي شيء سواء أكان ملكًا عامًّا أم خاصًّا، فنُهِبت واستبيحت البلدات، ولم ينجُ أي شيءٍ

(485) يدرس المؤلّف في أطروحة الماجستير التي قدّمها تفاعلات هذه الانتماءات في سياق الثقافة السياسية الصومالية، وكيف يكون لها أن تصيغ نظرتهم للعالم مع التطرق لأزمة الانتماءات. انظر:
Abdurahman Abdullahi, Tribalism, Nationalism and Islam: The Crisis of political Loyalties in Somalia, MA thesis submitted to the Islamic institute, McGill University, 1992.

من الدمار. ويكتب ابن خلدون واصفًا السلوك البدوي: «فنهب ما يحوزه غيرهم من الناس هو جزءٌ من طبيعتهم... فلا يردعهم أي حدٍّ عن أخذ ممتلكات غيرهم من الناس»[486]. ويقول ابن خلدون أيضًا: «وأيضًا فهم (أي العرب) متنافسون في الرئاسة، وقلّ أن يُسلّم أحدٌ منهم الأمر لغيره، ولو كان أباه أو أخاه أو كبير عشيرته»[487].

نظرية العصبية لابن خلدون

1- تجمع العصبية أفراد جماعةٍ من الناس يوجد فيما بينهم رابطةٌ معيّنة، وفي الغالب تكون هذه الرابطة هي رابطة الدم.

2- يكون الخراب مصير الحضارات التي تقع في يد البدو.

3- نادرًا ما يجتمع البدو على قائدٍ واحدٍ، فكلّ واحدٍ منهم يمنّي النفس بالزعامة.

4- القوة الدافعة للبدو هي "العامل الاقتصادي" بصورةٍ أساسية.

5- الدين فقط هو ما يهذّب الكبر والتنافس والسمات السلبية في البدو (وهو الإسلام في السياق الصومالي).

المخطط (12): ملخص لنظرية العصبية لابن خلدون

قياسًا على المرتكزات النظرية لقدرات الدولة، يمكن القول إن الدولة الصومالية كانت تقع تحت فئة الدول الضعيفة خلال فترتها التكوينية في الخمسينيات وما بعد الاستقلال. وكان الخيار ممكنًا للقادة السياسيين لتوجيه

(486) Lineage segmentation and civil war (www.country-study, Somalia.com/ Somalia).

(487) Ibn Khadun, *Muqadimmah*, 304.

الدولة إلى منحًى أكثر إيجابية على صعيد القوة أو تحويلها إلى مثالٍ لدولةٍ فاشلة؛ وهو ما كان للأسف مع بداية ونهاية كل دورة في ظلّ غياب نظامٍ سياسيٍّ رصين وقيادةٍ كفؤة. ووصلت الدولة في الثمانينيات إلى نقطةٍ لم تعد عندها قادرةً على تأدية وظائفها، وصارت ساحةً للحروب الداخلية التي تورّط فيها عددٌ من المجموعات المسلحة. ومن المعلوم، أن الدول لا تنهار من دون وجود صراع؛ ولهذا قمنا بتلخيص نظرية الصراع وسياقاته التي تضمّ الأسباب الأساسية، والطبقية، والانتقائية.

آراءٌ حول انهيار الدولة الصومالية

ننتقل الآن ـ بعد أن تطرّقنا لنظريات قدرات الدولة والصراعات ـ إلى محاولة الغوص في طبيعة الصراع الذي أدّى إلى انهيار الدولة الصومالية والتي انتكست بصورةٍ تدريجيةٍ من حالة الدولة الضعيفة في 1960 إلى دولةٍ فاشلةٍ في الثمانينيات لتصل أخيرًا إلى نقطة الانكسار عام 1991. ومن خلال دراستنا لنظريات الصراع الاجتماعي، فضّلت هذه الورقة البحثية النظرية الانتقائية على حساب أي شرحٍ يرتكز على عاملٍ واحد؛ أي إن الاعتقاد هو أن الصراعات هي مصبّ التقاء عددٍ من عوامل عديدة. وتشدّد أيضًا نظرية العصبية لابن خلدون على دور الارتباطات الأساسية كإحدى الأدوات المؤدّية للصراع.

كذلك تُبيّن النظرية حالة عدم الاستقرار المتكرّرة في الدول القائمة على العشائر ودورة نهوضها وسقوطها. وسنتناول الآن عددًا متنوّعًا من الآراء التي حاولت استدراك انهيار الدولة الصومالية، وستُصنّف هذه الآراء وفقًا لنقاط تركيزها في محاولةٍ لبناء نموذجٍ شاملٍ يربط بين جميع الأسباب. ولقد نظر الدارسون إلى انهيار دولة الصومال من زوايا مختلفة بما يتسق مع مدارسهم

الفكرية والموضوعات التي كانوا يحاولون تناولها. وتشتمل هذه الزوايا على أثر الحرب الباردة وشحّ المساعدات الخارجية ومطامع الوحدوية الصومالية والحرب مع أثيوبيا والبدائية وقصور الموارد والانحلال الأخلاقي والعوامل الانتقائية. ولا ترتكز دراستنا التسلسلية على معيارٍ بحدّ ذاته، فسنحلّل هذه الزوايا بالتساوي قبل رسم مستنبطاتنا النهائية.

أثر الحرب الباردة وشحّ المساعدات الخارجية

تقع الصومال في إقليم استراتيجي هو قرن إفريقيا، وهي منطقةٌ استقطبت، على امتداد التاريخ، صراعاتٍ بين القوى العالمية[488]. وتحوّل الموقع الجغرافي الاستراتيجي للصومال من نعمةٍ إلى نقمةٍ على الصومال بإغرائه لعددٍ من القوى الاستعمارية والعداوات التي سادت الحرب الباردة[489]. فبعد استقلال دولة الصومال عام 1960، كانت الصومال مسرحًا تنافسيًّا بين الولايات المتحدة والاتحاد السوفييتي. وأسفر الصراع عن فوز الاتحاد السوفييتي عندما وقّعت دولة الصومال، في خطوةٍ متسرّعة، اتفاقيةً عسكرية بقيمة 30 مليون دولار في عام 1963م[490] بعد أن قدّم الاتحاد السوفييتي عرضًا تفوّق على عرض الغرب؛

---

(488) يبلغ طول الخط الساحلي الصومالي 3025كم، وهو الأطول في الأرض الإفريقية والشرق الأوسط .وتمرّ عبر مياهه الإقليمية سنويًّا ما يزيد عن 33ألف سفينةٍ تجارية .وتحمل هذه السفن ما يصل إلى 26% من حجم تجارة النفط، و15-14% من حجم التجارية الدولية بتكلفةٍ تصل إلى 1.8 مليار دولار سنويًا.

(489) Abdurahman Abdullahi, "Perspectives on the State Collapse in Somalia", in *Somalia at the Crossroads: Challenges and Perspectives in Reconstituting a Failed State*, ed. Abdullahi A. Osman and Issaka K. Soure, London: Adonis & Abbey Publishers Ltd., 2007.

(490) S. Chirumamilla, *U.S intervention in the Horn: Revisiting Ethiopia Somalia dispute*, 2011, 189. Available from http://shodhganga.inflibnet.ac.in/bitstream/10603/1861/13/13_c hapter6.pdf (accessed on January 31, 2017).

إذ وافق الاتحاد السوفييتي على التكفل بزيادة قوة الجيش الصومالي من 4000 مقاتل إلى 20 ألفًا، مقارنةً بعرض الولايات المتحدة وحلفائها في حزب الناتو الذين وعدوا الصومال بتقديم معوناتٍ عسكري بقيمة 10 ملايين دولار، وتدريب جيشٍ قوامه 6000 ـ 5000 جندي.

وتضخّم النفوذ السوفييتي منذ ذلك الوقت بصورةٍ مضطردة في الصومال، وتحديدًا بعدما سيطر الجنرال محمد سياد بري الحكومة المدنية عام 1969 وتبنّى الاشتراكية ووقّع معاهدة صداقة مع الاتحاد السوفييتي[491]. ولكن الصومال والاتحاد السوفييتي قاما بإنهاء التعاون فيما بينهما خلال حرب الصومال وأثيوبيا عامي 1977 و1978، وعرضت واشنطن على الصومال معوناتٍ عسكريةٍ واقتصادية في سبيل موازنة الدعم السوفييتي والكوبي لأثيوبيا.

ويُقدّر حجم المعونات العسكرية التي قدّمتها واشنطن لمقديشو بـ 500 مليون دولار في الثمانينيات. ولكن تغيّرت سياسات المعونات الخارجية بصورةٍ جذريةٍ بعد انهيار الاتحاد السوفييتي عام 1990 وانتهاء الحرب الباردة. وفقد الصومال أفضلية «المغناطيس الاستراتيجي»[492]، التي عُرف بها في السبعينيات، فضلاً عن عدم حاجة الولايات المتحدة للتحالف مع الصومال بانتهاء الحرب الباردة. فسُحِبَت المساعدات من نظام بري الذي ضعف وسقط بسهولة على يد

---

(491) تم توقيع اتفاقية الصداقة بين الصومال والسوفييت في عام 1974، وفُسِخت الاتفاقية بتاريخ 13 نوفمبر 1977 في ظلّ قرار الاتحاد السوفييتي بالتعاون مع أثيوبيا خلال الحرب. وترتّب على ذلك الطلب من المستشارين العسكريين والمدنيين القادمين من الاتحاد السوفييتي والمقيمين في الصومال مغادرة الأراضي الصومالية في ظرف أسبوع، وتم فوريًا سحب جميع المرافق العسكرية التي تم منحها للاتحاد السوفييتي في الصومال. انظر:
http://web.stanford.edu/group/tomzgroup/pmwiki/uploads/2069-1978-KS-a- LIZ.pdf (accessed on February 2, 2017).

(492) J. Bowyer Bell, *The Horn of Africa: Strategic Magnet in the Seventies* (New York: Crane, Russak 1973)

حركات التمرد المسلحة(493).

وركّز عددٌ من الدارسين على الحرب الباردة، وسحب المساعدات الخارجية على أساس أنهما العاملان الرئيسيين وراء انهيار الدولة، وكان من هؤلاء العلماء تيرينس ليونز، وولتر كلارك، وروبرت جوسيند، وأحمد سمتر، وكين مينخوس وجون بريندرجست. فيربط تيرينس، على سبيل المثال، بين انهيار الدولة الصومالية وسحب المساعدات الخارجية، وتنامي المطالب المحلية لتأدية أغراضٍ سياسيةٍ أفضل. ويُشير تيرانس إلى أن الدولة الصومالية انهارت عندما «تم سحب الدعم الخارجي، فيما زادت المطالب المجتمعية بتحقيق تقدمٍ اقتصادي وتحسين الحكم»(494).

ويتفق ولتر كلارك وروبيرت جوسيند مع تيرينس ليونز في إرجاع الفشل إلى ضعف المساعدات الخارجية، ولكنهما لا يران أن هذا كان العامل الوحيد، فوفقًا لكتابات كلٍّ منهما، فإن «فشل الصومال قد تكون له علاقةٌ جزئيةٌ فقط بانتهاء الحرب الباردة»(495). أما أحمد سمتر، فيرى أن الانهيار كان نتاج أعباءٍ ثلاثة تتضمّن الهزيمة في الحرب والأداء الاقتصادي المنخفض وضعف المساعدات الخارجية. ويشير أحمد إلى أن «السياسات الداخلية صارت محور المشهد السياسي في الصومال في ظلّ هذا العبء الثلاثي الذي تمثّل في الهزيمة

---

(493) Alena Hrušková, Comparison of US Foreign Aid Towards Somalia During and After the Cold War, 33. Available from http://www.unob.cz/eam/Documents/Archiv/EaM_1_2014/Hruskova.pdf (accessed on February 2, 2017

(494) Terrence Lyons and Ahmed Samatar, *Somalia: State Collapse, Multilateral intervention, and Strategies for Political Reconstruction*(Washington: The Brooking Institution Occasional Paper, 1995), 1

(495) Walter S. Clarke and Robert Gosende, "Somalia: Can a Collapsed State Reconstitute itself?" In Robert I. Rotberg (ed.), *State Failure and State Weakness in a Time of Terror* (Washington: Brooking Institution Press, 2000), 129-158.

في الحرب وما رافقها من إهانة واقتصاد متدهور وغياب رعاية قوةٍ عظمى. فصار التركيز الشعبي على النظام وعلى الدولة التي وجدت نفسها غارقةٍ في مناخٍ متوتّرٍ ومشدود»[496].

ويستطرد كين مينكوس أكثر، و يشدّد بصورةٍ أكبر على عامل المساعدات الخارجية، فيقول: «ربما تنطوي الادعاءات التي تؤكّد أن الدولة الصومالية صنعتها المساعدات الخارجية على شيءٍ من المغالاة، ولكن لا يمكن إنكار أن الدولة لم تكن يومًا ما قريبةً حتى من استدامة نفسها بالاعتماد على مصادر دخلٍ محلية. فحتى منذ الخمسينيات، كان المراقبون قلقين من أن خيار إقامةٍ دولةٍ صوماليةٍ مستقلة لن يكون خيارًا معقولاً من المنظور الاقتصادي»[497]. ويضيف كين مينكوس وجون بريندجاست أكثر من ذلك بالقول: «لم يكن هناك، وعلى امتداد التاريخ الصومالي، أيّ مرتكزاتٍ مستدامةٍ يمكن لسلطة دولةٍ مركزيةٍ قائمةٍ بحد ذاتها أن تقوم عليها. فقد مُوّلت الدولة الصومالية في الماضي بصورةٍ شبه كاملة بمعوناتٍ خارجيةٍ، ساقتها معادلات الحرب الباردة؛ وهو ما أدّى إلى اختلاق بنيةٍ مضخّمةٍ وصناعية انهارت بمجرد تجميد هذه المعونات في نهاية الثمانينيات»[498].

(496) Ahmed Samatar, "The Curse of Allah: Civic Disembowelment and the collapse of the State in Somalia" in in Ahmed Samatar (ed.), *The Somali Challenge: From Catastrophe to Renewal*? (Lynne Rienner Publishers, 1994), 117.

(497) Ken Menkhaus, "US Foreign Assistance Somalia: Phoenix from the Ashes?" Middle Eastern Policy, l:5, 1997, 126

(498) Ken Menkhaus and John Prendergast, "Governance and Economic Survival in Post-intervention Somalia" in CSIS Africa Note, No.172 (May 1995).

الوحدوية الصومالية والحرب مع أثيوبيا

ترتكز الوحدوية الصومالية على حقيقةٍ تاريخيةٍ مفاداها أن الجمهورية الصومالية ورثت إقليم القرن الإفريقي بعد احتلاله وتقسيمه بين أربع قوًى خارجية خلال فترة التناحر الأوروبي على إفريقيا. وهذه القوى الأربعة هي: إيطاليا، وبريطانيا، وفرنسا، والإمبراطورية الأثيوبية. وتشبّع القوميون الصوماليين بفكرة الصومال الكبير، وقد وجدوا لها صدًى في خطى وزير الخارجية البريطاني إرنست بيفين، وتقوم الفكرة على رؤية إعادة توحيد شعب الصومال الذي يقطن خمسة أقاليم مختلفة؛ وهو ما ترمز إليه النجمة البيضاء التي تزيّن علم دولة الصومال. وتوحّد إقليمان من هذه الأقاليم، هما الإقليم الصومالي الذي تحكمه إيطاليا تحت وصايةٍ أممية، وأرض الصومال البريطانية لتتشكّل جمهورية الصومال عام 1960.

أما «الأقاليم المفقودة»، فهي المناطق الصومالية الواقعة حاليًا في جمهورية جيبوتي، و الإقليم الصومالي في أثيوبيا، والقطاع الحدودي الشمالي في كينيا. وتمّ تحريض دولة الصومال والتلاعب بها وجرّها إلى معادلات الحرب الباردة تحت إغراءات حلم الصومال الكبير على يد القوتين الكبيرتين اللتان كانتا تتصارعان على بسط نفوذهما في إقليم القرن إفريقيا الاستراتيجي.

ويرى الكثير من الدارسين أن الصومال كانت «مطيةً» في الحرب الباردة، فشكّلت مسرحًا للصراع على النفوذ العالمي بين الولايات المتحدة والاتحاد السوفييتي(499). واستميلت الصومال تحت إغراءات المساعدات العسكرية؛ لكي تستطيع إشباع طموحاتها بإقامة دولة الصومال الكبيرة. وأذكت هذه البيئة

---

(499) John T. Fishel, *Civil Military Operations in the New World* (Praeger, 1997), 189

العدوانية مع جيرانها نيران حربين مختلفين مع أثيوبيا، كانت أولاهما عام 1964، والثانية كانت حرب (1978 ـ 1977). وتحوّلت الحرب الثانية إلى مسرحٍ دولي، وانتهت بتكبّد الصومال هزيمةً كارثيةً مخلّفةً عواقب وخيمة على السلام في قرن إفريقيا(500).

وكانت الوحدوية الصومالية والحرب مع أثيوبيا العامل الرئيسي لانهيار دولة الصومال. وكان هذا محور دراسات تيرينس ليونز، وجيبري ليفيبفري، وبيتر ودوارد. ويشدّد ليونز، مرةً أخرى، على الظروف التاريخية لأسباب الانهيار، ويشير إلى أن الطموحات الصومالية القومية بالوحدة ورفض جيرانها التخلي عن الأراضي المتنازع عليها في ظلّ وجود تباينٍ في تصورات الدولة والإقليم وبين التصورات الثقافية، كل ذلك كان من أسباب السقوط.

وجاء فيما كتبت ليونز أن «الفكرة هنا هي أن (القومية) هي أيدولوجية، وحرّضت هذه الأيدولوجية القادة في مقديشو على رسم سياساتٍ خارجيةٍ كانت في جوهرها إذكاءً لنار الصراعات مع الدول المجاورة، التي كان لها آراء أخرى بخصوص الأقاليم الصومالية الموروثة. فتصادم مبدأ الصومال الكبير مع إصرار أثيوبيا وكينيا وجيبوتي على صون مبدإ سلامة الأراضي وقدسية الحدود الاستعمارية. فكانت تلك الدول على استعدادٍ للدفاع عن هذه المبادئ باستخدام القوة إذا لزم الأمر»(501).

---

(500) Joseph K. Nkaisserry, The Ogaden War: An Analysis of Its Causes and Its Impact on Regional Peace and on the Horn of Africa. USAWC Strategic Research Project, US Army War College Carlisle Barracks, Pennsylvania, 1997. Available from file:///C:/Users/Abdurahman/Downloads/ADA326941%20(1).pdf (accessed on February 2, 2017)

(501) Terrence Lyons. "Crises on Multiple Levels: Somalia and the Horn of Africa" in Ahmed Samatar (ed.), *The Somali Challenge: From Catastrophe to Renewal*?

وكان لجيفري ليفبفري ملاحظاتٌ أكثر دقة؛ حيث يقول: «ولعل هناك شيءٍ من السخرية في أن سقوط الرئيس سياد بري وانحلال الدولة الصومالية لم يكن مجرد نتاج سياسات العشائر، وإنما يُرجع أيضًا، في جزءٍ منه، إلى سياسات الصومال الخارجية التي تمحورت حول الوحدة، وبصورةٍ رئيسية السياسات التي مسّت أثيوبيا»(502). وفي المقابل، يربط بيتر ودوارد بين فشل الدولة والعوامل المحلية، ويرى أن انفتاحية الحدود كانت جزءًا من المشكلة، فيقول: «صحيحٌ أن دمار دولة الصومال بالشكل الذي أخذته في عام 1960 كان نتيجةً لعوامل محلية بصورةٍ رئيسية، ولكن مشكلة انفتاحية الحدود كانت لها يدٌّ في ذلك». ويضيف ودوارد أيضًا: «كانت انفتاحية الحدود نقمةً على الصومال منذ عام 1978 عندما بدأت أثيوبيا بفتح أبوابها لخصوم سياد بري المتزايدين»(503).

ويقرّ ودوارد أيضًا بأن سعي المعارضة لإسقاط النظام تحوّل في النهاية إلى سيناريو دمار الدولة، ويُضيف: «يتضح أن الصومال كانت التجربة الأكثر كمالاً في قرن إفريقيا عندما ننظر إلى سيناريوهات انهيار الدول. فبناء اشتراكية الصومال في السبعينيات ساهم بصورةٍ كبيرةٍ في نمو الدولة والنظام اللذين ينموان بصورةٍ مترادفة، ولكن الوجه الآخر من هذه العملة كان تضييق الخناق السياسي الطويل على النظام بعد حرب (1978 ـ 1977) مع أثيوبيا؛ وهو ما كتب أخيرًا تدمير الدولة بإسقاط النظام»(504).

(Lynne Rienner Publishers, 1994), 193

(502) Jeffrey A. Lefebvre, "The US Military in Somalia: A hidden Agenda?" Middle Eastern Policy, 1:2 (1993), 47.

(503) Peter Woodward, *The Horn of Africa: State Politics and International Relations* (New York: Tauris Academic Studies, 1996), 82

(504) المصدر السابق، صفحة 81.

الثقافة السياسية الأساسية

إنّ شعب الصومال شعب عشائر، حاول أن يجد دولةً لنفسه، ويمكن أن يُستخدم نظام العشائر في سياقٍ سلبيٍّ أو إيجابي في بناء الشعوب. فيمكن أن يستخدم كأداةٍ لإذكاء الصراعات أو كميكانيكيةٍ للسلام وحل النزاعات. ولكن تقول نظريات التحديث الأولى: إن المجتمعات التقليدية يمكن لها أن تدخل سياق التنمية على النحو الذي اتخذته الدول الأكثر نموًّا. وهذا يعني أن المعتقدات الدينية والسمات الثقافية التقليدية تصبح أقل أهميةً مع تهميش هذه القيم بوصول قيم الحداثة.

وقد اتبع القوميون الصوماليون الذين مثّلهم الآباء المؤسّسون في رابطة الشباب الصومالي (SYL) هذا المفهوم الحداثي وشدّدوا على نبذ الارتباطات العشائرية. فكان يُطلب من أعضاء رابطة الشباب الصومالي أن «يأخذوا على أنفسهم قسمًا بعدم كشف انتماءاتهم العشائرية وتعريف أنفسهم بأنهم صوماليون فقط.»[505] ولكن مع انبثاق مزيدٍ من الأحزاب السياسية في الخمسينيات، تحوّلت الانقسامات العشائرية والانتماءات البدائية إلى أداةٍ سياسيةٍ؛ إذ مهّد النظام السياسي الإيطالي الذي ورثته دولة الصومال الطريق لذلك[506]. وبقيت العشائرية ظاهرةً على الرغم من كل المحاولات للحدّ منها عبر الطرق القانونية وسياسات الدولة، وحافظت على تماسكها ضد حملات قيم ومثاليات القومية.

---

(505) Cedric Barnes, "The Somali Youth League, Ethiopian Somalis and the Greater Somalia Idea, c.1946–48". Journal of Eastern African Studies, 1:2, 277-291, 2007, 281. http://www.tandfonline.com/doi/pdf/10.1080/17531050701452564 (accessed on February 2, 2017

(506) Paolo Tripodi, *The Colonial Legacy in Somalia: Rome and Mogadishu: from Colonial Administration to Operation Restore Hope* (Macmillan Press, 1999), 82-84.

وجاءت الضربة القاضية التي كتبت نهاية الدولة الصومالية من صلب الانتماءات الأساسية والتناحرات السياسية التي أخذت منحى صراعٍ عشائري بين حركات تمردٍ مسلّحة وقواتٍ حكومية. وبالارتكاز على هذا التصور الآنف ذكره، تركّز المدرسة الأنثروبولوجية على العامل الأساسي بصفته العامل الذي شكّل القوة الدافعة لانهيار دولة الصومال. ويمكن تلمس أجزاءٍ من هذا التصور في كتابات إيون لويس، وسعيد سمتر، وآنا سيمونز، وأوكبازاغي يوهننيس. وترتكز هذه المنهجية التقليدية التي تُصدرها إيون لويس على النظام الاجتماعي القائم على النسب؛ وهو ما يتضاد مع طبيعة الدولة. فيقول لويس: «من الناحية العملية يمكن القول إن انهيار الدول التي صنعها الاستعمار هو انتصارٌ لنظام النسب الاجتماعي والسلطة السياسية القائمة على قرابات الدم»[507].

ويضخّم وسعيد سمتر عامل العشيرة، فيرى أنه عاملٌ يتجاوز جميع العوامل الأخرى، فيقول: «هناك مبدأٌ مركزيٌّ وحيد يصيغ السياسة في الصومال، وهو يتجاوز جميع العوامل الأخرى، وهو الظاهرة التي يُسميّها الأنثروبولوجيون 'نظام النسب الاجتماعي'»[508]. ويستطرد أوكبازاغي يوهانيس أكثر في حديثه عن فكرة البدائية، فيرى أنه: «لم تكن هناك دولةٌ في الصومال بالمعنى الحرفي للكلمة في المقام الأول. فالصومال هي وطن عشائر، كان لا يزال في المراحل الأولى فقط في تشكيل دولةٍ حديثة في ظلٍ تقلبات قوًى تاريخية في سياق نظام رأسماليٍّ وحدوي، ولكنه كان في الوقت نفسه نظامًا مجزّأً ومفككًا سياسيًّا. والسيناريو

(507) M. Lewis, *Blood and Bone: The Call of Kinship in Somali Society* (Lawrenceville, Nj: Red Sea Pres, 1994), 233.

(508) Said S. Samatar, "Unhappy Masses and the Challenges of Political Islam in the Horn of Africa." Available from www. wardheernews.com/March_05/05 ((accessed on February 2, 2017

الأمثل في هذه الحالة هو التخلي الكامل والتام عن اللامركزية السابقة على الرأسمالية، وأيضًا إزاحة التقاليد البدائية في الصومال، وما يرافق ذلك من تقارب المؤسّسات الأساسية كضرورةٍ تاريخية؛ كي تُتِمَّ دولة الصومال تطورها»[509].

قصور الموارد

فشلت الإدارة الإيطالية في إرساء قواعد اقتصادية في الصومال خلال وصايتها على البلاد بموجب وصاية الأمم المتحدة التي دامت عشر سنوات (1950ـ 1960). وعرضت إيطاليا الاستقلال على بلدٍ يعيش حالةً من الصراع مع جيرانه، وغير قادرٍ على دفع رواتب موّظفيه. فتحتّم إذًا على دولة الصومال، إذا ما أرادت أن تبقى متعلّقةً بحبال النجاة أن تعتمد على المساعدات الخارجية. فاستندت إلى مساعداتٍ إيطاليةٍ وبريطانيةٍ، فضخّت الدولتان ما يقارب 31% من ميزانية البلاد في السنوات الثلاث الأولى التي أعقبت الاستقلال، وكانت جميع صناديق التنمية، بلا استثناء، إما قروضًا أو منحًا من دولٍ غربية أو من المعسكر الشرقي[510].

وكان التقدم على صعيد تدريب الموارد البشرية زهيدًا جدًّا، فبحسب تقريرٍ للأمم المتحدة عن الصومال: «لم يكن هناك طبيب صوماليّ واحد، أو صيدلي، أو مهندس، أو معلّم ثانوية في كل الصومال»[511]. ولكن كان هناك 37 طالبًا صوماليًّا في الجامعات الإيطالية في العالم الدراسي (1958 ـ 1957)، من بينهم

---

(509) Okbazghi Yohannes, *The United States and the Horn of Africa: An Analytical Study of Pattern and Process* (Westview Press, 1997), 225.

(510) CIA World fact book, Somalia economic Development, 1960-1969. Available from http://www.photius.com/countries/somalia/economy/somalia_economy_econom ic_development~1607.html (accessed on January 25, 2017).

(511) Abdirahman Ahmed Noor",Arabic Language and Script in Somalia: History, attitudes and prospects." PhD diss., Georgetown University, 1999, 52.

27 طالبًا يُتوقّع تخرجهم في عام 1960م[512]. ولكن ما أثار الحيرة هو أن القائمين على إدارة الصومال- وهم فيها يعرفون بالمقدّرات القليلة التي تعاني منها بلادهم على الصعيد البشري والمادي- جعلوا أولويتهم تحقيق مشروع الصومال الكبير، فكرسوا المصادر الشحيحة لهذا الهدف.

وكان السفير محمد عثمان أول من تحدّث عن عامل قصور الموارد، فدرس الخطوط العريضة التي حكمت سياسات قياديي الصومال على جبهة الخطوط العريضة، ووجّه انتقاداتٍ، بكل احترام، لقياديي الصومال على أولوياتهم وأهدافهم القومية. فرأى عثمان أن القصور سببه هو تقليل قدرات الدولة بالانخراط في عددٍ مبالغٍ فيه من المهام، لا يمكن للدولة الوفاء بها خلال وقتٍ قصير.

وطرح عثمان سؤال الأولويات: ما الأولويات التي يجب على الدولة الصومالية الجديدة أن تلتفت إليها؟ فإما أن تختار تعزيز الدولة، أو السعي للمّ شمل «الثلاثة أقاليم المفقودة». وكتب بكل شجاعة أن بناء المؤسّسات المحلية يجب أن يكون الأولوية، فمن دون هذه المؤسسات ستنهار كل الخطط الأخرى، وقال: «لعلنا كرّسنا أكثر مما ينبغي من اهتمامنا ومواردنا لتجاوز المعوّقات، والمشاكل، والنزاعات التي توارثناها من أسيادنا المستعمرين؛ وهو ما أدّى، بطبيعة الحال، إلى تورطنا في صراعٍ خارجي، ولم يمنحنا أي وقتٍ لتعزيز مكتسباتنا، بعد حصولنا على حريتنا الوطنية، عن طريق تطوير المؤسّسات التي لا يقوم أمرٌ لشعبٍ في عالمنا الحديث من دونها»[513].

(512) Mohamed Osman Omar, *The Road to Zero: Somalia's self-destruction* (HAAN associates, 1992), 45.

(513) Mohamed Osman, *The Road to Zero: Somalia's self-destruction* (Haan Associates, 1992).

الظلم والانحلال الأخلاقي

أثبت لنا التاريخ البشري أن الطمع والأنانية يطغيان عندما يصل أي مجتمع إلى حالة الإفلاس الأخلاقي؛ وهو ما يؤدّي إلى ترنح هذا المجتمع ويضع الدولة على مسار انهيارٍ لا مفرّ منه. فالأخلاق ترتبط، وبكل بساطة، بمبادئ سلوكيات الصواب والخطأ والخير والشر التي تنطوي عليها النفس البشرية. ويتلخّص تصور الإسلام عن نهوض وسقوط الدول والحضارات بالمبادئ التالية: الظلم يؤدّي إلى الخلاف ويؤدي غياب وسائل التصحيح التي تشدّ على يد الباطل وترسي قواعد الحق والتي تجلّت في مفهوم الأمر بالمعروف والنهي عن المنكر- يؤدّي إلى الانحلال الأخلاقي على مستوى الفرد والمجتمع؛ أي الفساد[514].

وفي سياق الدولة الحديثة، يتجلى منع الظلم في سيادة القانون وصون مبدأ تساوي الفرص لجميع مواطني الدولة دون التمييز بينهم على أساس الدين أو العرق أو الإثنية أو العشيرة أو الجنس. فيعزّز ذلك رعاية العدل والتماسك المجتمعي ويمنع الخلاف والصراعات الاجتماعية. ولكن توجد في الوقت نفسه مساحةٌ للخلاف في وجهات النظر، فيمكن مناقشتها والنظر فيها على أساس مبادئ حرية التعبير عن الرأي ومؤسّسات المجتمع المدني والأحزاب السياسية. وهكذا كان تأسيس الدولة في السياق الصومالي على أساس الشريعة الإسلامية أمرًا محمودًا، يجب صونه والحفاظ عليه. ولكن الابتعاد عن الدستور

(514) تجد العديد من الآيات القرآنية والأحاديث النبوية التي تتحدّث عن الظلم .فمثلاً ترد تسميات القسط والعدل في قوله تعالى: ﴿لَقَدْ أَرْسَلْنَا رُسُلَنَا بِالْبَيِّنَاتِ وَأَنزَلْنَا مَعَهُمُ الْكِتَابَ وَالْمِيزَانَ لِيَقُومَ النَّاسُ بِالْقِسْطِ وَأَنزَلْنَا الْحَدِيدَ فِيهِ بَأْسٌ شَدِيدٌ وَمَنَافِعُ لِلنَّاسِ وَلِيَعْلَمَ اللَّهُ مَن يَنصُرُهُ وَرُسُلَهُ بِالْغَيْبِ إِنَّ اللَّهَ قَوِيٌّ عَزِيزٌ﴾ (الحديد: 25)، كذلك في قوله تعالى: ﴿إِنَّ اللَّهَ يَأْمُرُ بِالْعَدْلِ وَالْإِحْسَانِ وَإِيتَاءِ ذِي الْقُرْبَىٰ وَيَنْهَىٰ عَنِ الْفَحْشَاءِ وَالْمُنكَرِ وَالْبَغْيِ يَعِظُكُمْ لَعَلَّكُمْ تَذَكَّرُونَ﴾ (النحل: 90). وفي الحديث القدسي: "يَا عِبادي، إنِّي حرَّمتُ الظُّلمَ على نفسي وجعلتُهُ بينكم محرَّمًا؛ فلا تَظالموا" (رواه مسلم).

يجب أن يُنظر إليه على أنه شر محض لا بد أن يتدخل جميع الأفراد في المجتمع لمنعه بما أوتي من وسائل. فالفساد هو تجسيد لسلوكياتٍ تتضارب مع مبادئ الأخلاق والمروءة، يقوم بها أفراد أوكل إليهم موقع السلطة، وغالبًا ما يلجأ هذا المرء لهذه السلوكيات لتحقيق مكاسب شخصية.

ويشمل الفساد العديد من الممارسات، مثل: الرشوة والاختلاس وسوء استخدام السلطة أو الموارد التي أوكلت إليه والاستغلال والتماس الرشاوي أو عرضها أو شراء الأصوات. ويشمل الفساد الأخلاقي، كما تبيّن مبادئ الإسلام، جميع صور الفساد التي تحرّمها شريعة الإسلام. ولم يتناول هذا العامل سوى قليل من الدارسين الذين ركّزوا عليه في كتاباتهم، وتحديدًا المكتوبة بالإنجليزية. ولكن هذه الفكرةً تناولها العلماء الصوماليون باستفاضة، فقد أرجع هؤلاء العلماء جميع الآفات الاجتماعية السياسية إلى الانحلال الأخلاقي والنزعات النفعية لقادة الصومال التي خلت من أي مبادئ، إلا أنه ظهرت في السنوات الأخيرة أسماءٌ أخرى تحدّثت عن الجانب الحضاري لانهيار الدولة. فقد كتب أحمد سمتر، على سبيل المثال: «ظهر رأي مؤخرًا يقول إن انهيار الثقافة كان هو عين كارثة الصومال (والمقصود هنا ثقافة الحير وثقافة الإسلام)»[515].

وبالطبع، عندما نتطرق إلى الإسلام، فإن المقصود هو الالتزام بالقوانين الروحية والمبادئ الأخلاقية التي تحول دون ارتكاب السيئات والسقوط في وحل الفساد. إن الإسلام يرفع قيمة العدالة الاجتماعية والمساواة والقيم الديمقراطية والحكم الرشيد. ويؤكد عبدالرحمن عبدالله (باديو) على أن الأيدولوجيتين المتأصّلتين ـ الإسلام والعشيرة ـ تعرّضتا لهجومٍ أراد قمعهما

---

(515) Ahmed Samatar, 129.
و"الحير" هي القوانين الصومالية التقليدية التي قام عليها النظام الاجتماعي.

وتشويههما ودفعهما إلى التطرف في نهاية السبعينيات. ولهذا، يخلص إلى أن «الإسلام كان المنظومة الوحيدة التي تحوي المكوّنات الأساسية التي من شأنها إقامة مجتمعٍ صوماليٍّ تتكامل فيه جميع عناصره بانسجام (الإسلام، والعشيرة، والدولة)، وإقامة حكومةٍ مستقرةٍ قادرةٍ على تلبية الاحتياجات الاجتماعية، والسياسية، والاقتصادية التي كانت البلاد في أمسّ الحاجة إليها»(516). ويقول في موضع آخر: «ففي الحالة الصومالية، كانت سياسات الدولة غير الأخلاقية ـ بما في ذلك عدم إعطاء عامل الإسلام وزنًا كافيًا ـ هي ما أدّت في النهاية إلى انهيار مؤسّسات الدولة»(517).

ويكتب مارك هوباند: «نظّر قادة الصومال الدينيون، على مدار الحرب الأهلية، بأن تطبيق الشريعة هو السبيل الوحيد لاستعادة النظام الاجتماعي، ورأوا أن البنية السياسية القائمة على العشيرة، والتي قاست الاستعمار والديكتاتورية، قد فشلت في الوصول إلى حلٍّ سياسي على المستوى الوطني»(518).

ومن وجهة نظر الإسلام، فإن مفهوم الأخلاق والفضيلة لا يقتصر على مساحة الفرد، بل يشمل كل شيءٍ يقود إلى رفاهية الفرد والمجتمع. فعلى مستوى البعد الاجتماعي، مثلاً، فإن انتهاك دستور الدولة القائم على مبادئ الإسلام، وأخذ السلطة بالقوة، والتعدي على خزائن الدولة، وكل ما كان ظلمًا هي أمورٌ غير أخلاقية ومذمومة. وفي المقابل، فإن جميع عناصر الحكم الرشيد والإحسان

(516) Abdullahi, *Tribalism, Nationalism and Islam*, 122

(517) Abdurahman M. Abdullahi, "Recovering the Somali State: The Islamic Factor", *Somalia: Diaspora and State Reconstitution in the Horn of Africa*, eds. A. Osman Farah, Mammo Muchie, and Joakim Gundel (London: Adonis & Abbey, 2007), 196-221.

(518) Mark Huband, *Warriors of the prophet: the struggle for Islam* (Westview Press. 1998), 33.

الاجتماعي، وتأسيس مؤسّسات تمثّل درعًا واقيًا للأمن ورفاهية الشعب هي أمورٌ يرى فيها الإسلام أسمى القيمِ الأخلاقية.

العوامل الانتقائية للانهيار

تقوم العوامل الانتقائية على أن متغيّرًا أو عاملاً واحدًا ليس كافيًا ليكون سبب الانهيار التام للدولة؛ أي إن اجتماع عددٍ من العوامل ساهمت في سقوط الدولة الصومالية هو ما أدّى إلى هذه الحتمية. وتضمّ قائمة أنصار هذا الرأي أسماءً، مثل مارك برادبري ، وجوج كلي كيث، وإيدا روزو موكيندي، وأحمد سمتر، وحسين آدم.

وحينما سُئِلَ برادبوري: لماذا انهارت الصومال بصورةٍ كاملةٍ مقارنةً بجيرانها؟ أجاب بقوله: «ليست هناك وجاهةٌ كبيرةٌ في تقديم شروحاتٍ أحاديةٍ غير متعمّقةٍ للحرب وانهيار الدولة في الصومال. فالتركيز بصورةٍ أحاديةٍ على التناقضات بين نظام حكمٍ استعماري فرضته قوًى خارجية ونظامٍ سياسيٍّ متأصّل يُهمل أثر نظم القمع والفساد والعنف التي تجلّت في قيم المحاباة السياسية والتي كانت العلامة الفارقة للحكم العسكري الذي دام 21 عامًا تحت إمرة محمد سياد بري (1969ـ 1991). ويهمل أيضًا أثر الحرب الباردة وسياسات ما بعد الحرب الباردة في الإقليم وأثر التغييرات الهيكلية وسياسات التحرر الاقتصادي في الثمانينيات وطبيعة الحركات المسلّحة في الصومال»[519].

ويصيغ جورج كالي جيث وإيدا روزو موكيندي الأسباب المعقّدة وراء الانهيار

---

(519) Stacy Feldman and Brian Slattery, "Living without a Government in Somalia: An Interview with Mark Bradbury Development Process in Somalia exist Not as a Result of Official Development Assistance, but in spite of it", Journal of International Affairs, 57, 2003

قائلاً: «كانت الحرب الأهلية الصومالية نتاج تعاضد عددٍ من العوامل غير المباشرة والمباشرة. فكانت العوامل غير المباشرة هي تطور الدولة الصومالية، ودمجها بالنظام الرأسمالي العالمي، وفشل أول تجربةٍ لبناء الدولة على يد القادة الصوماليين الذين تولّوا زمام الحكم عندما كُفِل للصومال حق «الاستقلال السياسي». أما العوامل القريبة، فهي القمع والاستغلال والحرمان الاقتصادي والتأزم الاجتماعي والتلاعب بالهويات الأساسية الذي قام به نظام الجنرال محمد سياد بري الديكتاتوري»[520].

وينتقد حسين آدم تحليل العامل الواحد فيما كتبه، فيقول: «ولكن، لا يستطيع المرء أن يقدّم شرحًا وافيًا لمشاكل الاضطراب السياسي باستخدام منهجية الحتمية من منظورٍ أنثروبولوجي... ومؤخّرًا قام بعض العلماء بالتحول إلى التحليل الطبقي في سياق المصطلحات العالمية للتنمية والنمو. ويبدو أن ذلك كان لاستيائهم من التركيز على النزعات الأساسية ولكنهم في النهاية كانوا ينزعون إلى السقوط في نسق تحليليٍّ أحاديٍّ آخر»[521]. وعليه، فإن حسين آدم يرى أن الصومال انهارت بسبب «الحكم الشخصي والحكم العسكري والحكم العشائري وتسميم العلاقات العشائرية ورعب الدولة الحضرية وحملات الفاشية الجديدة على الشمال والمساعدات الدولية الهزيلة»[522].

وينظم البروفيسور أحمد سمتر أيضًا سردًا لأسباب الانهيار، فيقول: هي

---

(520) George Kaly Kieth, and Ida Rousseau Mukenge, *Zones of Conflict in Africa: Theories and Cases* (Praeger, 2002), 124.

(521) Hussein M. Adam, "Somalia: Militarism, Warlordism or Democracy?" Review of African Political Economy, 54 (1992): 11-26.

(522) Hussein M. Adan, "Somalia: A Terrible Beauty Being Born?" In I. William Zartman (ed.), *Collapsed States: The Disintegration and Restoration of Legitimate Authority* (London: Lynne Reinne, 1995), 69-89.

«نظامٌ ديكتاتوري خلق ثقافة حكم سيئة وغياب قيادةٍ وطنيةٍ نتيجة الحكم الديكتاتوري الذي طال أمده ومستوىً التعليم المنخفض والفقر الشعبي نتيجةً لبرامج تنمويةٍ فاشلة»[523]. وفي النهايةً، يشدّد ديفيد راوسون على العوامل الداخلية ومسؤولية الصومال نفسه عن انهيار الدولة، مشيرًا إلى الأسباب الثلاثة التالية: الديناميكيات الداخلية لتنافس النخب وعسكرة مؤسّسات الدولة وطغيان النظام[524].

خارطة الآراء التي حلّلت انهيار دولة الصومال

يمكن تنظيم الآراء التي تعرّضت لها الصفحات السابقة على أساس عددٍ من الموضوعات. ومن الجدير بالذكر أن الباحثين أقرّوا بوجود عوامل أخرى على الرغم من أن معظمهم ركّز على دراسة عاملٍ واحد أو أكثر. وعلى سبيل التذكير، فيمكن تلخيص الأسباب الرئيسية وراء انهيار الدولة الصومالية وفقًا للآراء التي بيّنها هذا الفصل بنهاية الحرب الباردة وسحب المساعدات الخارجية، والانقسامات الاستعمارية التي عانى منها الشعب الصومالي، والوحدوية الصومالية والحرب مع أثيوبيا، وتشمل العوامل الأساسية والعشائرية السياسية الطاغية، والفساد الأخلاقي والانحلال الثقافي، وشح الموارد، وفشل قادة الصومال في إعطاء الأهمية للأهداف الرئيسية، وأخيرًا العوامل الانتقائية. ويمكن القول: إن معظم الباحثين يميلون إلى تناول الأسباب الثانوية وراء الانهيار، والتركيز على

(523) انظر: مقابلة خالد ماو مع البروفيسور ساماتار في لندن في آخر أيام .2004المقابلة منشورة على الموقع:

(http://www.kasmo.info/WareysiProfSamatar.php (accessed on January 2017

(524) Divid Rawson, "Dealing with Disintegration: US Assistance and Somali State' in The Somali Challenge: From Catastrophe to Renewal? Edited by Ahmed Samatar London: Lyne Rienner Publisher, 19994), 147-178, 150.

عاملٍ محدّد يحدّده هدف وظروف بحثهم وحقول تخصصهم.

وبوضع جميع العوامل على خطٍّ واحد متصل، فإنه بإمكاننا تصنيفها إلى ثلاث فئات؛ حيث تبرز كل فئةٍ من هذه الفئات في مرحلةٍ مختلفةٍ من التاريخ الصومالي، بدءًا من الغزو الاستعماري حتى الاستقلال (1960 ـ 1888)، ومرورًا بالفترة الممتدة من الاستقلال حتى الحرب مع أثيوبيا (1978 ـ 1960)، وانتهاءً بالفترة الثالثة بين الحرب مع أثيوبيا حتى انهيار الدولة (1991 ـ 1978). وتتشعّب هذه الفئات الثلاث لتشكّل منظومةً أقرب إلى شبكة، وبعضها يبرز بصورةٍ تنازليةٍ أو تصاعدية. ولهذا يجب أن ننظر إلى هذه الفئات الثلاث على أنها سلسلةٌ من المراحل والبواعث المتشعّبة التي تبيّن بكليتها كيف أخذت الدولة الصومالية من وقت استقلالها منحًى سلبيًّا نحو الفشل.

الفئة الأولى هي الأسباب الأساسية الأصولية وتشتمل على الانقسامات الاستعمارية التي جزّأت الإقليم الصومالي إلى خمسة أجزاء، وأعطت أثيوبيا ـ على وجه الخصوص ـ جزءًا كبيرًا من الإقليم. وهناك سببٌ آخر يتعلّق بالتفكيك الاجتماعي للمجتمع الصومالي وتحويله إلى دويلاتٍ صغيرةٍ تقوم على منطق العشائر وافتقرت هذه الدويلات إلى مؤسّسة قيادةٍ وطنيةٍ موحّدة على مدار تاريخها، فضلاً عن قيادةٍ كان لها الاجتماع عليها. ويمكن النظر إلى هذين العاملين على أنهما العاملان الأساسيان الموضوعيان اللذان أخذا بيد الدولة إلى الانهيار؛ كونهما السبب وراء تشكيل دولةٍ ضعيفةٍ ومشوّهة. ولعله بإمكاننا إضافة التنمية الاقتصادية الضعيفة وغياب الموارد البشرية المدرّبة إلى العاملين المذكورين؛ حيث لم تستطع الموارد البشرية سدَّ الفجوة البيروقراطية وتولي أمور إدارة المؤسّسات برحيل القوى الاستثمارية. وتعود هذه الظروف إلى الفترة التاريخية التي سبقت حصول

الصومال على الاستقلال في عام 1960، وما تبع ذلك.

وفي المقابل، لنا أن ننظر إلى الأسباب الإجرائية على أنها العوامل الذاتية التي رسّخت الصراع الصومالي الداخلي. وتتضمّن هذه المسبّبات عددًا واسعًا من العوامل. ومنها سياسة الدولة على صعيد تحقيق الأهداف القومية المتمثّلة بوحدة الإقليم الصومالي وترتيبات الحرب الباردة في مسرح القرن الإفريقي والتي شجعّت العسكرة الإقليمية ووجود صراعاتٍ غير محلولةٍ مع دول الجوار (أثيوبيا على وجه الخصوص) والقدرات المنخفضة للقيادات والتنمية الضعيفة على المستويات الاجتماعية/السياسية والاقتصادية. كما يجب عدم إهمال الديكتاتورية العسكرية وتطبيقاتها للخطاب الاشتراكي وانحلال القيم الاجتماعية والإسلامية وهي عوامل ساهمت بصورةٍ كبيرة في تحول الدولة الصومالية من دولةٍ ضعيفةٍ إلى دولةٍ فاشلة. وكان هذا هو الحال منذ استقلال الصومال على درجاتٍ متفاوتة إلى أن تكبّدت الصومال الهزيمة في حربها مع أثيوبيا (1978 ـ 1960).

وهناك أخيرًا الأسباب المباشرة والتي كانت أسبابًا صريحة للانهيار. وتضمّ هذه الأسباب الحرب مع أثيوبيا وهزيمة الجيش الصومالي ونهاية الحرب الباردة وقطع المعونات الخارجية واستمرار الديكتاتورية العسكرية القائمة على العشائرية وتشكيل الفصائل المسلحة وغياب الرعاة الدوليين. كل ذلك بدأ بهزيمة الصومال في الحرب مع أثيوبيا، واستمر حتى الانهيار الكامل للدولة الصومالية عام 1991. ويبيّن الجدول التالي عوامل انهيار الدولة الصومالية مقسّمةً على ثلاث فئات، والأطر الزمنية التي تطوّر ضمنها كلٌّ من هذه الفئات.

عوامل انهيار الدولة	الفترات التاريخية
الأسباب الأساسية (ثمانينيات القرن التاسع عشر حتى ستينيات القرن العشرين)	1. تجزئة الإقليم الصومالي على يد قوى الاستعمار إلى خمسة أجزاء. 2. التفكيك الاجتماعي للمجتمع الصومالي الذي تحوّل إلى عشائر. 3. التنمية الاقتصادية الضعيفة والافتقار إلى الموارد البشرية المدرّبة.
الأسباب الإجرائية (1960 ـ 1978)	1. سياسة الوحدوية (الصومال الكبير). 2. الحرب الباردة وتناحر القوى العظمى في مسرح القرن الإفريقي. 3. الصراع مع الدول المجاورة وسياسات العسكرة. 4. التنمية الاقتصادية الضعيفة. 5. الظلم والفساد والانحلال الأخلاقي. 6. الديكتاتورية العسكرية والعشائرية السياسية.
الأسباب المباشرة (1978 ـ 1991)	1. الحرب مع أثيوبيا وهزيمة الصومال في تلك الحرب. 2. اضمحلال القومية لصالح الفصائلية. 3. نهاية الحرب الباردة وقطع المعونات الخارجية. 4. الحرب الأهلية والفصائل المسلّحة التي دعمتها أثيوبيا.

المخطط (13): العوامل التراكمية وراء انهيار الدولة الصومالية

الخلاصة

يتتبّع هذا الفصل الآراء التي تناولت انهيار دولة الصومال وأسبابه الأساسية والإجرائية والمباشرة. وتستعرض هذه الورقة مسار تشكل الدولة الصومالية من

مرحلة اللادولة المركزية قبل الاستعمار بـ 200 عام إلى مرحلة اللادولة بعد انهيار الدولة عام 1991 مع سردٍ مقتضب للتطور التاريخي خطوةً خطوة. ومن ثم ينتقل الفصل إلى تناول نظريات إمكانيات الدولة والصراع واضعًا الأطر النظرية لانهيار الدولة ومن ثم يدرس الفصل عددًا من الآراء التي تبناها دارسون مختلفون.

وتنقسم وجهات النظر المختلفة هذه ترتيبًا زمنيًا إلى ثلاثة وفقًا للهدف الرئيسي لهذا الفصل إلى أساسية وإجرائية ومباشرة على امتداد تاريخ الدولة. ويُظهر التحليل بأن الدولة الصومالية الحديثة كانت تمثل نظام حكمٍ قاصر أنتج نظامًا سياسيًّا، واقتصاديًّا، واجتماعيًّا قاصرًا لا يتناسب مع طبيعة المجتمع الصومالي. وفشل نظام الحكم في احتواء جميع عناصر الهوية الصومالية: الإسلام وثقافة العشيرة داخل نظامٍ مهجّنٍ قايم على مساحاتٍ ومسؤولياتٍ ديمقراطية. وتركت قوى الاستعمار مجتمعًا صوماليًّا هلّل وعبّر عن اعتزازه بنفسه يوم الاستقلال في عام 1960، ولكن هذا المجتمع كان في الوقت نفسه مجتمعًا ضعيفًا ودولةً هشةً للغاية، مسكرة بحماس قومي شديد وغرقت في الصراعات مع جيرانها.

ولو كان للمرء أن يدرس الآراء المطروحة، لاتضح له أن انهيار الدولة الصومالية حصل ضمن سياق عملية البحث عن هوية الدولة النهائية كما أراد لها الآباء المؤسّسون للقومية الصومالية أن تكون. ولقد تمّ حشد المصادر الوطنية في سبيل إتمام هذه العملية مع السعي وراء الحصول على الدعم الدولي الذي وُضع بصورةٍ شبه كاملة في المصبّ القومي الذي هدف إلى إقامة الصومال الكبير.

وقامت حكوماتٌ مدنية (1969 ـ 1960) سعيًا لتحقيق هذا الهدف، بتبني استراتيجياتٍ معتدلة وُضعت لتحقيق الهدفين الصوماليين القوميين: إضعاف العشائرية وتنفيذ مشروع الصومال الكبير مقارنةً بالنظام العسكري الذي أخذ

هذه الاستراتيجات إلى جهات متطرفة. وورّطت سياسات العسكرة الصومال في حربٍ مدمّرة مع أثيوبيا عام (1978 ـ 1977)[525]. وتكبّدت الصومال هزيمةً استراتيجيةً نكراء في الحرب، فضلاً عن الإهانات التي تجرّعتها جراء هزيمتها. وكانت هزيمة الصومال في تلك الحرب فعليًّا بداية سقوط الفكرة التي تأسّست عليها؛ وهي القومية الصومالية. لقد كان لتلك الحرب أثرًا كارثيًّا وأجّجت اقتتالاتٍ داخلية بين الحكومة والمعارضة الصومالية بدعمٍ من أثيوبيا.

واستراتيجيًّا، يمكن القول: إن أثيوبيا نجحت في تحويلٍ حربها مع الصومال إلى حربٍ أهليةٍ داخليةٍ صومالية كانت سبب انهيار الدولة الصومالية أخيرًا. والخلاصة هي أن مسؤولية انهيار الدولة الصومالية تقع بصورةٍ رئيسية على عاتق قيادات الصومال. فقد كانت أسباب انهيار الدولة نابعةً بصورةٍ رئيسية من عوامل داخلية مثل التناحر بين النخب على السلطة السياسية والثقافة السياسية المدمرة التي حملتها النخب مثل الطغيان والفساد والعشائرية واللهث وراء الرعاية الأجنبية. ورغم ظهور بداية مؤشرات انهيار الدولة إلا أن كلاًّ من النظام الحاكم وقادة المعارضة المسلحة فشلوا في الحيلولة دون انهيار الدولة. وكان هذا الانهيار بداية فصلٍ جديدٍ في التاريخ الصومالي؛ إذ كان يمثل انهيار الدولة في حقبة ما بعد الاستعمار وفقد الهوية التي شيّدتها تلك الدولة

---

(525) ساندت قوات كوبا وألمانيا الشرقية وجنوب اليمن وروسيا القوات الأثيوبية في الحرب الصومالية ـ الأثيوبية عام 1978-1977؛ لتطرد القوات الصومالية المسلحة بعد أن استطاعت انتزاع أكثر من 90% من الأراضي التي طالبت بها الصومال.

المراجع
باللغة الصومالية والعربية والإنجليزية والإيطالية

المراجع الصومالية

Xildhiban, Cabdulaziz Cali Ibrahim, Taxanaha Taariikhda Somaaliya (London: Xildhiban Publications, 2006

Caqli, Cabdirisaq. Sheikh Madar: Asaasaha Hargeysa. Biographical Work on Sheikh Madar was written in Somali.

Ciisse, Aw Jama'a Cumar. Taariikhdii Daraawiishta iyo Sayid Maxamed Cabdulle Xasan (1895–1921). Wasaaradda Hiddaha iyo Tacliinta Sare, edited by Akadeemiyaha Dhaqanka, Mogadishu, 1976.

Maxamad, Maxamad Ibrahin. Liiq-liiqato. Taariikhda Somaaliya: Dalkii Filka Weynaa ee Punt. Mogadishu, 2000.

المراجع العربية

ابن كثير. البداية والنهاية، المجلد ٢ (العربية)

محمود، محمد شريف. «عبد الرزاق حاج حسين، رئيس وزراء الصومال

(١٩٦٤ـ١٩٦٧)، ٢٠٠٩.» متاح عبر الرابط: http://arabic.alshahid.net/columnists/6110.

محمود، محمد شريف. «الرئيس ادن عبد الله عثمان، أول رئيس للجمهورية الصومالية،» ٢٠٠٩. متاح عبر الرابط: http://arabic.alshahid.net/columnists/1458.

مكي، حسن. «السياسة الثقافية في الصومال الكبير (١٨٨٧ـ١٩٨٦).» المركز الإسلامي للبحوث والنشر، ١٩٩٠.

الجابري، محمد عابد. «فكر ابن خلدون: العصبية والدولة.» دار النشر المغربية، بدون تاريخ

أبوبكر، علي الشيخ أحمد جذور المأساة الراهنة. بيروت: دار ابن حزم، ١٩٩٢

حسن، إبراهيم حسن. «انتشار الإسلام والأوروبيون فيما يلي الصحراء الكبرى، شرق القرن الأفريقي وغربه.» القاهرة: مطبعة لجنة البيان العربي، ١٩٥٧

النجار، عبد الرحمن. «الإسلام في الصومال.» القاهرة: مطبعة الأهرام التجارية، ١٩٧٣

يونس، محمد عبد المنعم. «الصومال: وطنا وشعبا.» القاهرة: دار النهضة العربية، ١٩٦٢

المراجع باللغة الإنجليزية والإيطالية

Abdi, Sheikh Abdi. Divine Madness: Mohammed Abdulle Hassan (1856-1920). Zed Books, 1993

Abdi, Sheikh Abdi. "Ideology and Leadership in Somalia." The Journal of Modern African Studies 19, no. 1 (1981).

Abdi, Sheikh-Abdi. Somali Nationalism: Its Origin and Future. The Journal of Modern African Studies 15, no. 7 (1977): 657-665.

Abd al-Qadir, Shiba ad-Din Ahmed bin. Futuh Al-Habasha: The Conquest of Abyssinia, translated by Paul Lester Stenhouse.

Abdo Adou, Abdallah. "The Ethnic Factor in the National Politics of Djibouti." The Oromo Commentary II, no. 1 (1992).

Abdullahi, Abdurahman. "Tribalism, Nationalism, and Islam: The Crisis of Political Loyalties in Somalia." MA thesis, Institute of Islamic Studies, McGill University, 1992.

Abdullahi, Abdurahman. "Recovering the Somali State: The Islamic Factor." In Somalia: Diaspora and State Reconstitution in the Horn of Africa, edited by A. Osman Farah, Mammo Muchie, and Joakim Gundel, 196-221. London: Adonis & Abbey, 2007.

Abdullahi, Abdurahman. The Islamic Movement in Somalia: A Case Study of Islah Movement (1950-2000). Adonis & Abbey, 2015.

Abdullahi, Abdurahman. "Tribalism and Islam: The Basics of Somaliness." In Variations on the Theme of Somaliness, edited by Muddle Suzanne Lilius, 227-240. Turku, Finland: Centre of Continuing Education, Abo University, 2001.

Abdullahi, Abdurahman. Recovering the Somali State: Islam, Islamism and Transitional Justice. Adonis & Abbey, 2016.

Abdullahi, Abdurahman. "Somalia: Historical Phases of the Islamic Movements." Somali Studies Journal 1 (2016): 19-49.

Abdullahi, Abdurahman. "Non-State Actors in the Failed State of Somalia: Survey of the Civil Society Organizations in Somalia during the Civil War." Darasaat Ifriqiyayyah 31 (2004): 57-87.

Abdullahi, Abdurahman. "Women, Islamists and the Military Regime in Somalia: The New Family Law and Its Implications." In Milk

and Peace, Drought and War: Somali Culture, Society and Politics, edited by Markus Hoehne and Virginia Luling, 137-160. London: Hurst Company, 2010.

Abdullahi, Abdurahman. "Perspectives on the State Collapse in Somalia." In Somalia at the Crossroads: Challenges and Perspectives in Reconstituting a Failed State, edited by Abdullahi A. Osman and Issaka K. Soure. London: Adonis & Abbey Publishers Ltd., 2007.

Abdurahman Abdullahi (Baadiyow) and Ibrahim Farah. Reconciling the State and Society in Somalia. Available from https://www.scribd.com/document/15327358/Reconciling-the-State-and-Society-in-Somalia.

Abdullahi, Mohamed. State Collapse and Post-Conflict Development in Africa: The Case of Somalia (1960-2001). Indiana: Purdue University Press, 2006.

Abdullahi, Osman. "The Role of Egypt, Ethiopia, and the Blue Nile in the Failure of the Somali Conflict Resolutions: A Zero-Sum Game." Paper presented at the annual meeting of the International Studies Association, Hilton Hawaiian Village, Honolulu, Hawaii, March 2005

Abstracts in Anthropology, Volume 19. Greenwood Press, 1989.

Achebe, Chinua. The Trouble with Nigeria. Heinemann, 1984.

Adam, Hussein M. "Somalia: A Terrible Beauty Being Born?" In Collapsed States: The Disintegration and Restoration of Legitimate Authority, edited by I. William Zartman. London: Lynne Reinne, 1995.

Adam, Hussein M. "Somalia: Militarism, Warlordism or Democracy?" Review of African Political Economy 54 (1992): 11-26.

Adam, Hussein M. "Somalia: A Terrible Beauty Being Born?" In I. William Zartman (ed.), Collapsed States: The Disintegration and Restoration of Legitimate Authority. London: Lynne Reinne, 1995.

Adamthwaite, Anthony. The Making of the Second World War. New

York: Routledge, 1992.

Agarwal, Mamta. "Biography of Herodotus: The Father of History." Available from https://www.historydiscussion.net/biography/biography-of-herodotusthe-father-of-history/1389.

Ahmed, Christine Choi. "Finely Etched Chattel: The Invention of Somali Women." In The Invention of Somalia, edited by Jimale Ahmed. Lawrenceville: The Red Sea Press, 1995.

Ahmed, Christine Choi. "God, Anti-Colonialism, and Drums: Sheikh Uways and the Uwaysiyya." Ufahamu: A Journal of African Studies 17, no. 2 (1989): 96-117.

Ahmed, Hussein. "The Historiography of Islam in Ethiopia." Journal of Islamic Studies 3 (1992)

Ahmed, Zaid. "Muslim Philosophy of History." In A Companion to the Philosophy of History and Historiography, edited by Aviezer Tucker, 437-445. Published Online, 2009. Available from http://onlinelibrary.wiley.com/book/10.1002/9781444304916.

Ali, Abukar. "The Land of the Gods: A Brief Study of Somali Etymology and Its Historio-linguistic Potential." Available from http://sayidka.blogspot.co.ke/.

Ali, Ismail Mohamed. Somalia Today: General Information. Ministry of Information and National Guidance, Somali Democratic Republic, 1970.

Ali, Mohamed Nuuh. "History in the Horn of Africa, 1000 BC.-1500 AD: Aspects of Social and Economic Change Between the Rift Valley and the Indian Ocean." PhD thesis, University of California, LA, 1975.

Anderson, Benedict. Imagined Communities: Reflections on the Origins and Spread of Nationalism. London: Verso, 1983.

Aram, Ben I. "Somalia's Judeo-Christian Heritage: A Preliminary Survey." Africa Journal of Evangelical Theology 22, no. 2 (2003).

Atlantic Charter. Available from file:///C:/Users/Abdurahman/Downloads/Atlantic%20Charter.pdf.

Banitalebi, Masoumeh, Kamaruzaman Yusoff, and Mohd Roslan Mohd Nor. "The Impact of Islamic Civilization and Culture in Europe during the Crusades." World Journal of Islamic History and Civilization 2, no. 3 (2012): 182-187.

Bakano, Otto. "Grotto Galleries Show Early Somali Life", April 24, 2011.

Barbarosa, Duarte. A Description of the Coasts of East Africa and Malabar in the Beginning of the Sixteenth Century. London: The Hakluyt Society, 2008.

Bassey, Magnus O. Western Education and Political Domination in Africa: A Study in Critical and Dialogical Pedagogy. Bergin & Garvey, 1999.

Bebbington, David. Patterns in History: A Christian Perspective on Historical Thought. England: Inter-Varsity Press, 1979.

Bradbury, Mark. Becoming Somaliland. Progresso, 2008.

Barnes, Cedric. "The Somali Youth League, Ethiopian Somalis and the Greater Somalia Idea, 1946-48." Journal of Eastern African Studies 1, no. 2 (2007): 277-291.

Beevor, Antony. The Second World War. Little, Brown and Company, 2014.

Bell, J. Bowyer. The Horn of Africa: Strategic Magnet in the Seventies. New York: Crane, Russak, 1973.

Ben-Dror, Avishai. "The Egyptian Hikimdāriya of Harar and Its Hinterland - Historical Aspects, 1875-1887." PhD thesis, School of History, Tel Aviv University, 2008.

Bertin, G. Bertin. Christianity in Somalia. Muqdisho: Croce del Sud Cathedral. Manuscript, 1983.

Borgwardt, Elizabeth. A New Deal for the World. Harvard University Press, 2007.

Borodulina, T. On Historical Materialism (Marx, Engels, Lenin). Progress Publishers in the Union of Soviet Socialist Republics, 1972.

Brandt, A. "The Importance of Somalia for Understanding African and World Prehistory." Proceedings of the First International Congress of Somali Studies in 1992

Brandt, A. "Early Holocene Mortuary Practices and Hunter-Gatherer Adaptations in Southern Somalia." World Archaeology 20, no. 1 (1988).

Briggs, Philip. Somaliland with Addis Ababa with East Ethiopia. Bradt Travel Guides, 2012.

Brons, Maria. "The Civil War in Somalia: Its Genesis and Dynamics." Current African Issues 11. Uppsala: Nordiska Africainstitutet, 1991.

Brons, Maria. Society, Security Sovereignty and the State of Somalia: From Statelessness to Statelessness. International books, 2001.

Brown, D. J. Latham. "The Ethiopia-Somaliland Frontier Dispute." International and Comparative Law Quarterly 5, no. 2 (1956): 245–264.

Bunson, Margaret. The Encyclopedia of Ancient Egypt. Gramercy Books, 1991.

Burton, Richard F. First Footsteps in East Africa. Biblio Bazaar, 2009.

Cassanelli, Lee and Abdulkadir, Farah Sheikh. "Somali Education in Transition." Bildhan 7 (2007): 91-125.

Cassanelli, Lee. The Shaping of Somali Society: Reconstructing the History of the Pastoral People, 1600-1900. Philadelphia: University of Pennsylvania Press, 1982.

Cerulli, E. Documenti Arabi per la Storia dell'Ethiopia. Roma: Memoria della Accademia Nazionale dei Lincei, Vol. 4, No. 2, 1931.

Cerulli, Enrico. Somalia: Scritti Vari Editi ed Inediti. Vol.2. Roma: Istituto Poligrafico dello Stato, 1957-1964.

Chittick H. "An Archaeological Reconnaissance of the Southern Somali Coast." Azania 4.

CIA World Factbook. "Somalia Economic Development, 1960-1969." Available from http://www.photius.com/countries/somalia/economy/somalia_economy_economic_development~1607.html.

Chirumamilla, S. U.S Intervention in the Horn: Revisiting Ethiopia-Somalia Dispute. 2011.

Clark, Grahame. World Prehistory: A New Outline. Cambridge University Press, 1971.

Clarke, Walter S. and Gosende, Robert. "Somalia: Can a Collapsed State Reconstitute Itself?" In Robert I. Rotberg (ed.), State Failure and State Weakness in a Time of Terror. Washington: Brooking Institution Press, 2000, 129-158.

Colman, James. "Nationalism in Tropical Africa." In African Politics and Society, edited by Irving Markovitz. New York: The Free Press, 1970.

Compagnon, Daniel. "The Somali Opposition Fronts: Some Comments and Questions." Horn of Africa, 1 & 2, 1990.

D, Nohlen; M, Krennerich; and B, Thibaut. Elections in Africa: A Data Handbook. Oxford University Press, 1999.

Dam, Mensel Longworth (translated and ed.). The Book of Duarte Barbosa: An Account of the Countries Bordering on the Indian Ocean. Asian Educational Services, 1989.

Del Boca, Angelo. Italiani in Africa Orientale: La Caduta dell'Impero. Roma-Bari: Laterza, 1986.

De Laet, S.J. (ed.). History of Humanity: Prehistory and the Beginning of Civilization, Vol.1, first edition. Routledge, 1994.

De Waal, Alex. Class and Power in a Stateless Somalia: A Discussion Paper. August 1996.

Elby, Omar. Fifty Years, and Fifty Stories: The Mennonite Mission in

Somalia, 1953-2003. Herald Press, 2003.

Elper, Edward. "On Critique of the Somali Invention." In Ali Jimale (ed.), The Invention of Somalia. The Red Sea Press, 1995.

Eshetu, Salahadin. "King Nagash of Abyssinia." Available from http://dc-bun.tripod.com/id17.html.

Ervin Rosenthal, Ervin. Political Thought in Medieval Islam. Cambridge University Press, 1962.

EU Institute for Security Studies. Understanding African Armies, Report no. 27. Published by the EU Institute for Security Studies and printed in France, 2016.

Fakhry, Majid. A History of Islamic Philosophy. New York: Colombia University Press, 1983.

Farah, Ibrahim. "Foreign Policy and Conflict in Somalia, 1960-1990." PhD diss., University of Nairobi, 2009.

Finkelstein, Lawrence S. "Somaliland Under Italian Administration: A Case Study." Forgotten Books, 2018.

Galaydh, Ali Khalif. "Notes on the State of the Somali State." Horn of Africa 13: 1 & 2, 1990.

Garner, Judith and Al-Bushra, Judy. Somalia: The Untold Story, the War Through the Eyes of Somali Women. London: Pluto Press, 2004.

Goldstone, Jack. Revolutions: A Very Short Introduction. Oxford University Press, 2014.

Graziosi, Paolo. "L'Eta della Pietra in Somalia: Risultati di una Missione di Ricerche Paletnologiche nella Somalia Italiana in 1935." Universitá degli Studi di Firenze. Firenze: Sansoni, 1940.

Brereton, George Wynn and Huntingford. The Periplus of the Erythraean Sea. Ashgate Publishing, 1980.

Gutherz, X., Cros, J.-P., & Lesur, J. "The Discovery of New Rock Paintings in the Horn of Africa: The Rock Shelters of Las Geel, Repub-

lic of Somaliland." Journal of African Archaeology 1, no. 2 (2003): 227-236.

Haji, Aweys Osman and Haji, Abdiwahid Osman. Clan, Sub-clan and Regional Representation 1960-1990: Statistical Data and Findings. Washington D.C., 1998.

Healy, Sally. "Reflections on the Somali State: What Went Wrong and Why It Might Not Matter." In Milk and Peace, Drought and War: Somali Culture, Society and Politics, edited by Markus Hoehne and Virginia Luling. London: Hurst & Company, 2010.

Hegel, G. W. F. and Leo Rauch, Leo. Introduction to The Philosophy of History: With Selections from The Philosophy of Right. Hackett Publishing, 1988.

Henze, Paul B. Layers of Time: History of Ethiopia. London: Hurst & Company, 2000.

Hersi, Ali Abdirahman. The Arab Factor in Somali History: The Origins and Development of Arab Enterprises and Cultural Influence in the Somali Peninsula. Los Angeles: University of California, 1977.

Hess, Robert. Italian Colonialism. University of Chicago Press, 1966.

Hobsbawm, Eric. Nations and Nationalism Since 1780: Programme, Myth, Reality. Second Edition. Cambridge: Cambridge University Press, 1992.

Hodd, Michael. East African Handbook: Trade & Travel Publications. Passport Books, 1994.

Hrušková, Alena. "Comparison of US Foreign Aid Towards Somalia During and After the Cold War." Available from http://www.unob.cz.

Huband, Mark. Warriors of the Prophet: The Struggle for Islam. Westview Press, 1998.

Huntingford. The Periplus of the Erythraean Sea. Ashgate Publishing, 1980.

Ibn-Khaldun. The Muqaddimah: An Introduction to History. Princeton University Press, 1980.

Ibn Khaldun. An Arab Philosophy of History: Selections from the Prolegomena of ibn Khaldun of Tunis (1332-1406). Darwin Press, 1987.

Idowu, Woo. "Citizenship, Alienation, and Conflict in Nigeria." Africa Development 24, no. 1/2 (1999): 31-55.

Ilmi, Ahmed Ali. "The History of Social Movements in Somalia Through the Eyes of Our Elders Within a Diasporic Context." PhD diss., Graduate Department of Humanities, Social Sciences and Social Justice Education, Ontario Institute for Studies in Education, 2014.

Ingriis, Mohamed Haji. "Sisters; Was This What We Struggled For? The Gendered Rivalry in Power and Politics." Journal of International Women's Studies 16, no. 2 (January 2015).

Ingiriis, Mohamed Haji. The Suicidal State in Somalia: The Rise and Fall of the Siad Barre Regime. University Press of America, 2016.

International Institute of Islamic Thought. The Essence of Islamic Civilization: Volume 21 of Occasional Papers. International Institute of Islamic Thought, 2013.

Isse-Salwe, Abdisalam M. The Collapse of the Somali State: The Impact of Colonial. Haan Publishing, 2nd edition, 1996.

Jackson, R.H. & Rosberg, C.G. "Sovereignty and Underdevelopment: Juridical Statehood in the African Crisis." The Journal of Modern African Studies 24, no. 1 (1986): 1-31.

Jackson, Peter. "Travels of Ibn Battuta." Journal of the Royal Asiatic Society, 264.

Jackson, Ashley. The British Empire and the World War II. London: Hambledon Continuum, 2006.

Jama, Ahmed Duale. The Origins and Development of Mogadishu AD

1000 to 1850: A Study of Urban Growth Along the Banadir Coast of Southern Somalia. Repro HSC, Uppsala, 1996

Jama, Mohamed. An Introduction to Somali History from 5000 Years BC Down to the Present Times. 1962.

Jardine, Douglas. The Mad Mullah of Somaliland. London, 1923.

Jean Strouse. Newsweek, Volume 69, Issues 10-17. Newsweek, 1967.

Jonsson, Sune. "An Archeological Site File in Somalia." Proceedings of the Second International Congress of Somali Studies, University of Hamburg, August 1-6, 1983.

Kapteijns, Lidwien, and Maryan Omar Ali. Women's Voices in a Man's World: Women and the Pastoral Tradition in Northern Somali Orature, c.1899-1980. Portsmouth, NH: Heinemann, 1999.

Kapteijns, Lidwien. "Women and Crisis of Communal Identity: The Cultural Construction of Gender in Somali History." In The Somali Challenge: From Catastrophe to Renewal? Edited by Ahmed Samatar. Colorado: Lynne Reinner Publishers, 1994.

Kapteijns, Lidwien. "Ethiopia in the Horn of Africa." In The History of Islam in Africa, edited by Levtzion, Nehemia and Pouwels, Randall L. Athens, Ohio: Ohio University Press, 2000.

Kapteijns, Lidwien. "The Disintegration of Somalia: A Historiographical Essay." Bildhaan: An International Journal of Somali Studies 1 (2008).

Karp, Mark. Economics of Trusteeship in Somalia. New York University Press, 1960.

Klay, George and Jr Kieh. "Theories of Conflict and Conflict Resolution." In Zones of Conflict in Africa: Theories and Cases, edited by George Klay Kieh Jr and Mukenge, Ida Rousseau. Westport, Conn: Praeger, 2002.

Kaly, Kieth George and Mukenge, Ida Rousseau. Zones of Conflict in Africa: Theories and Cases. Praeger, 2002.

Keeping's Record of World Events (formerly Keeping's Contemporary Archives), Volume 13, November 1967 Kenya, Somalia, Ethiopia, Kenyan, Somali, Ethiopian, Page 22386.

Kelly, S. Cold War in The Desert: Britain, the United States, and Italian Colonies. Macmillan Press Ltd, 2000.

Kohn, Hans. The Idea of Nationalism: A Study in Its Origins and Background. New York: The Macmillan Company, 1956.

Krais, Jakob. "Shakib Arslan's Libyan Dilemma: Pro-Fascism through Anti-Colonialism in La Nation Arabe?" Orient-Institute Studies 1 (2012)

Laitin, David D and Samatar, Said S. Somalia: Nation in Search of a State. Westview Press, 1987.

Laitin, David. "The War in the Ogaden: Implications for Siyaad's Role in Somali History." Journal of Modern African Studies 17(1), 1979: 95-115.

Laitin, David D. Politics, Language, and Thought: The Somali Experience. University of Chicago Press, 1977.

Le Bon, Gustave. The World of Islamic Civilization. Tudor Publication Co., 1974.

Lefebvre, Jeffery. "The US Military in Somalia: A Hidden Agenda?" Middle Eastern Policy 1:2, 1993.

Lefebvre, Jeffery. Arms for the Horn: US Security Policy in Ethiopia and Somalia 1953-1991. Pittsburgh: University of Pittsburgh Press, 1991.

Levtzion, Nahemia and Pouwels, Randall. The History of Islam in Africa. Ohio University Press, 2000.

Lewis, I.M. "The Ogaden and the Fragility of Somali Segmentary Nationalism." Horn of Africa 1&2, 1990

Lewis, I.M. A Modern History of Somalia: Nation and State in the Horn of Africa. London: Longmans, 1980

Lewis, I.M. "The Somali Conquest of the Horn of Africa." Journal of African History 5, no.1 (1964): 213–229.

Lewis, I.M. Saints, and Somalis: Popular Islam in a Clan-Based Society. Red Sea Press, 1998.

Lewis, I.M. Islam in Tropical Africa. London, Oxford University Press, 1966.

Lewis, I.M. A Modern History of the Somali: Nation and State in the Horn of Africa. Ohio University Press, 2003.

Lewis, I.M. Saints, and Somalis: Popular Islam in a Clan-Based Society. Red Sea Press, 1998.

Lewis, Herbert. "The Origins of Galla and Somali." The Journal of African History, vol.7. No.1 1966.

Lewis, I.M. Blood and Bone: The Call of Kinship in Somali Society. Lawrenceville, NJ: Red Sea Press, 1994.

Lings, Martin. Muhammad: His Life Based on the Earliest Sources. Inner Traditions, 2006.

Lockyer, Adam. "Opposing Foreign Intervention's Impact on the Course of Civil Wars: The Ethiopian-Ogaden Civil War 1976-1980." A paper presented to the Australian Political Science Association Conference, September 2006.

Luling, Virginia. "Come back, Somalia? Questioning a Collapsed State." Third World Quarterly 18:2 (1997): 287–302.

Luling, Virginia. The Somali Sultanate: Geledi City-State over 150 Years. Transaction Publishers, 1990.

Lyons, Terrence. "Crises on Multiple Levels: Somalia and the Horn of Africa." In The Somali Challenge: From Catastrophe to Renewal? edited by Ahmed Samatar. Lynne Rienner Publishers, 1994.

Lyons, Terrence and Samatar, Ahmed. Somalia: State Collapse, Multilateral Intervention, and Strategies for Political Reconstruction. Washington: The Brookings Institution Occasional Paper, 1995

Mansur, Abdalla Omar. "Contrary to a Nation: The Cancer of the Somali State." In The Invention of Somalia, edited by Jimale. Lawrenceville: The Red Sea Press, 1995, 106-116.

Manning, Patrick. "African and World Historiography." The Journal of African History 54, no. 3 (November 2013): 319–330.

Marion, Francesco. Military Operations in the Italian East Africa, 1935-1941: Conquest and Defeat. MA thesis submitted to Marine Corps University Quantico VA School of Advanced Warfighting, 2009.

Martin, Bradford G. "Shaykh Zayla'i and the Nineteenth-Century Somali Qadiriya." In In the Shadows of Conquest: Islam in Colonial Northeast Africa, edited by Said S. Samatar. Trenton, NJ: The Red Sea Press, 1992.

Martin, Bradford G. "Shaykh Uways bin Muhammad al-Barawi, a Traditional Somali Sufi." In Manifestations of Sainthood in Islam, edited by G. M. Smith and Carl Ernst. Istanbul, 1993, 225-237.

Mayell, Hillary. "Oldest Human Fossils Identified." National Geographic News, February 16, 2005

McGowan, Pat, and Johnson, Thomas H. "African Military Coups d'état and Underdevelopment: A Quantitative Historical Analysis." The Journal of Modern African Studies 22, no. 4 (December 1984): 633-666.

McNeill, William H. Mythistory, or Truth, Myth, History and Historians. Available from https://www2.southeastern.edu/Academics/Faculty/jbell/mcneill.pdf.

Mehran, Kamrava. Understanding Comparative Politics: A Framework for Analysis. Routledge, 1996.

Menkhaus, Ken. "US Foreign Assistance Somalia: Phoenix from the Ashes?" Middle Eastern Policy 1:5, 1997.

Menkhaus, Ken, and Prendergast, John. "Governance and Economic Survival in Post-intervention Somalia." In CSIS Africa Note, No.172 (May 1995).

Mesfin, Berouk. Situation Report. Institute for Security Studies, 2011. Available from http://dspace.africaportal.org/jspui/bitstream/123456789/32288/1/15Apr11Djibouti.pdf?1.

Metaferia, Getachew. Ethiopia and United States: History, Diplomacy and Analysis. Algora Publishing, 2009.

Metz, Helen Chapin (ed.). Somalia: A Country Study. Washington: GPO for the Library of Congress, 1992.

Migdal, Joel. Strong Societies and Weak States: State-Society Relations and State Capabilities in the Third World. Princeton University Press, 1988.

Mire, Sada. "Mapping the Archaeology of Somaliland: Religion, Art, Script, Time, Urbanism, Trade, and Empire." (2015) 32:111–136.

Millman, Brock. British Somaliland: An Administrative History, 1920-1960. Routledge, 2014.

Mitchell, W. Journal of the Royal United Service Institution. Whitehall Yard, Volume 57, Issue 2, 1997.

Mohamed, Hamdi. Gender and the Politics of Nation Building: (Re)Constructing Somali Women's History. Lambert Academic Publishing, 2014.

Mukhtar, Ismael. "Milestones in the History of Islam in Eritrea." A paper delivered at the Eritrean Muslim Council's 6th annual convention held in Washington D.C. in July 2008.

Mukhtar, Mohamed. "Islam in Somali History: Fact and Fictions." In The Invention of Somalia, edited by Ali Jimale. Lawrenceville: The Red Sea Press, 1995.

Mukhtar, Mohamed. Historical Dictionary of Somalia, New Edition. The Scarecrow Press, 2003.

Mukhtar, Mohamed Haji. "Ajuran Sultanate." The Encyclopedia of Empire, 2016. Available from http://onlinelibrary.wiley.com/doi/10.1002/9781118455074.wbeoe146/abstract.

Nakayama, Shigeru. "The Chinese 'Cyclic' View of History versus Japanese 'Progress'." In The Idea of Progress, edited by Jurgen Mittelstrass, Peter McLaughlin, and Arnold Burgen. Berlin: Walter de Gruyter & Co., 1977, 65-76.

Nicole, David. The Italian Invasion of Abyssinia 1935–1936. Westminster, Maryland: Osprey, 1997

Nkaisserry, Joseph K. "The Ogaden War: An Analysis of Its Cause and Its Impact on Regional Peace in the Horn of Africa." A thesis was submitted to U.S. Army War College, Carlisle Barracks, Pennsylvania, in 1997.

Njoku, Raphael C. The History of Somalia. Santa Barbara, CA: Greenwood, 2013

Noor, Abdirahman Ahmed. "Arabic Language and Script in Somalia: History, Attitudes and Prospects." PhD diss., Georgetown University, 1999.

Ogot, Bathwel A. "African Historiography: From Colonial Historiography to UNESCO's General History of Africa." file:///C:/Users/Downloads/African+historiography_16429.pdf.

Okoth, Assa. A History of Africa: African Nationalism and the De-colonization Process. East African Publishers, 2006.

Oliver, Roland Anthony. History of East Africa, Volume 2. Clarendon Press, 1976.

Osterhammel, Jurgen. Colonialism: A Theoretical Overview. M. Wiener, 1997.

Otunnu, Ogenga. "Factors Affecting the Treatment of Kenyan Somalis and Somali Refugees in Kenya: A Historical Overview." Available from file:///C:/Users/Abdurahman/Downloads/21678-22090-1-PB.pdf.

Omar, Mohamed Osman. The Road to Zero: Somalia's Self-destruction. HAAN Associates, 1992.

Omar, Mohamed Osman. The Scramble in the Horn of Africa: History of Somalia (1827-1977). Mogadishu: Somali Publications, 2001.

Omar, Mohamed Osman. Somalia: Past and Present. Publications Pvt. Ltd, 2006.

Owens, Travis J. Beleaguered Muslim Fortress and Ethiopian Imperial Expansion from the 13th to the 16th Century. A MA Thesis in Security Studies submitted to Naval Postgraduate School, 2008.

Pankhurst, Sylvia. Ex-Italian Somaliland. London: Watts, 1951.

Parker, Charles H., and Jerry H. Bentley (eds.). Between the Middle Ages and Modernity: Individual and Community in the Early Modern World. Rowman & Littlefield Publishers Inc., 2007.

Pastaloza, Luigi. The Somali Revolution. Bari: Edition Afrique Asie Amerique Latine, 1973.

Patman, Robert. The Soviet Union in the Horn of Africa: The Diplomacy of Intervention and Disengagement. Cambridge: Cambridge University Press, 1990.

Qasim, Maryan Arif. Clan versus Nation. Sharjah: UAE, 2002.

Rawson, Divid. "Dealing with Disintegration: US Assistance and Somali State." In The Somali Challenge: From Catastrophe to Renewal? edited by Ahmed Samatar. London: Lyne Rienner Publisher, 1994, 147-178.

Reese, Scott S. "Patricians of the Banadir: Islamic Learning, Commerce and Somali Urban Identity in the 19th Century." PhD Dissertation, University of Pennsylvania, 1996.

Roberts, Alice. The Incredible Human Journey. Bloomsbury Paperbacks, 2010.

Rotberg, Robert I. State Failure and State Weakness in a Time of Terror. The World Peace Foundation: Brooking Institution Press, 2003.

Rotberg, Robert I. "Nation-state Failure: A Recurrence Phenomenon?" Accessed from www.cia.gov/nic/PDF_GIF_2020_Sup-

port/2003_11_06_papers/panel2_nov6.pdf, 3-5.

Rotberg, Robert I. "The Failure and Collapse of Nation-States: Breakdown, Prevention, and Repair." In Why States Fail: Causes and Consequences, edited by Robert I. Rotberg. Princeton, (2004), 1-45.

Saeed, Abdallah. Islamic Thought: An Introduction. London: Routledge, 2006.

Sadler, Jr., Rodney "Put". In Katharine Sakenfeld. The New Interpreter's Dictionary of the Bible. Nashville: Abingdon Press, 2009.

Samatar, Abdi. The State and Rural Transformation in Northern Somalia, 1884-1986. University of Wisconsin Press, 1989.

Samatar, Ahmed. Socialist Somalia: Rhetoric and Reality. London: Zed Books, 1988.

Samatar, Ahmed. "The Curse of Allah: Civic Disembowelment and the Collapse of the State in Somalia." In The Somali Challenge: From Catastrophe to Renewal? edited by Ahmed Samatar. Lynne Rienner Publishers, 1994, 117

Samatar, Abdi Ismail. Africa's First Democrats: Somalia's Aden A. Osman and Abdirizak H. Hussen. Indiana University Press, 2016.

Samatar, Abdi I. "Destruction of State and Society in Somalia: Beyond the Tribal Convention." The Journal of the Modern African Studies 30 (1992): 625-641.

Samatar, Said. Oral Poetry and Somali Nationalism: The Case of Sayid Mohamed Abdulle Hassan. Cambridge: Cambridge University Press, 1982

Samatar, Said. "Sheikh Uways Muhammad of Barawe, 1847-1909: Mystic and Reformer in East Africa." In In the Shadows of Conquest: Islam in Colonial Northeast Africa, edited by Said S. Samatar. Trenton, NJ: The Red Sea Press, (1992), 48–74.

Samatar, Said. "Unhappy Masses and the Challenge of Political Islam in

the Horn of Africa." Available from http://www.ethiomedia.com/newpress/political_islam.html.

Samatar, Abdi Ismail. The State and Rural Transformation in Northern Somalia, 1884–1986. Madison: University of Wisconsin Press, 1989.

Savory, Roger. Introduction to Islamic Civilization. Cambridge University Press, 1976.

Schoff, Wilfred H. The Periplus of the Erythraean Sea. London, 1912

Schraeder, Peter. "From Irredentism to Secession: Decline of Pan-Somali Nationalism." In After Independence: Making and Protecting the Nation in Postcolonial and Post-Communist States, edited by Lowell W. Barrington. The University of Michigan Press, (2006), 124–125.

Sharma, S. Politics of Tribalism in Africa. Delhi: Kay Printers, 1973.

Sharma, Tej Ram. Historiography: A History of Historical Writing. Concept Publishing Company, 2005.

Shelley, Fred M. Nation Shapes: The Story behind the World's Borders. ABC-CLIO, 2013.

Shinn, David, and Thomass Ofcansky. Historical Dictionary of Ethiopia. The Scarecrow Press, 2004.

Shillington, Kevin (ed.). Encyclopedia of African History. Fitzroy Dearborn Taylor and Francis Group, 2005.

Shillington, Kevin. Encyclopedia of African History. CRC Press, 2005.

Strandes, Justus. The Portuguese Period in East Africa. Kenya Literature Bureau, 1989.

St John, Ronald Bruce. Libya and the United States, Two Centuries of Strife. University of Pennsylvania Press, 2002.

Sutherland, Jonathan, and Canwell, Diane. Vichy Air Force at War: The French Air Force that Fought the Allies in World War II. Pen and

Sword Aviation, 2011

Szanajda, Andrew. Making Sense in History: Historical Writing in Practice. Bitngduck Press LLC, 2007.

Terdman, Moshe. Somalia at War – Between Radical Islam and Tribal Politics. The S. Daniel Abraham Center for International and Regional Studies, Tel Aviv University, Research Paper No. 2, 2008, 27

The Organization of African Unity. "Resolutions Adopted by the First Ordinary Session of the Assembly of the Heads of State and Government," Cairo, UAR, from 17 to 21 July 1964.

The World Bank. "Conflict in Somalia: Drivers and Dynamics," January 2005, 15. Available from http://siteresources.worldbank.org/INTSOMALIA/Resources/conflictinsomalia.pdf.

Thompson, Vincent Bakpetu. Conflict in the Horn of Africa: The Kenya-Somalia Border Problem 1941–2014. UPA, 2015.

Touval, Saadia. Somali Nationalism: International Politics and the Drive for Unity in the Horn of Africa. Cambridge: Cambridge University Press, 1963.

Touval, Saadia. "The Organization of African Unity and Borders." International Organization 21, no. 1 (1967): 102–127.

Tracy Kuperus, Frameworks of State Society Relations, available from http://www.acdis.uiuc.edu/Research/S&Ps/1994Su/S&P_VIII4/state_society_relations.html.

Trimingham, J. Spencer. "The Expansion of Islam." In Islam in Africa, edited by James Kritzeck and William H. Lewis. New York: Van Nostrand-Reinhold Company, 1969.

Tripodi, Paolo. The Colonial Legacy in Somalia: Rome and Mogadishu: from Colonial Administration to Operation Restore Hope. Macmillan Press Limited, 199.

UNDP-Somalia. Somalia's Missing Million; The Somali Diaspora and Its Role in Development. UNDP-Somalia, 2009.

Van De Mieroop, Marc. A History of Ancient Egypt. Wiley-Blackwell, 2010.

Velho, Joao de Sa Alvaro. A Journal of the First Voyage of Vasco Da Gama, 1497-1499. Hakluyt Society, 1898.

Walker, R. When We Ruled: The Ancient and Medieval History of Black Civilizations. London, U.K: Every Generation Media, 2006.

Wanambisi, Tom. "The Somali Dispute: Kenya Beware." Marine Corps Command and Staff College, 1984.

Warmington, Eric Herbert. The Commerce Between the Roman Empire and India. The University Press, 1928.

Watterson, Barbara. The Egyptians. Wiley-Blackwell, 1997.

Wells, H.G. The World Set Free: A Story of Mankind. Macmillan and Co. Ltd, 1914.

Welsh, Sidney. Portuguese Rule and Spanish Crown in South Africa, 1581–1640. Junta, 1950.

Wilson, John. The Culture of Ancient Egypt. The University of Chicago Press, 1956.

Whiteway, R.S. The Portuguese Expedition to Abyssinia in 1441-1543. Nendeln, Liechtenstein: Kraus Reprint, 1967.

Wolf, Eric and Eriksen, Thomas. Europe and the People without History. Berkeley: University of California Press, 2010.

Woodward, Peter. The Horn of Africa: Politics and International Relations. London: I.B. Tauris & Co. Ltd., 2003.

Yohannes, Okbazghi. The United States and the Horn of Africa: An Analytical Study of Pattern and Process. Westview Press, 1997.

Zeno, Muhammad Bin Jamil. The Pillars of Islam & Iman. Darussalam, 1966.

قراءات إضافية
الفصل الأول

Ahmed, Zaid. "Muslim Philosophy of History", edited by Aviezer Tucker, A Companion to the Philosophy of History and Historiography. Published Online, 2009), 437- 445.

Bebbington, David. Patterns in History: A Christian Perspective on Historical Thought. England: Inter-Varsity Press, 1979.

Hegel, G. W. F. and Rauch, Leo. Introduction to The Philosophy of History: With Selections from The Philosophy of Right. Hackett Publishing, 1988.

Sharma, Tej Ram. Historiography: A History of Historical Writing. Concept Publishing Company, 2005.

Szanajda, Andrew. Making Sense in History: Historical Writing in Practice. Bitngduck Press LLC, 2007.

الفصل الثاني

Ahmed, Zaid. "Muslim Philosophy of History", in edited by Aviezer Tucker, A Companion to the Philosophy of History and Historiography. Published Online, 2009), 437- 445.

Ahmed, Hussein. "The Historiography of Islam in Ethiopia." Journal of Islamic Studies, 3 (1992).

A.S. Brandt. "The Importance of Somalia for understanding African and World prehistory," Proceedings of the First International Congress of Somali Studies in 1992.

Brereton, George Wynn, and Huntingford. The Periplus of the Erythraean Sea. Ashgate Publishing, 1980.

Cassanelli, Lee. The Shaping of Somali Society: Reconstructing the history of the Pastoral People, 1600-1900. Philadelphia: University of Pennsylvania Press, 1982.

Hersi, Ali Abdirahman. The Arab Factor in Somali History: The Origins and Development of Arab Enterprises and Cultural Influence in the Somali Peninsula. Los Angeles: University of California, 1977.

Lewis, Herbert. "The Origins of Galla and Somali." The Journal of African History, vol.7, No.1 (1966), 27-46.

Mire, Sadia. "Mapping the Archaeology of Somaliland: Religion, Art, Script, Time, Urbanism, Trade, and Empire", 2015.

Mukhtar, Mohamed. "Islam in Somali History: Fact and fictions" in The Invention of Somalia, edited by Ali Jimale Ahmed. Lawrenceville: The Red Sea Press, 1995.

N. Chittick H. "An archaeological reconnaissance of the southern Somali coast", Azania, 4.

الفصل الثالث

Abdullahi, Abdurahman (Baadiyow). The Islamic Movement in Somalia: A Study of Islah Movement (1950- 2000). London: Adonis & Abbey Publishers, 2015

Hess, Robert. Italian colonialism. University of Chicago Press, 1966.

Lewis, I.M. A Modern History of the Somali: Nation and State in the Horn of Africa. Ohio University Press, 2003

Martin, Bradford G. "Shaykh Zayla'i and the nineteenth-century Somali Qadiriyah," in Said S. Samatar (ed.), In the Shadows of Conquest. Islam in Colonial Northeast Africa. Trenton, NJ: The Red Sea Press, 1992

Martin, Bradford G. Martin, "Shaykh Uways bin Muhammad al- Barawi, a Traditional Somali Sufi," in G. M. Smith and Carl Ernst (eds.), Manifestations of Sainthood in Islam. Istanbul, 1993

Rees, Scott Steven. Patricians of the Banadir: Islamic Learning, Commerce and Somali Urban Identity in the Nineteenth Century. A PhD thesis submitted to the University of Pennsylvania, 1996

Samatar, Said. 1992. "Sheikh Uways Muhammad of Baraawe, 1847- 1909. Mystic and Reformer in East Africa", in Said S. Samatar (ed.), In the Shadows of Conquest. Islam in Colonial Northeast Africa. Trenton, NJ: The Red Sea Press, 1992

Tripodi, Paolo. The Colonial Legacy in Somalia: Rome and Mogadishu: from Colonial Administration to Operation Restore Hope. Macmillan Press Limited, 1999

الفصل الرابع

Abdi, Sheikh Abdi. Divine Madness: Mohammed Abdulle Hassan (1856- 1920. Zed Books, 1993

Barnes, Cedric. "The Somali Youth League, Ethiopian Somalis and the Greater Somalia Idea, 1946- 48." Journal of Eastern African Studies Vol. 1, No. 2, 277- 291, 200

Hobsbawm, Eric. Nations and Nationalism since 1780: Programme, Myth, Reality Second Edition. Cambridge: Cambridge University Press, 1992

Kohn, Hans. The Idea of Nationalism: A Study in its Origins and Background. New York: The Macmillan Company, 1956

Laitin, David and Samatar, Said. Somalia: Nation in Search of a State. Boulder: Westview, 1987.

Lewis, I. M. A Modern History of Somalia: Nation and State in the Horn of Africa. London: Longmans, 1980

Touval, Saadia. Somali Nationalism: International Politics and the Drive for Unity in the Horn of Africa. Harvard: Harvard University Press, 1967

الفصل الخامس

Kaly Kieth, George and Mukenge, Ida Rousseau. Zones of Conflict in Africa: Theories and Cases. Praeger, 2002

Ibn-Khaldun, The Muqaddimah: An Introduction to History. Princeton University Press, 1980

Migdal, Joel. Strong Societies and Weak States: State –Society Relations and State Capabilities in the Third World. Princeton: Princeton University Press, 1988

Rotberg, Robert I. State Failure and State Weakness in a Time of Terror. The World Peace Foundation: Brooking Institution Press, 2003

Samatar, Ahmed (ed). The Somali Challenge: From Catastrophe to Renewal? Lynne Rienner Publishers, 1994

Yohannes, Okbazghi. The United States and the Horn of Africa: An Analytical Study of Pattern and Process. Westview Press, 1997

Zartman, William(ed.). Collapsed States: The Disintegration and Restoration of Legitimate Authority. Boulder: Lynne Rienner, 1995